OBS
ITAÚ CULTURAL

IC ItaúCultural

wmf martinsfontes

CLÁUDIA SOUSA LEITÃO
organizadora e editora

Criatividade e emancipação nas comunidades-rede

Contribuições para uma economia criativa brasileira

Aos ministros da cultura Celso Furtado (*in memoriam*)
e Gilberto Gil

PAULO MIGUEZ é reitor da Universidade Federal da Bahia, eleito e nomeado com mandato para o quadriênio 2022–26. Foi vice-reitor da Universidade Federal da Bahia por dois mandatos, 2014–18 e 2018–22. Graduado em Ciências Econômicas na Universidade Federal da Bahia – UFBA (1979), é mestre em Administração (1995) e doutor em Comunicação e Culturas Contemporâneas (2002) pela mesma instituição. É professor associado do Instituto de Humanidades, Artes e Ciências da UFBA, docente do quadro do Programa Multidisciplinar de Pós-Graduação em Cultura e Sociedade (UFBA), do qual foi coordenador entre 2010 e 2012, e pesquisador do CULT – Centro de Estudos Multidisciplinares em Cultura (UFBA) e do OBEC-BA – Observatório da Economia Criativa (UFBA). Entre 1982 e 1993, trabalhou em Maputo, Moçambique, tendo sido durante este período Diretor Financeiro da empresa estatal TDM – Telecomunicações de Moçambique. Foi assessor especial do Ministro Gilberto Gil e Secretário de Políticas Culturais do Ministério da Cultura, de 2003 a 2005, e membro do Conselho Estadual de Cultura da Bahia, entre 2009 e 2011.

Apresentação

PAULO MIGUEZ

O tema da economia criativa, seu conceito, suas políticas e aplicações práticas, é relativamente recente. As primeiras sistematizações da temática, ainda reunidas sob o rótulo de "indústrias criativas", datam do último decênio do século passado e aparecem, de início, formuladas no âmbito governamental, só depois alcançando a academia. O ponto de partida é o conceito de *Creative Nation*, uma política acionada pelo governo da Austrália a partir de 1994 com a perspectiva da requalificação do papel do Estado no desenvolvimento cultural do país. Já a identificação das indústrias criativas como um setor particular da economia surgirá um mais tarde, em 1997, na Grã-Bretanha, compondo o manifesto pré-eleitoral do Partido Trabalhista inglês – que, buscando sua renovação, renomeava-se como New Labour.

Por seu turno, a expressão "economia criativa" faz uma de suas primeiras aparições em 2001, numa matéria de capa da edição especial de agosto da revista *Business Week*. Intitulada *The 21st Century Corporation*, dedica-se a levantar questões a respeito do paradigma de produção que começava a caracterizar a sociedade da nova centúria como pós-industrial, pós-fordista, do conhecimento, da informação ou do aprendizado. Também em 2001 é publicado em Londres um dos primeiros livros dedicados ao tema, *The Creative Economy: How People Make Money from Ideas*, de autoria de John Howkins. Um ano antes, nos Estados Unidos, Richard Caves, professor de economia da Universidade de Harvard, publicara o livro *Creative Industries: Contracts between Art and Commerce*, fazendo notar, no prefácio, em tom de lamento, o fato de a temática da economia criativa ainda merecer tão pouca atenção do campo da economia, com quase todos os estudiosos dedicados a assuntos da velha economia industrial. Logo a seguir, em 2002, também nos Estados Unidos, é a vez de Richard Florida publicar *The Rise of the Creative Class: And How It's Transforming Work, Leisure, Community, & Everyday Life*, dedicado a discutir o que ele nomeia *creative class*, ou seja, o conjunto de profissões e ocupações próprias da *creative economy*.

Mas é em dezembro de 2002 que o mundo acadêmico inaugura efetivamente, de maneira organizada, o debate sobre a temática, realizando em Brisbane, na Austrália, o evento New Economy, Creativity and Consumption Symposium. O encontro, que reuniu estudiosos e pesquisadores vinculados à recém-criada Creative Industries Faculty da Queensland University of Technology, à London School of Economics, ao Massachusetts Institute of Technology e à New York University, ocupou-se com a discussão sobre o significado e os impactos sociais e culturais da economia criativa e com a construção de uma agenda de pesquisas dedicada a esse novo tema.

Foi assim que a temática da economia criativa começou a se configurar como um novo campo de conhecimento e, desde então, tem vindo a experimentar, em ritmo crescentemente acelerado, uma rota ascendente e que ocupa cada vez mais espaço em múltiplos ambientes do mundo contemporâneo.

Na academia, multiplicaram-se os estudos sobre o tema, que, de resto, puderam contar para o seu desenvolvimento com uma base teórico-conceitual e metodológica significativa, ou seja, o importante e indispensável repertório de reflexões que desde os anos 1960 vem dando corpo ao que chamamos de economia da cultura.

No âmbito governamental, a institucionalização de políticas dedicadas à economia criativa, que esteve, num primeiro momento, quase que exclusivamente restrita a países anglófonos – decerto muito por conta do intenso trabalho realizado pelo British Council, tanto na área da cooperação técnica oferecida a várias nações quanto no que se refere à divulgação e à promoção da temática através de um programa de seminários realizados com periodicidade, reunindo *scholars*, agentes governamentais e *police makers* asiáticos, africanos, latino-americanos e europeus do Leste –, já vem sendo objeto de atenção e alvo de políticas em países os mais diversos. Tem presença de peso em todo o Extremo Oriente – sobretudo em Hong Kong, Singapura, Coreia, China e Índia –, na Austrália e na Nova Zelândia e cada vez mais na Europa, dentro e fora da Comunidade Europeia. Entre os países sul-americanos, o tema aparece de forma destacada na Colômbia, na Argentina, na Venezuela e no Chile e, no Caribe, na Jamaica e em Barbados. Na África, o caso mais significativo quanto à presença da temática é o da África do Sul, muito embora a questão já se faça presente em outros países, em especial naqueles de línguas oficiais inglesa e portuguesa.

A exemplo do ambiente acadêmico e do âmbito dos governos, agências e bancos multilaterais também têm adotado a questão da economia criativa como eixo importante de suas políticas e programas. É o caso, por exemplo, do Banco Mundial e de organizações do Sistema ONU, inclusive a Unesco – esta inicialmente bastante resistente em acolher em seus documentos e suas ações a ideia de economia criativa.

E foi por causa de uma agência multilateral, a United Nations Conference on Trade and Development (UNCTAD), que o Brasil se aproximou do tema da economia criativa. Na XI Conferência Ministerial da UNCTAD, realizada em São Paulo em junho de 2004, teve lugar um importante painel internacional inteiramente voltado à economia criativa, reunindo estudiosos, técnicos do Sistema ONU e representantes de vários governos. Ao final dos trabalhos do painel, o então ministro da Cultura, Gilberto Gil, ofereceu-se para acolher no Brasil, sobretudo na Bahia, a recomendação da criação de um Centro Internacional de Economia Criativa (Ciec), uma instituição internacional dedicada à economia criativa na perspectiva do fortalecimento e do desenvolvimento desse setor nos países do hemisfério Sul.

Na sequência, entre 2004 e 2006, quando foi proposta a instalação do Ciec na Bahia, Gilberto Gil deu curso a um conjunto de ações envolvendo governos estrangeiros e instituições diversas no Brasil e no exterior, culminando com a realização em Salvador, em abril de 2005, em parceria com a UNCTAD e o PNUD, um grande fórum, o Enhancing the Creative Economy: Shaping an International Centre on Creative Industries, com o objetivo de lançar as bases do Centro, evento que contou com expressiva presença de muitos países e organizações internacionais. Todavia, em que pesem os resultados positivos alcançados por essa mobilização interna e global, o processo acabou perdendo força e o Centro não chegou a ser instalado. O fato é que nos anos seguintes, até 2010, o tema da economia criativa inexplicavelmente desapareceu da agenda do Ministério da Cultura.

Abandonada pelo Ministério, contudo, a temática encontrou guarida em outros ambientes e espaços, a exemplo do que já acontecia mundo afora. Pesquisas e estudos avançaram em muitas instituições universitárias; governos estaduais e municipais iniciaram programas dedicados à economia criativa; as organizações do chamado Sistema S começaram a dedicar atenção significativa ao assunto; instituições corporativas da área econômica, a exemplo da Federação das Indústrias do Rio de Janeiro (FIRJAN), passaram a dar grande importância à questão.

Em 2011, com o início do primeiro mandato da presidente Dilma Rousseff, o Ministério da Cultura, tendo à frente da pasta Ana de Hollanda, volta a se debruçar sobre o tema da economia criativa, criando em sua estrutura organizacional a Secretaria da Economia Criativa (SEC) e nomeando, para chefiá-la, Cláudia Sousa Leitão, professora, gestora cultural e ex-secretária de Cultura do Ceará.

Com a criação da SEC e a chegada de Cláudia Leitão, o tema da economia criativa experimentou um salto de qualidade expressivo entre nós. Não só a nova secretaria promoveu um amplo leque de articulações com outras áreas de governo e com inúmeras instituições e organizações da sociedade civil, reanimando fortemente o ambiente acionado por Gilberto Gil, como promoveu uma verticalização da abordagem sobre o tema, investindo, com a ajuda de um grupo de especialistas convidados da área de gestão, economia e políticas de cultura, na discussão conceitual e política necessária à adaptação e à requalificação da questão da economia criativa em chave brasileira.

Os resultados foram bastante positivos, possibilitando, em particular, a elaboração de um importante documento, o "Plano da Secretaria da Economia Criativa: Políticas, diretrizes e ações, 2011–2014". Esse documento, para além dos pontos que o configuravam como um plano propriamente dito, com a definição dos setores criativos e de diretrizes, etapas, prazos etc., avança com competência no que compreende como uma necessidade fundamental: o pacto em torno de um conceito para a economia criativa que fornecesse sustentação a uma política para esse setor – o que é feito com sucesso, passando a vincular a ideia de economia criativa não mais à produção de propriedade intelectual, como estabelecido no conceito original elaborado pelo Department for Culture, Media and Sport (DCMS), o equivalente do MinC no governo britânico, mas sim à geração de valor simbólico – e o estabelecimento de quatro princípios norteadores para o desenvolvimento da área, a saber, diversidade cultural, sustentabilidade, inovação e inclusão social.

Plano pronto e publicado, articulações da SEC em curso, disposição de amplos setores da sociedade para seguir em frente na implementação de uma política, e uma vez mais, sem maiores explicações, a gestão do MinC iniciada em 2015 extingue a secretaria e praticamente retira da sua agenda o tema da economia criativa, jogando fora o capital acumulado pelo trabalho realizado pela SEC.

As limitações atuais para o retorno da temática à agenda do governo federal são, entretanto, de outro tipo. Não se trata, por óbvio, de uma discussão acerca de pontos de uma agenda. Agora, a questão é outra, e evidentemente muito mais grave. Depois dos últimos anos – que demonstraram absoluto desrespeito com a área da cultura e seus múltiplos atores, como gestores, profissionais técnicos e artistas –, o que precisa voltar à agenda do governo federal é o Ministério da Cultura, a sua verdadeira recriação, extinto que foi pelo governo eleito em 2018.

Todavia, desmobilização à parte, a temática da economia criativa continuou avançando nas agendas de pesquisa da academia, passou a compor o programa de instituições as mais diversas, a marcar presença como política de governos estaduais e municipais Brasil afora e a mobilizar estudioso e gestores – pessoas, por exemplo, como a ex-secretária de Economia Criativa do MinC, a professora Cláudia Leitão, nesse caso, registre-se, uma dublê de acadêmica e gestora.

Cláudia Souza Leitão, com quem já tive o enorme prazer de trabalhar muitas vezes, tem sido incansável no que tange ao tema da economia criativa. Refletindo, produzindo e compartilhando conhecimento, formulando programas e projetos, gerindo instituições, atuando aqui no Brasil e no exterior, ela tem dado uma contribuição da mais alta relevância para o avanço da área da economia criativa.

É nessa linha que se inscreve mais este trabalho de Cláudia Souza Leitão, organizadora deste *Criatividade e emancipação nas comunidades-rede: contribuições para uma economia criativa brasileira*, volume que conta, além dos textos de sua autoria, com capítulos assinados por colaboradoras e colaborador de longa data nos seus múltiplos diálogos com o tema da economia criativa, Luciana Lima Guilherme, Raquel Viana Gondim e Luiz Antônio Gouveia de Oliveira.

Fortemente inspirado pelo pensamento de Celso Furtado, referência desde sempre para as reflexões de Cláudia Leitão acerca da relação entre cultura e desenvolvimento, os textos reunidos neste livro trazem à luz pontos fundamentais para o avanço do conhecimento na área da economia criativa. É assim quando reflete sobre a necessidade de um pensamento contra-hegemônico no trato da própria questão da economia criativa ou quando pugna pelo estabelecimento de princípios que guiem políticas e ações formuladas para esta área; e também quando, atento à ambiência das redes que caracteriza vivamente a circunstância contemporânea, dialoga com as imbricações da economia criativa no que diz respeito à dimensão territorial, à sustentabilidade, às demandas de uma educação voltada para os desafios dessa nova área e aos insumos-chave dessa nova economia: a criatividade e a cultura.

Boa leitura!

MÁRIO LÚCIO SOUSA é uma das figuras mais reconhecidas da cena cultural e musical cabo-verdiana. É também o escritor mais internacionalmente premiado do país, o poeta que marca a viragem na nova poesia caboverdeana com o livro *Nascimento de um Mundo*. Trata-se de um dos mais conceituados pensadores da sua geração, autor do "Manifesto a Crioulização", obra atual sobre o fenômeno da crioulização no mundo, de que é um pensador expoente. Foi também ministro da Cultura, responsável pelo lançamento de uma nova epistemologia sobre a Cultura, a obra *Meu verbo Cultura*. Nasceu no Tarrafal, Ilha de Santiago, Cabo Verde, a 21 de outubro de 1964.

Prefácio
E se metade do Unikverso[1] fosse um espelho?

MÁRIO LÚCIO SOUSA

Tirada a parte quântica, tudo é Cultura. Tudo é amor, deveria ser, mas, infelizmente, perdemos essa exclusividade pelo caminho do quântico ao Sapiens. A própria compreensão do quântico, do antes e do depois, é cultural, restando à ciência o consolo do Big Bang e a nós, o conforto de Deus. Claro que nada é assim divisível, tudo se relaciona. Andam hoje os cientistas a estudar a ideia de Deus, e os povos originários sempre souberam que a Cultura interage com o Universo, e este com aquela, fazendo justamente com que nada tenha existência intrínseca e tudo dependa de causas e condições. A Ciência esbarra em si mesma, enquanto o Bagavadgita nos ensina que o Espírito se manifestou em Matéria, a Origem de Tudo, deixando tudo precisamente para o campo da Cultura, tanto do Saber como do Não saber.

No campo estrito dos estudos, das reflexões e das aplicações, nós, que recebemos uma educação eurocêntrica, temos tido grandes dificuldades em lidar com a questão da Cultura no seu sentido matricial, para o qual o princípio-base é crer para ver. A Cultura é, às vezes, colocada como antítese da ciência, quando chamada, por exemplo, de imaterial. Ela é, todavia, o exemplo perfeito de que o material e o imaterial são unos. Não esqueçamos que pensar a Ciência é uma atividade cultural.

Do século XV para cá, criou-se um campo vasto e influente chamado de Economia, a riqueza das nações, princípio que domina toda a vida do Sapiens sobre o planeta de hoje. Tal como acontece com a dicotomia anteriormente citada, o mundo está dividido em dois polos: o econômico, onde tudo entra (até mesmo o esporte, a educação e a saúde), e a Cultura, considerada o lado outro da lua, a face incompreendida e eleita muitas vezes como o bem necessário, mas não básico.

No século XX, pressionados por uma sociedade pensante alternativa e até contestatária (com vários exemplos de como existem soluções outras, interpretações diferentes, experiências novas e bem-sucedidas, comunidades geridas e administradas de modo secular), os economistas e os economicistas de educação eurocêntrica trouxeram a palavra Cultura para junto de Economia, como forma de as relacionar e de incluir a primeira nos pensamentos, nas ações e nas agendas. E então nasceu um termo novo, a Economia da Cultura. E a pressão mudou de sentido, passou para o nosso lado. Agora, a Cultura tinha que produzir riqueza.

Outra vez mais fomos vítimas do mesmo sistema que considera a Cultura a cereja em cima do bolo, não vendo que ela é, na verdade, o trigo. Passamos a usar a expressão Economia da Cultura como se a primeira fosse um ramo separado da segunda. A fórmula é justamente a inversa, isto é, o que estávamos a propor era justamente uma Cultura da Economia, uma nova Cultura econômica, não no sentido financeiro, mas antes de uma nova Economia, em que todo o desenvolvimento fosse desembocar na Cultura, e toda a Cultura fosse o manancial para o Desenvolvimento.

De modo contraproducente, os Estados, os países e as instituições mundiais enveredaram-se pela rota da produção de riqueza material, envolvendo e condicionando a Cultura, como se a riqueza que vem sendo criada há milhares de anos, e quotidianamente, não fosse o bastante.

Nada obstante, na última década, com sua característica tenacidade, mulheres e homens da causa da Cultura levantaram como jamais as vozes e as letras, a cabeça e as mãos, em prol de um novo conceito: a saber, a Economia Criativa. De certo modo, com a introdução dessa proposta, a Cultura ganhou a corrida da não meta; corremos como se estivéssemos a ir para dentro, enquanto a tendência dos corredores e dos corretores era a de ir cada vez mais para fora, para fora de mim, do outro, de nós, do todo e de todos.

Partimos de uma Economia cuja finalidade é a abundância; propomos outra cuja não meta é a plenitude. Partimos de uma Economia cuja distribuição de riqueza é a divisão; propomos outra, em que a distribuição é a partilha. Riqueza é felicidade e acesso, é basicamente aquilo de que não nos arrependemos e não temos saudades quando somos ricos.

Celso Furtado, economista que foi ministro da Cultura, Gilberto Gil, cantor que também ocupou a mesma pasta, ambos brasileiros, podem constar como os precursores dessas novas propostas. E agora, este livro, que faz o percurso de um até o outro, e perpassa os contemporâneos africanos e asiáticos, pelas mãos de sua organizadora Cláudia Leitão, lança uma nova semente.

O que me parece maravilhoso nesta obra é o desígnio das gestas transformadoras, pela força determinante da sua energia buliçosa do presente. Por isso, ela ganha a dimensão de uma obra maior.

Neste livro, ao final da leitura dos vários textos, extrai-se o sumo de uma planta histórica, inaugural e fundacional. Assim são as lógicas do que transcende. Tomando o Brasil como território e como meritório, os textos apresentados são do laboratório do mundo, como é, enfim, o próprio Brasil. Os textos apresentados são verdadeiras transcrições de inquietudes, verdadeiras inspirações de sopros ancestrais. De repente, no contexto da mundivivência atual (estamos a falar dos últimos três *anni horribiles* para acabar com o mundo), os pensadores deste livro, sob a batuta de Cláudia Leitão, falam de Economia Criativa para falar de uma Economia outra, esta que deve beber das experiências culturais de cada povo, nação e território. No cômputo dos escritos, floresce liricamente uma nova proposta: a Economia Criativa. Entretanto, o eco dessas palavras é maior do que a sua pronúncia. Precisamos de uma Economia Criativa para salvar o planeta e o humano. Ou seja, necessitamos de uma gestão criativa da vida, da matéria e do imaterial. O que este livro assinala é a existência de uma implementação em pequenas comunidades espalhadas pelo mundo, em larga escala, algo que não está a ser considerado nas grandes comunidades pelas pequenas escolas.

Este livro mostra, insiste e ilustra a criatividade da sobrevivência, da resiliência, da solidariedade, da noção de tronco comum, de genealogia em espiral, da felicidade dos esquecidos, da graça dos não agraciados, da libertação dos condenados pelos interesses. Se não fosse essa criatividade, o Brasil hoje só teria o primeiro andar; o rés-do-chão estaria afundado no lodaçal, queimado com as queimadas, levado pelas enxurradas, arrastado pelas correntes. Quem diz Brasil diz também mundo.

Precisamos de uma Economia Criativa daqui, do chão, das pessoas, do céu, dos espíritos. A sua base já existia – a Cultura.

Ser otimista é uma boa maneira de não morrer a morte imposta pelos outros. Ser criativo é cumprir profundamente o ofício da vida, é perpetuá-la dentro da transitoriedade que nos é dada. Assim, auguro que esta obra seja adotada nas academias do mundo inteiro, seja lida e discutida, e alcance ainda os governos e estes a tomem e a apliquem aos seus programas, bebendo diretamente da experiência do povo, sempre sábio, aqui transcrita pelos seus mais diletos estudiosos.

Nota

1 No tempo do Multiverso, falo deste nosso, único.

Primeira parte

Criatividade e dependência na civilização industrial

CLÁUDIA SOUSA LEITÃO é mestra em Direito na Universidade de São Paulo (USP) e doutora em Sociologia pela Sorbonne – Paris V. Foi secretária da Cultura do Estado do Ceará (2003–06) e da Economia Criativa do MinC (2011–13). Dirigiu o Observatório de Fortaleza do Instituto de Planejamento da Prefeitura de Fortaleza – IPLANFOR (2017–20) e foi presidente da Câmara Setorial de Economia Criativa na Agência de Desenvolvimento do Estado do Ceará – ADECE (2019–20). É membra do Conselho Consultivo da empresa portuguesa Territórios Criativos (2020). É consultora associada do Instituto Alvorada Brasil e consultora *ad hoc* em Economia Criativa para a Organização Mundial do Comércio – OMC e para a Conferência das Nações Unidas para o Comércio e Desenvolvimento – UNCTAD (2013–16). É também consultora em Economia Criativa para o Serviço Brasileiro de Apoio às Micro e Pequenas Empresas – Sebrae, para governos federal, estaduais e municipais, empresas privadas e outras organizações. É sócia do Centro Internacional Celso Furtado de Políticas para o Desenvolvimento e associada da Tempo de Hermes Projetos Criativos.

As promessas de Prometeu

CLÁUDIA SOUSA LEITÃO

O fogo, essa força divina, torna-se o símbolo sensível da cultura.

WERNER JAEGER

Toda a intenção histórica de uma dada sociedade se converte em mito.[1] Não será por acaso que, no final do século XVIII, o mito de Prometeu[2] emergiu de forma triunfal, e com ele a crença no progresso secular e material. Prometeu é o herói civilizador e símbolo da inteligência industriosa da sociedade burguesa nascente, mas seu destino também comporta dilemas e tragédias

> Prometeu é o herói cultural do trabalho penoso, da produtividade, do progresso, em meio à repressão [...]; o astuto e (sofrido) rebelde contra os deuses, que cria a cultura ao preço da dor perpétua. Ele simboliza a produtividade, o incessante esforço de dominar a vida. [...] (Marcuse *apud* Berman, 1988, p. 122)

O mito de Prometeu nos remete aos valores do trabalho, da racionalidade e do progresso, que fundamentaram a civilização industrial moderna e as ilusões que provocou. A saturação desses valores é representativa da crise, que atravessou o século XX para se mostrar, em seus excessos, no século XXI. O significado primordial da palavra crise (*krísis*) associa-se à capacidade de julgar, de tomar decisões. Nessa perspectiva, podemos compreender o gérmen da crise presente na ambiguidade do mito prometeico, que se revela ao construir e destruir, escolher e ocultar, em nome de um projeto civilizatório. No *Manifesto*, é o próprio Marx que reconhece a capacidade produtora da burguesia:

> A burguesia, em seu reinado de apenas um século, gerou um poder de produção mais massivo e colossal do que todas as gerações anteriores reunidas. Submissão das forças da natureza ao homem, maquinário, aplicação da química à agricultura e à indústria [...], ferrovias [...], esvaziamento de continentes inteiros para o cultivo, canalização de rios, populações inteiras expulsas de seu habitat – que século, antes, pôde sequer sonhar que esse poder produtivo dormia no seio do trabalho social? (Marx *apud* Berman, 1988, p. 91)

O ritmo frenético que o sistema econômico impôs a todas as dimensões da vida moderna era mesmo encantador. Como resistir às maravilhas da modernidade e sua vocação para o novo? Mas os feitos da sociedade burguesa reduzem as potencialidades criativas à racionalidade econômica. A ideia do progresso como desenvolvimento universal passou a ser o significante maior do sistema capitalista. Mas quanto do progresso poderíamos suportar?

Na etimologia da palavra cultura (*cultus*) está o cultivo e o cuidado; originalmente, significava o cultivo da terra (origem da palavra agricultura) e das relações com os deuses (origem da palavra culto). Cultivar e cuidar são ideias-força da palavra cultura. Ao longo da história ocidental, a cultura vai sendo transfigurada e, a partir do século XVIII, passa a ser identificada com um conjunto de práticas (artes, ciências, técnicas, filosofia, ofícios) que empresta valor aos regimes políticos, segundo um critério de evolução. O progresso de uma civilização passa a ser medido pela sua cultura, assim como a cultura é avaliada pelo progresso que aporta a uma civilização (Chauí, 2009, pp. 20–21). A criatividade moderna se traduz nos valores culturais do individualismo, da livre troca e da busca incessante por novos produtos no mercado. Desde o século XVII, esse individualismo é marcado por um *ethos* possessivo:

> Sua qualidade possessiva se encontra na sua concepção de indivíduo como sendo essencialmente o proprietário de sua pessoa e de suas próprias capacidades, nada devendo à sociedade por elas. O indivíduo não era visto nem como um todo moral nem como parte de um todo social mais amplo, mas como proprietário de si mesmo. A relação de propriedade, havendo-se tornado para um número cada vez maior de pessoas a relação fundamentalmente importante, que lhes determinava a liberdade real e a perspectiva real de realizarem suas plenas potencialidades, era vista na natureza do indivíduo [...] A liberdade existe como exercício da posse. (MacPherson, 1979, p. 15)

O individualismo possessivo, cujo símbolo é a propriedade, expressa um valor primordial à civilização industrial, presente nas ideias iluministas[3] que a precederam. No *Segundo tratado*, Locke defende o direito natural à propriedade, enquanto Hobbes, no *Leviatã*, argumenta em favor do trabalho como mercadoria e da autonomia dos mercados na produção livre do seu lucro. Enfim, a sociedade inglesa no século XVII se constituía como uma sociedade de "mercado possessivo", e tal modelo avançou no Ocidente nos séculos posteriores.

Na paisagem industrial do século XIX, os valores iluministas também são apropriados pelas ciências e tecnologias. A partir da adesão aos princípios da continuidade, linearidade e uniformidade (Chiore, 2010, p. 159), a epistemologia científica forjou a supremacia moral do positivismo científico, retirando da *poiesis*[4] outras possibilidades humanas de conhecer:

> Desde há muito tempo [...] a filosofia ocidental, aquela 'oficial', trazida na trilha das ciências positivas, admite somente duas fontes de conhecer; [...] a percepção sensível que fornece os dados chamados empíricos[...] e [...] os conceitos do intelecto [...] que regulam tais dados [...] Entre as percepções sensíveis e as intuições ou categorias do intelecto o lugar permaneceu vazio [...] Aquilo que deveria situar-se entre uma e outras, e que alhures ocupava esse olhar mediano, vale dizer a Imaginação ativa, foi relegado aos poetas. (Corbin, 2002, p. 14)

A civilização industrial caminhou no século XX rumo a uma tarefa ainda mais ambiciosa – a constituição do sistema-mundo capitalista, valendo-se do fenômeno da globalização e dos sistemas de poder e acumulação que o sustentam:

> [...] a Teoria do Sistema Mundo (TSM) analisa a produção, reprodução, circulação e competição de redes, que se estendem e se intensificam, e cujas naturezas são, ao mesmo tempo, transformadoras e organizadoras. Segundo essa Teoria, o mundo se estrutura entre centros, periferias e semiperiferias e nele, a Economia-Mundo, que não representa um conjunto hermético encerrado em si, reflete as desigualdades locais, conceituada por Wallerstein (1974) como a Divisão Internacional do Trabalho (DIT). (Asbeg, 2021, p. 14)

Wallerstein (1979) observa o funcionamento desequilibrado do sistema-mundo nas diversas regiões do planeta e suas dinâmicas centro/periferia/semiperiferia. Na economia-mundo, os conflitos entre territórios, regiões e Estados acontecem em função da distribuição assimétrica do excedente acumulado, que se mantém concentrado nos centros monopolistas das redes de mercado. Segundo Braudel (1985, p. 12), as economias-mundo seriam de longa duração e se inscreveriam em um espaço hierarquizado por uma economia capitalista dominante, a qual competiria com outros centros, pelas riquezas geradas, com base na Divisão Internacional do Trabalho (DIT).

O sistema político da economia-mundo capitalista ganha espacialidade a partir das dinâmicas interestatais. E embora a soberania, princípio forjado pela *ratio* iluminista de autodeterminação dos Estados, assegure uma retórica de igualdade entre eles, nas dinâmicas econômicas, políticas e culturais, a dependência, a hierarquia e a hegemonia se impõem. Com a expansão do capitalismo, a tendência é de declínio do monopólio da hegemonia dos Estados. Essa expansão é fruto "da formação de estruturas políticas dotadas de capacidades organizacionais cada vez mais amplas e complexas para controlar o meio social e político em que se realizava a acumulação de capital em escala mundial" (Arrighi, 1996, p. 14).

Em sua dimensão econômica, a globalização tem origem no início da década de 1980, a partir das formulações de Fröbel, Heinrichs e Kreye (1980 *apud* Santos, 2002), sobre os modos de produção das empresas transnacionais, protagonistas da nova economia mundial. Jessop (1995 *apud* Santos, 2002, pp. 37–38) aponta mudanças estruturantes nas dinâmicas globalizatórias:

> 1) a desnacionalização do Estado e o esvaziamento do aparelho estatal nacional, uma vez que as capacidades deste têm sido reorganizadas, "territorial como funcionalmente, aos níveis subnacional e supranacional" (2) a de-estatização dos regimes políticos – sobre esse ponto, ele reflete sobre a transição do conceito de governo (*government*) para o de governança (*governance*), ou seja, de um modo de regulação social e econômica feita somente pelo Estado para outro que mobiliza parcerias e a associação entre organizações governamentais, para-governamentais e não governamentais; e (3) a internacionalização do Estado nacional, agora mais sensível e estratégico aos impactos da conjuntura internacional e às exigências extraterritoriais ou transnacionais.

No sistema mundial em transição, a hierarquia interestatal perde protagonismo para a hierarquia entre o global e o local, bem como para as práticas capitalistas globais, sociais e culturais transnacionais. A hipótese do autor é a de que os critérios global/local conformam as noções de centro, semiperiferia e periferia que, por sua vez, acentuaram as hierarquias na modernidade-mundo, modificando seus mecanismos de produção e de reprodução. Santos (2002, p. 63) define, dessa forma, o modo de produção da globalização:

> [...] o conjunto de trocas desiguais pelo qual um determinado artefato, condição, entidade ou identidade local estende a sua influência para além das fronteiras nacionais e, ao fazê-lo, desenvolve a capacidade de designar como local outro artefato, condição, entidade ou identidade rival.

Essa concepção sugere a ideia de uma globalização bem-sucedida de determinado localismo. Mas o local se integra ao global pela via da exclusão ou da inclusão subalterna (Santos, 2002, p. 65), ou seja, ainda que venha a ser incluído, o local estará subordinado à dinâmica global hegemônica. O local que dá origem ao global, todavia, não é o mesmo local produzido por ele, ou seja, há diferenças entre as formas de globalização resultantes.

A primeira forma de globalização é o localismo globalizado, processo no qual o local se globaliza, a exemplo das multinacionais. Globaliza-se quem tem a diferença reconhecida, quem a converte em valor universal e, consequentemente, exclui e subalterniza as demais diferenças. A segunda forma se refere ao globalismo localizado, que ocorre quando as condições locais sofrem intervenções oriundas das práticas e ordens transnacionais resultantes dos localismos globalizados (Santos, 2002). O local, nesse caso, sofre reconfigurações de modo a ser incluído, ainda que de maneira subalterna. Enfim, o sistema-

-mundo seria uma espécie de teia de globalismos localizados e localismos globalizados sobre os quais se constroem os valores da dependência, em nome da racionalidade econômica.

Assim como a globalização econômica, a globalização cultural constitui uma variante significativa do conjunto de processos globalizantes que emerge com a nova Divisão Internacional do Trabalho, seguindo a lógica neoliberal pró-mercado do Estado mínimo. As trocas desiguais também reverberam na escala sociocultural, de modo que o objeto não mercantil e transnacional está dado na diversidade local. A luta dos grupos sociais se justifica pela valorização desses recursos ou, nas palavras de Santos (2002, p. 60), "em torno da igualdade na diferença e da diferença na igualdade". As indústrias culturais e da comunicação, ao estimularem o hiperconsumo, produzem impactos deletérios sobre os países de economia dependente.[5] Segundo Canclini (2006, p. 29), os cidadãos do século XVIII se transformaram nos consumidores do século XXI:

> Homens e mulheres percebem que muitas das perguntas próprias dos cidadãos – a que lugar pertenço e que direitos isso me dá, como posso me informar, quem representa meus interesses – recebem sua resposta mais através do consumo privado de bens e dos meios de comunicação de massa do que pelas regras abstratas da democracia ou pela participação coletiva em espaços públicos.

A globalização cultural também expressa o espírito do individualismo possessivo. A aproximação das imagens da cidadania às do consumo e da comunicação de massa revela, pelas suas características transterritoriais e respectiva explosão das identidades, a culturalização da economia:

> As empresas [...] superam os partidos, os sindicatos, as administrações públicas ou os movimentos sociais, todos esses atores confinados ao horizonte dos conflitos nacionais. [...] Controle, monopólio e tolhimento da liberdade surgem como traços intrínsecos ao processo de mundialização. (Ortiz, 1998, pp. 165–66)

Segundo Canclini (2006, p. 62), "consumir é participar de um cenário de disputas por aquilo que a sociedade produz e pelos modos de usá-lo". Erigir uma sociedade consumidora global, sob a retórica de internacionalização da sociedade civil, constitui a grande tarefa do mercado, e seu poder normativo, no sistema-mundo.

A análise dos usos do consumo é imprescindível para compreendermos o desenraizamento das comunidades transnacionais na composição de uma "cultura internacional-popular" (Ortiz, 1998, p. 111), fruto da fragmentação e do descentramento dos oligopólios da cultura e de suas demandas produzidas em larga escala, ameaçadoras da diversidade e da autonomia cultural.

A modernidade-mundo nos países periféricos reduziu, de forma avassaladora, os espaços da criatividade, pulverizando identidades em nome de uma totalidade cada vez mais excludente. Enquanto modernidade, ela significa descentramento, individuação e diferenciação; enquanto mundo, ela se expande além das fronteiras dos estados e continentes. A padronização pelo consumo acontece de forma assimétrica e produz uma espécie de nivelamento cultural (Ortiz, 1998, p. 181). Um mundo nivelado não é, necessariamente, homogêneo, mas é, certamente, um mundo de convergências e divergências cada vez mais significativas entre hábitos culturais, acesso e consumo.

Na segunda metade do século XX, os processos de desagregação das culturas tradicionais, o avanço das tecnologias da comunicação, o crescimento dos fluxos migratórios e a explosão das cidades reforçaram as contradições do sistema-mundo, especialmente, na América Latina, onde

> as tradições ainda não se foram e a modernização não terminou de chegar. [...] seria preciso entender a sinuosa modernidade latino-americana repensando os modernismos como tentativas de intervir no cruzamento de uma ordem dominante semioligárquica, uma economia capitalista semi-industrializada e movimentos sociais semitransformadores. (Canclini, 2019, p. 79)

O continente latino-americano é, historicamente, um berço de culturas híbridas. Nele se mesclam populismos, oligarquias, indústrias culturais, setores modernos e tradicionais ao grande contingente de populações excluídas dos legados da modernização. Analisar processos globalizatórios, em sociedades marcadas pelo autoritarismo e pela desigualdade, é uma tarefa complexa, sobretudo, em função das metamorfoses do sistema econômico global.

No caso do Brasil, a implantação de um sistema econômico colonial, caracterizado por organizações agromercantis, produziu uma sociedade autoritária e desigual, na qual as culturas originárias foram, historicamente, ameaçadas e destituídas de suas identidades pelos processos colonizatórios. Esse modelo de desenvolvimento acentua a polarização socioeconômica histórica, cuja lógica desde o Brasil Colônia, entre latifundiários e escravos, ainda perdura. Após duzentos anos de independência política, a dependência perdura, transfigurando pessoas escravizadas em trabalhadores precarizados e latifundiários em grandes empresários do agronegócio.

A sociedade burguesa avança, buscando revolucionar os meios de produção e ampliar consumidores nos países dependentes. Mas seu frenesi criador não é capaz de aplacar as crises que produz. Boaventura de Sousa Santos (2022, p. 10) observa que o sistema econômico capitalista global é produtor de crises estruturais:

> Há, no entanto, uma diferença radical entre a crise ocasional e a crise permanente. Uma crise ocasional tem de ser explicada e é, como disse, portadora

> de alternativas para superá-la. Nisso reside a lógica profunda do próprio pensamento crítico. Ao contrário, uma crise permanente, em vez de exigir ser explicado e vencida, explica tudo e justifica o estado de coisas atual como sendo o único possível, mesmo que tal signifique infligir as formas mais repugnantes e injustas de sofrimento humano que o 'progresso da civilização' supostamente já havia depositado no caixote do lixo da história.

A crise permanente, apesar de ratificar o fracasso de um modelo insustentável e desumanizador de sociedade, estruturado para produzir dependências, fundamenta um discurso fatalista sobre a fome, a desigualdade e a degradação ecológica. Os sintomas de uma mesma patologia social, que mantém a hegemonia do "eu egocêntrico" diante do "nós solidário" (Morin, 2010, p. 205), deixam de ser passíveis de intervenção. O corpo social passa a produzir menos sinergias e a sofrer mais alergias, diante de uma indiferença que também é legitimada pela epistemologia científica.

No século XXI, a desmaterialização do consumo, diretamente proporcional à proliferação de bens e serviços culturais, traduz a capacidade ilimitada de renovação das sociedades do capitalismo estético (Lipovetsky; Serroy, 2014), enquanto à crise econômica, política, ambiental, social e cultural, acrescenta-se a crise dos sentidos:

> Enquanto monumentos, centros comerciais, museus, parques temáticos, sítios históricos se fundem e se (con)fundem na paisagem das cidades, transfigurando-se em cenários para o consumo e para a produção pragmática de roteiros turísticos, temos a sensação de anestesia dos nossos sentidos. E, se bem refletirmos, a origem da palavra estética (*esthaisis*) é a mesma da palavra anestesia. A diferença entre as duas expressões está no compartilhamento dos sentidos ou na privação deles. Assim, podemos ver sem viver, consumir sem fruir, reconhecer sem conhecer. E, quanto mais crescem as filas para as exposições de artistas consagrados, nas chamadas cidades culturais e criativas, menos se observa a capacidade de decodificação cultural por parte do público. (Leitão; Guilherme, 2019, p. 76)

A degenerescência da experiência estética é um sintoma da globalização cultural. Quanto mais veloz é o consumo, mais empobrecidos estão os sentidos, quanto mais avançam as tecnologias e a oferta exponencial de produtos, menor é a fruição. Quanto maior a busca pelos ideais da beleza e da juventude, maior a sensação de medo, tédio e infelicidade; quanto maior o consumo, menor é a liberdade; quanto mais entretenimento, menor é a consciência. O hiperconsumo revela as fraturas expostas das lógicas globais de produção das grandes corporações no domínio da cultura, e a forte tendência de ameaça à diversidade cultural em nome de padrões industriais mundiais. Aos departamentos de marketing, a tarefa de manter a insatisfação permanente para que se mantenha o desejo do que ainda não foi produzido:

> Agora são os clientes em potencial, seus números e o volume de dinheiro de que dispõem que decidem... o destino das criações culturais. A linha que divide os produtos culturais de sucesso... dos produtos culturais fracassados [...] é traçada por vendas, avaliações e resultados de bilheteria. (Bauman, 2007, p. 81)

As observações de Bauman (2007) revelam a face obscura das indústrias culturais e criativas, que operam valendo-se de lógicas semelhantes àquelas das indústrias tradicionais, produzindo desigualdade, invisibilidade, precariedade e exclusão. A civilização moderna também buscará ocultar sua face obscura no domínio da cultura, utilizando-se de um frenesi criativo, que tenta, a todo custo, "reencantar o mundo"[6] por meio do hiperconsumo. A criatividade, enquanto recurso da civilização industrial, serve ao sistema e a ele se condiciona, produzindo dependências. É o que analisaremos, a seguir, a partir da vida e obra de Celso Furtado, especialmente, de sua contribuição para os temas da cultura, da criatividade e do desenvolvimento.

Notas

1 Compreendemos o mito baseando-se na definição de Gilbert Durand (1998, p. 246), isto é, como um modelo matricial de toda narrativa, estruturado por esquemas e arquétipos fundamentais da psique do *sapiens sapiens*.

2 Na mitologia grega, o titã Prometeu, responsável pela criação dos homens e dos animais, teria roubado o fogo dos deuses para devolvê-lo aos mortais. Na tragédia de Ésquilo, Prometeu é castigado por Zeus, acorrentado a um rochedo e condenado a ter seu fígado eternamente devorado por uma águia.

3 O Iluminismo surge na Europa, fruto da hegemonia pós-renascentista da *ratio* humana sobre outros modos de conhecer. Enquanto movimento intelectual e cultural, origina grandes mudanças sociais e econômicas baseadas, sobretudo, nos ideais de liberdade e de igualdade (MacPherson, 1979).

4 De origem grega, a palavra *poiesis* é aqui compreendida como a arte de criar, fazer e ser criativo. Em português, os termos poesia e poética são oriundos da *poiesis* e se referem à criação artística.

5 A teoria da dependência econômica, ao refletir sobre "o desenvolvimento do subdesenvolvimento", encontrou na Comissão Econômica para a América Latina (CEPAL), nos anos 1960 e 1970, um *locus* significativo para a sua difusão. Raul Prebisch, Theotônio dos Santos, Vânia Bambirra, Rui Mauro Marini e André Gunder Frank representam a versão marxista da teoria da dependência, enquanto Fernando Henrique Cardoso e Enzo Falleto propõem uma alternativa não determinista entre o sistema capitalista de produção e as economias periféricas (Hermet, 2002). A teoria da dependência será aqui analisada valendo-se do pensamento de Celso Furtado.

6 A expressão "reencantamento do mundo" é aqui utilizada em referência à expressão "desencantamento do mundo" de Max Weber, em sua obra *Economia e sociedade*, que representa uma crítica aos valores modernos e sua racionalidade dos meios, que destitui a vida do seu significado. Ao se libertar da magia, o ser humano se torna refém do trabalho.

Referências bibliográficas

Arrighi, Giovanni. *O longo século XX: dinheiro, poder e as origens de nosso tempo*, São Paulo: Unesp; Contraponto, 1996.

Asbeg, Laura. *Sistema mundo, processos da globalização e a emergência da sociedade em rede*. TCC (graduação em Relações Internacionais), Instituto de Relações Internacionais e Defesa, Universidade Federal do Rio de Janeiro, 2021.

Bauman, Zygmunt. *Vida líquida*, Rio de Janeiro: Zahar, 2007.

Berman, Marshall. *Tudo que é sólido desmancha no ar: a aventura da modernidade*, São Paulo: Companhia das Letras, 1988.

Braudel, Fernand. *A dinâmica do capitalismo*, Lisboa: Teorema, 1985.

Canclini, Nestor Garcia. *Consumidores e cidadãos: conflitos multiculturais da globalização*, Rio de Janeiro: Editora UFRJ, 2006.

Canclini, Nestor Garcia. *Culturas híbridas*, São Paulo: Edusp, 2019.

Chauí, Marilena. *Cultura e democracia*, Salvador: Secretaria de Cultura; Fundação Pedro Calmon, 2009.

Chiore, Valeria. "Progresso, 'obstáculos', 'exílios': a noção de progresso entre imaginário e imaginal – Bachelard e Corbin", em: Sant'Anna, Catarina. (org.). *Para ler Gaston Bachelard: ciência e arte*. Salvador: Edufba, 2010, pp. 159–75.

Corbin, Henry. *Corpo spirituale e Terra celeste: Dall'Iran mazdeo all'Iran sciita*, Roma: Adelphi Edizioni, 2002.

Durand, Gilbert. *Campos do Imaginário*, Lisboa: Instituto Piaget, 1998.

Hermet, Guy. *Cultura e desenvolvimento*, Petrópolis: Vozes, 2002.

Leitão, Cláudia Sousa; Guilherme, Luciana Lima. "Patrimônio cultural, turismo e economia criativa: uma oportunidade para as cidades brasileiras", em: *Revista do Patrimônio Histórico e Artístico Nacional*, n. 40, 2019.

Lipovetsky, Gilles; Serroy, Jean. *O capitalismo estético na era da globalização*, Lisboa: Almedina, 2014.

MacPherson, Crawford Brough. *A teoria política do individualismo possessivo de Hobbes até Locke*, São Paulo: Paz e Terra, 1979.

Morin, Edgar. *Meu caminho: entrevistas com Djénane Kareh*, Rio de Janeiro: Bertrand Brasil, 2010.

Ortiz, Renato. *Mundialização e cultura*, São Paulo: Brasilienses, 1998.

Santos, Boaventura de Sousa. "Por uma sociologia das ausências e uma sociologia das emergências", em: *Revista Crítica de Ciências Sociais*, n. 63, out. 2002, pp. 237–80. Disponível em: www.boaventuradesousasantos.pt/media/pdfs/Sociologia_das_ausencias_RCCS63.PDF.

Santos, Boaventura de Sousa. *O fim do império cognitivo: a afirmação das epistemologias do Sul*, Belo Horizonte: Autêntica, 2022.

Wallerstein, Immanuel. *The capitalist world-economy*, Nova York: Cambridge University Press, 1979.

Ter ou não ter direito à criatividade, eis a questão: o legado de Celso Furtado para a economia criativa brasileira

CLÁUDIA SOUSA LEITÃO

Céu, Sol, Furtacor
Bom pau do paú do pombal
Seu ser
Excelso Furtado
Celso furtivo
Bomba da paz
Depois rapaz
E aqui
Ainda vivo
Céu solícito
Explícito sol
Inconfortável fruto
Celso frutado:
Bendito é o suco.

CHICO CÉSAR, "Paracelso", 6 jul. 2011[1]

"A criatividade é uma invenção da cultura" – a premissa de Celso Furtado serve de fio condutor a este livro. Em *Criatividade e dependência na civilização industrial*, o economista e ex-ministro da Cultura afirmou: "O que importa é identificar o espaço dentro do qual se exerce a criatividade, concebida no seu sentido amplo de invenção da cultura" (Furtado, 2008, p. 116). Como um *a priori*, é a cultura que define os sentidos e as possibilidades da criatividade humana.

A reflexão de Furtado nos faz pensar a respeito dos significados da cultura para o desenvolvimento brasileiro. Quando exercida em nome de valores culturais que privilegiam a acumulação e a dominação, a criatividade gera dependência e alienação. No entanto, quando oriunda dos valores da solidariedade, do bem viver e do bem comum,[2] ela também pode significar autonomia, empoderamento e emancipação. A pergunta, que continua oportuna, é: quais são os valores culturais que sustentam o desenvolvimento brasileiro? Numa entrevista a Cristovam Buarque, concedida em 1991 em seu apartamento de Paris, Furtado respondeu o seguinte, quando perguntado sobre o momento em que passou a se interessar pela cultura:

> Eu não fui um economista desde o começo. Estudei Direito, estudei Ciências Sociais, estudei Filosofia, e a minha paixão sempre foi a cultura e o mundo, com toda a sua riqueza. Meti-me na Economia quando me convenci de que era a ciência social mais operacional, de maior importância para o mundo de hoje e com maior capacidade de mudar o mundo. Sempre me guiou a ideia de que o Brasil era um país atrasado. Simplesmente isso. E um país atrasado pode se recuperar. (Furtado, 2005, pp. 77–78)

As palavras de Furtado são essenciais para o campo da economia e sobretudo para o campo da cultura. Conhecer a trajetória de Celso Furtado no século XX e seu legado para o século XXI é, ao mesmo tempo, uma estratégia e uma reparação: trata-se de uma estratégia por ser um reavivamento de uma memória do futuro, que nos oferece caminhos sólidos para pensarmos e realizarmos outro desenvolvimento para o Brasil, e de uma reparação pelo simples reconhecimento de que Furtado não ocupa o lugar que lhe é devido no campo cultural do país, principalmente quando se leva em conta sua contribuição para uma economia política da criatividade e da cultura.

Furtado nasceu em Pombal, na Paraíba, em 1920, em plena República Velha.[3] Suas impressões sobre a infância são essenciais para compreendermos, a partir das aflições históricas do Nordeste brasileiro, os impasses da América Latina como um todo: "Eu venho de um mundo que me parecia catastrófico. Pombal é das cidades mais ásperas do sertão. Região seca, de homens secos. Muito menino, eu olhava pela fresta da janela a chegada dos cangaceiros" (Centro Celso Furtado, s.d.).

Formou-se em direito na Universidade Federal do Rio de Janeiro (UFRJ) em 1944 e, em janeiro do ano seguinte, embarcou para a Itália como aspirante a oficial da Força Expedicionária Brasileira (FEB), participando da fase final da Segunda Guerra Mundial. Em 1946, matriculou-se no doutorado em economia na Universidade de Paris-Sorbonne e, em 1947, teve uma passagem pela London School of Economics. No ano seguinte, concluiu o doutorado com a tese intitulada *L'économie coloniale brésilienne (XVIe et XVIIe siècles)*. De volta ao Brasil, começou a trabalhar na Fundação Getúlio Vargas e, em 1949, assumiu a Direção de Desenvolvimento da Comissão Econômica para a América Latina (Cepal), criada pela ONU no pós-guerra para estimular a cooperação entre os países latino-americanos.

> As teses ali elaboradas pelos estruturalistas sobre o desenvolvimento, a industrialização, o conceito de centro e periferia, propagaram-se rapidamente e tiveram decisiva influência nas políticas de muitos governos latino-americanos, como o do Brasil (Furtado, 2019, p. 121).

Durante essa década, as inúmeras viagens para participar de conferências, realizar cursos e chefiar missões de assistência técnica permitiram a Furtado palmilhar a América Latina e conhecer de perto seus problemas socioeconômicos, assim como sua diversidade cultural. Entre os anos de 1953 e 1955, enquanto presidiu o Grupo Misto Cepal-Banco Nacional de Desenvolvimento Econômico (BNDE), elaborou o estudo *Projeções do desenvolvimento da economia brasileira, 1953-1962*, que fundamentou o Plano de Metas do Governo de Juscelino Kubitschek (Furtado, 2019, p. 122). Em 1957, durante o ano que passou no King's College, escreveu *Formação econômica do Brasil*, em que observa as características da ocupação das terras americanas como fruto da expansão comercial europeia.

Foi nos bancos da Universidade de Cambridge que Furtado conheceu o indiano Amartya Sen, mais tarde vencedor do Prêmio Nobel de Economia. É bem provável que um tenha influenciado o pensamento do outro, uma vez que ambos acreditavam na necessidade de se ampliar o marco epistemológico da economia para fazê-la dialogar com as ciências sociais básicas e a filosofia. As reflexões sobre os dilemas da cultura, ao mesmo tempo responsável pela reprodução de hegemonias e pela força criadora das civilizações, já estão presentes no seu livro *A economia brasileira*, de 1954:

> Por maior que seja o apego dos homens às formas de vida nas quais se criaram e adquiriram seus padrões de comportamento, por mais intensas que sejam as tendências conservadoras em determinados tipos de sociedade, o processo de mudança cultural aparece por toda parte como a força criadora das civilizações. A transformação dos padrões culturais resulta do fato mesmo de que a cultura é uma coisa viva, em inter-relação permanente com o meio e com outras culturas. É de observação corrente, entretanto, que as mudanças culturais não se realizam com igual facilidade em todos os setores da atividade social. Existe, em toda cultura, uma área de atividade ou crenças onde se polarizam as atenções dos indivíduos, onde se entrechocam com maior frequência os pontos de vista, onde se observa uma diferenciação estrutural mais larga. Em torno dessa área se estabelece um processo de permanentes entrechoques pessoais, pois a mesma está aberta à curiosidade, ao interesse e à imaginação criadora dos indivíduos. (Furtado, 1954, p. 21)

Em 1958, retornou ao Brasil e aceitou convite para ser diretor do BNDE, com a condição de que sua diretoria se ocupasse do Nordeste. Era o regresso do economista à sua região de nascimento, num ano de grande seca e muita fome. No seu diário, descreve uma de suas passagens por Fortaleza:[4]

> Visitei ontem o porto e vi uma porção de gente aglomerada perto de um navio. Perguntei se se tratava de passageiros – passageiros humildes de alguma linha fluvial ou costeira. Disseram-me que não. Eram simplesmente pessoas que ali estavam aguardando o desembarque de sacos de farinha de trigo. Durante o desembarque, um deles – mais atrevido – consegue avançar e perfurar um dos sacos. O carregador abandona-o então como deteriorado e atira-o à distância. A multidão avança sobre o saco abandonado e o estraçalha [...]. As condições de vida do povo aqui nesta cidade são das mais precárias que hei visto em toda minha vida. A habitação é extremamente precária. Em conjunto a situação é pior do que a de populações similares – cidades médias ou pequenas em zonas pobres – no México, na América Central ou no Equador. Esta é tipicamente uma região superpovoada. (Furtado, 2019, p. 153)

Nesse período, liderou a "batalha" de criação e gestão da Superintendência do Desenvolvimento do Nordeste (Sudene), a pedido do presidente Juscelino Kubitschek. A palavra "batalha" não é excessiva:

> Nessa batalha, os adversários iam desde os incrédulos e desconfiados opositores de JK, até os usineiros e as elites receosas da perda de privilégios e controle de verbas que irrigavam a política nordestina. O projeto reformista da Sudene contou, porém, com o apoio da juventude e das classes urbanas [...]. (Furtado, 2019, pp. 151–52)

As reações das elites empresariais nordestinas ao trabalho de Furtado na Sudene se expressavam em lutas políticas intestinais, e sobretudo em notícias falsas e caluniosas que os jornais publicavam a seu respeito. Ler as cartas de Furtado, assim como os periódicos da época, nos remete à associação cavilosa – ainda hoje presente nas mídias sociais brasileiras – entre o comunismo e a transformação social:

> Soube hoje que o Renato Ribeiro Coutinho, latifundiário, industrial têxtil e presidente da Federação das Indústrias de Pernambuco, está movendo guerra contra mim. As acusações de "comunista" vêm em primeiro plano, como sempre. A raiz da coisa está em que neguei peremptoriamente câmbio de custo para a indústria têxtil dele, gorda de lucros extraordinários. Teria ele dito que é necessário "tirar esse indivíduo da Sudene". (Furtado, 2019, pp. 211–12)

Em 1958, o Banco do Nordeste já havia realizado um primeiro estudo sobre a atividade artesanal como fator econômico para a região, intitulado *Aspectos econômicos do artesanato nordestino*, de José Nicácio Oliveira. Em 1959, foi Celso Furtado que, como superintendente da Sudene, reconheceu a importância dessa produção para o desenvolvimento regional e a incluiu nos planos diretores da Sudene. A criação da Artesanato do Nordeste (Artene), uma sociedade de economia mista, tinha como missão implementar um grande programa de apoio ao artesanato nordestino. Com sede em Recife e atuação nos nove estados da região, a entidade produziu um dos primeiros diagnósticos sobre a atividade artesanal no Brasil, observando a grande capacidade produtiva das comunidades nordestinas, ao passo que constatava a fragilidade na distribuição e na comercialização dos produtos. Essa também era a realidade da agricultura familiar, na qual apenas os intermediários lucravam, em detrimento do criador/produtor. Contrariando a percepção de que a Sudene era dedicada exclusivamente à indústria moderna de transformação, a Artene apontava para o papel do Estado na liderança de uma política pública para a cultura e a criatividade nordestinas, com foco na comercialização do seu artesanato. A instituição também produziu estudos estatísticos, cartografias das atividades artesanais, oficinas para os artesãos, inventários sobre as matérias-primas e programas de fomento às cooperativas.

Em 1961, Celso Furtado esteve na Casa Branca para uma audiência com o presidente John F. Kennedy, em busca da cooperação do governo estadunidense com a Sudene; em seguida, encontrou-se com o ministro cubano Ernesto Che Guevara na Conferência de Punta del Este, para discutir o programa da Aliança para o Progresso.[5] Ainda nesse ano, publicou *Desenvolvimento e subdesenvolvimento*.

Em 1962, foi nomeado ministro do Planejamento pelo presidente João Goulart, com a tarefa de elaborar um plano de política econômica para o governo, que ficou conhecido como Plano Trienal de Desenvolvimento Econômico e Social. Voltou à Sudene em 1963 e, no ano seguinte, em razão do golpe militar, teve suas funções públicas e seus direitos políticos cassados, motivo que o levou a aceitar um convite para lecionar nos Estados Unidos:

> Seu nome constava do ato institucional n. 1, publicado em 9 de abril e assinado pela junta militar que depusera o presidente da República dias antes. [...] Tão logo houve o golpe, recebeu telegramas de três universidades de grande prestígio – Harvard, Yale e Columbia – convidando-o para ser professor. (Furtado, 2019, p. 219)

Nas quase duas décadas de exílio, dedicou-se inteiramente à vida acadêmica. Como professor de graduação e pós-graduação, orientador de teses e organizador de seminários, Furtado avançou em novos estudos econômicos, sociais e culturais sobre o desenvolvimento. No entanto, a trincheira acadêmica não conseguiu apaziguar a frustração do homem de 43 anos, ameaçado e rejeitado pelo seu próprio país. Em New Haven, é o expatriado que reflete sobre os dilemas entre o político e o intelectual:

> Passeando por imensos gramados, no meio dessa calma toda, não posso deixar de refletir sobre todos os equívocos que a vida vai acumulando em torno de nós. Isto aqui seria um lugar ideal para alguém que vive da reflexão voltado para o seu próprio interior. [...] Mas a realidade é que eu nunca fui apenas ou principalmente um intelectual. Aquela paixão pelos problemas sociais, que nos infectou a todos mais de um quarto de século atrás, a mim correspondia a alguma necessidade de tipo quase fisiológico. A verdade é que nunca pude livrar-me disso [...]. E *isso* faz que tudo tenha que se orientar para a ação (Furtado, 2019, pp. 223–24).

As ditaduras sempre serão grandes inimigas do conhecimento, da cultura e da criatividade. De longe, Furtado viu crescer a mão de ferro dos militares sobre as universidades brasileiras, por meio do aparelhamento de grupos em favor do que ele denominaria de "ciência social *non engagée*", disposta a deslegitimar a produção intelectual dos exilados. Em 1966, enviou uma carta a Fernando Henrique Cardoso na qual demonstrava sua indignação sobre o insidioso projeto dos militares para a educação no Brasil (Furtado, 2021, pp. 101–02):

> Que espécie de gente estará saindo de nossas universidades dentro de três a cinco anos? Não sei se você terá visto que vão imprimir 15 milhões de livros didáticos para atender a toda a clientela, do primário ao superior, com a ajuda da USAID.[6] Não tenho informações sobre como se faz a escolha desses livros, mas não será difícil imaginar-se, em particular no que concerne ao ensino superior. Pergunto-me se não nos cabe dedicar parte de nosso tempo a preparar livros que possam servir de texto nas nossas universidades. Não terão subsídio para publicação, mas nem por isso deixarão de penetrar [...].

Em tempos de grande preocupação com o destino do Brasil, Furtado recebeu, em janeiro de 1967, uma carta de Lina Bo Bardi[7] com o convite para prefaciar um livro que ela havia organizado a partir de uma expedição que empreendera pelo Nordeste coletando peças e reunindo um acervo de quase 2 mil obras da cultura popular. O conjunto amplo de ex-votos, santos, objetos de candomblé, bichos e utensílios de madeira, objetos de barro, pilões e peças feitas de material reciclado e de lixo havia sido recolhido em feiras, mercados e lojas de material religioso em várias comunidades, núcleos rurais e cidades dos estados da Bahia, de Pernambuco e do Ceará. A arquiteta vislumbrou o uso desses "objetos-depoimento" como a base para o desenvolvimento de um centro de estudos e trabalho artesanal e uma escola de desenho industrial. O acervo reunido comporia o Museu de Arte Popular da Bahia, um projeto de museu-escola destinado ao diálogo entre o artesanato e o design brasileiro. Em 1963, por ocasião de sua inauguração com a exposição Nordeste, Lina escreveu:

> Esta exposição que inaugura o Museu de Arte Popular do Unhão deveria chamar-se Civilização do Nordeste. Civilização. Procurando tirar da palavra o sentido áulico-retórico que a acompanha. Civilização é o aspecto prático da cultura, é a vida dos homens em todos os instantes. Esta exposição procura apresentar uma civilização pensada em todos os detalhes, estudada tecnicamente, desde a iluminação às colheres de cozinha, às colchas, às roupas, bules, brinquedos, móveis, armas. É a procura desesperada e raivosamente positiva de homens que não querem ser "demitidos", que reclamam seu direito à vida. Uma luta de cada instante para não afundar no desespero, uma afirmação de beleza conseguida com o rigor que somente a presença constante de uma realidade pode dar. [...] Essa exposição é uma acusação. Acusação de um mundo que não quer renunciar à condição humana apesar do esquecimento e da indiferença. É uma acusação não humilde, que contrapõe às degradadoras condições impostas pelos homens um esforço desesperado de cultura (Bardi, 1963, s.d.).

O projeto da arquiteta italiana também acabou interrompido pela ditadura militar. Na carta a Furtado, ela faz referência a conversas deles na Sudene a respeito dos significados do artesanato para o Nordeste brasileiro. É importante salientar que, na década de 1960, muito antes da criação do Ministério da Cultura, a Sudene e a Artene de Furtado, a partir do artesanato, já realizavam as primeiras políticas para a economia criativa brasileira:

> Uma grande documentação está comigo, e está sendo ordenada e classificada, não como *folklore* ou arte popular, mas como atividade criadora e vontade de sobrevivência do povo nordestino. Num país aviltado, cuja juventude assiste em silêncio ao desmantelamento de seus ideais e de suas crenças, é necessário que esta luta de "vivos" contra a morte do abandono e da indiferença, seja apresentada, como uma esperança que pode ser assumida, sem medo, no quadro de uma cultura pobre. [...] Estou pensando em apresentar a produção nordestina, que não é um artesanato, mas um pré-artesanato extremamente pobre, como uma sequência de "fatos", na estrutura dum país camponês que se apresenta na história com um pé na pré-história, com toda a carga de "negatividades" e de patético humano, dentro de uma estrutura econômica subdesenvolvida. [...] Nascida numa terra subdesenvolvida: a Itália do Centro-Sul, o perdido desânimo secular dos homens do Mediterrâneo permite-me julgar a carga humana e a possível violência de homens do meu novo país. [...]
>
> Os soldados que ocuparam o Museu de Arte Popular da Bahia e os canhões postados na frente deram-me a certeza da validez de meu trabalho.
>
> O exílio é o preço do marco que o senhor imprimiu ao país. A melancolia não conta. Espero muito que responda positivamente [...]. (Furtado, 2021, pp. 53–54)

A carta oferece elementos interessantes para a reflexão sobre os dilemas da economia criativa brasileira. Lina categorizava o acervo como um pré-artesanato, fruto de sua percepção evolucionista, mas reconhecia nas peças recolhidas a insubmissão da Civilização Nordeste – por ela mesma nomeada – à Civilização Industrial. Furtado, no entanto, responderia negativamente ao pedido da arquiteta. Sua recusa era uma expressão dos temores face à apropriação das culturas populares pelo populismo político, realidade ainda hoje presente na economia criativa latino-americana e brasileira:

> [...] peço que me perdoe por não atender ao seu pedido. [...] Admirei muito o seu trabalho, em particular a sua revolta contra a visão romântica da miséria do Nordeste, que tanto se acomoda com o espírito da gente de classe média. [...] Por temperamento ou deformação profissional, me inclino a pensar que tudo que contribui para compatibilizar a vida do homem com a miséria deve ser destruído, ainda que por esse meio estejamos tornando inviável a sobrevivência da comunidade. O que é inviável não é imóvel, e o pior nas sociedades humanas é o imobilismo. Reconheço que identificar as artes de uma comunidade pode ser a forma mais segura e menos custosa de dar início ao desenvolvimento da base material dessa comunidade. Não existe, portanto, contradição entre o que a senhora realiza e minha forma de ver as coisas. Refiro-me apenas ao risco de que nos detenhamos na fase de identificação e terminemos como a literatura nordestina, que termina dando volta em torno dos "castelos" e servindo de tranquilizante para os que não têm sono na hora da sesta. Serei um dos primeiros a adquirir o seu livro, creia-me. (Furtado, 2021, p. 55)

É possível imaginar o desapontamento de Lina Bo Bardi à negativa de Furtado. As artesanias brasileiras, consideradas expressões de uma cultura inferior, foram instrumentalizadas ora pelo assistencialismo populista, ora pela indústria cultural e criativa. Não é por acaso que o artesanato no país ainda se mantém refém das práticas assistencialistas das primeiras-damas,[8] ao passo que sucumbe aos impactos perversos da globalização.[9] A convivência de Furtado com as elites clientelistas nordestinas o marcou profundamente, justificando sua prudência diante do convite recebido. É bem possível que sua leitura sobre a literatura nordestina, como apanágio ao romantismo alienador, fosse revista.[10] O certo é que a troca de cartas é muito maior do que o pedido e a recusa de um texto para um livro, uma vez que as questões suscitadas anunciam a dimensão dos desafios da economia dos produtos culturais brasileiros.

Entre 1970 e 1980, Furtado realizou viagens a diversos países da África, da Ásia e da América Latina, ora em missão pela ONU, ora como professor visitante na American University, em Washington DC; na Universidade de Cambridge, na Inglaterra, onde ocupou a cátedra Simon Bolívar; e na Columbia University, em Nova York. Em 1973, publicou *A hegemonia dos Estados Unidos e o subdesenvolvimento da América Latina*; em 1974, *O mito do desenvolvimento econômico*; e, em 1976, *A economia latino-americana*. Em 1978, integrou o conselho acadêmico da Universidade das Nações Unidas, em Tóquio, ano em que escreveu sua obra de maior vulto, intitulada *Criatividade e dependência na civilização industrial*. Reconhecida como sua produção menos econômica e mais transdisciplinar, é nela que Furtado enfatiza e aprofunda os significados da cultura, da criatividade e da liberdade para o desenvolvimento dos países de economia dependente.

Vale destacar, aqui, as afinidades filosóficas de Amartya Sen e Celso Furtado acerca dos significados do desenvolvimento. Para o economista indiano, desenvolvimento é liberdade, algo que se expressa na capacidade dos indivíduos de fazerem escolhas (Sen, 2010); para o brasileiro, o desenvolvimento é a capacidade de criar soluções originais aos problemas específicos de uma sociedade (Furtado, 2008, p. 110). Há no pensamento dos dois teóricos um fundamento comum: não existe desenvolvimento sem liberdade. Furtado (2012) estende essa visão à política cultural, considerada antes de tudo uma política social, cuja finalidade seria liberar e ativar as forças criativas da sociedade para reafirmar a democracia e ampliar o horizonte de aspirações da cidadania. Liberdade de criar é, portanto, a essência do conceito de desenvolvimento e insumo para a ampliação da cidadania. Essa premissa constitui as bases de uma economia criativa brasileira.

Furtado tinha consciência de que a liberdade de criar havia sido apequenada no sistema-mundo moderno em nome das ideologias do desenvolvimento e do progresso, ambas estratégicas para o projeto de dependência. A primeira é mais mobilizadora e economicista; a segunda, utilizada essencialmente para favorecer um pacto social capaz de neutralizar conflitos:

> Da mesma maneira que a ideia de progresso transformou-se em alavanca ideológica para fomentar a consciência de interdependência em grupos e classes com interesses antagônicos, [...] a ideia de desenvolvimento serviu para afiançar a consciência de solidariedade internacional no processo de difusão da civilização industrial [...]. (Furtado, 2008, pp. 107–08)

Na civilização industrial, a criatividade foi canalizada principalmente para a inovação técnica, limitando-se à mera racionalidade instrumental, sempre submissa às forças produtivas. Das formas que a criatividade humana assume, foram capturadas pelo sistema capitalista as ciências e as tecnologias por melhor satisfazerem às demandas da civilização industrial e ao processo de acumulação: "A história da civilização industrial pode ser lida como uma crônica do avanço da técnica, ou seja, da progressiva subordinação de todas as formas da atividade criadora à racionalidade instrumental" (Furtado, 2008, p. 113).

Na medida em que a criatividade é submetida à acumulação, os meios tendem a ser vistos como fins, produzindo-se a ilusão de que todo o avanço da racionalidade na esfera econômica contribui para a liberação ou a desalienação do homem. Porém, quanto mais avança o sistema econômico liberal capitalista, mais as energias criativas são postas ao serviço do desenvolvimento das forças produtivas:

> Na economia capitalista o processo de acumulação marcha sobre dois pés: a inovação, que permite discriminar entre consumidores, e a difusão, que conduz à homogeneização de certas formas de consumo. Ao consumidor cabe um papel essencialmente passivo: a sua *racionalidade* consiste exatamente em responder "corretamente" a cada estímulo a que é submetido. As inovações apontam para um nível mais alto de gastos, que é a marca distintiva do consumidor privilegiado. Mas o padrão inicialmente restritivo terá de ser superado e difundido, a fim de que o mercado cresça em todas as dimensões. As leis desse crescimento condicionam a criatividade. (Furtado, 2008, pp. 115–16)

É profética a visão de Furtado sobre as transfigurações do capitalismo industrial no "capitalismo cultural e estético", que avançará, no século XXI, muito além da produção material, encontrando no intangível novas formas de expansão. Enquanto a ética do hiperconsumo cresce nas sociedades industriais, a luta pela redução das desigualdades conduz apenas a formas mais diversificadas de consumo:

> [...] Contudo, esse "progresso" não se traduz necessariamente por uma redução do campo do irracional na vida social, pois o homem comum não está em condições de *entender* os *gadgets* que são postos à sua disposição e tampouco a sua visão de mundo – alimentada pelos *mass media* – é menos povoada de elementos míticos do que em outras épocas. (Furtado, 2008, pp. 115–16)

No que tange à dimensão cultural da globalização, devemos analisá-la a partir dos papéis do consumo, não apenas como fruto de uma racionalidade econômica, mas como ato simbólico de comunicação, um lugar de diferenciação e distinção (Bourdieu, 2009). No mundo global, o consumo entre grupos hegemônicos e subalternos não se concretiza somente por meio da simples oposição entre produtos locais e importados. A teia de globalismos localizados e localismos globalizados esvazia fronteiras e dissolve categorias como erudito e popular, artesania e indústria, autenticidade e cópia, contaminando gostos e viralizando comportamentos.

Os impactos negativos da comunicação de massa e das indústrias culturais sobre o valor cognitivo dos bens e dos serviços simbólicos foram pressentidos por Furtado, que enfatizou o lugar da educação como fundamental ao desenvolvimento de uma economia política da cultura e da criatividade:

> O principal objetivo da ação social deixaria de ser a reprodução dos padrões de consumo das minorias abastadas para ser a satisfação das necessidades fundamentais do conjunto da população e a educação concebida como desenvolvimento de potencialidades humanas nos planos ético, artístico e da ação solidária. (D'Aguiar, 2013, p. 38)

Analisar os processos globalizatórios a partir das disputas entre as indústrias culturais, criativas e o patrimônio cultural no sistema-mundo constituiu um dos grandes desafios intelectuais e políticos de Celso Furtado. Referindo-se aos estudos de Max Weber[11] sobre a racionalidade dos meios e a racionalidade dos fins, o economista observou o deslocamento da lógica dos fins (voltada ao bem-estar, à liberdade e à solidariedade) para a lógica dos meios (a serviço da acumulação capitalista). A lógica dos meios, alertou, traria impactos negativos às liberdades criativas, aos recursos naturais, enfim, à própria humanidade dos indivíduos (Furtado, 2008, p. 117).

Sua concepção ampliada de cultura estimula nexos criativos entre a cultura e as relações de gênero; a ecologia e a potencialização das forças sociais para o exercício ampliado da política. Vale observar que, na década de 1970, termos como "sustentabilidade", "governança", "ecologia" e "gênero" ainda não haviam sido integrados aos grandes discursos sobre o desenvolvimento – menos ainda a cultura e a criatividade. Essas pautas só passariam a ganhar maior reconhecimento no século XXI.

O economista nos convoca a retomar os significados mais profundos da política, e o faz pela via da cultura. Desse modo, liberta a palavra "criatividade" da sua semântica moderna liberal, voltada unicamente ao indivíduo, para ampliá-la na direção do bem comum. A criatividade, como invenção da cultura política, passa a nutrir a órbita de uma nova política:

> [...] A ativação política é condição necessária para que se manifeste a criatividade no plano institucional, vale dizer, para que se inovem as formas sociais de maneira a reduzir as tensões geradas pela acumulação. [...] [O] esvaziamento da atividade política engendra o niilismo ou a revolta, e não a libertação do homem. (Furtado, 2008, p. 119)

Durante uma conferência no I Encontro Nacional de Política Cultural, em 1984, afirmou: "Sou da opinião de que a reflexão sobre a cultura brasileira deve ser o ponto de partida para o debate sobre as opções do desenvolvimento" (D'Aguiar, 2013, p. 6). Essa reflexão é fruto do livro *Cultura e desenvolvimento em época de crise*, publicado naquele ano, no qual Furtado associa os significados da criatividade ao desenvolvimento brasileiro:

> Em um país como o nosso, em que os que detêm o poder parecem obsessos pela mais estreita lógica economicista ditada pelos interesses de grupos privilegiados e empresas transnacionais, falar de desenvolvimento como reencontro com o gênio criativo de nossa cultura e como realização das potencialidades humanas pode parecer simples fuga na utopia. Mas que é a utopia senão o fruto da percepção de dimensões secretas da realidade, um afloramento de energias contidas que antecipa a ampliação do horizonte de possibilidades aberto ao homem? (Furtado, 1984, p. 30)

Na obra, Furtado faz advertências acerca dos impactos do modelo de desenvolvimento econômico para o futuro do Brasil: o crescimento de desempregados e subempregados e do déficit habitacional, a degradação dos serviços de saúde pública e da educação (Furtado, 1984, p. 9). Por isso, chama à responsabilidade os dirigentes diante da crise, que fizeram do país "um caso exemplar disso que os economistas chamam mau desenvolvimento" (Furtado, 1984, p. 10). Segundo sua análise, o modelo no qual o crescimento da produção se descola do crescimento do salário-mínimo e se adotam padrões de consumo dos países de maior renda, ao passo que a população não consegue satisfazer suas necessidades básicas, é fadado ao fracasso (Furtado, 1984). A irracionalidade na utilização dos recursos cresce ainda mais em regiões e territórios mais pobres, que pagam um maior custo social por adotarem um modelo de civilização material que não corresponde ao grau de acumulação de capital e às possibilidades materiais da população.

Ainda segundo Furtado (1984, p. 105), o desenvolvimento é um sistema aberto que nasce da cultura ao mesmo tempo que produz cultura, não podendo prescindir de uma teoria geral do homem ou de uma antropologia filosófica. Referindo-se ao desenvolvimento como realização das potencialidades humanas, o economista avança nos seus significados, considerando-o mais invenção do que transformação. Enquanto a transformação se limitaria a responder aos desafios emergentes, a invenção ampliaria horizontes, ao permitir novas epistemologias. Desse modo, a ideia de desenvolvimento deve ser compreendida a partir de dois processos de criatividade:

> Efetiva-se o desenvolvimento quando a acumulação conduz à criação de valores que se difundem em importantes segmentos da coletividade. Em síntese, a ciência do desenvolvimento preocupa-se com dois processos de criatividade. O primeiro diz respeito à técnica, ao empenho do homem de dotar-se de instrumentos, de aumentar sua capacidade de ação. O segundo refere-se à utilização última desses meios, aos valores que o homem adiciona ao seu patrimônio existencial (Furtado, 1984, p. 107)

Na civilização industrial, a técnica se impõe aos valores, o que justificaria o "mau desenvolvimento" e a submissão da criatividade à racionalidade econômica:

> Nada é mais característico da civilização industrial do que a canalização da capacidade inventiva para a criação tecnológica, ou seja, para abrir caminho ao processo de acumulação, o que explica sua formidável força expansiva. [...] Dentro dessa ótica a difusão da civilização industrial se resumiria ao avanço da dominação do meio natural e ao aumento da eficiência na utilização de recursos escassos. (Furtado, 1984, pp. 107–08)

Quando enfatiza os nexos entre a cultura brasileira nos debates sobre as opções de desenvolvimento, Furtado analisa de que modo a industrialização se apropria do excedente que produz: "Devemos, portanto, começar por indagar as relações que existam entre a cultura como sistema de valores e o processo de desenvolvimento das forças produtivas, entre a lógica dos fins, que rege a cultura, e a dos meios, razão instrumental inerente à acumulação" (Furtado, 1984, p. 31).

Por outro lado, a cultura, como sistema de valores substantivos, constitui um *a priori* ao desenvolvimento endógeno: "A endogeneidade outra coisa não é senão a faculdade que possui uma comunidade humana de ordenar o processo acumulativo em função de prioridades por ela mesma definidas. [...] O que se tem em vista é descobrir o caminho da criatividade ao nível dos fins [...]" (Furtado, 1984, p. 108).

O caráter de endogeneidade do desenvolvimento, que busca ampliar as capacidades humanas para a liberdade e a autonomia, é necessariamente fruto de uma vontade política, que não deve sucumbir à lógica dos mercados. A esse respeito, as reflexões de Furtado sobre a utilização do excedente apropriado pelo Estado, diante de uma massa passiva de consumidores submetidos a um cardápio tecnológico cada vez mais global, continuam oportunas e provocadoras. Afinal, a "racionalidade econômica" se mantém indiferente à hegemonia dos mercados que (re)produzem padrões de oferta para determinados segmentos sociais, em detrimento da grande maioria das populações. Esse modelo econômico concentrador, afirma Furtado, é processo e produto da cultura autoritária brasileira:

> Imobilizou-se a sociedade civil, particularmente nos seus segmentos que podiam lutar pela melhoria efetiva do salário básico e esvaziou-se o Estado de toda preocupação com o social. A nova classe média em rápida expansão foi vista como simples fator de ampliação do mercado, sem vinculação maior com a esfera política. E o Estado foi empolgado por uma tecnocracia, cuja principal função era compatibilizar a ideologia da "potência emergente" com a gestão do modelo de crescimento pelas empresas controladoras da tecnologia. (Furtado, 1984, p. 11)

Ainda em *Cultura e desenvolvimento em época de crise*, Furtado analisa as origens do autoritarismo brasileiro. As empresas agromercantis do Brasil colonial transbordaram suas características culturais para a frágil sociedade brasileira, seja pela distância abissal entre aqueles que mandam e a população que obedece – o que acarretou um autoritarismo de natureza estrutural –, seja pela recepção acrítica aos modelos exógenos de desenvolvimento que produziram dependência política, social, tecnológica e sobretudo cultural. Essa dependência se revela, de um lado, pela receptividade aos valores, ao conhecimento e às estéticas exógenas das elites, submissas aos valores da civilização industrial, e, do outro, pela reprodução de padrões de vida das sociedades ricas, caracterizados pela acumulação de capital e pela utilização intensiva de recursos não renováveis.

O desenvolvimento simboliza o grande paradoxo dos valores modernos. Por mais que ele produza conteúdos indutores de identidade e estabilidade, igualmente escamoteia realidades e falseia argumentos em nome de uma epistemologia universal. Ideias como competitividade, consumo, inovação, empreendedorismo e criatividade orbitam no entorno da palavra "desenvolvimento", reforçando valores hegemônicos e produzindo sinergias semânticas que lhe dão sustentação. Nesse sentido, o desenvolvimento é uma retórica falaciosa, que destrói e precariza para criar dependências:

> Mas como negar que essa ideia [de desenvolvimento] tem sido de grande utilidade para mobilizar os povos da periferia e levá-los a aceitar enormes sacrifícios, para legitimar a destruição de formas culturais *arcaicas*, para *explicar* e fazer *compreender a necessidade* de destruir o meio físico, para justificar formas de dependência que reforçam o caráter predatório do sistema produtivo? (Furtado, 1974, p. 75)

Sua derradeira recomendação aos países de economia periférica, em *Cultura e desenvolvimento em época de crise* (Furtado, 1984), diz respeito à necessidade de estruturas sociais que abram espaço para a criatividade, num amplo horizonte cultural, e gerem forças preventivas e corretivas dos processos de excessiva concentração do poder, que vulnerabilizam a forças criativas brasileiras.

Em 1986, num momento de euforia e de grande efervescência política, em função da redemocratização do país, Furtado deixou a chefia da missão diplomática brasileira junto à Comunidade Econômica Europeia para assumir o Ministério da Cultura (MinC). Na busca de um nome para a pasta da cultura, Furtado apareceu como indicação de um grande abaixo-assinado formado por artistas, intelectuais e economistas, encabeçado pela atriz Fernanda Montenegro. Tal qual Gilberto Gil em 2003, Furtado parecia ser um ministro maior do que o ministério que lideraria. Seu primeiro desafio foi o de mostrar e demonstrar sua capacidade planejadora e gestora. Naquele momento, uma mesma pergunta era feita por vários jornalistas a respeito do MinC: "Num país que passa fome é necessário um Ministério da Cultura?" (Furtado, 2012, p. 12). Segundo Rosa Freire d'Aguiar (2012, p. 11), o novo ministro receberia "um amontoado de repartições públicas criadas em épocas distintas, herdadas de outros ministérios, com pouca organicidade". Depois das breves passagens de José Aparecido de Oliveira e Aluísio Pimenta, o órgão federal da cultura clamava por maior e melhor institucionalidade: "durante o período compreendido entre 1986 e 1988, Celso Furtado consolidou a estrutura ministerial, fortaleceu as fundações já existentes e criou outras, racionalizando a administração central de maneira a conduzir as ações fundamentais naquele momento" (Villares; Borja, 2020, pp. 322–23).

O Ministério recém-criado, a partir da desagregação do Ministério da Educação e Cultura (MEC), passou a integrar o Conselho Federal de Cultura (CFC), o Conselho Nacional de Direito Autoral (CNDA), o Conselho Nacional de Cinema (Concine), a Secretaria da Cultura, a Empresa Brasileira de Filmes S.A. (Embrafilme), a Fundação Nacional de Arte (Funarte), a Fundação Nacional Pró-Memória, a Fundação Casa de Rui Barbosa e a Fundação Joaquim Nabuco, além de quatro secretarias: do Patrimônio Artístico Nacional (SPHAN), de Atividades Socioculturais (Seac), de Difusão e Intercâmbio (Sedi), e de Apoio Cultural (Seap). O MinC passava a ser gerido por um economista, um especialista em planejamento, mas sobretudo por um pensador que compreendia os significados e os impactos da cultura e da criatividade para o desenvolvimento brasileiro:

> Para além da sua vasta experiência no serviço público, Celso Furtado já havia estruturado um ministério anteriormente, o do Planejamento, quando o assumiu em 1962, nomeado pelo presidente João Goulart. Outro importante atributo eram os vastos conhecimentos do novo ministro sobre economia, e principalmente, sobre leis de incentivo fiscais. Furtado havia concebido e implantado as leis de incentivos fiscais da Superintendência do Desenvolvimento do Nordeste (Sudene), em 1963. (Duarte; Calabre, 2015, p. 1302)

Sua experiência na área de incentivos fiscais foi imediatamente transferida ao campo cultural. Desse modo, nasceu a primeira legislação federal de incentivo à cultura, que envolvia pessoas físicas e jurídicas, buscando aproximar governo, empresas e o campo cultural em favor, sobretudo, do desenvolvimento local e regional:

> Qualquer cidadão poderia incentivar uma atividade cultural utilizando parte do valor devido de imposto de renda. Bastava o doador realizar um depósito na conta da entidade cultural que desejava auxiliar. Em troca, emitia-se um recibo que era anexado no ato da declaração do imposto. Para receber os recursos, era necessário que a entidade cultural fosse uma pessoa jurídica, com ou sem fins lucrativos, e estivesse cadastrada no MinC. Estavam liberadas para doar pessoas físicas e jurídicas, devedoras de imposto de renda, sem qualquer restrição. (Duarte; Calabre, 2015, p. 1304)

Em 1987, no programa *Roda Viva*, da TV Cultura, o ministro Furtado divulgou o novo instrumento de financiamento da cultura no Brasil:

> [...] Para participar da Lei Sarney é necessário que a pessoa seja contribuinte do imposto de renda. Digamos que esse seu quitandeiro seja contribuinte do imposto de renda. Ele precisa, portanto, ser educado nessa direção, é necessário que ele compreenda que uma iniciativa cultural que diz respeito a sua própria vida *também passa a depender dele*. Se ele está numa cidade pequena, por exemplo, e necessita de um espaço cultural que não existe [...] ele pode tomar a iniciativa e se reunir com um grupo de pessoas e contribuir com seus próprios recursos para a efetivação desse projeto [...]. (Furtado *apud* Duarte; Calabre, 2015, p. 1304)

A Lei Sarney era uma tentativa de enfrentamento das características concentradoras das indústrias culturais, cada vez mais atuantes no Brasil, que acabaram por constituir um grande óbice à implantação da nova legislação:

> A Lei Sarney, quando entrou em vigor, encontrou um país com uma indústria cultural desenvolvida, que rapidamente a cooptou. Poucos projetos incentivados através da renúncia fiscal seguiram o modelo de protagonismo cultural concebido por Celso Furtado. E o pouco tempo na qual existiu não permitiu que soubéssemos se a população em geral exerceria ou não essa participação, esse poder de escolha. A Lei Rouanet, que substituiu a Lei Sarney, criada em 1991, restringiu substancialmente o espectro dos possíveis mecenas, quando delimitou que apenas as empresas que operassem em lucro real poderiam utilizá-la. Isso excluiu todos os pequenos comerciantes, inviabilizando o cenário desenhado por Furtado. (Duarte; Calabre, 2015, p. 1313)

Furtado priorizou quatro áreas de atuação do ministério, por ele assim sintetizadas:

> A preservação e o desenvolvimento de nosso patrimônio cultural, visto como um todo orgânico que deve se integrar no cotidiano da população;
>
> O estímulo à produção cultural, sem interferir na criatividade, mas prestando o necessário apoio ali onde ela se materializa em bens e serviços de ampla circulação;
>
> O apoio à atividade cultural ali onde ela se apresenta como ruptura com respeito às correntes dominantes, ou como expressão de grupos diferenciados por raízes étnicas, históricas, sociais e mesmo geográficas;
>
> O estímulo à difusão e ao intercâmbio culturais visando a democratizar o acesso a nosso patrimônio e a bens e serviços culturais dentro do país e além de nossas fronteiras. (Furtado, 2012a, pp. 78–79)

Para o ministro, o patrimônio cultural necessitaria da criatividade para romper com suas tendências conservadoras:

> Já na relação entre patrimônio e criatividade, o ponto central será a necessidade de compatibilizar a preservação do patrimônio (uma ação conservadora) com o incentivo às formas de ruptura típicas do ato criativo (uma ação transgressora). Furtado entende que todo ato de criação é alimentado pela herança cultural, mas, ao mesmo tempo, se preocupa com o peso da tradição, que pode sufocar as novas correntes criativas. (Borja, 2019, p. 51)

A inovação, como expressão do ato criativo, passa a ser integrada ao MinC, como fundamento do patrimônio cultural brasileiro:

> Patrimônio e memória são concebidos não apenas como acervo da herança cultural, mas como um todo orgânico cuja significação cresce à medida que se integra no viver cotidiano da população. Assim, procura-se articular o trabalho de preservação com o estímulo à inovação, dentro da concepção de que o ato criativo é tanto ruptura como processo que se alimenta da herança cultural, a qual é captada no seu recorte histórico regional, em suas relações com o ecossistema e levando na devida conta a estrutura social em que emerge. (Furtado, 2012c, pp. 103–04)

A gestão de Furtado à frente do Ministério da Cultura é coerente com as preocupações registradas em sua produção intelectual dedicada à cultura, à criatividade e ao desenvolvimento, sobretudo sobre os impactos das indústrias culturais e criativas para o campo cultural brasileiro: "O Brasil será marcado por toda uma gama de sistemas de símbolos importados que com frequência ressecam nossas raízes culturais com a produção de bens culturais que buscam a uniformização dos padrões de comportamento, base da criação de grandes mercados" (Furtado, 1984, p. 31). Por esse motivo, o economista encomendou à Fundação João Pinheiro uma primeira pesquisa sobre a dimensão econômica da cultura. O estudo *Economia e cultura: reflexões sobre as indústrias culturais no Brasil*, realizado em 1988, inaugurou o esforço inicial da gestão federal de compreensão da cultura como processo produtivo, mas sobretudo dos valores da cultura e da criatividade para o próprio modelo de desenvolvimento do país.

Furtado conhecia a trajetória das políticas culturais brasileiras, muito antes de sua institucionalidade enquanto pasta autônoma no governo federal, e certamente reconhecia na figura do designer pernambucano Aloísio Magalhães,[12] criador do Centro Nacional de Referência Cultural (CNRC), um precursor das reflexões e das ações sobre a economia da cultura e da criatividade. Para Magalhães, o CNRC era um projeto de design,

> [...] logo, a única maneira de criar a fisionomia do produto brasileiro seria reconhecendo a realidade da própria cultura. Em outras palavras, para criar o design brasileiro – inevitavelmente ligado ao design dos países mais avançados – seria preciso detectar, ao longo do espaço brasileiro, as atividades artesanais e influir nelas, investindo no fazer brasileiro de modo a fazer surgir um design novo, isto é, formas visuais e industriais alternativas [...]. Nesse contexto, surgiu a metáfora do estilingue: o avanço de uma nação seria diretamente proporcional ao seu recuo ao passado em busca de referências culturais, assim como "uma pedra vai mais longe na medida em que a borracha do bodoque" deve ser "suficientemente forte e flexível para suportar uma grande tensão" (Souza Leite, 2017 *apud* Kaizer, 2021, online).

Considerando que cultura é desenvolvimento, Magalhães se interessava pela atividade criadora dispersa no país, a partir das pequenas experiências territoriais e comunitárias – um olhar agudo para a diversidade de usos, hábitos e formas de viver no território.

> Aloísio não apenas tentou estabelecer referenciais culturais para o desenvolvimento do produto brasileiro como propôs um modelo de produção alternativo ao estrangeiro que pudesse incorporar "formas muito simples e muito primitivas de tecnologia", remanescentes em certas partes do território nacional. Essas atividades de pequena escala, ligadas às "necessidades de outra coletividade", distintas daquela dos grandes centros urbanos, implicariam também em outro modelo de formação, que Aloísio chamou de "aprendizado para a liberdade": vindo "do real, do concreto, da vivência cultural, do ambiente" e envolvendo o "processo criativo" por meio da representação, manipulação e criação de formas e objetos. Por fim, esse aprendizado seria "fundamental ao desenho de toda uma nação". Essa concepção de projeto e desenvolvimento, porém, difere radicalmente não somente das discussões sociais e econômicas em pauta naquele momento no mundo, mas também da direção histórica que o campo do design tomou no sentido dos ganhos de escala, de uma sistematização crescente dos meios de produção e da globalização dos mercados consumidores. Além disso, a proposta evidencia uma mudança de visão do próprio Aloísio: basicamente, a partir de 1975, ele interpretou o "universalismo" das tecnologias de produção e comunicação como uma ameaça ao desenvolvimento nacional (Souza Leite, 2017 *apud* Kaizer, 2021, online).

A compreensão da cultura como um ativo estratégico para o desenvolvimento constitui um dos importantes legados de Aloísio Magalhães na história das políticas públicas culturais brasileiras. Vale destacar sua preocupação acerca da invisibilidade das forças criativas em pequenos territórios brasileiros:

> Aloísio procurava recuperar aquilo que fora descartado pelo desenvolvimentismo brasileiro, a saber, o "nível micro, de identificação de necessidade ligada ao comportamento e hábitos, usos e costumes da comunidade", os "pequenos índices de atividade criadora", os "valores dispersos e desconhecidos na imensidão do espaço territorial". No seu argumento, o nível micro seria indispensável à identidade cultural, ao vínculo entre o desenvolvimento econômico e a realidade da população e até mesmo à soberania nacional (Souza Leite, 2017 *apud* Kaizer, 2021, online).

Nesse sentido, a grande contribuição de Furtado ao MinC foi a identificação da criatividade como um valor genuíno da cultura brasileira, reconhecendo que essa criatividade não poderia ser de todo exercida, como um direito ou uma prerrogativa da cidadania, em função da extrema desigualdade da sociedade brasileira:

> Temos, por conseguinte, que nos preocupar profundamente com a questão das desigualdades sociais e regionais do Brasil, que limitam e inibem a difusão de valores do patrimônio de todos os brasileiros. O Brasil de hoje é marcado por profundas desigualdades no que respeita ao acesso a esses valores. Cabe ao Ministério da Cultura a responsabilidade maior no enfrentamento desse desafio. Por outro lado, temos enorme capacidade criativa que não chega a se manifestar em razão de constrangimentos sociais, o que constitui outro desafio para a política cultural. E ainda temos a necessidade de afirmar nossa identidade, de preservar sua integridade, em face da multiforme ofensiva da indústria cultural. Portanto, o Estado para nós é essencialmente o instrumento de um projeto de difusão de valores, de abertura de novos canais de comunicação, de descoberta de fontes de criatividade e de preservação da identidade de nossa cultura. É assim que pensamos aqui no Ministério. (Furtado, 2012b, pp. 95–96)

Foram os estudos sobre desigualdade, especialmente na América Latina, que levaram Furtado, em abril de 1989, a ser convidado por Javier Pérez de Cuéllar para participar da construção do *Relatório de cooperação econômica internacional das Nações Unidas*. As preocupações do diplomata peruano eram procedentes e anunciavam o agravamento da crise do desenvolvimento capitalista global:

> [...] perspectivas de crescimento econômico e desenvolvimento são coisas distintas. [...] As dimensões humanas dessa situação continuam a ser uma grave preocupação, se, por exemplo, forem medidas em torno de crescente pobreza, mesmo em países de crescimento relativamente alto, ou em termos de redução dos orçamentos sociais como resultado de ajustes obrigatórios. A persistente disparidade de vida nos mundos desenvolvido e em desenvolvimento é simplesmente inaceitável. As projeções futuras sugerem que,

> a menos que se providencie uma ação deliberada, a distância entre ricos e pobres crescerá [...]. (Furtado, 2021, p. 282)

Na trajetória de construção da interdisciplinaridade do desenvolvimento nas organizações internacionais, a partir da criação de comissões específicas que buscavam aperfeiçoar e ampliar as visões de desenvolvimento,[13] a dimensão ambiental foi reconhecida antes da dimensão cultural. "A cultura se tornou o último aspecto inexplorado dos esforços desenvolvidos em nível internacional para estimular o desenvolvimento econômico", afirmou Bernardo Kliksberg no Fórum Desenvolvimento e Cultura realizado pelo Banco Interamericano de Desenvolvimento (BID) (Hermet, 2002, p. 88). A variável cultura, associada ao capital social, problematiza os modelos de desenvolvimento exógenos, implicando o reconhecimento de que todo desenvolvimento é expressão de uma cultura:

> [...] A partir daí poderia ser aberto um debate acerca da compatibilidade do desenvolvimento com outras construções sociais ou outras culturas (diferentes da Europa e da América do Norte, principalmente) que não se baseiam nas mesmas premissas [...] porque seus sistemas sociais são hierárquicos e não igualitários, porque a reciprocidade se considera mais segura que o intercâmbio mercantil [...]. (Rist *apud* Hermet, 2002, p. 98)

Como embaixador junto à Comunidade Econômica Europeia, Furtado vinha acompanhando as transfigurações dos significados do desenvolvimento, especialmente nas organizações internacionais. O Programa das Nações Unidas para o Desenvolvimento (PNUD) foi responsável por agregar a dimensão humana aos indicadores tradicionais de desenvolvimento: "da liberdade política, econômica e social até as oportunidades individuais para que as pessoas sejam saudáveis, educadas, produtivas, criativas, e tenham respeitados tanto sua dignidade pessoal como seus direitos humanos" (Unesco, 1997, p. 7; tradução livre).

Desde 1990, o Índice de Desenvolvimento Humano (IDH) passou a ser utilizado pelo PNUD, neutralizando a hegemonia do Produto Interno Bruto (PIB) sobre os indicadores acerca do desenvolvimento dos países, e renda *per capita*, expectativa de vida e educação se tornaram novos parâmetros para a mensuração da qualidade do desenvolvimento. A partir do IDH, a cultura foi então integrada ao indicador da educação. Por sua vez, o Banco Mundial passou a reconhecer, nos programas de desenvolvimento, quatro categorias de capital: "o capital natural, constituído por recursos físicos ou pelas vantagens de situação de um país ou de uma zona de ação; o capital construído, fruto do crescimento material, e, por último, o capital humano e o social um tanto confundidos" (Hermet, 2002, p. 82).

À ideia de capital está imbricada a ideia de poder e seus diversos ativos. Bourdieu (1998, p. 28) se refere ao capital social como

> o conjunto de recursos atuais e potenciais que estão ligados à posse de uma rede durável de relações mais ou menos institucionalizadas de interconhecimento e inter-reconhecimento ou, em outros termos, à vinculação a um grupo, como conjunto de agentes que não somente são dotados de propriedades comuns (passíveis de serem percebidas pelo observador, pelos outros ou por eles mesmos), mas também que são unidos por *ligações* permanentes e úteis.

O capital social está necessariamente associado à noção de estratégias responsáveis pela construção e manutenção da rede de relações sociais, que produz e reproduz relações duráveis capazes de assegurar ganhos materiais e simbólicos. As estratégias destinam-se a transformar relações contingentes – como as de vizinhança, trabalho ou mesmo parentesco – em relações necessárias e eletivas, incluindo-se desde sentimentos de reconhecimento ou respeito até a noção de direitos. Dessa forma, a cultura penetra nas discussões acerca do desenvolvimento, no Banco Mundial (BM), no Banco Interamericano de Desenvolvimento (BID), na Organização Internacional do Trabalho (OIT), na Comissão Econômica para a América Latina (Cepal), no Programa das Nações Unidas para o Desenvolvimento (PNUD) e na Organização das Nações Unidas para a Educação, a Ciência e a Cultura (Unesco), como um recurso do capital social das populações, especialmente, para a luta contra a pobreza e o fortalecimento da coesão social.

Em 1991, a Conferência Geral da Unesco aprovou a resolução para a criação da Comissão Mundial de Cultura e Desenvolvimento (CMCD), presidida por Javier Pérez de Cuéllar e constituída de treze membros. Celso Furtado era um deles. A convocação da cultura para os debates sobre o desenvolvimento era urgente, para não dizer tardia. Os impactos, cada vez mais ameaçadores, do sistema econômico global sobre a diversidade cultural no planeta encontraram na CMCD a motivação para responder a perguntas desafiadoras:

> Quais são os fatores culturais e socioculturais que influenciam o desenvolvimento? Que impacto cultural tem o desenvolvimento econômico e social? Que relação existe entre as culturas e os modelos de desenvolvimento? Como combinar os elementos valiosos de uma cultura tradicional com a modernização? Quais são as dimensões culturais do bem-estar individual e coletivo? (Unesco, 1997, p. 8; tradução livre)

Ao refletir sobre as relações entre cultura e economia, a comissão era obrigada a fazer escolhas. Afinal, no sentido antropológico, os modelos econômicos de uma sociedade, por refletirem valores e crenças de uma comunidade ou sociedade, também constituem expressões da cultura. Uma pergunta de partida, relativa aos sentidos de cultura que seriam adotados pela comissão, necessitaria ser formulada: "[...] a cultura é um aspecto ou um instrumento do desenvolvimento, entendido no sentido do progresso material, ou é o objetivo e a finalidade do desenvolvimento, entendido no sentido da realização da vida humana sob suas múltiplas formas e em sua totalidade?" (Sahlins *apud* Unesco, 1997, p. 15; tradução livre).

Publicado em 1997 com o título *Nuestra diversidad creativa: informe de la Comisión Mundial de Cultura y Desarrollo* [Nossa diversidade criativa: informe da Comissão Mundial de Cultura e Desenvolvimento], o documento ratifica em seu prólogo, assinado por Cuéllar, a dimensão do desafio empreendido, assim como a qualidade e a integração do seleto grupo de intelectuais de vários países e continentes[14] em torno dos mesmos valores e convicções políticas:

> Todos os comissionados apoiavam o princípio da equidade, tanto em suas dimensões imediatas como em respeito às gerações futuras. Todos reconheciam a universalidade das aspirações à melhoria e ao progresso, assim como a diversidade dos caminhos possíveis para alcançar esses objetivos. Todos estavam convencidos de que a cultura é uma variável fundamental para explicar as diferentes pautas da transformação e constitui um fator essencial, ou a própria essência do desenvolvimento sustentável, na medida em que as atitudes e os estilos de vida determinam a forma como administramos nossos recursos não renováveis. (Unesco, 1997, pp. 8–9; tradução livre)

O informe inaugurou os primeiros compromissos da Unesco com os campos da cultura e do desenvolvimento e, por isso, é um documento seminal para a diplomacia cultural, na perspectiva da cooperação cultural multilateral, enfatizando a política cultural como pilar da política exterior dos países, até então centrados em relações intergovernamentais e de desenvolvimento do comércio, cooperação e acordos bilaterais. A diplomacia cultural, além do intercâmbio de bens e serviços culturais, avança nesse relatório para uma compreensão de que a diversidade cultural deve ser compreendida como mola mestra do desenvolvimento sustentável.

Na condição de processo e produto da cultura, o relatório afirma que o desenvolvimento é produto e processo da diversidade cultural e, para tanto, produz um chamamento político para o reconhecimento e a valorização das diversas formas de pensar e de viver, a partir da cultura:

> A cultura é a transmissão de comportamento e também uma fonte dinâmica de *transformação*, criatividade e liberdade, que abre possibilidades de inovação. Para os grupos e as sociedades, a cultura é energia, inspiração e empoderamento, ao mesmo tempo que é conhecimento e reconhecimento da diversidade [...]. O desafio que a humanidade tem diante de si é adotar novas formas de pensar, atuar e organizar-se em sociedade; em suma, novas formas de viver. O desafio também consiste em promover caminhos diferentes de desenvolvimento, fundamentados pelo reconhecimento de que os fatores culturais

> modelam a maneira pelas quais as sociedades concebem seus próprios futuros e elegem meios para inseri-los (Unesco, 1997, p. 9; tradução livre).

Como chamamento, o relatório definiu uma agenda internacional que, embora confunda princípios, intenções, desejos e ações, introduz temas importantes para a cultura do desenvolvimento, tais como os direitos culturais, a participação das mulheres e dos jovens, a comunicação, os significados da cultura para a democracia, a cidadania e a paz:

> 1) reforçar e aprofundar os debates e as análises sobre a cultura e o desenvolvimento;
> 2) promover um consenso internacional sobre a cultura e o desenvolvimento, em particular mediante o reconhecimento universal dos direitos culturais e a necessidade de equilibrar esses direitos com responsabilidades;
> 3) assegurar que o avanço do desenvolvimento humano contribua para reduzir o número de guerras e conflitos armados internos;
> 4) instaurar um equilíbrio entre direitos e deveres nos meios de comunicação;
> 5) iniciar um processo de consultas que conduz a uma Cúpula Mundial sobre Cultura e Desenvolvimento;
> 6) promover a participação democrática mais ampla possível, sobretudo entre mulheres e jovens;
> 7) promover essa participação em todos os níveis, tanto local, como estadual e federal, assim como internacional e global, principalmente onde essa promoção não acontece, e estendê-la a todas as organizações;
> 8) mobilizar energias em torno de iniciativas práticas. (Unesco, 1997, p. 13; tradução livre)

Diante da exclusão, da pobreza e da violência crescentes no planeta, ao final do século XX, o relatório constituiu um marco significativo para uma compreensão ampliada do desenvolvimento no qual a dimensão econômica não comprometesse seus fundamentos humanos:

> [...] o desenvolvimento compreende não somente o acesso aos bens e serviços, mas também constitui uma oportunidade de eleger um modo de vida coletivo que seja pleno, satisfatório, valioso e valorizado, no qual floresça a existência humana em todas as suas formas e em sua integridade. [...] O papel da cultura não é reduzido a ser um meio para alcançar fins [...], mas constitui a base social dos próprios fins. (Unesco, 1997, p. 11; tradução livre)

O informe qualifica a liberdade, tradicionalmente associada à ação individual, como "liberdade cultural", ampliando seus significados na direção do coletivo:

> Ao proteger os diversos modos de vida, a liberdade cultural estimula a experimentação, a diversidade, a imaginação e a criatividade, permitindo-nos satisfazer uma das necessidades mais fundamentais: o direito a definir quais são essas necessidades fundamentais. (Unesco, 1997, p. 11; tradução livre)

Entre os diversos temas da cultura para o desenvolvimento dos países – uma nova ética global; o compromisso com o pluralismo; os desafios para um mundo mais midiático; as questões culturais relativas às mulheres e ao gênero, as crianças e os jovens; o patrimônio cultural ao serviço do desenvolvimento; a cultura e o meio ambiente; a reconsideração das políticas culturais; as necessidades de pesquisa –, merece destaque o terceiro capítulo, denominado "Criatividade e empoderamento" (Unesco, 1997), repleto de marcos e marcas do pensamento de Furtado sobre cultura, criatividade e desenvolvimento. Embora a expressão "economia criativa" ainda não estivesse disseminada e reconhecida, as pontuações e análises nele apresentadas inauguram os desafios que logo seriam enfrentados pela economia criativa no século XXI.

"PARA UM CONCEITO MAIS AMPLO DE CRIATIVIDADE"

A criatividade deve ter seu significado ampliado. Para tanto, é necessário criar as condições estruturais para que os impulsos criativos possam ser potencializados. Excessos de racionalidade tecnocrática podem reduzir e aniquilar as forças criativas.

Tradicionalmente atribuída ao gênio criador individual, a criatividade deve ser cultivada para que se desenvolva em favor do *ethos* coletivo e comunitário. No seu sentido maior, a criatividade não deve estar somente a serviço do sistema produtivo ou do campo artístico, mas precisa sobretudo solucionar problemas. No contexto de crescimento da pobreza, da violência e das ameaças à biodiversidade, a criatividade deve ser compreendida como insumo intangível estratégico à inovação social, em especial no cultivo de éticas comunitárias – em outras palavras, a criatividade é essencial à realização dos objetivos das comunidades e das organizações comunitárias e sociais no território.

A criatividade é menos uma qualidade especial e individual que um ativo comunitário que contribui para o sentimento de pertencimento coletivo, porque promove novos modos de viver e possibilidades para o bem viver. Os valores da liberdade, da democracia e dos direitos são condições necessárias aos sistemas culturais e seus modos de desenvolver uma criatividade coletiva nos territórios.

A condição de capacidade de ampliação de respostas aos problemas humanos que a criatividade exerce deve ser estimulada a partir de políticas públicas que permitam que ela transborde de suas dimensões artísticas ou meramente econômicas para as diversas áreas da vida humana, com enfoque especial sobre os territórios. Ela deve ser cultivada em organizações privadas e públicas, devendo ser estimulada, nestas últimas, nas diversas áreas de atuação do Estado. Um Estado Criativo é condição necessária para um Estado Inovador na gestão e empreendedor na formulação, implementação e monitoramento de políticas públicas. Na dimensão territorial, especialmente no que se refere às Cidades Criativas, a criatividade deve ser estimulada não apenas por abrigar as dinâmicas econômicas dos setores criativos, mas sobretudo pelo desenvolvimento de suas capacidades de enfrentar e solucionar problemas urbanos a partir da utilização de instrumentos adequados (Unesco, 1997, p. 52).

"A CRIATIVIDADE ARTÍSTICA E A EXPRESSÃO CULTURAL"

As artes são essenciais à vida humana. Elas expressam o lugar da imaginação na vida, constituindo respostas dos indivíduos aos seus sentimentos mais profundos. Reduzidas a meros bens de consumo, as artes perdem em sua potência criadora, e a própria criatividade é desvalorizada. Grande parte das expressões artísticas são oriundas de uma construção coletiva, e no relacionamento com seu público reflete e desperta ideias, emoções, sensibilidades, sentimentos e aprendizados.

Como força social, a criatividade é responsável pelo diálogo entre culturas, pelos hibridismos entre inovação e tradição, pela diversidade cultural. Seja nos processos educativos, no trabalho, no fortalecimento da sensação de pertencimento, na superação da intolerância e dos ódios às minorias, na mediação entre grupos, no estímulo aos valores da cidadania e da democracia, na ampliação da participação social, as expressões artísticas simbolizam o nexo criativo entre éticas e estéticas. Como formas de expressão da liberdade humana, as artes necessitam de independência e autonomia. Afinal, elas permitem a voz dos que foram calados e expressam desejos e atitudes ainda não instituídos pelos cânones sociais e culturais. Como resistência política, instrumento de denúncia e incitação à consciência, ao pensamento crítico e à insubmissão, a criatividade deve ser protegida. Artistas são ameaçados cotidianamente no mundo, das mais diversas formas. A violência simbólica também pode ser oriunda do Estado e de seu modelo político, econômico, social e cultural de atuar. Estados e sociedades autoritárias são naturalmente reativos à liberdade e à criatividade do campo artístico (Unesco, 1997, p. 53).

"A CRIATIVIDADE NA TECNOLOGIA"

Comunidades criativas são aquelas que não se fecham ao desenvolvimento de conhecimentos e tecnologias que contribuam para o seu desenvolvimento. No entanto, tecnologias não são um fim em si mesmas: elas devem servir à diversidade, ou seja, devem contribuir para a criação e a difusão de conhecimento entre indivíduos, comunidades e sociedades. Transferências de tecnologias globais a um contexto local devem observar os fatores culturais dos territórios e de suas populações. É necessário garantir que a recepção tecnológica aconteça com a apropriação simultânea da capacidade social e técnica junto ao fortalecimento dos recursos culturais para que haja utilização adequada dessa apropriação com o objetivo do empoderamento das populações.

Cada cultura realiza sua própria contribuição para o patrimônio da humanidade. A articulação entre conhecimento, cultura e tecnologia em uma perspectiva global e local deve ser suficientemente flexível para adaptar-se às necessidades e aos interesses das comunidades. Quaisquer transferências de tecnologia devem levar em conta que os indivíduos e suas competências são os sujeitos e os protagonistas dessa apropriação.

Tecnologias devem servir aos pequenos empreendimentos para libertá-los de dependências sociais, econômicas, políticas e culturais. Tecnologias não devem estar a serviço da redução ou do aniquilamento da criatividade. Pelo contrário, elas devem criar oportunidades de desenvolvimento e aperfeiçoamento de empreendimentos e impulsionar as forças criativas locais, ao passo que devem ser aliadas do trabalhador e não uma ameaça a ele.

Por fim, é necessário não perder de vista os significados de progresso tecnológico a partir da análise dos impactos das tecnologias no desenvolvimento sustentável do planeta. Os sentidos da criatividade na tecnologia consistem justamente nos usos da tecnologia para o bem viver e o bem comum (Unesco, 1997, p. 56).

"GOVERNANÇA E CRIATIVIDADE NA POLÍTICA"

Cultivar a criatividade consiste em encontrar novas formas e meios para que pessoas e comunidades possam conceber novas e melhores maneiras de viver e trabalhar juntas. Mesmo quando dotadas de infraestrutura, faltam às instituições públicas imaginação social e política.

O Estado tem se demonstrado impotente diante da complexidade dos desafios contemporâneos: de um lado, demanda-se dele capacidade de inserção e pactuação em relação às instituições globais para sua atuação nos grandes temas planetários; de outro, espera-se que atue de maneira descentralizada, estimulando novas formas de participação social com o objetivo de robustecer os valores da democracia.

A criatividade na política deve ser estimulada a partir das instituições públicas e da reafirmação de suas responsabilidades (*accountability*). A transparência e o controle das organizações públicas são traduções concretas da criatividade política. Novas governanças são essenciais para o empoderamento das populações – a capacidade das pessoas de eleger opções mais amplas diante da participação direta nos processos de tomada de decisão ou influindo sobre quem tem o poder de decidir.

A ideia de empoderamento se manifesta em todos os níveis da sociabilidade humana, mas ela ganha maior potência e legitimidade quando fortalece e amplia os canais de participação das minorias, dos excluídos, dos que que carecem de direitos na definição de desejos e aspirações que lhes permitam decidir sobre seus próprios destinos. O empoderamento, em sua dimensão social, pressupõe o acesso a uma pluralidade de fontes de informação, canais de expressão, representação e reparação. A superação da pobreza não poderá acontecer sem a contribuição dos que vivem na pobreza. A luta pela ampliação da cidadania é fruto da criatividade dos governos e da sociedade civil no desenvolvimento de novas formas de governança. A ampliação da governança é consequência direta da ampliação da diversidade cultural no território. Quanto maior a proximidade das populações das tomadas de decisão, mais provável é que essas populações ampliem suas capacidades de influir sobre os governos. Quanto maior a participação dos movimentos sociais, das comunidades, dos povos originários, das associações não governamentais nas tomadas de decisão, menor será a ação autoritária dos governos e maior será a vitalidade da democracia. Democracia, empoderamento e cultura implicam acesso ao poder e à liberdade de expressão. Ambas são frutos da autonomia cultural (Unesco, 1997, p. 61).

O relatório *Nuestra diversidaded creativa* é um documento seminal para a economia criativa, sobretudo para as economias criativas dos países do Sul. Arriscaríamos afirmar que a associação das palavras "diversidade", "criatividade" e "empoderamento" deve ter sido proposta ou ao menos intensamente defendida por Celso Furtado na CMCD. Em vez de criatividade como dependência, fruto da acumulação produzida pela civilização industrial, o economista brasileiro contribuiu para uma visão ampliada da sociedade, da cultura e do desenvolvimento. A criatividade como invenção da cultura deve ser a base do empoderamento e da emancipação de povos e países.

Ainda em 1997, a Unesco e a Maison des Sciences de l'Homme organizaram em Paris o colóquio internacional "O que é o desenvolvimento? A contribuição de Celso Furtado". Nesse mesmo ano, tendo publicado *Obra autobiográfica*, Furtado foi eleito para a Academia Brasileira de Letras. Com a publicação de *O capitalismo global*, ganhou, em 1999, o prêmio Jabuti na categoria ensaio.

O livro *O longo amanhecer: reflexões sobre a formação do Brasil* foi publicado em 2003, quando de sua eleição para a Academia Brasileira de Ciências. Nesse ano, quando Furtado publicava *Raízes do subdesenvolvimento*, economistas da América Latina e personalidades do mundo inteiro encaminharam seu nome ao comitê do prêmio Nobel de economia, em Estocolmo. Em 2004, durante a sessão inaugural da UNCTAD-XI, que comemorava o seu quadragésimo aniversário, Celso Furtado foi homenageado pelo secretário-geral do evento, o embaixador Rubens Ricupero, e pelo secretário-geral da ONU, Kofi Annan, por sua contribuição ao pensamento econômico e ao desenvolvimento. Também em 2004, o presidente Lula propôs, em seu discurso na ONU, a criação de um centro internacional para discutir políticas de desenvolvimento, batizado de Centro Internacional Celso Furtado de políticas para o desenvolvimento.

O economista nos deixou no mesmo ano de 2004. Em janeiro de 2011, 25 anos depois de sua gestão à frente do Ministério da Cultura, iniciou-se a institucionalização de uma secretaria destinada a reavivar as conexões entre cultura, criatividade e desenvolvimento. Em 2015, a Secretaria Nacional da Economia Criativa foi desarticulada pelo próprio governo que lhe deu institucionalidade, e as políticas públicas para a economia criativa brasileira foram postergadas. Na condição de celeiro da biodiversidade cultural planetária, o Brasil seria o candidato ideal a desenvolver um modelo sustentável para a economia criativa, sobretudo no contexto dos países do Sul.

Furtado lutou, ao longo de toda a sua vida, por um modelo de desenvolvimento que fosse menos o resultado da acumulação material que um processo de invenção de valores culturais. O diplomata, o intelectual, o planejador, o gestor público e, sobretudo, o homem da utopia sabia dos impactos nocivos dos modelos de desenvolvimento sem envolvimento para o novo século: a concentração de renda e de riqueza, a sonegação dos direitos sociais, a precarização do mundo do trabalho e a subalternidade da inserção internacional (Leitão, 2014, p. 130).

No sentido contra-hegemônico aos valores funcionais da criatividade, Furtado identificou as matrizes da criatividade a partir da liberdade: a reflexão filosófica, a meditação mística, a invenção artística e a pesquisa científica básica (Furtado, 2008, p. 114). Dessa forma, associou definitivamente o desenvolvimento à ideia de criatividade (Furtado, 2008. p. 111), trazendo para o seu pensamento sobre desenvolvimento endógeno as ideias de Nietzsche[15] sobre liberdade e criatividade. O ser humano cria pela necessidade, mas cria sobretudo pelo instinto e pela paixão. "A existência do mundo só se justifica como fenômeno estético", observa Nietzsche em *O nascimento da tragédia*:

> A criatividade artística – expressão da liberdade em uma de suas formas mais nobres – transforma-se em instrumento de ativação do progresso de acumulação. Neste contexto adquire inescapável significação a pergunta de Zaratustra: liberdade para quê? Quanto mais avança a acumulação, mais o sistema necessita de criatividade e mais a liberdade se subordina à lógica daquela [a acumulação] [...]. (Furtado, 2008, p. 208)

Entre as matrizes da criatividade, as artes têm especial significado para a emancipação humana. No entanto, arte e artista podem reproduzir estruturas sociais e, ao serem incorporados ao processo de acumulação, legitimarem a dominação e a dependência cultural. A colonização cultural, enquanto modo como o excedente é utilizado na periferia, constitui um óbice para a existência de sociedades que sejam capazes de gerar visões independentes de mundo (Furtado, 1974, p. 84). Celso Furtado acompanhou, ao longo da sua vida profissional, as trajetórias de colonização cultural sofridas pelos países latino-americanos. Em contraponto à colonização cultural promovida pelas indústrias culturais e criativas, a autonomia cultural é, por conseguinte, uma categoria central do pensamento furtadiano:

> Nos países capitalistas cêntricos, essa autonomia cultural, no que se refere à classe trabalhadora, foi consideravelmente erodida. O acesso da massa trabalhadora a formas de consumo antes privativas das classes que se apropriam do excedente criou para aquela um horizonte de expectativas que condicionaria o seu comportamento no sentido de ver, na confrontação de casos, mais do que um antagonismo irredutível, uma série de operações táticas em que os interesses comuns não devem ser perdidos de vista (Furtado, 1974, p. 85).

Nas últimas décadas do século XX, as indústrias culturais e criativas começaram a ser reconhecidas e acolhidas como uma etapa mais sofisticada do sistema capitalista. Caracterizadas pelo valor agregado da cultura e da ciência e tecnologia na produção de seus bens e serviços, assim como pelo *copyright* – ou seja, pela proteção dos direitos do autor/criador –, elas se tornam cada vez mais estratégicas na constituição do PIB dos países industrializados. Furtado tinha a consciência de que essas indústrias não contribuíam para a desconcentração da riqueza econômica, nem para a autonomia cultural das populações. Pelo contrário, ao promoverem a homogeneização dos padrões de consumo, ameaçavam a cultura e a criatividade.

> Todos os povos lutam para ter acesso ao patrimônio cultural comum da humanidade, o qual se enriquece permanentemente. Resta saber quais serão os povos que continuarão a contribuir para esse enriquecimento e quais aqueles que serão relegados ao papel passivo de simples consumidores de bens culturais adquiridos nos mercados. Ter ou não ter direito à criatividade, eis a questão. (Furtado, 1984, p. 25)

Os impasses sobre o direito à criatividade persistem e se aprofundam. Afinal, a liberdade de criar não se universalizou – longe disso: ela sucumbiu aos interesses políticos e econômicos que fazem circular produtos de qualidade muitas vezes duvidosa, e cujos processos de produção, em vários casos, insubmissos aos direitos humanos, ratificam a exclusão social e a dependência entre populações. Num mundo globalizado, em que dependências científicas e tecnológicas determinam padrões de consumo e o comportamento passivo de populações, de que forma poderíamos construir um desenvolvimento capaz de garantir o direito à criatividade defendido por Furtado? Na civilização industrial, marcada pela dependência cultural, indaga Furtado (2008, pp. 221–22), poderia haver mensagem mais revolucionária do que a ideia de fundir o criar com o viver?

Notas

1 Chico César é cantor, compositor e ex-secretário de Cultura do estado da Paraíba. A poesia "Paracelso" que abre o Plano da Secretaria Nacional da Economia Criativa (2011–14) é sua homenagem ao ex-ministro da cultura Celso Furtado e à nova política pública de Economia Criativa do Ministério da Cultura.

2 Os princípios do bem viver e do bem comum serão desenvolvidos na segunda parte deste livro.

3 A República Velha compreende o período da história brasileira entre a Proclamação da República, em 1889, e a revolução política que inaugura a Era Vargas, em 1930. Essas décadas foram marcadas pelo mandonismo, pelo clientelismo e pelo coronelismo, ao passo que estruturaram as bases da sociedade industrial brasileira.

4 A crônica de Furtado de 1958 sobre Fortaleza é representativa do modelo de desenvolvimento dependente do Brasil e de seus impactos atuais nas capitais brasileiras. Mais de seis décadas depois, embora dotada de uma nova estrutura portuária – o Porto do Pecém –, que faz do estado um importante centro logístico e industrial do Nordeste, a capital apresenta o pior cenário de pobreza em dez anos. É a quinta cidade do país com maior desigualdade de renda: com uma população em torno de 2,687 milhões de habitantes, 1,5 milhão vive com até 465 reais ao mês (*Diário do Nordeste*, 2020).

5 Aliança para o Progresso foi um programa de assistência ao desenvolvimento socioeconômico da América Latina que propunha uma cooperação interamericana com metas a curto e a longo prazo. A estrutura organizacional para a consecução das metas do programa se deu por meio do acordo entre a OEA, o BID e a Cepal. A Carta de Punta del Leste reconhecia a necessidade de profundas transformações sociais, econômicas e políticas, incluindo um projeto de controle das flutuações cambiais que prejudicavam as exportações de produtos primários latino-americanos (Furtado, 2021).

6 USAID é a sigla da Agência dos Estados Unidos para o Desenvolvimento Internacional, um órgão do governo estadunidense encarregado da ajuda externa aos países latino-americanos.

7 A importância da arquiteta modernista para a arquitetura brasileira do século XX é significativa. Fundou em 1950 a revista *Habitat*, projetou a Casa de Vidro, no Morumbi, e o Museu de Arte de São Paulo (Masp) e dirigiu o Museu de Arte Moderna da Bahia (MAM-BA). Além da contribuição valiosa na área do restauro (Solar do Unhão, Sesc Pompeia, Teatro Oficina), realizou trabalhos de cenografia, artes plásticas, design gráfico e de mobiliário (Instituto Bardi, s.d.).

8 A partir de 1961, o Ministério da Educação e Cultura (MEC) instituiu o Projeto de Assistência ao Artesanato Brasileiro (PAB), estruturado no fomento econômico, financeiro e técnico. Na década de 1970, foi o Ministério do Trabalho a pasta responsável por encontros nacionais de artesanato, que desembocariam na criação do Programa Nacional de Desenvolvimento do Artesanato (PNDA). Nos anos 1980, o programa sofreu grandes retrocessos, sendo extinto na década de 1990. As ações relativas ao artesanato se deslocaram, em 1991, para o Ministério da Ação

Social, e o PAB foi integrado à Secretaria Nacional de Promoção Social. Na década seguinte, o programa foi transferido para o Ministério da Indústria e do Comércio e, mais tarde, para o Ministério da Microempresa. Ao observarmos a trajetória errática dos programas para o artesanato no Brasil poderíamos nos indagar sobre as razões dos eternos recomeços de políticas públicas para os setores nos quais a dimensão cultural e criativa brasileira é tão significativa. Seja por meio da sazonalidade das políticas públicas para o artesanato, da desresponsabilização do Estado em relação às suas dinâmicas econômicas ou, ainda, pela redução da atividade artesanal ao campo historicamente clientelista da ação social, é possível descortinar o amplo horizonte de desafios da economia criativa brasileira (Brasil, s.d.).

9 Nos estudos que Canclini (2006, p. 202) realizou no Fondo Nacional para el Fomento de las Artesanias, no México, especialmente sobre as empresas privadas que comercializam esses produtos, observa a exploração econômica dos indígenas que, em grande parte, também são artesãos: "[...] a dominação econômica se mescla com intercâmbios de serviços; [...] fazem empréstimos, ensinam como utilizar créditos bancários, sugerem mudanças de técnica e de estilo para melhorar as vendas, ajudam a realizar um tipo de comercialização cujas regras os artesãos têm dificuldade de compreender. Estas interações 'solidárias' não reduzem a importância da opressão sofrida pela maioria dos [...] indígenas latino-americanos [...]".

10 Imaginamos que sua crítica fosse capitaneada pelo romantismo de José de Alencar. Na tradição crítica brasileira, o romance alencarino sempre esteve ligado ao projeto romântico de idealização do país e de criação da identidade nacional. Estudos têm proposto novos olhares sobre sua obra, desta feita introduzindo-se articulações entre consciência ficcional e realismo crítico. A esse respeito, indicamos a leitura de *Paraísos artificiais: o romantismo de José de Alencar e sua recepção crítica,* de Maria Cecília Boechat. (Belo Horizonte: Editora UFMG, 2003).

11 Nos seus *Estudos sobre economia e sociedade*, Max Weber observa que na civilização ocidental o trabalho se submete a controles e aspira a fins considerados racionais que não se distinguem dos meios necessários para atingi-los. A racionalidade deveria governar o trabalho e a vida social, mas isso não acontece. A racionalidade dos fins busca normatizar a ação social; a racionalidade dos meios subordina os indivíduos às estruturas de dominação legal, econômica, científica e burocrática (Thiry-Cherques, 2009).

12 Na perspectiva da construção das primeiras políticas para o que mais tarde se denominaria de economia criativa brasileira, a grande referência foi, certamente, Aloísio Magalhães. Em 1975, o designer pernambucano iniciou um grupo de trabalho junto ao Ministério da Indústria e do Comércio e ao governo do Distrito Federal para o desenvolvimento de produtos que representassem a identidade brasileira, com o apoio da Fundação da Universidade de Brasília. O grupo de trabalho nasce a partir da provocação do então ministro Severo Gomes sobre o desconhecimento dos produtos genuinamente brasileiros e se transforma no Centro Nacional de Referência Cultural (CNRC). A perda das identidades culturais do país, fruto do crescente processo de globalização e de hegemonia das indústrias culturais e criativas, seria enfrentada pelo CNRC, um organismo centralizador de informações e produtor de sinergias em favor do encontro das expressões culturais artesanais com o design nacional. O centro funcionava como uma espécie de laboratório, onde Magalhães testaria ideias que, mais tarde, se transformariam políticas públicas do Instituto do Patrimônio Histórico e Artístico Nacional (IPHAN), órgão federal de preservação do patrimônio cultural brasileiro (Kaizer, 2021).

13 Informe Brundtland e a Cimeira do Rio são exemplos de institucionalidades produtoras de alianças entre a economia e a ecologia para a construção de uma agenda mundial de desenvolvimento a partir do meio ambiente.

14 Compunham a comissão os seguintes países: México, Senegal, Suíça, Brasil, Grécia, Reino Unido, Paquistão, Argentina, Zimbábue, Noruega, União Soviética, Japão e o Egito. A participação da Índia ocorre *ex officio* (Unesco, 1997).

15 *O nascimento da tragédia* é a obra de Nietzsche que inspira o pensamento furtadiano sobre desenvolvimento como liberdade e a capacidade criadora como recurso primordial à sua humanização. Nietzsche, Friedrich. *O nascimento da tragédia*, São Paulo: Companhia das Letras, 2020.

Referências bibliográficas

Bardi, Lina Bo. *Apresentação-manifesto da exposição de arte popular do Unhão*, 1963. Disponível em: aloisiomagalhaesbr.wordpress.com/historia-da-arte/coletivas/coletivas-nacionais/lina-bo-bardi-bahia-1958-1964/.

Boechat, Maria Cecília. *Paraísos artificiais: o romantismo de José de Alencar e sua recepção crítica*, Belo Horizonte: Editora UFMG, 2003.

Borja, B. "Desenvolvimento e política cultural: reflexões de Celso Furtado no caminho do Ministério da Cultura", em: *Cadernos do Desenvolvimento*, v. 14, 2019, pp. 39–56.

Bourdieu, Pierre. *Escritos de educação*, Petrópolis: Vozes, 1998.

Bourdieu, Pierre. *O poder simbólico*, Rio de Janeiro: Bertrand Brasil, 2009.

Brasil; Ministério da Cultura. *Plano da Secretaria da Economia Criativa: políticas, diretrizes e ações, 2011–2014*, Brasília: Ministério da Cultura, 2012.

Brasil; Ministério da Cultura. *Programa do Artesanato Brasileiro (PAB)*. Portal do Artesanato Brasileiro [online], s.d. Disponível em: gov.br/empresas-e-negocios/pt-br/artesanato/conheca-o-pab/programa-do-artesanato-brasileiro-pab-1.

Centro Celso Furtado. "1920–39: do sertão à capital". Centro Internacional Celso Furtado [online], s.d. Disponível em: centrocelsofurtado.org.br/geral.php?ID_M=478.

D'Aguiar, Rosa Freire (org.). *Celso Furtado e a dimensão cultural do desenvolvimento*, Rio de Janeiro: E-papers; Centro Internacional Celso Furtado, 2013.

Duarte, Renata; Calabre, Lia. "A fiscalização da Lei Sarney", em: Calabre, Lia *et al.* (orgs.), VI Seminário Internacional de Políticas Culturais. *Anais* [...], Rio de Janeiro: Fundação Casa de Rui Barbosa, 2015, pp. 1296–310. Disponível em: culturadigital.br/politicaculturalcasaderuibarbosa/files/2015/05/Anais-do-VI-Semin%C3%A1rio-Internacionalde-Pol%C3%aDticas-Culturais.pdf.

Furtado, Celso. *O mito do desenvolvimento econômico*, Rio de Janeiro: Paz e Terra, 1974.

Furtado, Celso. *Cultura e desenvolvimento em época de crise*, São Paulo: Paz e Terra, 1984.

Furtado, Celso. *O capitalismo global*, Rio de Janeiro: Paz e Terra, 1998.

Furtado, Celso. *Foto de uma conversa: Celso Furtado e Cristovam Buarque*, São Paulo: Paz e Terra, 2005.

Furtado, Celso. *Criatividade e dependência na civilização industrial*, São Paulo: Companhia das Letras, 2008.

Furtado, Celso. "A ação do Ministério da Cultura: balanço das realizações do Ministério da Cultura", em: D'Aguiar, Rosa Freire (org.), *Ensaios sobre cultura e o Ministério da Cultura*, Rio de Janeiro: Contraponto; Centro Internacional Celso Furtado, 2012a, v. 5, pp. 75–85.

Furtado, Celso. "Política cultural e criatividade", em: D'Aguiar, Rosa Freire (org.), *Ensaios sobre cultura e o Ministério da Cultura*, Rio de Janeiro: Contraponto; Centro Internacional Celso Furtado, 2012b, v. 5, pp. 91–98.

Furtado, Celso. "Política cultural e o Estado: Rio de Janeiro", em: D'Aguiar, Rosa Freire, (org.), *Ensaios sobre cultura e o Ministério da Cultura*, Rio de Janeiro: Contraponto; Centro Internacional Celso Furtado, 2012c, v. 5, pp. 103–06.

Furtado, Celso. *Diários intermitentes: 1937–2002*, São Paulo: Companhia das Letras, 2019.

Furtado, Celso. *Correspondência intelectual: 1949–2004*. São Paulo: Companhia das Letras, 2021.

D'Aguiar, Rosa Freire. *Ensaios sobre a cultura e o Ministério da Cultura*, Rio de Janeiro: Contraponto: Centro Internacional Celso Furtado, 2012.

"Grande Fortaleza é a quinta do país de maior desigualdade de renda". *Diário do Nordeste* [online], Redação, 23 out. 2020. Disponível em: diariodonordeste.verdesmares.com.br/negocios/grande-fortaleza-e-a-5-do-pais-de-maior-desigualdade-de-renda-1.3003175.

Hermet, Guy. *Cultura e desenvolvimento*, Petrópolis: Vozes, 2002.

Instituo Bardi. "Lina Bo Bardi: infância e primeiros estudos em Roma (1914-1939)".

Portal Instituto Bardi [online], s.d. Disponível em: portal.institutobardi.org/os-fundadores/lina-bo-bardi/.

Kaizer, Felipe. "Aloísio Magalhães e o problema do design nacional", em: *Revista Recorte* [online], 21 jun. 2021. Disponível em: revistarecorte.com.br/artigos/aloisio-magalhaes-e-o-problema-do-design-nacional/.

Leitão, Cláudia Sousa. "Indústrias criativas × economias criativas: compreendendo a disputa entre modelos de desenvolvimento", em: Rubim, Linda; Vieira, Mariella Pitombo; Souza, Delmira Nunes de (orgs.), *Enecult 10 anos*, Salvador: Edufba, 2014.

Sen, Amartya. *Desenvolvimento como liberdade*, São Paulo: Companhia das Letras, 2010.

Thiry-Cherques, Hermano Roberto. "Max Weber: o processo de racionalização e o desencantamento do trabalho nas organizações contemporâneas", em: *Rev. Adm. Pública*, v. 43, n. 4, ago. 2009. Disponível em: scielo.br/j/rap/a/rFvYFthDCqtFKqPZVBydTsH/?lang=pt.

Unesco. *Nuestra diversidad creativa: informe de la Comisión Mundial de Cultura y Desarrollo*, Madri: Fundación Santa María; Ediciones SM, 1997.

Villares, Luise; Borja, Bruno Nogueira. "Celso Furtado e a política de patrimônio cultural", em: *Pol. Cult. Rev.*, Salvador, v. 13, n. 2, jul./dez. 2020, pp. 318–37.

Segunda parte

Desafios de uma economia criativa do Sul para um desenvolvimento com envolvimento

Decolonizar o pensamento

CLÁUDIA SOUSA LEITÃO

A independência é um ato de cultura.

AMÍLCAR CABRAL

Em toda fronteira há arames rígidos e arames caídos.

NÉSTOR GARCÍA CANCLINI

O novo é para nós, contraditoriamente, a liberdade e a submissão.

FERREIRA GULLAR

Além de ser um processo de homogeneização, a globalização é o reordenamento das diferenças e das desigualdades entre populações e territórios. Ela atende a uma lógica universalizante, uma concepção totalizante do ser humano e, por isso, as populações do Sul global sofreram, de forma estrutural e histórica, as consequências da expansão do Norte global. Apesar disso, os vínculos de dependência entre colonizadores e colonizados já não podem ser compreendidos por meio de categorias tradicionais da dominação colonial.

O capitalismo global transnacional, o avanço das tecnologias, o crescimento de fluxos migratórios e as culturas híbridas são fenômenos que deslocaram subordinações ou dependências entre hemisférios e continentes, que passaram a se reproduzir não apenas entre, mas também dentro de países, regiões e cidades. Isso desestabilizou a perspectiva maniqueísta direcionada a dominadores e dominados nas representações do poder, que demonstram carecer de complexidade:

> O poder não funcionaria se fosse exercido unicamente por burgueses sobre proletários, por brancos sobre indígenas, por pais sobre filhos, pela mídia sobre receptores. Porque todas essas relações se entrelaçam umas com as outras, cada uma consegue uma eficácia que sozinha nunca alcançaria. Mas não se trata simplesmente de que, ao se superpor umas formas de domina-

ção sobre as outras, eles se potenciem. O que lhes dá sua eficácia é a obliquidade que se estabelece na trama. (Canclini, 2019, p. 346)

Não se pode refletir sobre os processos de decolonização[1] sem analisar a crise da modernidade ocidental e a forma que ela assume em sociedades de bases culturais híbridas, como as latino-americanas. Nesse caso, identidades locais e sistemas simbólicos apresentam tensões, especialmente pelo caráter contraditório da relação entre tradição, modernismo cultural e modernização econômica, que se entrelaçam nas novas formas de dependência.

A América Latina é um caso de modernismo sem modernidade. Desde o momento da colonização, os agentes colonizadores ibéricos eram reticentes aos ideais modernos e a recepção dos ideais racionalistas do Iluminismo foi contraditória. Nesse sentido, no imaginário da colonização latino-americana já estavam as sementes de rejeição da modernidade e as tendências à constituição de sociedades híbridas.

Na (con)fusão entre modernidades e pré-modernidades, o modernismo cultural das elites latino-americanas se aproxima das identidades nacionais, traduzindo-se em modos de articulação entre o endógeno e o exógeno, entre o local e o global. Entretanto, no que diz respeito à autonomia do campo cultural, as promessas de modernidade na América Latina continuaram reféns ora dos frágeis mercados locais, ora dos grupos transnacionais:

> Os desajustes entre modernismo e modernização são leis às classes dominantes para preservar sua hegemonia, e às vezes para não ter que se preocupar em justificá-la, para ser simplesmente classes dominantes. Na cultura escrita, conseguiram isso limitando a escolarização [...] na cultura visual, mediante três operações que possibilitaram às elites restabelecer repetidas vezes, frente a cada transformação modernizadora, sua concepção aristocrática: a) espiritualizar a produção cultural sob o aspecto de 'criação artística', com a consequente divisão entre arte e artesanato; b) congelar a circulação de bens simbólicos em coleções, concentrando-os em museus, palácios e outros centros exclusivos; c) propor como única forma legítima de consumo desses bens essa modalidade também espiritualizada, hierática, de recepção que consiste em contemplá-los. (Canclini, 2019, p. 69)

Os movimentos modernos de expansão, renovação, democratização e emancipação nos países dependentes acontecem de forma descontínua, tanto pelo déficit de modernização econômica, quanto pela cultura política, historicamente, autoritária, populista, clientelista e corrupta. Por esse motivo, para compreender os novos lugares da cultura, em contextos de simulacros[2] e de fragmentação entre tradição, modernidade e pós-modernidade nos países do Sul, são necessárias novas epistemologias.

No século XX, Gaston Bachelard (1934, p. 18) produziu uma crítica ao projeto positivista da unidade da ciência, estimulando, com base em sua dialética das imagens, a percepção do caráter disjuntivo e disruptivo do conhecimento para uma nova epistemologia científica:

> a unidade da ciência, tão frequentemente afirmada por filósofos e cientistas, nem sequer corresponde a um estado estável, e que era por isso perigoso postular uma epistemologia unitária. Não só o trabalho científico faz aparecer um ritmo alternado entre [...] descontinuidade e continuidade, racionalismo e empiricismo, não só a psicologia do cientista oscila no seu esforço quotidiano, entre a identidade das leis e a diversidade das coisas [...].

Considerando ciência e arte formas fluidas e complementares de conhecimento, Bachelard (1967) aproxima natureza e cultura, reconhecendo que a razão e a imaginação estariam intimamente vinculadas para tecer juntas os itinerários lógico-racional e mítico-simbólico dos seres humanos. O filósofo francês chamou de "obstáculo epistemológico" os impasses do pensamento linear e evolucionista do conhecimento científico e a carência de uma poética que convocasse os cientistas a problematizar a objetividade. Para ele, os discursos científicos, caracterizados por palavras como causalidade, determinismo e objetividade, deveriam absorver novas expressões como "aproximação", "probabilidade", "descontinuidade", "ruptura" e "salto".

> Basta falarmos de um objeto para nos acreditarmos objetivos. Mas, por nossa primeira escolha, o objeto nos designa mais do que o designamos. [...] Às vezes nos maravilhamos diante de um objeto eleito; [...] formamos assim convicções que têm a aparência de um saber. [...] Os eixos da poesia e da ciência são a princípio inversos. Tudo o que a filosofia pode esperar é tornar a poesia e a ciência complementares, uni-las como dois contrários benfeitos. (Bachelard, 2008, pp. 1–2)

Valendo-se de seus estudos sobre a história das ciências, observou que "a riqueza de um conceito deveria ser medida pelo seu poder de deformação e de desconstrução" (Bachelard, 1967, p. 61), ou seja, as grandes palavras do repertório científico moderno deveriam ser testadas e investigadas, até manifestar suas qualidades intrínsecas.[3] A proposta bachelardiana enfatizou a inversão, a ambivalência e a contradição, em detrimento da identidade universal ou do consenso, bases do conhecimento científico, avançando além da dialética clássica, submissa aos processos de análise (dissociação) e síntese (reunificação), para reintroduzir nos modos de conhecer uma "epistemologia do não", capaz de acolher o "anti-" e o contra:

> Não se conhece logo o mundo num conhecimento plácido, passivo, quieto. Todos os devaneios construtivos [...] animam-se na esperança de uma adversidade superada, na visão de um adversário vencido. (Bachelard, 2018, p. 166)

Os alertas de Bachelard sobre a necessidade de ampliação do conhecimento e da produção de novas epistemologias continuam oportunos para a decolonização do pensamento. As relações entre cultura e desenvolvimento, patriarcais e colonialistas, vêm sendo questionadas pelas epistemologias emergentes, que também se afirmam com base em uma "epistemologia do não". A resistência contra a injustiça, a exclusão e a discriminação mobilizam comunidades, especialmente nos países do Sul, a construir e afirmar conhecimentos. Nesse sentido, o músico, escritor e ex-ministro da cultura Mário Lúcio Sousa observa a presença da "epistemologia do não" nos processos de descolonização de Cabo Verde:

> Para o antigo colonizador, a descolonização é um fenômeno que coincide com a retirada da administração colonizadora. O nosso ponto de vista sugere uma outra leitura. Do ponto de vista metafísico, a descolonização começa no dia mesmo em que começou a colonização. Do ponto de vista histórico e político, a descolonização teve início séculos antes da sua aceitação pela administração colonial. (Sousa; Leitão, 2016, p. 23)

A decolonização é compreendida como um patrimônio cultural dos decolonizados, cuja preservação se dá pela memória: memória dos erros, memória do aniquilamento e também memória das solidariedades, das resistências e dos valores construídos e compartilhados ao longo do processo:

> Igualmente, se houve erro na retirada, esse erro deve ser assumido por todos, para que possamos fazer o luto. Há casos de insucesso em que a colônia foi praticamente abandonada ou entregue ao melhor parceiro, mas também há casos de verdadeira passagem de testemunho e de ajuda mútua. (Sousa; Leitão, 2016, p. 24)

A decolonização não obedece a um tempo contínuo e linear, mas antes às dinâmicas da cultura e de seus longos, fragmentados e circulares processos de libertação de imaginários. As ideias de Sousa iluminam os caminhos oblíquos da decolonização do pensamento ao refletir sobre a desterritorialização como uma estratégia de decolonização:

> as potências coloniais, com todas as suas armadas e fuzis, grilhões e milhões, não foram capazes de parar um menino que se sentia cidadão de um novo mundo [...]. Nem os continentes conseguem confinar os homens novos, nem os consegue reivindicar como exclusivos seus. (Sousa, Leitão, 2016, p. 24)

A esse respeito, Boaventura de Sousa Santos (2002, p. 239) também sugere novos caminhos epistemológicos, com base na afirmação das epistemologias do Sul, para imaginar a emancipação social como fundamento à globalização neoliberal e ao capitalismo global:

> Em primeiro lugar, a compreensão do mundo excede em muito a compreensão ocidental do mundo. Em segundo lugar, a compreensão do mundo e a forma como ela cria e legitima o poder social tem muito que ver com concepções do tempo e da temporalidade. Em terceiro lugar, a característica mais fundamental da concepção ocidental de racionalidade é o facto de, por um lado, contrair o presente e, por outro, expandir o futuro [...] para expandir o presente, proponho uma sociologia das ausências; para contrair o futuro, uma sociologia das emergências.

Santos nos convoca a ver o invisível, a colher o desperdiçado, a valorizar a diversidade das experiências sociais, comunitárias e intersubjetivas, a reintroduzir no conhecimento o oficioso e o alternativo. Para tanto, propõe uma sociologia capaz de enfrentar o que ele chama de "razão metonímica", sempre fixada na ideia da totalidade, sob a forma da ordem (Santos, 2002, p. 242):

> A forma mais acabada de totalidade para a razão metonímica é a dicotomia, porque combina, do modo mais elegante, a simetria com a hierarquia. A simetria entre as partes é sempre uma relação horizontal que oculta uma relação vertical. [...] Na verdade, o todo é uma das partes transformada em termo de referência para as demais. É por isso que todas as dicotomias sufragadas pela razão metonímica contêm uma hierarquia: [...] conhecimento científico/conhecimento tradicional; homem/mulher; cultura/natureza; civilizado/primitivo; capital/trabalho, branco/negro; Norte/Sul.

A crítica da razão metonímica é essencial para recuperar experiências, saberes, fazeres e tecnologias. Ela é proveitosa para fazer pensar além das dicotomias e de suas relações de poder; em outras palavras, leva a pensar o Sul como se não houvesse o Norte. Afinal, pergunta Santos (2002): o que existe nos países do Sul que escapa à dicotomia Norte/Sul? A produção da inexistência baseia-se em várias lógicas: a monocultura do saber, que considera o conhecimento científico e a alta cultura os critérios únicos da verdade e da estética; a monocultura do tempo linear, que busca estabelecer um sentido evolucionista para a história, liderada por países centrais no sistema-mundo; a monocultura da naturalização das diferenças, definidora de privilégios a partir de classificações sociais como a raça, o sexo, a educação formal, entre outras; a lógica da escala dominante (do universal e do global) e, por último, a lógica produtivista, na qual o crescimento econômico e o respectivo critério da produtividade são prioritários e inquestionáveis. A partir de um pensamento contra-hegemônico a cada uma dessas lógicas, Santos (2002) propõe as ecologias dos saberes, das temporalidades, dos reconhecimentos, das transescalas e da produtividade, que constituem bases das epistemologias do Sul.

Santos (2007) introduz, ainda, a ideia de tradução como processo de criação de formas de (re)conhecimento de movimentos heterogêneos para torná-los inteligíveis entre si. Sendo a hegemonia, antes de tudo, uma dominação cognitiva, novas epistemologias necessitam da tradução de linguagens, saberes, práticas e sujeitos. O princípio de que não há uma justiça social global sem que antes haja uma justiça cognitiva global (entre os conhecimentos) é fundamental para as epistemologias do Sul, assim como para a construção de relações possíveis entre epistemes. A tradução é, antes de tudo, um processo político pois é um ato de comunicação dos novos sentidos do viver.

Por outro lado, o autor observa que a reinvenção da teoria crítica e de uma nova cultura política emancipatória carecem de outra racionalidade para enfrentar a prática hegemônica de silenciamento. Essa teoria, como uma crítica da razão indolente,[4] busca iluminar ideias que ampliem os valores democráticos e construam a emancipação por uma outra via de relação – entre o respeito à igualdade e o princípio do reconhecimento da diferença.

Para reconstituir a teoria crítica, não se pode prescindir do olhar pós-colonial[5] (Quijano, 2005) quando se refere à "colonialidade do poder". Santos busca fundamento nas análises de Quijano para compreender a permanência dos colonialismos sociais e culturais que ameaçam a existência de um Sul anti-imperialista, contra-hegemônico e emancipatório (Santos, 2007, p. 59). É importante salientar que as epistemologias do Sul não significam uma imagem invertida das epistemologias do Norte, pois não se trata de construir um novo sistema, antagônico, de dominação intelectual:

> Qual seria o impacto epistemológico do deslocamento para Leste do dinamismo do capitalismo global, como parece estar acontecendo hoje com a ascensão da Ásia? Uma vez que a hegemonia das epistemologias do Norte não pode ser dissociada do capitalismo, colonialismo e patriarcado globais, a necessidade das epistemologias do Sul está também intimamente ligada [...] às lutas sociais contra o capitalismo, o colonialismo e o patriarcado. Nos últimos quarenta anos, as epistemologias do Sul têm colocado gradualmente em questão os pressupostos culturais e os padrões conceituais e teóricos subjacentes às epistemologias do Norte. (Santos, 2022, pp. 181–82)

As epistemologias do Sul são mais representativas de uma atitude de insubmissão do que oriundas de uma localização geográfica. No sentido inverso de ocultamento, produzido pelas epistemologias do Norte, é tarefa de uma nova crítica social visibilizar processos hegemônicos que ocultam alteridades, com base na proposta de novas mediações. Podemos compreender os desafios da teoria crítica, valendo-se das lógicas bachelardianas (1934) da inversão, ambivalência e contradição. Para descontruir grandes palavras e produzir novas mediações, é necessário estarmos abertos a perspectivas surpreendentes, à heterogeneidade do conhecimento, à possibilidade de desaprender para reaprender, ao reconhecimento de novas metodologias, à produção de novas semânticas e sintaxes, enfim, a ato de dar voz a novos interlocutores para expandir cartografias (Santos, 2022, p. 189).

No ir e vir entre mundos, os processos de hibridização acontecem produzindo desterritorializações e reterritorializações. As culturas crioulas simbolizam, segundo Beatriz Sarlo (2010, pp. 56–67), "um processo descomunal de importação de bens, discursos e práticas simbólicas". Em meio à explosão das identidades, Sousa vai além das reflexões de Sarlo, para augurar o advento do "homem crioulo", que, segundo ele, prepara o novo humano:

> [...] Aqui, o gesto ou a conduta de aceitar, como em todos os fenômenos, exige no mínimo duas pessoas e uma situação. A nova questão não é étnica, racial ou de outra natureza. É uma questão mental, diria mesmo, "senti – mental". Daí não ser uma condição ter-se África no sangue ou na pele para se ser crioulo. Basta tê-la na mente. Raça é *ratio*. Assumir todo esse percurso, reciclar as adversidades, esquecer as mágoas, reconciliar, foi que criou um novo ser em toda a parte. Ser é ser humano. Pensar com o coração sim é possível e verdadeiro. Foi assim desde o Sutra do coração da sabedoria, passando por Penso, logo existo, até o "Yes I can". Ser crioulo não é para quem pode é para quem quer. Isto é, querer é poder ser crioulo. (Sousa; Leitão, 2016, p. 27)

A crioulização não permite monopólios nem reivindicações de autoria. Ao nascer de um *ethos* nômade, fruto da diáspora africana, temos um fenômeno contemporâneo, ao exemplo das sociedades de redes:

> Ninguém pode arrogar o processo da crioulização como um acto pioneiro seu. Nem os navegadores, nem os traficantes de escravos, nem os povoadores, nem os proprietários de terras, nem os escravos e muito menos os indígenas. Essa desapropriação inusitada, porque não propositada, conferiu à crioulização a sua liberdade maior desde cedo [...]. (Sousa; Leitão, 2016, p. 28)

O *ethos* crioulo reúne e religa, ao invés de separar. Enquanto expressão global de uma comunidade, o "ser crioulo" assume a face ambígua da constituição dos seres e das culturas híbridas:

> Na condição de Crioulos, a nossa história ensinou-nos que não é fácil ser-se um pedaço do verdugo e um pedaço da vítima no mesmo corpo; não é pacífico

> conviver com metade escravo e metade patrão na mesma alma; não é fácil carregar uma metade oficial e uma metade clandestina na mesma folha de papel; não é evidente ser livre com vários nós em mim. (Sousa; Leitão, 2016, p. 28)

O pensamento crioulo é uma afirmação das epistemologias do Sul. Ele representa a proliferação de um *ethos* comunitário que reivindica novos territórios, tomando para si os desafios da transnacionalidade da transracialidade, da transculturalidade e da transespiritualidade (Gil, 2021). A crioulização também simboliza a lógica da dispersão viral das redes:

> cabendo analisar a diáspora africana, uma leitura nova também se impõe. A África que se imagina no processo de crioulização é muito mais ampla do que imaginamos. A África que sai do continente africano e vai às Américas, às Caraíbas, mas também vai à Europa e à Asia. A África de New Orleans, de Cuba, de Guadalupe, de Martinica, de Cabo Verde, de Madagascar, essa África é um continente que portamos em nós e que o mais ruivo e caucasiano dos homens pode também levar dentro. Do mesmo modo. A Europa é superada pelas Europas que chegam ao Brasil, a África do Sul, ao Congo, a Cabo Verde. É uma Europa que qualquer mulato pode levar no âmago. A Ásia que chega a Maurícias, a Seychelles, vem apimentar essa comida que não é uma salada russa, mas uma caldeirada. Nem os continentes conseguem confinar os homens novos, nem os consegue reivindicar com exclusivos seus. (Sousa; Leitão, 2016, p. 29)

A contaminação está no ar e se estende nas diversas dimensões da vida. O prefixo "trans-" deixa de ser monopólio da economia global e seus modos de atravessar e superar fronteiras. Baudrillard utilizou a expressão "epidemia do valor" para nos fazer perceber o comportamento metastático dos valores nas sociedades contemporâneas, quando o estético se torna transestético; o político, transpolítico; o cultural, transcultural. A dispersão viral é uma metáfora apropriada ao século XXI e às suas pandemias.

> Cada partícula segue seu próprio movimento, cada valor, ou fragmento de valor, brilha um instante no céu da simulação, depois desaparece no vazio, como uma linha descontinuada que só excepcionalmente encontra outras linhas. É exatamente o esquema do fractal e o esquema atual de nossa cultura. (Baudrillard, 1990, p. 14)

Baudrillard observa a diluição das categorias modernas em função de sua própria expansão ou dos excessos que provocou. Na modernidade-mundo, a viralização dos valores e o esvaziamento simbólico dos discursos políticos, sociais, culturais e econômicos fazem das grandes palavras simulacros destituídos de ideias.

> Quando as coisas, os signos e as ações são liberados de suas ideias, de seus conceitos, de suas essências, de seus valores, de suas referências, de suas origens e de suas finalidades, elas entram em um estado infinito de autorreprodução. As coisas continuam a funcionar, enquanto a ideia que as sustentava desapareceu há muito tempo. No entanto, elas continuam a funcionar em uma total indiferença aos seus conteúdos. E o paradoxo é que elas podem funcionar bem. Assim, a ideia de progresso desapareceu, mas o progresso continua. A ideia de riqueza que sustenta a produção despareceu, mas a produção continua a todo vapor [...] se a ideia do político desapareceu, suas manifestações proliferam. [...] Toda coisa que perde sua ideia é como o homem que perdeu sua sombra [...]. (Baudrillard, 1990, p. 14)

Palavras-simulacro vagueiam sobre as nossas cabeças como estrelas que há muito desapareceram, mas que ainda provocam ilusões de luz. O que fazer em um mundo de discursos sem ideias, de palavras vazias e anêmicas de significado? Decolonizar o pensamento é, sobretudo, sonhar palavras e reanimá-las com novas ideias valendo-se de uma imaginação criadora. Na etimologia da palavra "desanimar", está o significado de perda da alma (*anima*); na etimologia da palavra "inerme", encontramos o sentido de perda das armas (*armis*). Se aproximarmos as duas etimologias, perceberemos que o desânimo e a inércia implicam em perdas de alma e de armas, de inspiração ou de reação. Os processos colonizatórios e seus impérios cognitivos produziram desânimo e inércia, mas, ao mesmo tempo, movimentos contra-hegemônicos, valendo-se de novos ânimos e novas armas.

As epistemologias do Sul são inspiradoras de outras lógicas. Elas reagem ao que é constituído em busca de frestas, de espaços fronteiriços, de marginalidades, para superar invisibilidades e silenciamentos. Inspiram causas que ressignificam a vida. Em nossa hipótese, as economias criativas do Sul, baseando-se nas dinâmicas e nos usos dos territórios pelas comunidades, enfrentam e superam desânimos e inércias. Desse modo, as energias criativas reaproximam a vida do sonho. "Um voo precisa de obstáculo, não de um vazio", observou Bachelard (1967), quando se referiu ao "obstáculo epistemológico" da ciência moderna. O que seriam as epistemologias do Sul, senão "o voo" diante do obstáculo da dependência, da exclusão e da desumanização?

INDÚSTRIAS CRIATIVAS, CLASSES CRIATIVAS E CIDADES CRIATIVAS: DEFORMANDO E TESTANDO GRANDES PALAVRAS PARA SONHAR NOVOS MUNDOS

Os modelos mentais definem as retinas que enxergarão o futuro ou os pés sob os quais os caminhos se desenharão. Os grandes impérios coloniais seguiram modelos mentais que subestimaram a complexidade do conhecimento e a multidimensionalidade dos saberes, privilegiando a dimensão econômica das relações humanas.

> [...] a visão puramente econômica ignora o fato de que não há só economia na economia, há também desejo, medo, crença, política. Tudo está ligado, não só na realidade humana, como também na realidade planetária. [...] Isto é mais grave hoje, porque a época planetária se manifesta através de uma extrema interação entre fatores diversos: econômicos, religiosos, políticos, étnicos, demográficos etc. Fica mais difícil entender esta época em que o local é inseparável do global e o global influi sobre o local. (Morin, 2005, s.n.)

Os estudos sobre a complexidade de Edgar Morin nascem e crescem, estimulados pela crítica à epistemologia científica:

> O conceito de complexidade surgiu em minha mente inicialmente de forma periférica, foi se tornando cada vez mais central e global e opôs-se não ao simples, mas ao simplificador. Progressivamente, reconheci a simplificação na presença ainda dominante no conhecimento científico, da redução (do global a seus elementos), da disjunção (entre objeto e contexto e entre os saberes especializados), da ordem (o determinismo em geral) e da abstração (que elimina o concreto). Esses princípios produziram certamente grandes progressos no conhecimento, mas também criaram zonas de ignorância cada vez mais extensas. (Morin, 2010, p. 208)

As economias criativas do Sul vêm produzindo saberes, tecnologias, práticas comunitárias e formas alternativas de criação, produção, distribuição, consumo de bens e de serviços criativos. Essa realidade é reveladora. Afinal, a imaginação, a criatividade e o conhecimento humanos são infinitos e constituem os maiores recursos da economia criativa. Não seria razoável que essa economia ocupasse um lugar estratégico na construção de outras matrizes de desenvolvimento, especialmente, nos países do Sul, nos quais a criatividade é mais abundante do que o domínio da ciência e da tecnologia? Essa pergunta deveria ser mais seriamente respondida pelas organizações internacionais. Nas primeiras décadas do século XXI (2008, 2010 e 2013), os relatórios sobre a economia criativa mundial, produzidos pela UNCTAD e pela Unesco, oferecem uma pálida visibilidade às epistemologias do Sul.

Nesse sentido, Santos (2022, p. 70) observa que é possível reconhecer duas grandes naturezas do conhecimento: o que serve aos objetivos da regulação e o que serve aos objetivos da emancipação social. Nos relatórios internacionais da economia criativa, essa diferença está presente, mas poderia estar destacada em favor da visibilização de epistemologias emancipatórias, no contexto da economia criativa. O que se constata, portanto, é a persistente hegemonia das epistemologias do Norte global. Enfim, nos relatórios mundiais de economia criativa, sob a retórica da neutralidade, o conhecimento científico hegemônico e seu aparato metodológico continuam a definir as "regras do jogo".

A respeito disso, foi traduzido para a língua portuguesa o relatório *Creative Economy Report 2010: a Feasible Development Option*.[6] O documento foi produzido pela UNCTAD e publicado em 2012 pela Secretaria Nacional da Economia Criativa criada no mesmo ano pela presidenta Dilma Rousseff, no Ministério da Cultura.

A primeira crítica a ser feita sobre os relatórios mundiais de economia criativa diz respeito ao imperialismo cognitivo (Santos, 2022), que se manifesta na hegemonia da língua inglesa sobre as demais línguas, especialmente na produção e na difusão do conhecimento em economia criativa de organizações internacionais. A hegemonia da língua inglesa ratifica uma visão monoculturalista do mundo, afinada com os valores universalistas das epistemologias do Norte global.

Analisemos as expressões do império cognitivo, não somente no que se refere ao monopólio linguístico, mas principalmente acerca dos conteúdos produzidos pelo relatório citado, que reafirmam a hegemonia das indústrias criativas sobre as economias criativas na agenda econômica dos países:

> I. Em 2008, a erupção da crise econômica e financeira mundial provocou uma queda na demanda global, além de uma concentração de 12% no comércio internacional. Contudo, as exportações mundiais de produtos e serviços criativos continuaram a crescer, alcançando \$592 bilhões em 2008 – mais que o dobro do volume em 2002 – o que indica uma taxa de crescimento anual de 14% durante seis anos consecutivos. Essa é uma confirmação para o fato de que as indústrias criativas apresentam enorme potencial para os países em desenvolvimento que buscam diversificar suas economias e dar um salto em direção a um dos setores mais dinâmicos da economia mundial;
> II. A economia mundial vem sendo estimulada pelo aumento do comércio Sul-Sul. As exportações de produtos criativos para o mundo alcançaram \$176 bilhões em 2008, correspondendo a 43% do comércio total das indústrias criativas, com uma taxa de crescimento anual de 13,5% durante o período de 2002 a 2008. Isso indica um sólido dinamismo, além de acelerado crescimento da participação de mercado dos países em desenvolvimento

> nos mercados mundiais para as indústrias criativas. O comércio Sul-Sul de produtos criativos totalizou praticamente $60 bilhões, uma incrível taxa de crescimento de 20% no período. A tendência também é confirmada no caso dos serviços criativos, cuja participação no Comércio Sul-Sul subiu de $7,8 bilhões para $21 bilhões em 2008. Em face da evolução positiva, os países em desenvolvimento se encontram intensamente estimulados a incluir produtos criativos em sua lista de produtos criativos e a realizar negociações nos termos do Sistema Global de Preferências Comerciais, a fim de proporcionar impulso ainda maior à expansão do comércio Sul-Sul nesse setor promissor. (Brasil, 2012b, p. 23)

A primeira e mais enfática mensagem do relatório se refere aos números que movimentam as indústrias criativas. É interessante observar que a publicação é intitulada "Relatório de Economia Criativa", porém, ao longo do documento, especialmente quando se refere aos números apresentados, a expressão utilizada é "indústrias criativas".

Essa (con)fusão entre economias criativas e indústrias criativas, quando os discursos são laudatórios à performance econômica, indica a dominação de uma expressão sobre a outra e, consequentemente, da hegemonia conceitual. Afinal, as economias criativas são especialmente efervescentes nos países do Sul, enquanto as indústrias criativas são, em grande parte, oriundas das epistemologias do Norte global.

O que significam os números apresentados pelo relatório? Estatísticas não permitem tradução na perspectiva de Boaventura de Sousa Santos, ou seja, elas não estimulam novas cognições e mediações capazes de afirmar as epistemologias do Sul. Qual seria o propósito de estudos e pesquisas realizados para o aprofundamento da economia criativa como alternativa sustentável de desenvolvimento para o planeta? Certamente não seria o caminho que elege o Produto Interno Bruto (PIB) dos setores criativos dos países como metodologia hegemônica, mas a presença de outras metodologias capazes de traduzir a qualidade da conexão das suas dinâmicas econômicas com as diversas dimensões da vida.

Assim, conclui-se que o todo jamais é a soma das partes, ou seja, que o mérito de uma economia de bens e de serviços culturais e criativos não reside nas cifras que produz, mas antes na capacidade de religar as partes ao todo e o todo às partes, fomentando a desconcentração, a inclusão, a proteção e a salvaguarda de territórios, enfim, o estímulo a novos protagonismos. Portanto, a priorização de alguns indicadores em detrimento de outros expressa a hegemonia de uma epistemologia e de seus modos de mensuração.

> III. Uma mistura estratégica de políticas públicas e decisões estratégicas é essencial para direcionar o potencial socioeconômico da economia criativa a fim de gerar ganhos de desenvolvimento. No caso dos países em desenvolvi-

> mento, o ponto de partida é aprimorar as capacidades criativas e identificar os setores criativos que apresentem maiores potenciais, por meio de políticas cruzadas articuladas. [...] Esforços devem ser orientados em direção ao funcionamento de um "nexo criativo" capaz de atrair investidores, construir capacidades empreendedoras, oferecer melhor acesso e infraestrutura a modernas tecnologias de TIC, de modo a se beneficiarem da convergência digital global, otimizando o potencial comercial de seus produtos criativos nos mercados nacional e internacional. [...] Um efeito de transbordamento positivo certamente resultará em maiores níveis de geração de emprego, maiores oportunidades de fortalecimento das capacidades de inovação e alta qualidade de vida social e cultural daqueles países. (Brasil, 2012b, p. 23)

No relatório, observa-se o achatamento semântico relativo às desigualdades entre Norte e Sul, que acabam sendo reduzidas ao acesso à internet ou à banda larga. Mas o que significam as recomendações sobre "aprimoramento das capacidades criativas e identificação dos setores criativos que apresentem maiores potenciais"? "Aprimorar" capacidades criativas ou capacidades empreendedoras pode significar domesticação e padronização, enquanto "identificar setores que apresentem maior potencial" também pode significar insustentabilidades e desequilíbrios dos ecossistemas criativos.

A expressão "nexo criativo", por sua vez, é associada de forma adjetiva, e não substantiva, à criatividade. O relatório "Economia Criativa: uma opção de desenvolvimento viável" (Brasil, 2012b) afirma que "produzirão nexos criativos as populações que forem capazes de atrair investidores, de desenvolver uma capacidade empreendedora, de disponibilizar infraestrutura e tecnologias em favor da convergência global". No sistema-mundo capitalista global, que se alimenta de assimetrias abissais, como estabelecer nexos criativos convergentes entre o Norte e o Sul? De que forma países pobres atrairão investidores e para que tipo de investimentos? O que significa empreender no domínio das economias criativas do Sul?

> V. Um grande desafio para a moldagem de políticas públicas para a economia criativa está relacionado aos direitos de propriedade intelectual: como medir o valor da propriedade intelectual, como redistribuir os lucros e como regular essas atividades. A evolução da multimídia criou um mercado aberto para a distribuição e compartilhamento de conteúdo criativo digitalizado, e o debate acerca da proteção ou compartilhamento de Direitos de Propriedade Intelectual (DPI) se tornou altamente complexo, envolvendo governos, artistas, criadores e empresas. Chegou o momento de os governos analisarem as limitações dos regimes de DPI atuais e os adaptarem às novas realidades, assegurando um ambiente competitivo no contexto do discurso multilateral (Brasil, 2012b, p. 24).

As relações de causa e efeito entre a formulação de políticas públicas e a propriedade intelectual também merecem uma análise crítica, afinal, esse aspecto jurídico está na essência do conceito de indústrias criativas. Ao associar a moldagem de políticas públicas para a economia criativa a direitos da propriedade intelectual, o relatório invisibiliza as assimetrias produzidas por esses direitos, com ênfase nos casos de pequenos empreendimentos artísticos e culturais, sem apontar formas efetivas de superá-las. Quem realmente lucra com o instituto da propriedade intelectual?

> VI. A economia criativa ultrapassa as fronteiras das artes, negócios e conectividade, impulsionando a inovação e novos modelos de negócio. A era digital desbloqueou canais de marketing e distribuição para a música, animação digital, filmes, noticiários, publicidade etc., expandindo os benefícios econômicos da economia criativa. A revolução móvel está mudando as vidas de milhões de pessoas no mundo em desenvolvimento. Em 2009, mais de 4 bilhões de telefones móveis estavam em uso, 75% deles no Sul. Em 2008, mais de um quinto da população mundial utilizava a Internet, e o número de usuários no Sul cresceu cinco vezes mais rapidamente do que no Norte. Contudo, os países em desenvolvimento ficam atrás em termos de conectividade de banda larga. Para as indústrias criativas, isso se transforma em uma limitação, já que muitos aplicativos que estimulam a produção criativa e o comércio eletrônico demandam largura de banda suficiente para serem executados. Portanto, esforços de investimento nacional e regional devem ser guiados, em colaboração com agências internacionais, em direção a uma melhor infraestrutura de banda larga no Sul. (Brasil, 2012b. p. 24).

Mais uma vez, o relatório é reducionista quando se limita a enfatizar aspectos infraestruturais relativos à criação, produção, distribuição e consumo de bens e serviços criativos. Essa ênfase no *hardware*, em detrimento das condições de criação e produção de conteúdo, o *software*, contribui para a invisibilidade das redes digitais como produtoras de simulacros. No discurso sobre o incremento da banda larga no Sul, há uma mensagem acrítica sobre os desafios de protagonismo das economias criativas diante das indústrias criativas. Afinal, inclusão digital não significa inclusão produtiva.

> VIII. Políticas para a economia criativa precisam responder não somente às necessidades econômicas, mas também às demandas especiais das comunidades locais, relacionadas à educação, identidade cultural, desigualdades sociais e questões ambientais. Um número cada vez maior de municípios em todo o mundo está empregando o conceito de cidades criativas para formular estratégias de desenvolvimento urbano a fim de revigorar o crescimento com foco em atividades culturais e criativas (...). Contudo, é importante

reconciliar objetivos culturais e sociais com instrumentos de comércio, tecnologia e turismo; (Brasil, 2012b. p. 24).

Ao reconhecer as desigualdades entre países, populações e comunidades nas diversas dinâmicas culturais, econômicas, sociais e ambientais relativas à economia criativa, o relatório incentiva cidades a reconhecerem a tipologia "cidade criativa" como uma alternativa significativa ao desenvolvimento urbano.

No entanto, a grande tarefa do relatório seria dar complexidade à expressão "cidade criativa", apontando, com base em uma análise crítica, as diversas dimensões do desenvolvimento urbano, que não são consideradas pelas indústrias criativas e que, pelo contrário, vêm produzindo insustentabilidades nos territórios urbanos.[7]

A versão em português do Relatório da UNCTAD (Brasil, 2012b) é composta de cinco partes assim denominadas: "A economia criativa"; "Avaliando a economia criativa: análise e medição"; "Comércio internacional de produtos e serviços criativos"; "A função da propriedade intelectual e tecnologia" e, por último, "Promovendo a economia criativa para o desenvolvimento". A primeira parte apresenta um léxico da economia criativa, que fundamenta as demais. Nela, são propostos conceitos para expressões como "criatividade", "produtos" e "serviços criativos", indústrias culturais, economia da cultura, indústrias criativas, economia criativa, classificação de setores, entre outras, que compõem o repertório de economia criativa. Vale observar, neste documento, a (in)definição do conceito de economia criativa:[8]

- A economia criativa é um conceito em evolução, baseado em ativos criativos que potencialmente geram crescimento e desenvolvimento econômico;
- Ela pode estimular a geração de renda, a criação de empregos e a exportação de ganhos, ao mesmo tempo, que promove inclusão social, diversidade cultural e desenvolvimento humano;
- Ela abraça aspectos econômicos, culturais e sociais que interagem com objetivos de tecnologia, propriedade intelectual e turismo;
- É um conjunto de atividades econômicas baseado no conhecimento, caracterizado pela dimensão do desenvolvimento e de interligações cruzadas em macro e microníveis para a economia em geral;
- É uma opção de desenvolvimento viável que demanda respostas de políticas inovadoras e multidisciplinares, além de ação interministerial;
- No centro da economia criativa, localizam-se as indústrias criativas.

Quais são os significados da economia criativa propostos pelo relatório? Ao ser considerada um "conceito em evolução", assume os pressupostos epistemológicos da linearidade e da acumulação. A perspectiva evolucionista nele apresentada define de onde se deve sair e onde se deve chegar na busca por um modelo civilizatório universal. As premissas da economia criativa para a UNCTAD propõem o que a economia criativa pode fazer, o que ela prioriza, mas não define a sua ontologia, ou seja, os princípios que a define.

A priorização das "indústrias criativas"[9] como categoria central do campo da economia criativa também merece atenção. Afinal, a definição de um centro determina o que lhe é periférico. Mais uma vez, as epistemologias do Norte global imprimem hegemonia nos discursos internacionais sobre a economia criativa, definindo hierarquias e subalternidades. A relação entre o central e o marginal, presente nos *frameworks*,[10] também reproduz e reafirma a submissão da cultura e da criatividade à lógica industrial.

O relatório elege um léxico para a economia criativa se baseando na definição de expressões-chave, como "indústrias culturais", "economia da cultura", "indústrias criativas", "classe criativa" e "cidade criativa". No que se refere às indústrias culturais, destaca a contribuição da Escola de Frankfurt, embora o conceito propriamente de "indústria cultural" não seja problematizado nem atualizado, limitando-se à afirmação de que "indústrias culturais são simplesmente indústrias", em função de sua produção em larga escala (Brasil, 2012b, p. 5):

> Na Unesco, por exemplo, as indústrias culturais são tidas como aquelas indústrias que "combinam a criação, produção e comercialização de conteúdos intangíveis e culturais por natureza. Esses conteúdos são tipicamente protegidos por direitos autorais e podem assumir a forma de produtos e serviços".

Analisemos, ainda, as ambiguidades e as inconsistências na definição de economia da cultura, considerada na perspectiva das exceções culturais europeia e latino-americana, mas sem qualquer aprofundamento sobre os seus significados e impactos nesses continentes. No relatório, o apontamento do "desconforto" dos artistas e dos intelectuais com as expressões "indústrias criativas" e "economia criativa" provoca algumas perplexidades: a economia da cultura, ao se opor conceitualmente às indústrias criativas, contribui para a (con)fusão entre economias criativas e indústrias criativas, reunindo-as em uma mesma "zona de desconfortos" (Brasil, 2012b, p. 5):

> Muitos políticos e acadêmicos, particularmente na Europa e na América Latina, empregam o conceito de "economia da cultura" ao lidarem com aspectos econômicos da política cultural. Além disso, muitos artistas e intelectuais se sentem desconfortáveis com a ênfase dada aos aspectos de mercado no debate sobre as indústrias criativas e, consequentemente, sobre a economia criativa. "Economia Cultural" é a aplicação da análise econômica a todas as artes criativas e cênicas, às industriais patrimoniais e culturais, sejam de capital aberto ou fechado. Ela se preocupa com a organização econômica do setor cultural e com o comportamento dos produtores, consu-

midores e governos nesse setor [...] Embora a análise retórica e econômica contida neste relatório leve em consideração os princípios da economia cultural enquanto disciplina, o objetivo é melhor compreender as dinâmicas da criatividade e suas interações gerais com a economia mundial, incluindo sua dimensão multidisciplinar na qual as políticas culturais interagem com políticas tecnológicas e comerciais.

À primeira leitura, já podemos perceber o desconforto da própria UNCTAD com a expressão economia da cultura. Esse desconforto se reproduz no Brasil, podendo ser observado nos discursos de gestores públicos da cultura que opõem o termo "economia criativa" a "economia da cultura". Por outro lado, algumas pastas de cultura no Brasil passaram a ser institucionalizadas como secretarias de cultura e economia criativa.

O que significam essas recepções e rejeições? A hipótese sobre a reação de desconforto dos gestores brasileiros com relação à aproximação entre "economia da cultura" e "economia criativa" é que ela significaria uma espécie de abertura iminente de comportas, nas secretarias de cultura, das indústrias criativas sobre as artes e a cultura. Não conhecemos, até o momento da escritura deste livro, estudos comparativos entre as políticas públicas das secretarias de cultura e aquelas com ênfase na economia criativa. Nossas observações somente corroboram a persistência de ruídos semânticos entre economias criativas e indústrias criativas, com impactos ambíguos sobre a economia da cultura.

Por outro lado, os *frameworks* das organizações internacionais acabam por estimular hierarquias entre tipologias. As indústrias criativas estariam incluídas no campo da economia criativa, juntamente com setores não industriais. Mas o relatório permite uma inversão desses campos, que estimula perversões no campo da cultura e da criatividade ao legitimar hegemonias e (re)produzir ocultamentos e ausências.

Tipologias, categorias e glossários são produtos complexos, especialmente diante de culturas híbridas. Cada setor cultural pode ser compreendido por uma perspectiva industrial. Da música ao artesanato, das festas ao turismo, as expressões da cultura se vestem, se revestem ou se travestem em nome dos mais diversos interesses, que se encontram em constante disputa. Por isso, relatórios mundiais de economia criativa têm responsabilidade no enfrentamento do imperialismo cognitivo. É prejudicial que esses documentos tratem epistemologias emergentes como "estudos de caso", o que acaba por (re)produzir discursos hegemônicos.

Voltemos à análise das tipologias adotadas no relatório sobre a hegemonia das indústrias criativas. Essas indústrias são compreendidas como uma ampliação das indústrias culturais em nome de uma definição de economia criativa que não revela assimetrias, mas que oculta as tensões e as disputas do modelo de desenvolvimento do sistema capitalista global. A ausência de uma discussão aprofundada sobre indicadores[11] também é sintomática da hegemonia dos referenciais teóricos, conceitos e metodologias das indústrias criativas sobre os das economias criativas. Nesse sentido, as epistemologias do Norte global mantêm seus postulados universais, baseando-se em indicadores também universais, que reforçam a hegemonia do conhecimento científico face ao conhecimento artesanal (Santos, 2022). Valendo-se de uma perspectiva não cumulativa e não extrativista da economia criativa, as epistemologias do Sul oferecem novas pistas para um desenvolvimento com envolvimento:

> O extrativismo é um modo de acumulação que começou a estabelecer-se em grande escala há quinhentos anos. Usaremos o termo extrativismo para nos referirmos às atividades que removem grandes quantidades de recursos naturais que não são processados (ou que são processados até um certo limite), especialmente para exportação. (Acosta, 2014 *apud* Santos, 2022, p. 193)

O extrativismo e a acumulação, enquanto termos oriundos das análises econômicas, devem ser estendidos ao domínio das ciências e da cultura (Simpson *apud* Santos, 2022, p. 193). Povos originários, quilombolas, ciganos, jovens das periferias urbanas e outras minorias têm sido vítimas desse extrativismo, que não se limita às matérias-primas, mas, especialmente, às "imatérias-primas".[12]

> [...] passamos os últimos séculos a falar de matéria-prima, agora temos que começar a falar da imatéria-prima, evocando o imaterial. O novo fenômeno é que este produto tem outras formas de medida e de comparação. Já não se mede pela quantidade, mas pela diferença, pelo simbólico. [...] Num mundo global competitivo e de recursos materiais cada vez mais escassos e com uma economia baseada na economia de escala, apostar na cultura como imatéria-prima cria a marca da distinção. (Sousa; Leitão, 2016, p. 38)

O império cognitivo do Norte global associou o conhecer ao extrair, e não ao compartilhar e cooperar. Em uma reação contra-hegemônica, os conhecimentos artesanais, as tecnologias sociais e as experimentações comunitárias em diversas áreas, como governança, direitos humanos, gestão cultural, desenvolvimento de novas práticas econômicas, de usos sustentáveis da biodiversidade, são exemplos de contribuições das epistemologias do Sul, oriundas do compartilhamento e da experimentação, que ainda buscam investigadores dispostos a conhecê-los para reconhecê-los. Enfim, trata-se de conhecer-com e não de conhecer-sobre (Santos, 2022, p. 216).

Nesse sentido, decolonização epistêmica implica em desaprendizado de métodos extrativistas. Desaprender, observa Santos (2002, p. 225), não significa esquecer, mas antes retirar as referências teóricas, as metodologias e as atitudes do espaço. Nesse sentido, desaprender para decolonizar significa assumir desconfortos. Em outras palavras, além de apontar desconfortos, é crucial que as organizações internacionais os assumam.

Embora essas organizações reafirmem os papéis da cultura para a superação dos grandes desafios globais, o que constatamos são avanços tímidos da agenda da cultura no desenvolvimento sustentável do planeta.[13] Por outro lado, a diversidade das ontologias, ao invés de ser reafirmada, é considerada um óbice às pesquisas, ou seja, os métodos e técnicas utilizados em experiências locais são descartados em nome de indicadores universais distantes das realidades do território.

No campo da economia criativa, a hegemonia das indústrias criativas é um produto de um processo histórico, cujo protagonismo anglo-saxão é indiscutível e deve ser questionado. Os relatórios mundiais de economia criativa nascem baseando-se em políticas da economia criativa na Austrália e, posteriormente, no Reino Unido consideradas exitosas. Foi uma ex-colônia inglesa, um país do Sul, o primeiro a perceber a potência das indústrias criativas como *softpower* das nações.

Em 1994, o programa *Creative Nation,* liderado pelo candidato a primeiro-ministro, Paul Keating, elegeu a cultura e a criatividade como novas estratégias para redirecionar e qualificar o desenvolvimento australiano. O país vinha perdendo cineastas, músicos, artistas, atores, designers, chefes de cozinha, entre outros profissionais criativos, para cidades como Nova York e Londres. Também as identidades culturais australianas perdiam potência e valor face aos apelos de um mundo global.

O governo do primeiro-ministro previa que a retomada dessas identidades culturais e artísticas poderia abrir espaço para novos empreendimentos e oportunidades, empregos e profissões, ao passo que contribuiria para que as energias criativas australianas permanecessem no país. Segundo Keating, valorizar os produtos *created in Australia* equivaleria a desenvolver uma ferramenta estratégica de política externa:

> A Austrália, como o resto do mundo, está num momento crítico de sua história. Aqui, como em qualquer outro lugar, valores e ideologias tradicionais estão em fluxo e a rapidez da economia global e de mudanças tecnológicas têm gerado dúvidas e cinismo sobre a habilidade de governos nacionais confrontarem o futuro. O que é distintivamente australiano sobre a nossa cultura está em perigo pela cultura em massa homogeneizada internacional. (Australia, 1994, p. 3)

Em 1997, os ecos do programa da ex-colônia inglesa, intitulado *Creative Nation*, começavam a ressoar no Reino Unido. Os debates políticos e acadêmicos indicavam o crescimento dos papéis da criatividade, especialmente nos projetos de reurbanização das cidades (Landry, 2008). Tony Blair, primeiro-ministro da

Inglaterra, transformou o Department of National Heritage (Departamento de Patrimônio Nacional) no Department for Culture, Media and Sport (Departamento para Cultura, Mídia e Esporte), integrando as pastas de artes, comunicação e esportes, estruturada baseando-se em quatro diretrizes para o DCMS: excelência, acesso, educação e indústrias criativas. Blair não demonstrava interesse pelos setores artísticos, porém percebeu que a criatividade poderia constituir uma ideia-força para a Inglaterra moderna.

Chris Smith, líder do DCMS, introduziu o conceito de indústrias criativas como um movimento pragmático disposto a distinguir, entre os setores criativos, aqueles que impactariam na produção de riqueza econômica:

> Essa associação das indústrias criativas com o projeto "*New Labour*" de modernização de Blair era forte. [...] O ponto final era que as indústrias criativas prometiam um novo alinhamento entre as políticas para as artes, para as mídias com as políticas econômicas, e chamavam a atenção para a contribuição destes setores para a criação de empregos, novas formas de geração de riquezas e novas exportações britânicas, agora haveria um "lugar na mesa" para os setores culturais em discursos econômicos mais abrangentes do que os que haviam se tornado hegemônicos durante os governos conservadores anteriores. (Flew, 2012, p. 11)

Nessa perspectiva, a criatividade passa a ser priorizada como política de governo, muito mais no campo das mídias e das criações funcionais do que no das artes ou da cultura. Por outro lado, o DCMS priorizou o *copyright* como insumo primordial às indústrias criativas, "aquelas atividades que têm sua origem na criatividade individual, habilidade e talento e as quais têm o potencial para a criação de renda e trabalho através da geração e exploração de propriedade intelectual" (DCMS, 1998, p. 3). O escopo das indústrias criativas é, dessa forma, ampliado para empresas de tecnologias da informação (TIC'S) e de "pesquisa e desenvolvimento" (Motta, 2022, p. 159):

> O direito autoral, por sua vez, ao ser encarado como estruturante das indústrias culturais acabava por focar no indivíduo e não no setor agregado, ou seja, toda a cadeia apresentada no mapeamento ficaria soterrada por um emaranhado de agências e escritórios geradores de direitos autorais. A maior diferença das políticas criadas pelo DCMS em relação às demais foi exatamente o foco na geração de riquezas econômicas e no papel dado aos empreendedores criativos e ao setor privado como motores deste segmento, ao invés dos investimentos públicos.

O Programa *Cool Britania* investiu em estudos e em pesquisas para conhecer mais e melhor as indústrias criativas, oferecendo-lhes visibilidade no PIB inglês e tornando-as um modelo universal de desenvolvimento capaz de responder às necessidades das sociedades pós-industriais.

Em nome da manutenção da "vantagem competitiva" definida pelos mercados, as indústrias criativas priorizaram setores em detrimento de outros, definiram rankings, indicadores e métricas que passaram a legitimar a capacidade empreendedora dos profissionais desses setores. Essa breve narrativa histórica é importante para que se perceba o espírito do tempo inglês na virada do século, que afirma a importância estratégica das indústrias criativas para o capitalismo neoliberal global.

Não será por acaso que, em 2001, o inglês John Hawkins publicou um livro intitulado *Economia criativa: como ganhar dinheiro com ideias criativas*, uma espécie de manual ou guia prático para os profissionais dos setores culturais e criativos, e também uma declaração ufanista sobre as virtudes do capitalismo estético e das indústrias criativas. A introdução do *best-seller* de Hawkins, intitulada "A arte da patente", é reveladora da submissão da criatividade à lógica do lucro e da supremacia dos instrumentos jurídicos da propriedade intelectual no domínio das indústrias criativas:

> Próximo do final do século XX, a natureza do trabalho mudou. Em 1997, os Estados Unidos produziram US$ 414 bilhões em livros, filmes, música, TV e outros produtos ligados a direitos autorais. Os direitos autorais se transformaram no seu produto de exportação mais importante, superando artigos de vestuário, produtos químicos, automóveis, computadores e aviões. A revista *Fortune* disse que o valor econômico do jogador de basquete Michel Jordan, obtido através de direitos autorais e *merchandising*, superou o PIB da Jordânia. (Hawkins, 2013, p. 11)

Diante disso, pode-se perguntar: como enfrentar os impasses entre a proteção do indivíduo e o surgimento de um mundo em rede? O campo das artes e da cultura reflete com desconcertante nitidez os conflitos e as assimetrias sociais planetárias. Impossível negar que o direito de autor é um dos produtos comerciais mais importantes para as dinâmicas econômicas do sistema capitalista, exatamente por produzir assimetrias, por não defender, de forma igualitária, os interesses da maioria dos artistas em seus países, sobretudo nos países do Sul.

Nesse sentido, vale problematizar a tradicional postura brasileira de "endurecimento" radical dos direitos de autor, propugnada pela Organização Mundial da Propriedade Intelectual (OMPI). Sabemos que a OMPI é muito mais representativa dos interesses hegemônicos das indústrias culturais e criativas do que das demandas comunitárias e coletivas. Se a repressão ao mundo sem *copyright* é tão forte e estruturada, por que a OMPI não protege o conhecimento (muitas vezes coletivo) dos mestres da cultura tradicional popular da América Latina, do Caribe e da África?

> Com o advento da globalização, a criatividade passa a ser a nova forma de propriedade. Há nas indústrias criativas um paradoxo que necessita ser aprofundado: de um lado, o avanço tecnológico dá cada vez mais poder às indústrias do *Copyright*, de outro, ele permite o acesso cada vez maior dos indivíduos à fruição e ao protagonismo cultural, gerando produtores independentes, novos empreendedores e empreendimentos no campo da cultura. (Leitão; Guilherme, 2014, p. 236)

Hawkins (2013) observa com otimismo o crescimento das sociedades marcadas pela estetização do social e do econômico ou, ainda, pelo consumo estético-turístico do mundo (Lipovetsky; Serroy, 2014). Seu livro é uma ode à globalização cultural e às externalidades positivas das indústrias culturais e criativas ao sistema-mundo. Sua compreensão de economia criativa é oriunda da propriedade intelectual, que se efetiva por meio de direitos autorais, patentes, marcas e desenhos industriais.

Nesse sentido, economia criativa se refere às transações relativas a esses produtos: o valor da propriedade intelectual intangível e o valor do suporte ou da plataforma física. Na tentativa de produzir uma fórmula matemática para a economia criativa, o autor propõe uma equação para medir a economia criativa pelo valor dos produtos criativos multiplicado pelo número de transações (Hawkins, 2013, pp. 15–18). Sua concepção é crítica às categorizações dos setores criativos produzidos pelos governos australiano e inglês por considerá-las redutoras e reféns dos significados artísticos e culturais da criatividade:

> A Grã-Bretanha confirmou essa visão estreita quando, em 1997, o governo do Partido Trabalhista estabeleceu uma "força-tarefa dos setores criativos" que, embora originalmente incluísse todos os setores ligados à propriedade intelectual, no final decidiu deixar de fora as ciências. Essa força-tarefa foi uma iniciativa corajosa, mas teve o adverso efeito colateral de deixar implícito que as ciências não eram criativas. (Hawkins, 2013, p. 17)

Ora, em sentido oposto à crítica de Hawkins, o governo de Blair se distanciou das artes e da cultura por não serem competitivas como as indústrias criativas. Hawkins estava certo, porém, quando reconheceu o crescimento do intangível como valor agregado aos bens e serviços na economia-mundo, além da importância estratégica do *copyright* para o sistema capitalista:

> Andrew Wylie, residente em Nova York, tem sido descrito como "o mais famoso agente literário do mundo" [...]. Ele acredita que as pessoas deveriam ser capazes de possuir seus próprios direitos autorais de forma tão consistente quanto elas podem ser donas de suas propriedades materiais. [...]

> Wylie descreve como empresas como a Microsoft e a Getty Imagens estão adquirindo direitos de reprodução para os filmes do mundo e gerando valor muitas vezes maior do que os seus donos originais [...] Ele salienta que os direitos autorais sobre James Joyce e William Faulkner são ativos em diminuição e não valerão nada (onde o último, ironicamente, sintetizou sua vida na frase: "Ele escreveu livros e morreu"). (Hawkins, 2013, pp. 42–43)

Nesse livro, a observação de Faulkner soa como algo romântico, diante da vitalidade selvagem da propriedade intelectual, que se desloca da imagem do criador ou dos criadores para outros atores do sistema capitalista, garantindo fronteiras assimétricas e imprecisas dos direitos do autor sobre descendentes, empresas, comunidades e coletivos. Hawkins ratifica os valores das marcas no capitalismo estético, propõe reflexões e ações entre autores e empresas, mas, em nenhum momento, reflete sobre os direitos coletivos.

Enquanto as novas edições da revolução industrial se apropriam da criatividade para contracenar com as transformações do trabalho, as dependências por elas produzidas se mantêm ausentes dos grandes documentos internacionais. As novas tecnologias da informação, a internet das coisas, a inteligência artificial e o metaverso são exemplos de avanços tecnológicos que tendem a reproduzir os modos excludentes de produção do sistema-mundo capitalista. Vale observar que, no Relatório da UNCTAD de 2010, Hawkins é a grande referência para os estudos das indústrias criativas.

Quanto mais as indústrias do lazer, do entretenimento, do turismo, do mercado digital crescem a serviço da comercialização em escala internacional, mais se perde de vista a compreensão substantiva dos valores culturais. Quanto mais se busca consumir o belo, menos a vida parece bela; quanto mais a indústria cultural mercantiliza seus bens e serviços, menos autonomia os indivíduos possuem para fazer escolhas; quanto mais crescem as sociedades do espetáculo e do entretenimento, maior a alienação dos seus públicos. O capitalismo artístico, tão cioso da inovação estética quanto da tecnológica, vende estilos de vida em nome de promessas de felicidade, beleza, bem-estar e qualidade de vida. Dessa forma, a cidade também se torna um produto a ser vendido no sistema-mundo global.

A cidade criativa também constitui uma ideia-força do capitalismo estético digna de reflexão. Associada ao conceito de desenvolvimento urbano, a cidade criativa surge em meados da década de 1990, paralelamente à implementação das primeiras políticas de economia criativa no Reino Unido, como uma categoria voltada à neutralização dos processos de acumulação e desigualdade produzidos pela economia capitalista global:

> Pensar a cidade é articular o futuro por meio da união de ações para realizá-lo. Dessa forma, repensar as estruturas urbanas leva a refletir sobre os

> desafios da reconstrução dos espaços urbanos afetados pela configuração estabelecidas pelo modelo de acumulação da economia de mercado que configurou espaços urbanos degradados não planejados. Concebidos para atender critérios de produção capitalista. O desenvolvimento urbano, então, passa a ter o desafio de contrapor essa trajetória configurando um desenho urbano inspirado no conhecimento. As respostas surgem acompanhadas pelo movimento dos indivíduos que buscam por meio de políticas públicas, com base na sustentabilidade e criatividade, os recursos para alterar a atual trajetória do declínio urbano. (Weiler, 2017, p. 268)

David Harvey (1989) observou os modos pelos quais as cidades, que atravessaram importantes processos de desindustrialização durante a década de 1980, organizaram ações e políticas de empreendedorismo urbano para competir entre si pela atração de determinados perfis de comunidades e de empresas. Em 2004, a Unesco criou a Rede de Cidades Criativas (RMCC), com o objetivo de estimular a diversidade e a cooperação entre cidades e de deslocar as indústrias culturais e criativas para o centro dos planos de desenvolvimento municipal:

> No momento da sua concepção, a Rede de Cidades Criativas também era vista como uma iniciativa da "Aliança Global para a Diversidade Cultural", uma plataforma criada pela Unesco em 2002 para estimular parcerias entre o público, o privado, atores da sociedade civil como forma de fortalecer as indústrias culturais no desenvolvimento dos países e promover a diversidade das expressões culturais. (Rosi, 2014, p. 108)

Planejamento e regeneração urbana são desafios a serem vencidos pelas cidades criativas em um contexto de crescente complexidade da vida nas cidades. Da mesma forma, a Rede de Cidades Criativas é institucionalizada para servir aos Objetivos do Desenvolvimento Sustentável da Agenda 2030:

> Cultura e criatividade vêm sendo reconhecidas e destacadas como agentes ativos para a implementação da Agenda 2030 para o Desenvolvimento Sustentável. Elas são construções cruciais para abordar o desenvolvimento global através das oportunidades e desafios que as cidades vão enfrentar durante o caminho para a inclusão, resiliência e sustentabilidade. A Unesco pavimentou o caminho para nutrir e demonstrar o papel essencial da criatividade na sustentabilidade urbana.
>
> [...] a Rede coloca a cultura e a criatividade no coração do desenvolvimento urbano, provendo uma plataforma global para a troca, a cooperação e o apoio propício para explorar as mais promissoras avenidas para o desenvolvimento sustentável. (Unesco, 2020, p. 275)

Para compor a Rede, a Unesco recebe periodicamente candidaturas de cidades, que definem suas vocações dentro do espectro da economia criativa – literatura, cinema, música, arte popular, design, tecnologia da informação/artes midiáticas ou gastronomia – e assumem, entre suas políticas, programas e ações compromisso de colaboração:

> As cidades dos mesmos setores devem colaborar entre si para desenvolver parcerias e todas as cidades membro devem também trabalhar transversalmente, em particular nos encontros em comum como as reuniões internacionais ou as Conferências Anuais da Rede. (Unesco, 2020, p. 11)

A chancela é ofertada com base na apresentação de um dossiê liderado pelo poder municipal, que se compromete com a ampliação de políticas para determinado setor da economia criativa. Mas em que medida a chancela de cidade criativa, obtida com base na homogeneização de protocolos internacionais, produz impactos efetivos no desenvolvimento sustentável dos territórios e na ampliação da cidadania?

Refletir sobre os significados e os impactos das chancelas das cidades criativas é um dilema e um desafio. O dilema diz respeito às questões suscitadas no *day after* da certificação. O que efetivamente poderá ser potencializado ou transformado na cidade em favor do bem comum e do bem viver? A chancela garante a formulação, a implementação e o monitoramento de políticas públicas municipais para a economia criativa, especialmente, para o setor chancelado?

O desafio é não fazer da chancela mais um instrumento de marketing de cidades. Afinal, chancelas proliferam em várias áreas (cidades capitais da cultura, cidades turísticas, cidades inteligentes, cidades verdes, cidades educadoras, cidades saudáveis, cidades sustentáveis etc.), indicando que as cidades são também espaços da produção de simulacros.

Certificações criam mais competição que cooperação entre cidades, ao mesmo tempo que são ativos disputados ao agregar valor aos destinos turísticos com base na oferta de bens e serviços turísticos e culturais. Monumentos, museus, sítios históricos são ativos estratégicos na paisagem das cidades criativas, muitas vezes marcadas pelo consumo *fast* de roteiros turísticos inapetentes à fruição e à experiência estética. O consumo turístico-cultural das cidades, pela sua própria natureza e objetivos, produz hiperconsumo e não fruição:

> A cidade industrial do capitalismo de produção tende a dar lugar à cidade-lazer, à cidade-shopping, em que as *passages* e os grandes armazéns, no século XIX, forneceram o modelo inaugural. Desde então, a lógica exponencial do espetáculo, do divertimento e do consumo comercial não para de ganhar terreno, dos bares da moda às *flagship stores*, dos restaurantes às

> *concept stores*, das galerias comerciais às lojas de luxo, dos *strips* aos *malls*, dos centros de lazer aos parques temáticos, dos hotéis-boutique aos bairros completamente recuperados para atrair clientes. O mundo hipermoderno, mais do que nunca, é o da estética comercial e do comércio consumista que invade e reestrutura o espaço urbano e arquitetônico. (Lipowetsky; Serroy, 2014, pp. 363–64)

Na perspectiva industrial, as cidades criativas são compreendidas como fenômenos econômicos responsáveis pela produção massificada de bens e serviços. Quanto mais culturais e criativas, mais se afirmam como paisagens de consumo. As chancelas de cidades criativas ou de cidades capitais da cultura não estão livres do consumo cultural e turístico massificado, contribuindo para a insustentabilidade dos territórios urbanos.

Segundo Zigmunt Bauman (2007), o maior problema das sociedades contemporâneas é remover/processar o seu próprio lixo, uma das consequências preocupantes da atividade turística. As toneladas de dejetos e de objetos descartáveis de grandes espetáculos são exemplos das contradições do modelo de desenvolvimento da indústria cultural e turística nos espaços urbanos que as chancelas procuram ocultar.

Em 2016, o urbanista Charles Landry foi convidado pela Unesco a avaliar a RMCC. Em seu trabalho, ele tenta refletir sobre os significados da chancela como selo certificador de origem:

> As cidades entendem que a designação confere responsabilidades e direitos. Muitas cidades dizem que querem que a Unesco funcione naquilo que faz de melhor e com seus ativos mais fortes. Isso são as habilidades de delegar; de dar credibilidade; de ser efetivamente uma "autoridade licenciadora"; de gerenciar os padrões de qualidade; de premiar e recompensar feitos; de ter perspectivas; de utilizar seu poder de convocação quando apropriado. (Landry, 2017, p. 10)

Concorrer a editais internacionais em busca de certificações para as cidades é uma tarefa recorrente nas áreas internacionais das prefeituras brasileiras, sobretudo das capitais, dadas a competitividade internacional e a respectiva capacidade de resposta aos imperativos globais. As certificações são consequências da observância de pressupostos das instituições certificadoras que, por sua vez, asseguram o prestígio dos certificados em função do seu próprio prestígio.

No imaginário moderno, a exclusividade é um valor primordial: quanto mais cidades forem chanceladas, menor é o valor agregado no posicionamento global da marca. É o próprio Landry que identifica a fragilidade das cidades criativas na constituição de redes, observando a extrema assimetria entre elas. O império cognitivo, fruto da hegemonia da língua inglesa, mais uma vez se faz notar:

> Isso torna revigorante e, por vezes, um trabalho árduo, e isso inclui barreiras linguísticas, algo que surgiu várias vezes. Como a língua de trabalho é o inglês, inevitavelmente, os falantes de inglês e sua maneira de pensar tendem a dominar. Também existe a tendência a infantilizar outros grupos linguísticos, pois os membros nunca conseguem se expressar totalmente e, assim, perdemos um pouco da riqueza criativa que sabemos que está presente não apenas nas reuniões, mas nas próprias cidades. (Landry, 2017, p. 58)

A crítica de Landry à RMCC é oportuna, pois revela o caráter pragmático e reducionista da chancela, que oculta a desigualdade abissal entre as cidades:

> Inicialmente, o conceito de "cidade criativa" foi considerado o de um lugar onde os artistas desempenhavam um papel central e onde a imaginação definia os traços e o espírito da cidade. Ao longo do tempo, as indústrias criativas, do design à música, das artes do espetáculo às artes visuais, ocuparam o centro da cena dos debates, por seu papel como eixo econômico, criador de identidade urbana ou fator de geração de turismo e imagem. Em seguida, a presença de uma grande "classe criativa", que inclui as acima citadas, assim como a comunidade de pesquisa e os nômades do conhecimento, foi vista como um indicador básico de cidade criativa. Ao mesmo tempo, meu próprio entendimento era de que uma cidade criativa deve ser criativa por completo, de modo transversal a todos os campos, muito além das indústrias criativas ou da presença de uma classe criativa. Minha lógica tem sido que os outros setores ou grupos, como a classe criativa, só podem florescer quando a administração pública é imaginativa, onde há inovações sociais, onde a criatividade existe em áreas como saúde, serviços sociais e mesmo política e governança. (Landry, 2011, p. 10)

As reflexões de Landry sobre cidades criativas podem ser estendidas à categoria "classe-criativa", proposta por Richard Florida (2005) e rapidamente disseminada e adotada pelos relatórios internacionais de economia criativa, como uma ideia-força da economia-mundo global. Segundo o urbanista estadunidense, as transfigurações do trabalho e o crescimento do valor do intangível nos modos de produção fazem da criatividade e da inovação os grandes recursos da sociedade do conhecimento. Apropriadas pela lógica dos meios[14] e submetidas às demandas mercantis, criatividade e inovação tornam-se os grandes referenciais competitivos entre indivíduos, empresas, regiões, cidades e países. Segundo Florida, esses profissionais passam a constituir uma classe, que deve ser atraída para as cidades criativas:

> A Classe Criativa teria sua força de trabalho dividida em duas categorias: o "Centro Hipercriativo" e os "profissionais criativos". Na base destas duas ca-

> tegorias estaria a "classe de serviços", uma outra classe de trabalhadores, em franco crescimento, que prestaria serviços para a classe criativa e que seus expoentes poderiam ascender, ou ser absorvidos, para a classe criativa. Fazem parte da classe de serviços os trabalhadores em tempo parcial, garçons e atendentes de redes fast-food, entregadores, empregados domésticos e de outras áreas que envolvem a repetição e a padronização intensa de tarefas, sendo caracterizados pela baixa remuneração. O Centro Hipercriativo é aquele que reúne os profissionais totalmente inseridos no trabalho criativo, tendo a criatividade como ação principal de seu trabalho. Este trabalho não é apenas o de resolver problemas, mas também o de encontrar os problemas e propor alternativas melhores. Fazem parte deste grupo cientistas, engenheiros, professores universitários, poetas e romancistas, artistas, atores, designers e arquitetos, bem como líderes visionários da sociedade moderna: escritores de não ficção, editores, personalidades culturais, pesquisadores influentes, críticos e outros formadores de opinião. Este conjunto de profissionais constitui o grupo central e mais importante da teoria da classe criativa. Ao redor deste centro estão os "profissionais criativos" representados por profissionais da tecnologia da informação, da área de serviços financeiros, da saúde, advogados e administradores de empresa. São trabalhadores altamente capacitados, engajados em resolver problemas complexos e específicos, que podem até elaborar respostas criativas, mas estas não fazem parte das funções básicas de seus serviços. (Florida, 2012 *apud* Motta, 2022, p. 164)

A categoria "classe" construída por Florida não corresponde à semântica marxista de um segmento homogêneo que luta por interesses comuns. A palavra desempenha, aqui, o sentido inverso, pois obscurece e invisibiliza os efetivos conflitos e disputas entre empregados e empregadores no campo cultural e criativo. Em nome de uma retórica aparentemente cosmopolita, o termo reflete a ascensão de uma nova pequena burguesia, como definiu Bourdieu (2007), cujo "capital" ganhou poder crescente na modernidade-mundo.

As formas de reconhecimento do capital estariam associadas à normatividade de cada campo, produtor de e produzido por diferentes *habitus*, espécies de princípios que ordenam as práticas sociais nos diversos campos. A classe criativa exemplifica o poder simbólico e a distinção social que afirmará, de forma crescente, os valores do capitalismo estético no sistema-mundo global.

> Os membros da classe criativa trabalham em setores que vão desde as artes, o design e média à comunicação, publicidade, relações públicas e serviços financeiros. Dispõem do capital necessário para financiar o consumo associado a um determinado estilo de vida e adquirem capital cultural ao visitar

> galerias de arte, tornando-se membros de museus e colecionando arte contemporânea. Na realidade, investir na nova arte é como investir em derivados: trata-se de especulação, mas tem potencial para gerar grande lucro se se conseguir gerar confiança suficiente no mercado. As pessoas dessa classe mudam-se para os centros urbanos renovados, incentivando o processo de enobrecimento. (Miles, 2012, p. 4)

Desse modo, as palavras talento, tolerância e tecnologia orbitam em torno da categoria "classe criativa", traduzindo o imaginário das sociedades pós-industriais. Os indicadores de uma Nova Divisão Internacional do Trabalho Cultural expressam os valores hegemônicos do sistema econômico neoliberal global:

> A chave para entender a nova geografia da economia da criatividade e seus efeitos positivos nos resultados econômicos é o que eu chamo de 3Ts do desenvolvimento econômico: Tecnologia, Talento e Tolerância. Cada um deles é uma condição necessária, mas insuficientes por si só, para a prosperidade; para um crescimento econômico sustentável e real inovação, um lugar deve oferecer todas as três. Os 3Ts explicam porque algumas cidades falham em crescer, apesar de seus imensos reservatórios de tecnologia e universidades reconhecidas: elas não foram suficientemente tolerantes e abertas para atrair e reter os talentos mais criativos. A interdependência dos 3Ts também explica por que elas não atingem os índices, mesmo que sejam mecas do estilo de vida: faltam a elas a necessária tecnologia de base. Os lugares mais bem sucedidos colocam todos os 3Ts juntos. Juntos, estes 3Ts compõe meu Índice de Criatividade. (Florida, 2012, p. 228 *apud* Motta, p. 164)

Além dos 3Ts, Florida propõe quatro indicadores (os índices gay, boêmio, da tolerância e da criatividade) na tentativa de dar espacialidade às indústrias criativas nas cidades criativas:

> O índice gay revelaria o quanto determinado lugar é aberto e tolerante com os outros a partir da quantidade de homossexuais presentes ali. Esta população tem, proporcionalmente, maiores salários que o restante da população, tenderia a ser mais tolerante com os outros e aproveitaria mais as oportunidades culturais dos lugares. Essa população não seria a causa da criatividade, mas a consequência de uma cidade que investiria em cultura e ambientes inclusivos como estratégia de atração desta população. A base de sustentação deste índice é o <u>índice boêmio</u> que seria o responsável por medir quantitativamente a população criativa de uma cidade. Fazem parte deste índice os escritores, designers, músicos, atores, diretores, es-

> cultores, pintores, fotógrafos e dançarinos. Quanto maior a concentração destes profissionais, maiores seriam as chances de a população gay ser atraída para estes locais. O terceiro índice é o índice da tolerância, originalmente chamado de índice do caldeirão de culturas (*melting pot index*) e revisto posteriormente. Este índice é constituído pela combinação de medições da diversidade e de tolerância através da presença e concentração de imigrantes. O Índice Composto da Diversidade (agora chamado de índice da tolerância) seria formado pelo cruzamento entre a quantidade de imigrantes e/ou estrangeiros residentes, com o índice gay e com o índice de integração racial do local. Teoricamente registros altos neste índice indicariam uma presença forte de indústrias de alta tecnologia. Por fim, o índice de criatividade é composto pela soma dos três índices anteriores buscando demonstrar o potencial de desenvolvimento econômico regional a longo prazo. (Florida, 2012 *apud* Motta, 2022, pp. 167–68)

A recepção acrítica dos índices de Florida é sintomática da hegemonia das epistemologias do Norte global sobre o campo da economia criativa. Todos esses índices são problemáticos e absolutamente inadaptados às realidades dos países do Sul. Sua construção acontece valendo-se da crença de que, enquanto recurso econômico, a criatividade, no seu formato industrial e pós-industrial, seria capaz de enfrentar e superar desigualdades, ódios e injustiças sociais.

Seu pensamento revela desapreço pelas políticas culturais, essenciais à economia criativa, ao mesmo tempo que demonstra compreensão de criatividade atrelada às empresas tecnológicas. Na paisagem urbana desenhada por Florida, a centralidade das indústrias criativas marginaliza o papel dos artistas, dos agentes e dos equipamentos culturais, que são pouco estratégicos para as cidades, diante do poder atrativo das indústrias criativas:

> As ideias de Florida se espalharam entre urbanistas de todo o mundo e encontraram eco em diversas cidades, a ponto de muitas vezes o próprio conceito de economia criativa e de cidades criativas se confundirem com as teorias de Florida. [...]
>
> A questão que se coloca ao pensar a economia criativa desta forma, ou seja, um desenvolvimento econômico direcionado pela criatividade, e principalmente através de eventos, é que as cidades partem atrás de um padrão que reorganiza as apostas, os lugares e as escalas de atuação em uma competição urbana ao redor de indivíduos criativos e seus pretensos gostos. As estratégias também podem incluir a construção de grandes empreendimentos esportivos como estádios e ginásios, de grandes empreendimentos culturais como museus e centros culturais, além de

> prédios e espaços icônicos como parques e praças que passam por remodelações de arquitetos internacionais que assinam estes projetos. Ao invés de "civilizar" o desenvolvimento econômico urbano "atraindo cultura", as estratégias criativas fazem o oposto: elas comodificam os recursos artísticos e culturais, até mesmo a própria tolerância, saturando-os como ativos econômicos para fazer crescer regimes de competição urbana. (Peck, 2005, p. 764)

O livro de Richard Florida, *O crescimento da classe criativa*, foi lançado em 2002, ano seguinte à publicação de Hawkins, e se tornou um *best-seller*. No entanto, o próprio Florida, quinze anos depois de sua teoria das classes criativas, mudou sua visão acerca do *ethos* empresarial dos criativos e de sua capacidade potencializadora do desenvolvimento econômico nas cidades. Florida reconheceu que esse modelo de desenvolvimento, ao invés de promover uma nova etapa de prosperidade, somente aprofundou as iniquidades, assimetrias e insustentabilidades do sistema capitalista.

O título de sua publicação de 2017, *Crise urbana: como nossas cidades estão aumentando a desigualdade, aprofundando a segregação e falhando com a classe média e o que podemos fazer a respeito*, parece uma resposta distópica ao título da obra de Howkins (2013), *Economia criativa: como ganhar dinheiro com ideias criativas*. Florida assume os impasses das sociedades industriais, revelando o lado sombrio das cidades:

> As cidades estão no centro dos muitos grandes desafios que enfrentamos – mudanças climáticas, pobreza, criação de empregos, saúde pública, energia sustentável e desenvolvimento inclusivo", disse aos participantes da ONU. "A urbanização promete grandes coisas – tem o poder de elevar os padrões de vida, criar oportunidades econômicas, aumentar o Produto Interno Bruto. Mas deixado por conta própria, não pode entregar as mercadorias. Minha principal mensagem é que temos que colocar as cidades e a urbanização sustentável no topo da agenda deste órgão. (Florida, 2017, p. 129, tradução nossa)

É o próprio Florida que assume os desencantos produzidos pelo sistema-mundo global nas cidades. Os índices do sistema capitalista neoliberal produzem leituras reducionistas e perigosas sobre as disparidades dos sistemas de produção no planeta:

> Diferenças profundas em riqueza e produtividade dividem as cidades menos favorecidas do mundo em desenvolvimento de suas contrapartes mais ricas nas nações avançadas. Um índice vívido dessas disparidades é o número de horas de trabalho que levaria um trabalhador médio em cidades ao redor

> do mundo para pagar por essa mercadoria paradigmática da economia do conhecimento: um iPhone. Na cidade de Nova York, um trabalhador médio levaria apenas 24 horas para ganhar dinheiro suficiente para comprar um iPhone 6 16G em 2015. Em Mumbai, levaria 350 horas. Levaria 460 horas em Jacarta e mais de 600 horas em Kiev. Uma maneira mais sistemática de avaliar a enormidade das lacunas que separam as cidades estabelecidas do mundo avançado das cidades em rápida urbanização do mundo em desenvolvimento é comparar a quantidade de produção econômica gerada por cada pessoa. Infelizmente, os tipos de estatísticas que estão comumente disponíveis para as nações – números que nos permitem fazer comparações de suas situações econômicas, salários, renda e produtividade – não estão disponíveis para cidades e áreas metropolitanas em todo o mundo. (Florida, 2017, pp. 130–31, tradução nossa)

A globalização transfigura os meios de produção de riqueza econômica, deslocando-os em torno de novas centralidades e produzindo novas periferias. O que significa a vida nas cidades diante da impotência da maioria da população urbana em suprir necessidades básicas? A concentração da produção econômica aprofunda o fosso entre cidades ricas e pobres, enfraquecendo e inviabilizando a eficácia dos processos urbanísticos:

> [...] a própria globalização é uma grande culpada. O desenvolvimento de vastos sistemas interconectados de comércio global rompeu a conexão histórica entre cidades, agricultura local e indústria local que impulsionou o desenvolvimento econômico urbano mais equilibrado do passado. Durante grande parte da história, as cidades forneceram mercados e consumiram os alimentos fornecidos pela agricultura local. Mas com as vastas cadeias alimentares globais de hoje, as cidades não dependem mais da produção agrícola de seus arredores. As pessoas em cidades globais em rápida urbanização podem ser alimentadas a baixo custo com alimentos importados de outros lugares. A globalização também rompeu o vínculo entre as cidades e o desenvolvimento de indústrias manufatureiras localizadas. No passado, as cidades desenvolviam uma ampla gama de atividades industriais básicas – pedreiras, fabricação de tijolos, serrarias, processamento de alimentos e outras – para abrigar, alimentar e vestir seu povo e movê-lo. Na economia globalmente interconectada de hoje, todas essas coisas podem ser importadas a baixo custo de outras partes do mundo. Em vez de ter essas atividades espalhadas em cidades de todo o mundo, elas estão concentradas em um número muito mais limitado de lugares. (Florida, 2017, p. 132, tradução nossa)

Enfim, Florida reconhece o esgarçamento dos vínculos entre urbanização e desenvolvimento, entre globalização e inclusão produtiva:

> Como resultado, muitas cidades e regiões do mundo em desenvolvimento não são mais capazes de construir suas economias em torno das atividades agrícolas e industriais tradicionais que estimularam o desenvolvimento econômico local no passado. Eles têm muito menos dos tipos de empregos que podem fornecer caminhos para a mobilidade ascendente e ajudar a elevar os padrões de vida para os milhões e milhões de novos moradores urbanos que estão fluindo para eles. Quando nós, no mundo avançado, pensamos nos impactos da globalização, pensamos nos empregos manufatureiros que foram deslocados para fábricas estrangeiras menos caras; mas para muitas cidades no mundo em desenvolvimento, a globalização basicamente cortou o caminho dos trabalhadores para o desenvolvimento econômico. O cerne da crise urbana global é este: em meio à maior migração urbana da história da humanidade, a urbanização deixou de ser um motor confiável de progresso. Nos últimos dois séculos, nas cidades da Europa Ocidental e dos Estados Unidos, o desenvolvimento econômico e o progresso social andaram de mãos dadas com a urbanização. A conexão entre urbanização e crescimento tornou-se agora muito mais tênue, produzindo um novo padrão preocupante de "urbanização sem crescimento". (Florida, 2017, pp. 132–33, tradução nossa)

Voltando à expressão "energia criativa", o autor critica a omissão das instituições responsáveis pelo suporte à criatividade em comunidades pobres:

> A pobreza ocorre na ausência de instituições que liberem a energia criativa das pessoas e dos bairros, ou, mais ainda, quando existem estruturas disfuncionais que a impedem e a sufocam. A prosperidade, em contraste, surge de instituições e estruturas que aproveitam e alavancam esses agrupamentos de energia criativa humana. Quando os moradores de comunidades pobres são capazes de aplicar sua própria energia e talento e desenvolver suas habilidades, suas condições econômicas e as de suas comunidades são muito mais propensas a melhorar. (Florida, 2017, p. 135, tradução nossa)

Ressalta, ainda, que criatividade é abundante em território onde a infraestrutura e os recursos são precários, remetendo-nos às preocupações de Furtado sobre os significados da criatividade em um país desigual como o Brasil:

> Vez após vez, vemos que o que falta aos pobres em assentamentos rudimentares não são habilidades ou criatividade, mas o tempo e os recursos para

> colocá-los em melhor conta. Em última análise, o que a esses lugares está faltando e do que precisam é de infraestrutura básica, que permite que as pessoas e as comunidades aproveitem e ampliem suas capacidades e esforços. (Florida, 2017, pp. 132–33, tradução nossa)

Enfim, Florida constata que grande parte dos governos municipais mantêm suas intervenções urbanísticas distantes dos problemas estruturantes do desenvolvimento sustentável das cidades, sobretudo, da superação da pobreza:

> Nossas abordagens atuais para combater a pobreza podem ser divididas em duas categorias básicas: abordagens baseadas nas pessoas que fornecem recursos para famílias pobres ou as ajudam a se mudar para bairros novos e melhores, e abordagens baseadas no local que tentam melhorar as condições dos bairros desfavorecidos investindo nas escolas, fornecendo os serviços sociais necessários e reduzindo o crime e a violência. Precisamos fazer os dois. (Florida, 2017, p. 153, tradução nossa)

Portanto, a crise urbana é fruto de uma urbanização dissociada do desenvolvimento local, já que somente o local possui a resposta para seus próprios desafios:

> Uma coisa é certa: se não fizermos nada, a crise urbana de hoje só vai piorar e aprofundar. A lacuna entre os vencedores do urbanismo baseado no "vencedor leva tudo" e o resto aumentará. Nossas cidades *superstars* e centros de tecnologia se tornarão tão caros que se transformarão em comunidades douradas e fechadas, suas faíscas inovadoras e criativas acabarão desaparecendo e eles irão precificar os trabalhadores de serviços essenciais necessários para manter suas economias funcionando. Cidades industriais mais antigas terão menos chance de renascimento. As cidades do cinturão do sol continuarão a se iludir de que expansão é igual a crescimento. Nossos subúrbios ficarão mais pobres, mais desfavorecidos economicamente e mais desiguais. Mais bairros de classe média desaparecerão e nossa nação se dividirá ainda mais em enclaves murados para as áreas ricas e cada vez maiores de decadência urbana e suburbana. Os pobres e desfavorecidos ficarão presos em áreas cada vez maiores de angústia econômica e social concentrada. As cidades do mundo em rápida urbanização experimentarão ainda mais urbanização sem crescimento, e até um bilhão ou mais de novos habitantes urbanos permanecerão presos em favelas, miséria e pobreza crônica. (Florida, 2017, p. 157, tradução nossa).

Decolonizar o pensamento para afirmar uma economia criativa do Sul é um exercício de imaginação, mas, sobretudo, uma atitude política. As palavras cultura e colonização possuem a mesma etimologia. Ambas se originam do radical latino *colo*, que significa "tomar conta de", cujos significados levam a dominar, mas também a cuidar. A criatividade, enquanto invenção da cultura, deve ser compreendida como "vontade de potência",[15] ou seja, como afirmação da vida pela criação de valores. Sejamos sonhadores e criadores de mundos.

Notas

1 Distinção entre descolonização e decolonização: o termo "descolonização" está ligado às lutas anticoloniais que marcaram as independências das antigas colônias e pode ser definido como um processo de superação do colonialismo e das relações de opressão que ele causou. Já a decolonidade diz respeito a um projeto de transgressão histórica da colonialidade. Com base na noção de que não é possível desfazer ou reverter a estrutura de poder colonial, o objetivo dele é encontrar meios para desafiá-la continuamente até romper com ela (Godoy, 2021).

2 Esse conceito será aprofundado mais adiante.

3 A propósito da reflexão de Bachelard, Wunemburger sugeriu uma "pedagogia do movimento" aplicada aos discursos científicos. Ela seria capaz de oferecer mobilidade e alteridade ao pensamento, levando ideias e conceitos adiante (*apud* Sant'anna, 2010, p. 44).

4 A obra de Boaventura de Sousa Santos intitulada *A crítica da razão indolente* inspira-se em Leibniz, referindo-se à perplexidade causada pelo sofisma que os antigos chamavam de *razão indolente* ou *razão preguiçosa*: "se o futuro é necessário e o que tiver de acontecer acontece, independentemente do que fizermos, é preferível não fazer nada, não cuidar de nada e gozar apenas o prazer do momento". (Santos, 2000, p. 42)

5 Para Santos (2007, p. 58), "essa epistemologia tem uma exigência que não incluímos muito facilmente em nossas teorias, o pós-colonialismo. É a ideia de que a modernidade ocidental tem uma violência matricial – a violência colonial –, e nem sequer as correntes mais críticas de um pós-modernismo de oposição como as que defendi no passado se dão conta (é uma autocrítica que faço de minhas primeiras formulações) dessa violência matricial que é o colonialismo."

6 A Secretaria da Economia Criativa demandou a UNCTAD a permissão para a tradução em língua portuguesa do relatório "Economia Criativa: uma opção de desenvolvimento viável", e contou com o apoio do Itaú Cultural para a sua publicação em 2012.

7 Um dos campos relacionados à economia criativa que mereceriam estudos aprofundados de seus impactos sobre as cidades criativas é o turismo. Afinal, a associação entre a indústria do turismo e a indústria criativa pode ser perversa, tanto para turistas quanto para habitantes, revelando as iniquidades do sistema capitalista.

8 O primeiro e maior desafio da Secretaria Nacional da Economia Criativa se referia justamente à pactuação de um conceito para a economia criativa (Brasil, 2012a, pp. 21–22). Um primeiro entrave enfrentado neste processo de construção conceitual diz respeito à terminologia adotada no campo da Economia Criativa, em virtude da maior parte das publicações e debates sobre o tema ser de origem anglo-saxã. Além de inadequada em função das especificidades de cada país, é temerária a realização da simples tradução de conceitos que muitas vezes geram incompreensões semânticas por causa de diferenças culturais. A expressão *creative industries* – adotada, via de regra, pelos países anglo-saxões e mesmo por países latinos e asiáticos – é traduzida no Brasil literalmente como "indústrias criativas". Entretanto, na língua inglesa, o termo "indústria" significa "setor" ou o conjunto de empresas que realizam uma atividade produtiva comum (e.g. setor automobilístico, setor de vestuário etc.). Isso tende a gerar uma série de ruídos de cognição em função da estreita associação que se faz comumente no Brasil entre o termo "indústria" e as atividades fabris de larga escala, massificadas e seriadas. Assim, para efeito desse plano e da proposição de políticas públicas, é adotado o termo "setores criativos" como representativo dos diversos conjuntos de empreendimentos que atuam no campo da Economia Criativa.

9 No conceito de setores criativos da SEC, podemos observar uma tentativa de distinção do conceito anglo-saxão de indústrias criativas: "Considerar que os setores criativos são aqueles cuja geração de valor econômico se dá basicamente em função da exploração da propriedade intelectual expressa uma percepção bastante restritiva posto que a propriedade intelectual não corresponde a um elemento obrigatório nem definidor único de valor dos bens e serviços criativos". (Brasil, 2012a, p. 22).

10 A Unesco definiu, a partir de 1986, um escopo de categorias culturais, em particular de setores e atividades para a realização de pesquisas e análises estatísticas – The Framework for Cultural Statistics (FCS). Com o passar do tempo, essas categorias e seus respectivos setores foram sendo ampliados, no

sentido de corresponder à evolução dos debates acerca de cultura e criatividade no desenvolvimento das nações. No Plano da SEC (Brasil, 2012a, p. 25) já se reconhecia o caráter problemático desses setores em uma sociedade em que cadeias produtivas transformavam-se em redes: "É praticamente impossível se pensar atualmente em produtos criativos que se restrinjam a uma única área ou segmento criativo. Desfiles de moda, por exemplo, são realizados junto a espetáculos de música; espetáculos de dança se integram a projeções audiovisuais; a editoração de livros se faz por meio da indústria de conteúdo das novas mídias, ter outras fusões. A mescla de várias linguagens e áreas tornou-se prática comum nessa nova economia, estimulada em função tanto das facilidades geradas pelas novas tecnologias, quanto pela capacidade criativa de se construir e se interagir de modo multidisciplinar. Afinal, falar de economia criativa é falar de transversalidade, de intersetorialidade, de complexidade, ou seja, do que é tecido conjuntamente".

11 A SEC registrava, no seu Plano (Brasil, 2012a), as dificuldades dos relatórios da UNCTAD na definição de metodologias e indicadores para a cultura e a criatividade: "a realização de estudos e pesquisas só se torna viável se baseando em uma definição mínima de categorias e indicadores que permitam a mensuração da situação real e dos resultados gerados pela implementação de políticas públicas". Outro ponto importante é que esses tipos de mensuração e de análise se sofisticam e são aprofundados, pela necessidade de comparabilidade dos dados, relativos a essa economia, dentro do país e fora dele. Atualmente, há uma imensa divergência de categorias e parâmetros utilizados quando se analisam as metodologias de pesquisas utilizadas por diferentes países, o que prejudica a consolidação de dados globais da economia criativa no mundo.

12 A expressão "imatérias-primas" é de Mário Lúcio Sousa e remete à dimensão intangível dos bens e serviços da economia criativa, mas, sobretudo, aos sentidos de desenvolvimento pautados pelas "matérias-primas". O "Brasil das *commodities*" é a inversão e a perversão do "Brasil Criativo".

13 A discussão sobre a Economia Criativa como (Des)Envolvimento Sustentável será realizada na quarta parte desse livro.

14 A *lógica dos meios* foi tratada na primeira parte deste livro com base no pensamento de Celso Furtado sobre os desafios do desenvolvimento no século XXI. No seu livro *O capitalismo global* (1998, pp. 65–66, 68), ele destaca dois objetivos estratégicos: "preservar o patrimônio natural, cuja dilapidação atualmente em curso conduzirá inexoravelmente ao declínio e ao colapso da nossa civilização; liberar a criatividade da lógica dos meios (acumulação econômica e poder militar) a fim de que ela possa servir ao pleno desenvolvimento de seres humanos concebidos como um fim, portadores de valores inalienáveis".

15 O conceito de "vontade de potência" foi criado por Nietzsche como base para o desenvolvimento de outras ideias, como uma proposição ontológica. A esse respeito, sugerimos as leituras de *Além do bem e do mal* e *Assim falou Zaratustra*.

Referências bibliográficas

Austrália. *Creative Nation: Commonwealth Cultural Policy*, 1994. Disponível em: webarchive.nla.gov.au/awa/20031203235148/http://www.nla.gov.au/creative.nation/contents.html.

Bachelard, Gaston. *Le nouvel esprit scientifique*, Paris: PUF, 1934.

Bachelard, Gaston. *La formation de l'esprit scientifique*, Paris: Vrin, 1967.

Bachelard, Gaston. *A psicanálise do fogo*, São Paulo: Martins Fontes, 2008.

Bachelard, Gaston. *A água e os sonhos: ensaio sobre a imaginação da matéria*, São Paulo: Martins Fontes, 2018.

Bourdieu, Pierre. *A distinção: crítica social do julgamento*, Porto Alegre: Zouk, 2007.

Brasil. Ministério da Cultura. *Plano da Secretaria da Economia Criativa*, Brasília: MinC, 2012a.

Brasil. Ministério da Cultura. *Relatório de Economia Criativa: economia criativa uma opção de desenvolvimento*, 2010. Brasília: Secretaria da Economia Criativa/MinC; São Paulo: Itaú Cultural, 2012b.

Baudrillard, Jean. *La transparence du mal: essai sur les phénomènes extremes*, Paris: Galilée, 1990.

Bauman, Zygmunt. *Vida líquida*, Rio de Janeiro: Zahar, 2007.

Canclini, Néstor García. *Culturas híbridas: estratégias para entrar e sair da modernidade*, São Paulo: Edusp, 2019.

DCMS. *Creative Industries Mapping Documents,* 1998, GOV.UK. Disponível em: www.gov.uk/government/publications/creative-industries-mapping-documents-1998.

Flew, Terry. "Origins of Creative Industries Policy Introducing Creative Industries: the UK DCMS Task Force", em: Flew, Terry, *Creative Industries: Culture and Politics*, Londres: Sage Publications, 2012.

Florida, R. *Cities and the Creative Class*, Nova York: Routledge, 2005.

Florida, Richard. *Urban crisis: how our cities are increasing inequality, deepening segregation, and failing the Middle class – and what we can do about it*, Nova York: Basic Books, 2017.

Furtado, Celso. *O capitalismo global*, Rio de Janeiro: Paz e Terra, 1998.

Gil, Gilberto. "Apresentação", em: Sousa, Mário Lúcio. *Manifesto à crioulização,* Coimbra: Imprensa da Universidade de Coimbra, 2021.

Godoy, Guilherme Lassabia de. "Colonização e descolonização: fundamentos da dominação Ocidental e perspectivas de transformação", em: *Revista Sociologias Plurais*, v. 7, n. 1, pp. 387–410, jan. 2021. Disponível em: revistas.ufpr.br/sclplr/article/view/79179/42968.

Harvey, David. *Condição pós-moderna: uma pesquisa sobre as origens da mudança cultural*, São Paulo: Edições Loyola, 1989.

Howkins, John. *Economia criativa: como ganhar dinheiro com ideias criativas*, São Paulo: M. Books, 2013.

Landry, Charles. *The Creative City: a Toolkit for Urban Innovators*, Londres: Earthscan, 2008.

Landry, Charles. "Cidade criativa: história de um conceito", em Reis, A.C. Fonseca; Kageyma, P. *Cidades criativas: perspectivas*, São Paulo: Garimpo Soluções, 2011.

Landry, Charles. *Maximizing the Potential of the Creative Cities Network: Reflections & Advice*, 2017. Dispomível em: charleslandry.com/panel/wp-content/uploads/downloads/2017/07/Maximizing-the-Potential-of-the-UNESCO-Creative-Cities-Network.pdf.

Leitão, Cláudia Sousa; Guilherme, Luciana Lima. *Cultura em movimento: memórias e reflexões sobre políticas públicas e práticas de gestão*, Fortaleza: Armazém da Cultura, 2014.

Lipowetsky, Gillles; Serroy, Jean. *O capitalismo estético na era da globalização*, Lisboa: Edições 70, 2014.

Miles, Malcom. "Uma cidade pós-criativa?", em: *Revista Crítica de Ciências Sociais*, n. 99, 1 dez. 2012, pp. 9–30.

Morin, Edgar. *Educação planetária: conferência na Universidade São Marcos*, São Paulo, Brasil, 2005.

Morin, Edgar. *Meu caminho: entrevistas com Djénane Kareh Tager*, Rio de Janeiro: Bertrand Brasil, 2010

Motta, Daniel Andriolli Rodrigues. *A arte e a cultura como estratégias do planejamento territorial: as "Cidades Criativas" como base estrutural do desenvolvimento urbano*. 2022. Doutorado (Memorial de Qualificação) – Faculdade de Engenharia Civil, Arquitetura e Urbanismo. Universidade Estadual de Campinas. Campinas, 2022.

Peck, Jamie. "Struggling with the Creative Class International Journal of Urban and Regional Research", em: *International Journal of Urban and Regional Research*, v. 29, n. 4, pp. 740–70, fev. 2005. Disponível em: www.researchgate.net/publication/4761497_Struggling_With_the_Creative_Class.

Quijano, Anibal. *Colonialidade do poder, eurocentrismo e América Latina*, Buenos Aires: CLACSO, 2005.

Rosi, Mauro. "Branding or sharing? The dialectics of labeling and cooperation in the Unesco Creative Cities Network", em: *City, Culture and Society*, v. 5, n. 2, jun. 2014, pp. 107–10.

Santos, Boaventura de Sousa. *A crítica da razão indolente: contra o desperdício da experiência*, São Paulo: Cortez, 2000.

Santos, Boaventura de Sousa. "Para uma sociologia das ausências e uma sociologia das emergências", em: *Revista Crítica de Ciências Sociais*, n. 63, pp. 237–80, out. 2002.

Santos, Boaventura de Sousa. *Renovar a teoria crítica e reinventar a emancipação social*, São Paulo: Boitempo, 2007.

Santos, Boaventura de Sousa. *O fim do império cognitivo: a afirmação das epistemologias do Sul*, Belo Horizonte: Autêntica, 2022.

Sant'Anna, Catarina (org.). *Para ler Gaston Bachelard: ciência e arte*, Salvador: Edufba, 2010.

Sarlo, Beatriz. *Modernidade periférica: Buenos Aires 1920 e 1930*, São Paulo: Cosac Naify, [1988] 2010.

Sousa, Mário Lúcio; Leitão, Cláudia Sousa (org.). *Meu verbo cultura: escritos amorosos sobre cultura e desenvolvimento*, Salvador: Edufba, 2016.

Unesco. *Indicadores temáticos para la cultura en la agenda 2030*, Paris: Unesdoc, 2020. Disponível em: unesdoc.unesco.org/ark:/48223/pf0000373570.

Weiler, Fabiane Frois B. "A criatividade e a cultura como elementos do desenvolvimento urbano", em: *Baru*, Goiânia, v. 3, n. 2, 19 jul./dez. 2017, pp. 258–69.

Sonhar mundos e pactuar princípios

CLÁUDIA SOUSA LEITÃO

E, às vezes, é preciso crer para ver...

MÁRIO LÚCIO SOUSA

A economia e o desenvolvimento são palavras a serem sonhadas no século XXI. Pensar as economias criativas, baseando-se nas epistemologias do Sul, implicaria em compreendê-las, primeiramente, como palavras-refém dos discursos hegemônicos da modernidade-mundo. Sousa e Leitão (2016, p. 84) descrevem os sentidos primordiais da economia enquanto invenção da cultura:

> A noção de economia está com o homem desde que ele racionaliza. Desenvolveu conceitos de usar e guardar para voltar a usar, de partilhar, de poupar e de compreender a fonte de emanação das coisas simples que lhe garantiam a subsistência e a felicidade. A economia era então uma questão de cultura. A poupança, o consumo, a produção e a gestão do produto eram todos manifestações e exercícios de cultura. Isto levaria ao surgimento de noções similares da cultura, de cultivo, de agricultura e de outras culturas. Havia um saber essencial sobre a cultura da economia, da sua economia. Essa relação natural daria nascimento àquilo que hoje podemos chamar da economia da cultura, da nossa cultura.

Ao longo dos séculos, a economia moderna afastou do desenvolvimento os significados da plenitude, em nome da promessa da abundância. Sousa e Leitão (2016) observam que, em oposição à ideia da plenitude está o vazio, e no sentido antagônico à abundância se encontra a escassez. Por isso, as matrizes criadoras (Furtado, 2008, p.114), destinadas a oferecer a plenitude aos humanos (a reflexão filosófica, a meditação mística, a invenção artística e a pesquisa científica básica) foram apequenadas ou instrumentalizadas nas representações modernas sobre o desenvolvimento. Reduzida à lógica dos meios (do lucro e da acumulação), a economia promoveu descrenças, cinismos e ilusões nas miradas sobre o desenvolvimento. O distanciamento dos valores da plenitude, em nome dos valores da abundância, também produziu impactos em favor do desligamento e do descomprometimento da humanidade em relação à Terra e ao Cosmos.

A ética do desenvolvimento é fruto dos excessos produzidos pela aceleração moderna. Segundo Baudrillard (1990, p. 115), a cultura ocidental branca produziu uma "ecologia maléfica" que, ao crescer, produziu excrescências, fazendo da espécie humana um dejeto. Marcada pela lógica aristotélica binária, o pensamento dialético moderno, ao adotar a lógica do terceiro excluído, retirou do desenvolvimento tudo aquilo que nele não se conseguia medir, tudo aquilo que fosse da ordem do evanescente ou do imaterial.

O imaginário da civilização industrial foi construído valendo-se dos símbolos do desligamento, do apagamento e da invisibilidade do politeísmo de valores da vida, da pluralidade das ontologias, cosmogonias, diversidades e singularidades. Esse modelo civilizatório, de um lado, reciclou pulsões e repulsões sociais, simulando consensos; de outro, produziu e acentuou desigualdades. Enquanto simulacro e estereótipo, o desenvolvimento moderno produziu narrativas para refazer a história, reciclando fatos para transformá-los em feitos. Assim, as diferenças acabaram por se tornar ora indiferenças, ora fundamentalismos. Torno-me indiferente ao Outro quando não permito, na existência do Outro, aquilo que é inegociável ou inconciliável para mim; se o Outro não permite negociar sua diferença, ao aproximar-se de mim, deve ser diminuído, invisibilizado e aniquilado.

Segundo o dicionário Aurélio (1999, p. 649), "desenvolver" significa tirar o invólucro, descobrir o que estava encoberto, enquanto envolver quer dizer meter-se num invólucro, comprometer-se. "Des-envolver" implica em perder o envolvimento com a Terra e os seres vivos; "des-envolver" uma pessoa ou uma comunidade sugere retirá-la do seu contexto, descomprometê-la, desenraizá-la. As tensões entre envolvimento e desenvolvimento têm sido reveladas, sobretudo, pelas lutas dos povos originários[1] em torno de suas cosmogonias, dados os impactos monstruosos do Antropoceno sobre o planeta. A origem etimológica das palavras "mostrar" (*monstrare*), "demonstrar" e "monstro" é a mesma: é monstruoso tudo aquilo que se mostra em demasia.

As consequências do desenvolvimento sem envolvimento revelam o caráter extrativista de um projeto econômico que exauriu as reservas do planeta e passou a ameaçar o que está vivo. O fim da natureza barata e a urgência de reunião de todas as cosmogonias para abrir comportas epistemológicas de salvação são constatações observadas por Donna Haraway (2016, pp. 141–42), que nos faz refletir sobre a importância da criação de refúgios e a reabilitação do parentesco em tempos distópicos:

> Uma maneira de viver e morrer bem, como seres mortais no Chthuluceno, é unir forças para reconstituir refúgios, para tornar possível uma parcial e robusta recuperação e recomposição biológica-cultural-política-tecnológica,

> que deve incluir o luto por perdas irreversíveis. [...] Eu sou uma compostista, não uma pós-humanista: somos todos compostos, adubo, não pós-humanos. O limite que é o Antropoceno/Capitaloceno significa muitas coisas, incluindo o fato de que a imensa destruição irreversível está realmente ocorrendo, não só para os 11 bilhões ou mais de pessoas que vão estar na terra perto do final do século 21, mas também para uma miríade de outros seres. [...] Meu propósito é fazer com que "parente" signifique algo diferente, mais do que entidades ligadas por ancestralidade ou genealogia. O movimento suave de desfamiliarização pode parecer, por um momento, um erro, mas depois (com sorte) aparecerá sempre como correto. Fazer parentes é fazer pessoas, não necessariamente como indivíduos ou como seres humanos. Na Universidade, fui movida pelos trocadilhos de Shakespeare, *kin* e *kind* (parente e gentil em português) – os mais gentis não eram necessariamente parentes de uma mesma família; tornar-se parente e tornar-se gentil (como categoria, cuidado, parente sem laços de nascimento, parentes paralelos, e vários outros ecos) expande a imaginação e pode mudar a história.

"Faça parentes e não bebês!", propõe Haraway, fazendo-nos reconhecer a urgência das sociabilidades comunitárias em meio à solidão provocada pelo "individualismo possessivo". Em um mundo de refugiados sem refúgio, a ideia de parentesco reacende uma pequena luz sobre sentimentos sombrios que teimam em nos assaltar. Na etimologia de humanidade, está o *humus*, o adubo vital que nos religa a uma matéria comum, a uma mesma origem, que nos faz parentes por sermos terranos, como nos denomina Latour (2020). Precisamos de refúgio. É hora de voltarmos para casa. A casa é aquela encarregada de manter a família. Bachelard (2019, p. 93), em suas reflexões sobre as imagens da intimidade, afirma que a casa é o bem da família ou do que é familiar. Volta-se à casa como se volta à terra natal ou, ainda, como se volta à mãe. Casa e mãe constituem arquétipos essenciais da Terra e suas imagens do repouso, do refúgio, da proteção e da intimidade.

Como pensar a economia criativa como afirmação de um desenvolvimento com envolvimento enquanto cerne de uma epistemologia contra-hegemônica ao desenvolvimento sem envolvimento? De que modo a economia criativa pode contribuir para a afirmação das epistemologias do Sul? Como imaginar e realizar uma economia criativa que produza refúgios, que fortaleça parentescos, que faça a compostagem de novos adubos para a reinvenção do humano? Essas perguntas são essenciais para que possamos avançar em nossas análises sobre a hegemonia das indústrias criativas sobre as economias criativas.

É necessário retomar, com base nas dinâmicas de criação, produção, comercialização e consumo de bens e serviços criativos, as contradições e as tensões entre envolvimento e desenvolvimento, ou seja, é preciso desmascarar consensos suspeitos em torno dos impactos sempre positivos das indústrias criativas sobre o desenvolvimento. O grande desafio para os países do Sul é o de enfrentar a hegemonia das indústrias criativas, aprofundando os significados e construindo um novo léxico para a economia criativa que priorize, por exemplo, a força estratégica do patrimônio cultural de suas populações. Afinal, o Brasil poderia ser protagonista de uma nova agenda de desenvolvimento com envolvimento com base na economia criativa? É o que analisaremos, a seguir.

Nossa primeira tarefa é de natureza hermenêutica. Por trás das grandes palavras estão imaginários, valores, símbolos, signos e demais representações que determinam éticas. Vejamos de que modo os negacionismos e os fatalismos fundamentam os discursos hegemônicos sobre as economias criativas, percebidas a partir do modelo econômico das indústrias criativas:

> Em primeiro lugar, economia criativa é, antes de tudo, economia [...]. Economia pressupõe mercado e, vivendo em uma sociedade capitalista como vivemos, quer nos agrade quer não, também significa que os agentes do mercado (produtores, distribuidores, investidores) serão movidos por lucro. [...] Economia criativa não é sinônimo de economia solidária. [...] Sendo ou não uma afirmação simpática, economia criativa não é necessariamente sustentável. Muito embora os recursos criativos sejam renováveis e sustentáveis (já que a criatividade se propaga com o uso, ao contrário de ativos finitos da economia), seu veículo não o é. Do artesanato à trilha musical ouvida no celular, o veículo do valor simbólico é finito. O capim dourado quase entrou em extinção, com o sucesso de seu artesanato; os celulares têm vida cada vez mais curta, gerando um impacto ambiental de descarte enorme e ainda irresolvível. A economia criativa, sendo economia, não é normativa, ou seja, não estabelece normas, não decide o que deve ou não ser feito ou como os recursos devem ser aplicados. Curiosamente, para muitos, a economia nasce da filosofia moral, do dilema entre distribuir recursos escassos tendo por parâmetro a eficiência alocativa (premiar quem é mais eficiente) ou a justiça distributiva (justo para quem? Para a cigarra? Seria justo com a formiga?). Em suma, se não tivermos uma política pública (entendida como uma política pactuada entre os agentes da sociedade, públicos, privados e civis) muito clara, a economia criativa será um barquinho à deriva. [...] (Reis, 2011, pp. 75–76)

A primeira premissa, proposta por Reis, é a de que economia criativa, "por ser uma economia", deve sucumbir ao sistema capitalista global e à sua lógica de submissão aos mercados. A retórica é fatalista e tautológica: fatalista à medida que se limita a uma concepção reduzida e operacional da economia, que não amplia seus significados, suas funções nem suas conexões com outros conhecimentos; tautológica por tomar um sistema econômico como um dogma, ao qual se deve seguir de forma acrítica, como um pressuposto de fé.

A ciência econômica repousa na teoria da escolha racional, isto é, da hipótese simplificadora segundo a qual os tomadores de decisão são racionais e agem primordialmente em função dos seus interesses, considerando a informação que dispõem. Nesse sentido, a economia-mundo encontrou nas externalidades ou nas falhas de mercado bons álibis para justificar sua impotência diante da realidade (Tirole, 2020, p. 131), mantendo, assim, sua "aura religiosa". Por outro lado, os adeptos do mercado defendem sua eficiência, argumentando que a inovação e a oferta de bens e serviços a preços razoáveis são frutos da livre concorrência. Aos que reconhecem as falhas de mercado, o Estado aparece como a instituição capaz de corrigir essas falhas e reestabelecer equilíbrios solapados pelas relações da oferta e da demanda. Mas mercado e Estado são entidades mutuamente dependentes e imperfeitas.

Enfim, as tradicionais metodologias voltadas aos estudos da desigualdade e da escassez, centrais aos estudos econômicos sobre o mercado, passam a ser (des)moralizadas por outras racionalidades e práticas econômicas. Essa realidade vem demandando da economia um deslocamento na direção de outras ciências sociais, em busca de novas possibilidades de observação e de análise, diante da racionalidade estrita das relações mercantis. A esse respeito, o livro de Michel Sandel (2012), *O que o dinheiro não compra*, apresenta um quadro amplo de bens e serviços que não podem nem devem ser tragados pelo mercado. Sua contribuição é a de nos fazer pensar sobre "o preço do que não tem preço", ou seja, sobre os limites do mercado e os impasses da economia face a um mundo acossado pelo seu próprio modelo de desenvolvimento.

A segunda premissa é a de que nem toda economia criativa é sustentável, ou seja, o caráter sustentável do criar deve sucumbir à insustentabilidade do "produzir". Eis aí uma disputa essencial aos significados do desenvolvimento e, especialmente, à distinção entre economia criativa e indústria criativa. Diferentemente da indústria criativa, a sustentabilidade é um princípio[2] da economia criativa que, por sua vez, deve ser compreendida de forma complexa, ou seja, com base em suas diversas e integradas dimensões – ambiental, cultural, social, econômica e política. Os países do Sul devem apostar em suas economias criativas como estratégias para um desenvolvimento que envolva e priorize a biodiversidade e o patrimônio cultural como grandes ativos para a sustentabilidade dos seus territórios. Em um quadro em que as reservas planetárias vêm sendo envenenadas, esgotadas, queimadas e arruinadas, a economia criativa assume a sustentabilidade como uma condição necessária à sua essência e existência. Nesse sentido, as dinâmicas econômicas dos setores criativos devem estar atentas à insustentabilidade, seja nos seus produtos, seja nos seus processos.

A terceira premissa é a de que a economia não é um campo normativo; não define o que deve ou não deve ser feito, ou como os recursos devem ser aplicados. Essa interpretação é redutora e funcional, pois considera a economia não pela lógica dos fins (bem comum e bem viver), mas pela lógica dos meios (acumulação e lucro). A percepção de neutralidade da economia sobre a sociedade é deletéria para o desenvolvimento com envolvimento e, sobretudo, para a atividade criadora. A economia é um campo normativo que deve estar assentado em princípios, ou seja, ela não se refere ao "que fazer", mas antes ao "como fazer", valendo-se da eleição de valores que a fundamentam. Enquanto campo normativo, a economia também define a presença ou a ausência do Estado, ou melhor, as escolhas e a qualidade da sua atuação. Nesse sentido, a economia também é uma invenção da cultura, pois expressa concepções e condições que podem fazer a diferença entre bem viver, sobreviver ou morrer.

O individualismo é, sem dúvida, o maior dos mitos modernos. A crença na relação determinista entre a performance do indivíduo e a conquista de status social e econômico, representada pelo *self made man*, com base na retórica da meritocracia, é simbólica do imaginário liberal centrado no indivíduo. Mas com o agravamento da pobreza e das injustiças sociais no século XXI, o grande desafio do Estado moderno é o de enfrentar as contradições entre o indivíduo e o coletivo para ressignificar o seu maior símbolo jurídico-político: o contrato social.

> Vivemos em uma época na qual, em muitas sociedades, as pessoas se sentem decepcionadas com o contrato social e com a vida que ele lhes oferece. Isso ocorre apesar dos enormes ganhos oriundos do progresso material que o mundo viu nos últimos cinquenta anos. Pesquisas mostram que quatro em cada cinco pessoas acreditam que 'o sistema' não está funcionando para elas nos Estados Unidos, na Europa, na China, na Índia e em vários países em desenvolvimento. Em muitos países desenvolvidos, a maioria dos pais não acredita mais que seus filhos estarão em situação melhor do que a que se encontram. No mundo em desenvolvimento, as aspirações à educação, à assistência médica e aos empregos muitas vezes estão muito além da capacidade que a sociedade tem de oferecê-los. E, em todo o mundo, os trabalhadores se preocupam em perder seus meios de subsistência devido à falta de capacitação ou à perspectiva da automação. (Shafik, 2021, p. 21)

A falência do contrato social iluminista se torna monstruosa nas sociedades contemporâneas, quando mostra o crescimento da miséria, do desemprego e da violência. A própria imagem do contrato, símbolo da hegemonia jurídico-política da propriedade entre os direitos civis, empalidece pela sua incapacidade de neutralizar os conflitos que gera. A ressignificação do contrato social impacta sobre as modalidades de um outro importante mito moderno – o Estado do bem-estar social:

> O contrato social determina o que deve ser fornecido à coletividade e por quem; o Estado de bem-estar social é um dos vários meios possíveis de provi-

> são. [...] Quando menciono o contrato social, refiro-me à parceria entre indivíduos, empresas, sociedade civil e Estado para contribuir com um sistema em que haja benefícios coletivos. Quando cito o Estado de bem-estar, refiro-me aos mecanismos para agrupar riscos e investir em benefícios sociais mediados pelo processo político e pela subsequente ação do Estado. (Shafik, 2021, p. 31)

Os significados de bem-estar social estão, necessariamente, imbricados às concepções da economia moderna. No século XIX e nas primeiras décadas do século XX, o bem-estar social se traduz no maior ou menor acesso dos indivíduos aos bens de mercado. Nas últimas décadas do século XX e nas primeiras do século XXI, é possível observar movimentos de economistas que tentam ampliar os sentidos do bem-estar social na direção do bem comum e do bem viver. Ao observarmos os diversos modelos do Estado como garantidor do bem-estar social, constatamos em todos eles a força da cultura, que é determinante na construção de suas tipologias:

> Em países como os Estados Unidos e a Austrália, havia maior ênfase na responsabilidade individual, de modo que as contribuições e os baixos níveis de redistribuição de renda pelo estado foram direcionados apenas aos mais necessitados. Na Europa continental, os sistemas eram frequentemente vinculados ao trabalho e dependiam de contribuições sociais de empregadores e empregados para pagar o seguro-desemprego e a assistência médica. Os países nórdicos tendiam a ter níveis mais elevados de financiamento estatal da provisão de bem-estar e combinações mais generosas de benefícios universais e direcionados. [...] Países em desenvolvimento também têm visto um rápido crescimento nos gastos com bem-estar, à medida que seus cidadãos exigem melhores serviços e proteção social. [...] O número de países de baixa e média renda [...] introduziu alguma forma de pagamento em dinheiro para as famílias mais pobres, e muitos têm remuneração condicionada a uma contrapartida, como o envio dos filhos à escola ou a adesão à política de imunização. (Shafik, 2021, pp. 33–34)

Contratos sociais podem ser identificados pela combinação que emprestam, entre responsabilidades individuais e coletivas, na construção do bem-estar social, que deve se estender às diversas dimensões da vida (trabalho, moradia, transporte, educação, saúde, lazer, cultura, segurança, entre outras). Mas a aceleração das mudanças no trabalho, provocadas pelo avanço das tecnologias no sistema-mundo global, é um exemplo contundente de exclusão contratual. Enfim, quem está incluído? Quem tem acesso a uma educação de qualidade que possa atravessar as diversas revoluções industriais? A exclusão econômica é processo e produto da insustentabilidade do planeta, outra importante fratura do contrato social moderno (Shafik, 2021, pp. 51–52):

> Cerca de 80% da cobertura florestal já foi perdida em todo o mundo. As perdas estimadas de terras agrícolas variam de seis a doze milhões de hectares a cada ano. Metade da vida selvagem se extinguiu nos últimos quarenta anos. A Organização das Nações Unidas para a Alimentação e a agricultura (FAO, na sigla em inglês), concluiu que a pesca predatória insustentável atingiu 33% da pesca mundial.

Diante da crise do sistema-mundo global, a presença do Estado não se justifica somente para neutralizar assimetrias produzidas por visões neoliberais, tampouco para realizar um intervencionismo exacerbado, que produza novas formas de dependência. Em uma sociedade de redes, a expectativa de políticas públicas eficientes, efetivas e eficazes não pode prescindir da reinvenção do próprio Estado.[3] Na transfiguração do contrato social em uma concertação social, Estado e sociedade devem assumir novos protagonismos e novas parcerias, especialmente na aproximação dos interesses públicos dos bens comuns.

Denominamos de economia criativa as dinâmicas econômicas, culturais, ambientais, políticas e sociais dos bens e serviços criativos, que tecem redes e fazem comunidades com vistas à emancipação e ao desenvolvimento com envolvimento. No conceito de economia criativa aqui adotado, estão os significados de desenvolvimento propostos por Celso Furtado (2008, pp. 110–2): de um lado, a capacidade humana de criar soluções originais aos problemas específicos de uma sociedade; de outro, a ênfase ao impulso criador das comunidades na liberação de energias humanas em favor da emancipação e do envolvimento. Mas a economia criativa somente realizará suas finalidades se baseando nos princípios que a constituam.

PRINCÍPIOS DE UMA ECONOMIA CRIATIVA BRASILEIRA

Princípios são garantidores da essência de um sistema semântico que oferece sentidos a uma realidade. Os princípios da cidadania e democracia, da biodiversidade cultural e tecnodiversidade, da inovação, da sustentabilidade, da inclusão produtiva, do bem comum e bem viver garantem os significados de uma economia criativa brasileira afirmativa das epistemologias do Sul. Compreendida como um sistema que empresta significado às suas dinâmicas, a economia criativa é fruto de um pensamento complexo, dialógico e não linear, que busca reunir ao invés de separar, que acolhe a religação dos saberes e a heterogeneidade dos conhecimentos, enfim, que estimula éticas solidárias em busca de um desenvolvimento com envolvimento. Trata-se de reabilitar, por meio dos princípios da economia criativa, os significados da própria economia, seja como ciência social – que não se abstrai dos contextos sociais, culturais, políticos, ambientais, históricos e filosóficos em que está inserida –, seja como epistemologia nova, isto é, um conhecimento produzido por meio de uma nova forma de pensar.

A ECONOMIA CRIATIVA COMO ECONOMIA DA CIDADANIA E DA DEMOCRACIA

A ausência de conexão entre as ciências da natureza e a cultura humanista afastou o indivíduo da cidadania planetária. Para Edgar Morin (2010), o grande desafio do século XXI é o da religação dos saberes, da reunião das disciplinas científicas e humanistas, em nome de um conhecimento capaz de compreender a condição humana e o aprender a viver. Para o sociólogo francês, somente a cultura humanista permitiria ao ser humano distinguir os destinos individual, social, histórico e cósmico, assim como a poética da vida, a consciência e o sentimento de pertença à humanidade. No aprendizado da condição humana, vive-se como indivíduo, como cidadão, mas também como espécie. A Terra tem sede de novas humanidades e, para reavivar a cidadania, é necessário ampliá-la para além das nacionalidades e dos nacionalismos, pois ela implica em um pertencimento planetário. Morin observa que todas as civilizações buscaram inscrever os seres humanos no Cosmos. E, no sentido inverso, o Cosmos também se encontra em cada ser humano. Essa relação entre o todo e a parte – onde o todo está – é essencial para a percepção de que os humanos cumprem vários papéis em diferentes domínios, seja o religioso, o onírico, o lúdico ou o econômico.

A cidadania se aprende à medida que se aprofunda o conhecimento sobre a condição humana. O desafio foi proposto por Rousseau (1995), no início do seu tratado de educação denominado *Emílio*: "o mais útil e menos avançado de todos os conhecimentos dos humanos é o conhecimento sobre sua própria humanidade". Segundo Rousseau, a formação do homem é um *a priori* para a formação do cidadão, ou seja, não há cidadania sem educação, uma educação para a sensibilidade, liberta dos dogmatismos religiosos e dos determinismos da racionalidade. Crítico da educação produzida na sua época, Rousseau (1999, p. 210) faz um alerta provocador: "Temos físicos, geômetras, químicos, astrônomos, poetas, músicos, pintores; não temos mais cidadãos [...]". Sua crítica nos remete aos desafios da cidadania propostos pelo Relatório Jacques Delors (2003, p. 101) sobre educação, destinado a ampliar os significados do desenvolvimento:

> O desenvolvimento tem por objeto a realização completa do homem, em toda sua riqueza e na complexidade das suas expressões e dos seus compromissos: indivíduo, membro de uma família e de uma coletividade, cidadão e produtor, inventor de técnicas e criador de sonhos.

Rousseau nos convida a pensar o homem em sua totalidade, enquanto Morin nos convoca a ampliar a cidadania na direção da Terra e do Cosmos. Ambos os pensamentos contribuem para os desafios de uma educação para uma cidadania ampliada, ideia também presente no Relatório Delors. Essa ampliação se efetiva com base em quatro pilares: aprender a conhecer, aprender a fazer, aprender a ser e aprender a conviver. Analisemos a cidadania e a democracia para além das abstrações jurídico-políticas propostas pela modernidade e, sobretudo, pelo retorno ao território enquanto território usado, como nos propõe Milton Santos (1994). No território, estão os recursos e as infraestruturas a serem administrados pelas comunidades para aprender a conhecer, aprender a fazer, aprender a ser e aprender a conviver. Os princípios de cidadania e da democracia, que fundamentam a economia criativa, norteiam esses usos e suas respectivas dinâmicas.

Para a economia criativa, priorizar o *ethos* comunitário e seus usos do território é essencial ao desenvolvimento com envolvimento. Não se trata de perceber e mensurar a economia criativa de forma abstrata e desterritorializada, baseando-se na mera performance econômica dos setores criativos, mas antes de compreendê-la pelos seus impactos no "tecer redes" e "fazer comunidades". A economia criativa também deve ser concebida como uma invenção da cultura democrática (liberdades, garantias de direitos) e cidadã (solidariedade, participação, compartilhamento). Pela economia criativa, podemos retomar, reavivar e aprofundar os significados da cidadania e da democracia cultural, seja enquanto afirmação de direitos e deveres do indivíduo face a outros indivíduos, seja de uma comunidade diante de outras comunidades no que se refere aos usos responsáveis dos territórios, em favor da cidadania e da democracia.

Enfim, políticas públicas para uma economia criativa cidadã e democrática seriam aquelas que garantem às comunidades criativas, aos artistas e aos demais profissionais dos setores criativos a capacidade de estabelecer objetivos, definir prioridades, controlar recursos e administrar infraestruturas para solucionar problemas, realizar desejos, aprendendo a ser, a conhecer, a fazer e a conviver, de forma a reforçar os valores de um desenvolvimento com envolvimento.

A ECONOMIA CRIATIVA COMO ECONOMIA DA BIODIVERSIDADE CULTURAL E DA TECNODIVERSIDADE

As convenções internacionais produziram discussões tardias sobre políticas integradas entre natureza e cultura e essa realidade contribuiu para a hegemonia de modelos insustentáveis de desenvolvimento. O grande desafio do século XXI é o de ampliar efetivamente os significados da diversidade, de sua dimensão biológica à cultural para traduzi-las em políticas para a biodiversidade cultural.

A Cúpula da Terra, realizada no Rio de Janeiro em 1992, e a Carta da Terra, de 2000, constituem um importante desdobramento dessa trajetória. A Convenção para a Proteção do Patrimônio Mundial, Cultural e Natural, em 1972, a Declaração Universal sobre a Diversidade Cultural, em 2001, e, por último, a Convenção para a Salvaguarda do Patrimônio Imaterial da Unesco, em 2003, pavimentaram a instituiçãodo Ano Internacional do Planeta Terra, em 2008. Esse fato e feito resultou da conjugação de valores agregados ao conceito de preservação dos recursos naturais, debatidos a partir da crise ambiental dos anos 1970, quando se evidenciou uma crescente tomada de consciência e reconhecimento acerca da conexão entre a preservação ambiental e a manutenção da própria espécie humana. Defender os direitos da natureza começou a significar a defesa da humanidade e do desenvolvimento sustentável do planeta.

Não é surpreendente que, em 2005, a Unesco produza uma de suas mais significativas pactuações: a Convenção sobre a Proteção e Promoção da Diversidade das Expressões Culturais. O Documento constitui um marco multilateral para a promoção de políticas culturais das nações, promovendo e regulando as relações culturais internacionais na perspectiva do desenvolvimento sustentável (Unesco, 2007, pp. 5–6):

1. Diversidade Cultural: refere-se à multiplicidade de formas em que se expressam as culturas dos grupos e sociedades. Estas expressões se transmitem dentro e entre os grupos e as sociedades. A diversidade cultural se manifesta não somente nas diversas formas em que se expressa, enriquece e transmite o patrimônio cultural da humanidade mediante a variedade de expressões culturais, mas também por meio de modos distintos de criação artística, produção, difusão, distribuição e fruição das expressões culturais, qualquer que sejam os meios e as tecnologias utilizados;

2. Conteúdo Cultural: refere-se ao sentido simbólico, à dimensão artística, e aos valores culturais que emanam das identidades culturais e as expressam;

3. Expressões Culturais: são as expressões resultantes da criatividade das pessoas, grupos e sociedades, que possuem um conteúdo cultural;

4. Atividades, Bens e Serviços Culturais: referem-se às atividades culturais, bens e serviços que, considerados a partir de sua qualidade, utilização ou finalidades específicas, encarnam ou transmitem expressões culturais, independentemente do valor comercial que possam ter. As atividades culturais podem constituir uma finalidade em si próprias, ou contribuir para a produção de bens e serviços culturais;

5. Indústrias Culturais: referem-se a todas aquelas indústrias que produzem e distribuem bens ou serviços culturais;

6. Políticas e Indicadores Culturais: referem-se às políticas e aos indicadores culturais, sejam estes locais, nacionais, regionais, ou internacionais, que estejam centrados na cultura, ou cuja finalidade seja produzir um efeito direto

nas expressões culturais das pessoas, grupos ou sociedades, em particular na criação, produção, difusão e distribuição das atividades e dos bens e serviços culturais, assim como o acesso aos mesmos;

7. Proteção: significa a adoção de medidas destinadas à preservação, salvaguarda e enriquecimentos da diversidade das expressões culturais. "Proteger" significa adotar essas medidas;

8. Interculturalidade: refere-se à presença e interação equitativa de diversas culturas e as possibilidades de gerar expressões culturais compartilhadas, adquiridas por meio do diálogo e de uma atitude de respeito mútuo.

Em 2007, a Declaração de Friburgo, informe do Programa das Nações Unidas para o Desenvolvimento (PNUD), produz novos argumentos em favor da cultura, ratificando a necessidade da institucionalização dos direitos culturais, assim como seu caráter vinculante em termos multilaterais. A Declaração estabelece oito áreas de direitos: "à identidade e patrimônio cultural, à liberdade de identificação com uma ou várias comunidades e o direito a mudar essa identificação, ao acesso e à participação na vida cultural, à educação, à capacitação, à informação, à comunicação e à cooperação cultural" (Unesco, 2007, s.p.).

No caso brasileiro, a Política Nacional da Biodiversidade, de 2007, reconhece que, se o homem faz parte da natureza, a manutenção da diversidade cultural constitui fator determinante da biodiversidade, em especial das comunidades indígenas, quilombolas e locais (Fiorillo, 2008). Há, nas diversas expressões culturais brasileiras, a habilidade em tecer fios imaginários entre o velho e o novo, a tristeza e a festa, a destruição e a invenção, em nome da adequação e da superação das condições de vida no território. Na origem da transfiguração da natureza em cultura, está o ameríndio, que moldou o barro, trançou palhas e cipós, esculpiu a madeira e a pedra, teceu o algodão para fabricar vestes, utensílios domésticos, habitações, instrumentos de trabalho, de festa e de luta. Ao longo dos séculos, a diversidade cultural cresce e se fortalece no domínio das artes e ofícios, da fundição de metais, da ourivesaria, da tecelagem, da selaria, da marcenaria e de uma infinidade de artesanias. Com os africanos, a música, a dança, a cultura alimentar, as festas abriram novas comportas para a diversidade cultural brasileira (Barroso, 2019).

A diversidade cultural tornou-se uma ideia-força para a sustentabilidade e o *softpower* dos países. A Constituição Federativa (CF) de 1988, no artigo 216, define de forma extensiva os significados de patrimônio cultural brasileiro, observando o seu caráter plural:

> Constituem patrimônio cultural brasileiro os bens de natureza material e imaterial, tomados individualmente ou em conjunto, portadores de referência à identidade, à ação, à memória dos diferentes grupos formadores da sociedade brasileira, e nos quais se incluem: I – as formas de expressão;

> II – os modos de criar, fazer e viver; III – as criações científicas, artísticas e tecnológicas; IV – as obras, objetos, documentos, edificações e demais espaços destinados às manifestações artístico-culturais; V – os conjuntos urbanos e sítios de valor histórico, paisagístico, artístico, arqueológico, paleontológico, ecológico e científico.

Os significados constitucionais da cultura no Brasil são abrangentes e envolvem artes, ciências, tecnologias, memória, patrimônio cultural (material e imaterial) e natural. Por isso, políticas culturais, formuladas em consonância com a legislação constitucional, devem ser transversais. Além da concepção transversal da cultura proposta pela Constituição, vale enfatizar a visão tridimensional de cultura, proposta, em 2003, pelo então Ministro da Cultura, Gilberto Gil:

> Cultura não no sentido das concepções acadêmicas ou dos ritos de uma 'classe artístico-intelectual'. Mas em seu sentido pleno, antropológico. Vale dizer: cultura como a dimensão simbólica da existência social brasileira. Como usina e conjunto de signos de cada comunidade e de toda a nação. Como eixo construtor de nossas identidades, construções continuadas que resultam dos encontros entre as múltiplas representações do sentir, do pensar e do fazer brasileiros e a diversidade cultural planetária. Como espaço de realização da cidadania e de superação da exclusão social, seja pelo reforço da autoestima e do sentimento de pertencimento, seja, também, por conta das potencialidades inscritas no universo das manifestações artístico-culturais com suas múltiplas possibilidades de inclusão socioeconômica. Sim. Cultura, também, como fato econômico, capaz de atrair divisas para o país – e de, aqui dentro, gerar emprego e renda. Um bem simbólico é um produto cultural, político e econômico – simultaneamente. Como envolve custos de criação, planejamento e produção é, obviamente, uma fonte geradora de emprego e renda. Uma fonte de lucro para empresas e de captação de divisas para países exportadores de bens e serviços culturais. Ou seja: além de dar emprego em casa, a produção cultural pode trazer dinheiro de fora [...]. Tudo isso apenas mostra a importância do que hoje se chama 'economia da cultura', que, entrelaçando-se à 'economia do lazer', é um dos setores mais dinâmicos da economia mundial. (Gil, 2003 *apud* Leitão; Guilherme, 2014, p. 44)

O ministro destacava a importância de políticas públicas culturais capazes de realizar o que ele denominava de *do-in* antropológico, políticas que deveriam "massagear" pontos vitais do território brasileiro, para potencializar fluxos e trocas culturais. Em 2006, no Programa Cultural de Desenvolvimento do Brasil, também ressaltava a diversidade, como um valor primordial da cultura brasileira: "Trata-se de avivar o velho e atiçar o novo, porque a cultura brasileira não pode ser pensada fora desse jogo, dessa dialética entre tradição e invenção, numa encruzilhada de matrizes milenares e informações e tecnologias de ponta" (Brasil, 2006, p. 6).

O primeiro desafio da formulação de uma política de economia criativa para a valorização e a salvaguarda da biodiversidade cultural diz respeito à compreensão restrita dos significados da cultura. É necessário retomar os significados de cultura como cultivo e o cuidado com a terra, que dá origem à palavra "agricultura" (Chauí, 2009, p. 21), para a ampliar seu protagonismo em uma nova agenda de desenvolvimento. As catástrofes naturais, o aquecimento global, o ressurgimento de pandemias, a vida insustentável nas cidades são sintomas de um planeta doente, que demandam dos governos e das empresas um comprometimento menos retórico e mais efetivo com a sustentabilidade. O crescimento de movimentos sociais, em torno de causas ecológicas, também aponta para a urgência de uma política nacional para a biodiversidade cultural brasileira. O princípio da biodiversidade cultural amplia os significados da cultura, ao mesmo tempo que aproxima a economia criativa da economia solidária, da bioeconomia, da economia circular, da economia verde, do comércio justo, do consumo responsável, ou seja, de valores substantivos em torno da colaboração e do cuidado, essenciais ao desenvolvimento com envolvimento. A presença das ONGs e das lideranças comunitárias reforçam a importância do protagonismo juvenil, que transfigura cotidianamente saberes tradicionais em produtos culturais contemporâneos, com base em novos modelos de negócio, em busca de alternativas sustentáveis do viver.

O segundo desafio se refere à ameaça à diversidade cultural, em função do aniquilamento da biodiversidade e vice-versa. A diversidade cultural é produto e processo da biodiversidade natural e se expressa nas intervenções humanas sobre a própria natureza. Por isso, a proteção ao patrimônio natural é condição necessária para a salvaguarda do patrimônio cultural imaterial, que se refere aos diversos saberes, fazeres e tradições, presentes nos processos de criação, produção, comercialização e consumo de bens e serviços culturais e criativos (Leitão, 2009). A biodiversidade cultural se traduz nos usos dos territórios, biomas e ecossistemas pelas comunidades. Tecnologias comunitárias estão presentes nas diversas regiões brasileiras e ganham expressão nos remédios, ornamentos, materiais de construção, instrumentos musicais, utensílios domésticos, na cultura alimentar, nas vestimentas, entre tantas outras expressões da biodiversidade cultural brasileira. Comunidades de indígenas, quilombolas, pescadores, ribeirinhos, agricultores, pequenos empreendedores, jovens das periferias urbanas, LGBTQIA+, mulheres são exemplos de comunidades aliadas na luta pela biodiversidade cultural, que vêm tecendo redes e promovendo solidariedades comunitárias.

Tanto as expressões do patrimônio cultural quanto as do natural estão gravemente ameaçadas no Brasil. A viola de cocho do Centro-Oeste brasileiro somente sobreviverá se a madeira que constitui sua fabricação também sobreviver; as paneleiras do Espírito Santo somente poderão produzir suas panelas se o tipo de argila, insumo de sua fabricação, também sobreviver; a sobrevida do acarajé está imbricada à sobrevida do azeite de dendê e do camarão seco. Esses exemplos ratificam as relações vitais entre natureza e cultura, demonstrando a complementaridade entre os patrimônios cultural e natural, que constituem os maiores ativos da biodiversidade cultural brasileira. Vale reconhecer que essa luta pela biodiversidade cultural também tem aliados na esfera pública. Os registros do patrimônio imaterial brasileiro realizados pelo Instituto do Patrimônio Histórico e Artístico Nacional – IPHAN (2021), a exemplo do Ofício das Baianas do Acarajé, do Círio de Nazaré, da Feira de Caruaru, do Samba do Rio de Janeiro, do Tambor de Crioula no Maranhão, da Viola do Cocho do Pantanal e da Cachoeira do Iauaretê foram contributos importantes para a valorização da biodiversidade cultural brasileira, sob a gestão do ministro Gilberto Gil.

Instituições como a Fundação Nacional do Índio (Funai), o Instituto Brasileiro do Meio Ambiente (Ibama) e o Instituto Chico Mendes de Conservação da Biodiversidade (ICMBio) são responsáveis pela proteção e salvaguarda da biodiversidade, que se realiza por meio da avaliação de biomas (Amazônia, Cerrado, Pantanal, Caatinga, Mata Atlântica, Pampas, Zona Costeira e Marinha (Brasil, s.d) identificados, especialmente, pela vegetação. Lamentavelmente, as organizações federais públicas, dedicadas à proteção e à salvaguarda da biodiversidade cultural brasileira, também têm sido ameaçadas, desarticuladas e invisibilizadas, reflexo da inexistência de políticas públicas para a biodiversidade cultural brasileira. Políticas públicas para a economia criativa não podem prescindir do princípio da biodiversidade cultural, essencial à sustentabilidade de suas dinâmicas econômicas.

O terceiro desafio diz respeito à presença insatisfatória de diagnósticos, mapeamentos e de indicadores, que sejam capazes de integrar natureza e cultura em projetos sustentáveis de desenvolvimento. Essa realidade constitui um óbice para a formulação de uma política pública para a economia criativa, sobretudo sob a perspectiva da biodiversidade cultural como um ativo estratégico para a agenda econômica, cultural, ambiental, social e política do país. Necessitamos de novos indicadores que sejam capazes de mensurar os impactos dos setores criativos na sustentabilidade dos territórios, e que identifiquem externalidades positivas da economia criativa em favor da sustentabilidade da economia industrial que com ela se relaciona. A ausência de dados, de séries históricas para produzir a necessária transversalidade dos setores criativos com a biodiversidade brasileira, é responsável pela invisibilidade da economia criativa como um projeto de desenvolvimento estratégico para o Brasil.[4] O princípio da biodiversidade cultural é uma oportunidade de visibilização e compreensão da economia criativa enquanto um campo econômico mais amplo e sustentável, em uma perspectiva de reação à compreensão de que a biodiversidade brasileira está unicamente associada ao campo industrial (a exemplo das indústrias farmacêuticas, de cosméticos e das biotecnologias).

Analisemos, por último, um princípio essencial à economia criativa, que se integra ao princípio da biodiversidade cultural: a tecnodiversidade. Há que se constatar o equívoco recorrente sobre o papel racional e unificador das tecnologias, consideradas um fim e não um meio de promoção da diversidade cultural. Sabemos que a aceleração tecnológica foi determinante para a globalização, e que as diferenças tecnológicas reforçam assimetrias. Por isso, é necessário evitar interpretações monolíticas e evolucionistas sobre o lugar das tecnologias na construção do social. Tecnologias continuam a ser ferramentas, limitando-se às variáveis da utilidade e da eficiência e, nesse sentido, não devem aprisionar éticas nem estéticas. Por outro lado, a educação na era digital deve partir do pressuposto de que o uso de tecnologias e técnicas não está ao serviço de um discurso hegemônico unificador; pelo contrário, deve permitir e apoiar a diversidade das narrativas e dos seus conteúdos.

A civilização industrial concebeu sua cosmotécnica, como "a unificação do cosmos e da moral por meio de atividades técnicas, sejam elas da criação de produtos ou de obras de arte" (HUI, 2020, p. 39). Mas a diversidade cultural define a pluralidade das cosmotécnicas, essenciais à pluralidade dos imaginários e, por conseguinte, da boa saúde das sociedades. Futuros tecnológicos envolvem escolhas relativas ao viver, que nos conduzem ao reposicionamento da visão universalista da tecnologia, característica do sistema-mundo global. É necessário reagir à hegemonia tecnológica moderna em sua tentativa de se tornar uma filosofia. Poderíamos desviar de uma "tecnológica" que nos afaste da distopia? A resposta é afirmativa, especialmente se compreendermos a economia criativa enquanto produtora de novas conexões entre a biodiversidade cultural e a tecnodiversidade, religando-se o mecânico ao orgânico, a arte à tecnologia, a natureza à cultura (HUI, 2020).

A compreensão da tecnologia enquanto ferramenta que empresta sentidos, mas que não é ela própria o sentido, é essencial ao princípio da tecnodiversidade. Por outro lado, a percepção de religação da natureza e da cultura como ativos estratégicos para um desenvolvimento com desenvolvimento é fundamental à biodiversidade cultural. Políticas públicas para uma economia criativa, fundamentadas na biodiversidade cultural e na tecnodiversidade, seriam aquelas que afirmariam e promoveriam a pluralidade das ontologias, cosmologias, cosmogonias e cosmotécnicas como estratégias de enfrentamento e superação de um futuro sombrio para os seres vivos, humanos e não humanos.

A ECONOMIA CRIATIVA COMO ECONOMIA INOVADORA

A criatividade foi reconhecida na modernidade-mundo como o motor propulsor do desenvolvimento econômico e uma espécie de antessala da inovação. No imaginário industrial, as duas palavras se fundem e se (con)fundem, sobretudo nos setores criativos mais bem-sucedidos face ao mercado, sempre associados à geração de novos consumidores, ideias, tecnologias e modelos de negócio. Com a transformação digital, a inovação ganhou maior centralidade no sistema capitalista neoliberal global. Por meio de plataformas, as novas dinâmicas econômicas ampliaram sua performance de distribuição e consumo, mas não cessaram de produzir precarização e alienação. A "uberização" da economia é um exemplo dilemático da inovação pragmática baseada na lógica dos meios (do lucro e da acumulação), que aproxima, por meio de plataformas digitais, produtores e prestadores de serviço dos usuários e clientes, sem qualquer engajamento ou responsabilização com a lógica dos fins (da dignidade e da qualidade de vida humana).

A transformação digital passou a ser a grande tradução da capacidade inovadora das sociedades em rede, especialmente, na economia dos bens e serviços de valor simbólico. Novas formas de socialização, de aprendizagem e de transformação das dinâmicas econômicas de criação, produção, comercialização e consumo de produtos criativos são alguns dos impactos mais impressionantes dos avanços da inovação, em particular no campo das indústrias criativas, determinados pelos usos das tecnologias da informação e da comunicação com outras tecnologias e formas de organização social. Mas esse encontro reforçou assimetrias e dependências. Afinal, não se trata da mera recepção de novas tecnologias, mas antes da reprodução de estilos de vida, de práticas de consumo, enfim, de "modos inovadores" de dominação e dependência cultural.

A inovação na civilização industrial deve a Schumpeter sua definição primordial. Ela foi estruturada com base em dois conceitos essenciais ao capitalismo global: o empreendedorismo e o financiamento. A inovação, incorporada aos novos modos de produção, é fruto de inúmeras combinações e pode ser percebida sob formas distintas: a introdução de uma nova mercadoria; a introdução de um novo método de produção; a abertura de um novo mercado; a conquista de uma nova fonte de matéria-prima; a execução de uma nova forma de organização industrial (Schumpeter, 1934 *apud* Bonet; González-Piñero, 2021, p. 22). Nas sociedades industriais, a inovação necessita de um empreendedor que a promova e do acesso ao crédito, ao fomento e financiamento, seja em sua dimensão radical (denominada de destruição criativa), seja em sua faceta incremental (baseando-se em processos contínuos de transformação).

A inovação também pode ser compreendida pelas etapas econômicas de geração de valor. Empresas que agregam valor aos seus processos e produtos são aquelas que acumulam valor, ou seja, que desagregam seus processos de produção para capturar o valor agregado em cada uma dessas etapas. Organizações culturais procuram gerar valor aproveitando recursos existentes e buscando aqueles que não possuem, mas que são requisitados para a obtenção dos resultados desejados.

O conceito de inovação nasce e cresce no imaginário das sociedades industriais, que o traduz por meio das diversas representações do mundo do trabalho moderno. Expressões como "cadeia produtiva" ou "cadeia de valor" foram reproduzidas e recepcionadas no mundo das indústrias culturais e criativas sem resistências. Afinal, todo o aparato de prospecção, identificação, seleção, avaliação, proteção e exploração dos resultados dos usos de determinadas tecnologias em uma organização servem à mesma finalidade: atender às demandas do mercado. Nesse sentido, o valor é mais uma variável que se submete ao sistema econômico e que busca atrair e ampliar seu público consumidor.

As indústrias culturais e criativas (com ênfase nas indústrias da comunicação) têm recepcionado a inovação como valor, na busca da geração de novos mercados, alinhando todos os objetivos da organização à diminuição de custos e ao valor agregado de seus bens e serviços. Para as indústrias culturais e criativas, a inovação significa a utilização de recursos para identificar novas fontes de valor e oferecê-las aos clientes. Essa dimensão da inovação está inteiramente imbricada ao usuário, que passa a ser denominado de "cocriador". Kim e Mauborgne (*apud* Bonet; González-Piñero, 2021, p. 32) propõem quatro etapas para essa categoria de inovação: "eliminar tudo o que não possui valor; reduzir o que possui menor valor; incrementar o que possui maior valor; criar o que ninguém está oferecendo". Tal concepção torna mais permeáveis as relações das organizações com o seu entorno, em função da cooperação contínua entre empresas e consumidores. Exemplos de grandes indústrias de cultura, lazer e comunicação[5] confirmam o êxito da inovação pelo *user empowerment*, ou seja, a força do usuário final para influir em cada uma das etapas da cadeia de valor de um produto (bem ou serviço).

O legado do pensamento de Schumpeter para as indústrias criativas não pode ser subestimado. Richard Florida (2012) é um dos seus herdeiros na construção do capitalismo cultural e estético, marcado pela intangibilidade das mercadorias e no qual inovação e produção se fundem na ideia de classe criativa. Florida compreendeu o lugar estratégico da inovação no sistema econômico global que, enquanto reduz a importância do lugar, mira nos talentos de profissionais dotados de alta capacitação técnica e de grande poder de mobilidade.

Da inovação fechada (na qual as empresas detêm o monopólio do conhecimento) à inovação aberta (na qual as empresas se utilizam de ideias, tanto internas como externas, para que suas tecnologias avancem), da inovação aberta de serviços (voltada, não ao produto, mas voltada à criação de experiência do cliente) à inovação por meio da fertilização cruzada (na qual as organizações realizam uma "polinização" cruzada do conhecimento e das tecnologias para fortalecer os seus negócios), tecnologias e estratégias de inovação proliferam[6] (Bonet, González-Piñero, 2021), especialmente no domínio das indústrias criativas, produzindo uma ecologia cultural completamente simbiótica às transfigurações do capitalismo global. Compreendemos, aqui, os sentidos de "ecologia cultural" na perspectiva de George Yúdice (2006), ou seja, pela compreensão da cultura como recurso de adaptação das organizações culturais ao capitalismo global.

Com o crescimento das indústrias culturais e criativas, investimentos vêm sendo feitos em inovação na área cultural, como na área da gestão cultural, levando-se em consideração os seguintes pontos: o entorno digital, a mediação tecnológica e a internet (que geram formas de criar e de se relacionar e também novos modelos de produção, distribuição e exibição); a velocidade dos fluxos de informação e de comunicação entre pessoas e organizações; a criatividade vinculada à produção de ideias, conhecimento e inovação (que agregam mais valor do que ativos econômicos); a globalização e a cibercultura (a crença em uma cultura global); e, por último, a queda de investimentos públicos e privados na cultura, fruto da crise econômica mundial, que inicia em 2008. Investir em inovação cultural significa, antes de tudo, distinguir o universo das indústrias criativas daquele das economias criativas. Essa distinção é essencial para a própria semântica de inovação. Inovar em cultura se refere ao processo pelo qual são fomentadas a criação e a gestão de comunidades, são atendidas suas necessidades, em favor da inclusão, da participação e do empoderamento:

> Daí a importância de se fomentar o desenvolvimento de ações que criem vínculos entre todos os agentes implicados para, assim, congregar coletivos comprometidos com seus valores e seguros do potencial de trabalho colaborativo para criar mudanças sociais. (Mestres, 2021, p. 108)

A inovação como um princípio da economia criativa, que busca reforçar e ampliar os valores da cidadania e da democracia, deve observar:

- Os avanços tecnológicos e seus impactos nos modos de produção de bens e serviços culturais. Nesse sentido, vale retomar o significado de "culturas híbridas" proposto por Canclini (2019), ou seja, os hibridismos não devem se limitar à fusão entre estilos, setores e tempos históricos que incidem em um produto cultural, mas deve atentar sobre as formas de organização, relação, distribuição e exibição desses produtos. Para a inovação cultural, a ideia do "prosumidor", enquanto sintoma da fusão entre os tradicionais papéis do produtor e do consumidor, não pode ser subestimada, pois contribuem para novos projetos, estruturas e práticas culturais que favorecem a criação de comunidades. Nesse contexto, a gamificação exemplifica possibilidades de expansão de produtos e conteúdos criativos, sobretudo, nas sociedades de rede, que estimulam a tecnodiversidade;
- A independência dos agentes culturais e criativos, seja no que se refere às organizações públicas, ao território e às dinâmicas das culturas tradicionais. Nesse sentido, autonomia significa a apropriação das comunidades dos proces-

sos e dos produtos culturais e criativos em um movimento contra-hegemônico à globalização. Não se trata de mera reação às indústrias culturais e criativas, mas uma atitude, fruto de uma cultura de experimentação que amplia os significados da criatividade;

• O descontentamento e o descrédito dos indivíduos nas instituições tradicionais modernas e o crescimento, no sentido inverso, de comunidades que se mobilizam para reinventar e ampliar os significados da cidadania. A inovação produzida pelos agentes culturais constitui uma externalidade positiva da decadência do Estado e das instituições públicas;

• O poder das multidões (*crowdpower*) e o desejo de empoderamento e participação dos agentes culturais que ganha novos significados na sociedade de redes. Grupos de pressão, movimentos culturais, mecanismos coletivos de financiamento (*crowdfunding*) são inovações culturais que fazem comunidade. Por outro lado, sentimento de pertença e o chamamento à responsabilidade das comunidades diante da condução dos seus próprios destinos são expressões animadoras da inovação cultural produzida pelo *ethos* comunitário, que cresce por meio de valores da cooperação, solidariedade e da empatia, consideradas novos ativos que fortalecem novas interações;

• O empreendedorismo cultural e criativo enquanto processo e produto de experiências comunitárias artísticas e culturais. Nesse sentido, é necessário revelar o invisível para que micro e pequenas experiências inovadoras sejam percebidas e acolhidas como possibilidades de novos caminhos e de outras dinâmicas culturais, econômicas, ambientais, políticas e sociais. A partir de novas éticas e estéticas, ou seja, de outros modos de conceber o fazer artístico e cultural[7], é possível ressignificar recursos, infraestruturas, competências, formas de gestão, enfim, as dinâmicas de criação, produção, distribuição/difusão e consumo/fruição de bens e serviços criativos.

Esses cenários suscitam temores, ao mesmo tempo que estimulam esperanças. De toda forma, outras perguntas devem ser feitas para que possamos problematizar a inovação enquanto princípio emancipador, e não produtor de dependências, no campo da economia criativa. De que forma artistas e trabalhadores de pequenos empreendimentos culturais e criativos dos países do Sul, em sua maioria na informalidade, podem ser protagonistas da inovação? Afinal, a desmistificação da categoria classe criativa de Florida é um sintoma da perda semântica de um discurso hegemônico do Norte global, incapaz de sustentar o que previu e difundiu *ad nauseam*, tornando-se um paradigma dogmático nos discursos hegemônicos das indústrias criativas.

Mesmo se observamos a tendência de declínio dos impérios cognitivos, ainda estamos a viver entre mundos, onde a pluralidade de valores, de epistemologias e de conhecimentos ainda suscita medos e desconfianças. Em um mundo tão acelerado que o futuro parece grudado a nossos pés, estamos sempre a tropeçar no futuro, pois somos incapazes de percebê-lo, como disse Elias Canetti (1990). A aceleração dos tempos modernos, em qualquer dos seus domínios (científico, tecnológico, midiático), em qualquer de suas trocas (econômicas, políticas, culturais, sociais), nos levou a uma total perda de referências, tornando-nos espectadores inertes de nossas próprias existências. De repente, atingimos um ponto em que parecemos sair da história, em que os excessos (de acontecimentos, de informações, de mercadorias, de inovações) conduziram-nos à ausência de expectativas, à morte anunciada do futuro. Corremos em busca de grandes ideais, mas, nos últimos tempos, parecemos estar perdidos e frustrados.

Esses sentimentos estão presentes na narrativa de uma artista plástica brasileira, quando constata sua impotência diante do mundo em rede, de uma internet que alimenta simulacros e que vende ilusões de reconhecimento, inclusão, carreiras, oportunidades e sonhos. Os impasses e dilemas da economia criativa brasileira atravessam as suas palavras:[8]

> Estou há três meses anunciando o que tenho feito em minha vida de artista plástica em um site galeria on-line. Para que o alcance seja grande e as pessoas interessadas em comprar arte cheguem à página é preciso pagar. Sim, tudo é pago. 200 reais para anunciar durante cinco dias. Quem pensa que vender qualquer coisa pela Internet signifique independência, é enganoso. Estamos dentro de um mercado e nele somos triturados seja onde for. O pior é que agora minhas redes sociais viraram campo de guerra de ofertas de cursos, bancos, agências e tudo o mais que não se interessam em comprar pinturas, mas apenas em me vender serviços de como fazer anúncios e vender on-line. A conclusão é que as dificuldades seguem e é preciso muita persistência e coragem para seguir criando mesmo sem retorno. E não é só retorno financeiro que é escasso. Falta interação também. Só os amigos de sempre se interessam em dizer algo, trocar uma ideia sobre o fazer arte. Ficar se lamentando não me agrada nem muda esta situação sem verdade e inóspita em que se tornou a comunicação virtual. Seguirei anunciando pois o resultado do meu trabalho não se detém. Mas o uso das redes no meu dia a dia já começa a se transformar [...] sigo sem vendas e mais dura do que nunca. E cansada das redes sociais.

Como qualquer outra mercadoria, as artes foram instrumentalizadas nas redes valendo-se da retórica da oportunidade, do acesso e do protagonismo de todos. Como a demanda de consumo é caprichosa, o tempo das audiências é medido em segundos e a exposição e percepção dos conteúdos é uma paisagem fugaz, a chance de que artistas independentes e pequenos empreendedores criativos consigam emprestar visibilidade aos seus bens e serviços junto aos seus públicos é praticamente inexistente. A sobrevivência da oferta cultural está vinculada a uma linha tênue entre produtos de sucesso e produtos fracassados, pois são os clientes em potencial, seus números e recursos financeiros que decidem o destino das criações culturais. Marcas, logotipos, celebridades, eventos disputam nas redes consumidores bulímicos de uma inovação líquida, tomando aqui a categoria proposta por Bauman (2007) para definir o modo de vida nas sociedades do hiperconsumo.

Nas redes, atos criativos e destrutivos são faces da mesma moeda, pois o movimento define que nada é feito para durar, e que o ciberespaço também é um território de dejetos, de descontinuidades e de esquecimento. Na modernidade líquida, a gestão da informação e do conhecimento passam a ser competências essenciais para a criação de sistemas que permitam o crescimento de movimentos contra-hegemônicos. A cultura do desengajamento deve ser enfrentada por meio de comunidades que proponham novos engajamentos; a cultura da alienação deve ser neutralizada valendo-se de movimentos educativos que se formem e se (con)formem em torno de práticas emancipatórias e de novas possibilidades de cognição. Por isso, competências comunicativas e cognitivas constituem um *a priori*, para que as trocas de informação em rede não se limitem ao mero intercâmbio de informação, mas que, de modo contrário, essas trocas produzam sentido (Martín-Barbero, 2003). Afinal, *ciber* em latim significa conduzir, o que implica na capacidade de tomada da melhor decisão em um contexto hiperinformado e hiperconectado, cujos interesses são os mais díspares e estão em constante disputa.

Os cenários aqui apontados também nos levam a alimentar esperanças sobre o crescimento de valores comunitários nas sociedades de redes, que insistem em buscar respostas a perguntas impertinentes: qual é o nosso lugar no mundo? O que fazer com os nossos desejos, nossas necessidades e nossos direitos? Mais uma vez, voltamos ao conceito de desenvolvimento proposto por Furtado (2008, p. 110), "como capacidade de criar soluções originais aos problemas específicos de uma sociedade", que nos estimula a pensar a inovação pelos usos do território pelas comunidades. Não obstante, os estudos sobre inovação se realizam majoritariamente no campo industrial, e não na efervescência da vida comunitária. Não seria mais estratégico para os países do Sul encubar comunidades, para desenvolver e reforçar epistemologias emergentes, que somente encubar empresas?

Na potência do agir comunitário e de suas tecnologias sociais, a inovação está, muitas vezes invisível, minúscula e imperceptível, seja nas comunidades tradicionais rurais, seja nas periferias dos grandes centros urbanos. Nelas, a inovação se apresenta por meio de museus orgânicos[9] ou, ainda, de oficinas a céu aberto. Como museus orgânicos, as práticas inovadoras simbolizam o vitalismo da vida cotidiana em sua capacidade de conhecer, produzir e cuidar; como oficinas, elas constituem ambientes de aprendizado, experimentação e documentação. Nesses ambientes, a cultura do aprender é naturalmente associada à cultura do experimentar metodologias, tecnologias, enfim, outros modos de ser, fazer, conhecer e conviver. A curiosidade e o desejo são frutos que ganham maior sabor quando compartilhados.

Na perspectiva de Antonio Lafuente (2022), a heterogeneidade do saber estimula a destaylorização do conhecimento, em busca do que ele denomina de oficinização do conhecimento. A metáfora, valendo-se da obra de Taylor, acerca das organizações modernas, é bastante oportuna, pois revela o caráter hierarquizado e autoritário sobre o qual o conhecimento ocidental foi estruturado, assim como a necessidade de avançarmos no fomento à cultura da experimentação como essencial às novas epistemologias e, por conseguinte, novos modos de conhecer. Sua invocação e convocação ao conhecimento aberto e compartilhado, fruto do fazer juntos comunitário[10] é, por natureza, híbrido e afeito à *collage,* ou seja, à inclusão das experiências comuns, aparentemente irrelevantes, na produção de narrativas sobre "nós no mundo" e, sobretudo, sobre "o mundo em nós". O conhecimento heterogêneo recupera, por meio da efervescência comunitária no território, novas capacidades para solucionar problemas, assim como outras governanças e formas de participação social que desconstroem a simbólica moderna das empresas e dos laboratórios como espaços hegemônicos de experimentação. Ao destacar que "a experiência é individual, enquanto a experimentação é coletiva", Lafuente, como Furtado, percebe a criatividade enquanto invenção da cultura da experimentação, enquanto potência de tecer redes e fazer comunidades:

> [...] identificar problemas, escutar afetados, articular descontentes, coletar informações, documentar processos, contrastar opiniões, definir prioridades, produzir dados, calibrar consequências, medir impactos, oferecer soluções e, por fim, mediar conflitos. (Lafuente, 2022, p. 46)

A inovação, enquanto produto e processo do *ethos* comunitário, é traduzida pelos modos como as comunidades gerem recursos (econômicos, sociais, ambientais, culturais e políticos), atuando em favor do equilíbrio dos ecossistemas criativos no território. Esse equilíbrio é tênue pois, a exemplo dos ecossistemas naturais, os ecossistemas criativos também são frequentemente ameaçados pelos modelos hegemônicos insustentáveis de desenvolvimento.

Uma economia criativa inovadora não pode prescindir de políticas públicas oriundas de um Estado empreendedor, que assume riscos e investe em uma cultura inovadora. Mazzucato (2014) observa que, entre os mitos a serem enfrentados pelo Estado empreendedor, está aquele que determina o nexo de causalidade entre inovação e pesquisa e desenvolvimento, uma realidade naturalmente associada ao mundo industrial. A inovação é um conceito muito mais amplo e deve ser compreendido como uma estratégia de inclusão produtiva. Políticas públicas para uma economia criativa inovadora é aquela que não contribui para "escolher vencedores" (Mazzucato, 2014, p. 156), ou seja, é aquela que enfrenta as assimetrias do livre mercado por meio de um comportamento mais prospectivo que reativo, em favor dos trabalhadores da cultura e da criatividade.

É tarefa do Estado empreendedor promover a inovação em pequenas empresas, assegurando as condições de equilíbrio de ecossistemas criativos favoráveis aos pequenos empreendimentos, assim como estimular ciclos virtuosos nas dinâmicas econômicas de bens e serviços criativos, com foco, sobretudo, na inovação aberta para os pequenos empreendedores, sejam eles formais ou informais.

A economia criativa como economia inovadora não pode prescindir de um pensamento crítico e de uma vontade política que sejam capazes de perceber as ambiguidades, dilemas e impasses da inovação, isto é, suas possibilidades de emancipação, bem como seus sentidos de dependência e dominação. A inovação cultural, enquanto inovação aberta, é simbólica do papel dos bens e serviços culturais para além da satisfação dos mercados: como possibilidade efetiva de ampliação da cidadania por meio da expansão do capital cultural e da emancipação. Inúmeros projetos inovadores[11] nos campos da cultura e da economia criativa vêm desenhando uma nova paisagem no mundo de redes. São exemplos animadores que dão concretude aos significados da criatividade enquanto emancipação, responsabilidade, solidariedade e, em particular, reinvenção e ampliação da cidadania.

Estamos diante de comunidades criativas que nascem em um território físico, ganham asas nos territórios virtuais e mobilizam uma grande diversidade de atores, produzindo novos nexos e novas conexões nas redes. Os empreendimentos criativos citados sugerem que o que vemos é a ponta de um iceberg, cuja dimensão não conseguimos calcular, pois muitos desses coletivos e comunidades ainda não possuem a merecida visibilidade. Políticas públicas para uma economia criativa inovadora é aquela que reconhece, visibiliza, revela, amplia e conecta comunidades criativas.

A ECONOMIA CRIATIVA COMO ECONOMIA SUSTENTÁVEL

A Organização das Nações Unidas para a Educação, Ciência e Cultura (Unesco) tem sido a mais importante plataforma multilateral na institucionalização das relações culturais internacionais, construindo e fortalecendo políticas culturais nacionais e mecanismos de cooperação internacional. Por meio de declarações, convenções, conferências, informes e outras publicações, especialmente nas últimas seis décadas, é possível perceber a ampliação dos significados e dos impactos da cultura para o desenvolvimento dos países. A primeira compreensão da cultura para as organizações internacionais é a de um patrimônio a ser protegido. Nesse sentido, a missão primordial das convenções é a de proteger o patrimônio cultural das nações, conforme podemos observar na Convenção para a Proteção dos Bens Culturais em caso de Conflito Armado e o Regulamento para aplicação da Convenção de 1954, firmada para constatar os danos da guerra sobre o patrimônio cultural dos povos. O grande objetivo dessa Convenção é o de proteger o patrimônio cultural dos povos, reprimindo as importações, exportações e transferências de propriedades ilícitas de bens culturais (Unesco, 1954).

A partir de 1960, a primeira Conferência Intergovernamental sobre os Aspectos Institucionais, Administrativos e Financeiros das Políticas Culturais da Unesco amplia os significados da proteção das culturas nacionais, enfatizando a ameaça de uma cultura mundial sobre as culturais locais, característica frequente aos processos de globalização. Em 1972, a Convenção sobre a Proteção Mundial do Patrimônio Cultural e Natural definia os significados de patrimônio cultural:

> **(i)** os monumentos: obras arquitetônicas, de escultura ou de pintura monumentais, elementos ou estruturas de caráter arqueológico, inscrições, cavernas e grupos de elementos, que tenham valor universal excepcional na perspectiva histórica, artística ou científica;
>
> **(ii)** os conjuntos: grupos de construções, separadas ou reunidas, cuja arquitetura, unidade e integração na paisagem, lhes dá um valor universal excepcional na perspectiva histórica, artística ou científica;
>
> **(iii)** os lugares: obras do homem ou obras conjuntas do homem na natureza, assim como territórios, incluídos nos lugares arqueológicos que tenham valor excepcional universal na perspectiva histórica, estética, etnológica ou antropológica (Unesco, 1972).

Essa convenção estabeleceu os regimes de proteção e gestão do patrimônio cultural e natural, na tentativa de fomentar boas práticas de serviços de proteção, conservação e revalorização, assim como as medidas jurídicas, técnicas, científicas, administrativas e financeiras adequadas para identificar, proteger conservar, valorizar e reabilitar esse patrimônio.

Em 1966, a Declaração dos Princípios da Cooperação Cultural Internacional da Unesco enfatiza o direito à cultura, afirmando em seu Artigo 1° que "toda cultura possui dignidade e valor que devem ser respeitados e protegidos" (Unesco, 1966, s/p). Nesse sentido, todos os povos são sujeitos dos direitos à cultura, ou seja, quaisquer indivíduos, comunidades ou sociedades devem ter garantidos os direitos de acesso, protagonismo e fruição da cultura. Tal declaração estimulou a formulação, a implantação e o monitoramento de políticas culturais nos diversos países, alçando a cultura ao patamar dos direitos humanos. Em 1982, a Conferência Mundial sobre as Políticas Culturais assume uma definição ainda mais ampla de cultura, libertando-a das concepções ditas "eruditas" da cultura:

> [...] no seu sentido mais amplo, a cultura pode ser considerada atualmente como conjunto de traços distintivos, espirituais e materiais, intelectuais e afetivos que caracteriza uma sociedade ou grupo social. Ela engloba, além das artes e das letras, os modos de vida, os direitos fundamentais ao ser humano, os sistemas de valores, as tradições e as crenças. (Unesco, 1982)

A cultura avança como área estratégica para as relações internacionais e a cooperação cultural, passando a constituir um novo marco das relações internacionais e estimulando, enfim, uma ambiência de confiança, trocas e paz entre as nações. A partir dessa conferência, expressões como identidade, patrimônio, tradições, valores e diversidade cultural começam a ser consideradas cada vez mais importantes para a diplomacia entre os povos. Em 2003, a Convenção para a Salvaguarda do Patrimônio Cultural Imaterial sensibiliza indivíduos, grupo e comunidades a reconhecer a importância e a necessidade de proteção do patrimônio imaterial do planeta, definindo o patrimônio cultural imaterial da seguinte forma:

> [...] os usos, representações, expressões, conhecimentos e técnicas – assim como os instrumentos, objetos, artefatos e espaços culturais que lhes são inerentes – que as comunidades, os grupos e, em alguns casos, os indivíduos reconheçam como parte integrante do seu patrimônio cultural. Esse patrimônio cultural e imaterial, que transmite de geração em geração, é recriado constantemente pelas comunidades e grupos em função do seu entorno, de sua interação com a natureza e de sua história, transmitindo-lhes um sentimento de identidade e continuidade e contribuindo para a promoção do respeito à diversidade cultural e à criatividade humana. (Unesco, 2003).

As manifestações do patrimônio cultural imaterial são assim definidas pela Unesco (2003, s/p):

A. Tradições e expressões orais, incluso o idioma como instrumento do patrimônio cultural e imaterial;
B. Artes do espetáculo;
C. Usos sociais, rituais e atos festivos;
D. Conhecimento e uso relacionado a natureza ao universo;
E. Técnicas artesanais tradicionais.

A grande contribuição dessa convenção diz respeito às pessoas, responsáveis pela diversidade cultural mundial, procurando sensibilizar, sobretudo, os jovens para a importância do patrimônio cultural imaterial e sua salvaguarda. Como podemos observar, a temática da cultura vai ganhando importância cada vez maior no âmbito das relações internacionais, tornando-se tema de primeira ordem para a diplomacia entre cidades e países.

O Programa das Nações Unidas para o Desenvolvimento (PNUD) produz, em 2004, o Informe sobre desenvolvimento humano denominado a Liberdade Cultural Hoje em um Mundo Diverso. A liberdade cultural, conforme a Recomendação, salienta que as pessoas devem ser livres para escolher suas identidades e suas formas de viver sem exclusão e discriminação. Sobre a diplomacia cultural e o diálogo intercultural, o informe do PNUD ressalta:

> [...] os conflitos relacionados com a identidade, também podem gerar políticas repressoras e xenófobas que retardam o desenvolvimento humano e podem fomentar um retrocesso ao conservadorismo e a rejeição às trocas, impedindo a fluência de ideias e pessoas que tragam valores cosmopolitas, assim como conhecimentos e atitudes que possibilitem o desenvolvimento. (PNUD, 2004, p. 2)

O Informe é valioso para a diplomacia cultural e seu fundamento nos direitos humanos, pois desconstrói mitos:

1. As identidades étnicas de uma pessoa comprometem a visão unívoca do Estado diante da cultura;
2. Grupos étnicos tendem a entrar em conflitos violentos entre si por choques de valores, desrespeitando a diversidade e a cultura de paz;
3. A defesa das práticas tradicionais ameaça o progresso e o desenvolvimento;
4. Países etnicamente diversos são menos capazes de se desenvolver;
5. A diversidade cultural ameaça o desenvolvimento e a democracia.

A Agenda 21 da Cultura também é lançada em 2004, fruto da reunião de duas redes de cidades: o Fórum de Autoridades Locais pela Inclusão Social (FAL) e as Cidades e Governos Locais Unidos (CGLU), uma espécie de ONU das cidades. A Agenda nasce comprometida "com o reconhecimento da cultura como um dos pilares do desenvolvimento e sua inclusão nos Objetivos do Milênio" (Rubim, 2016, p. 185). As cidades signatárias da Agenda 21 comprometem-se com "direitos culturais; patrimônio, diversidade e criatividade; cultura e educação; cultura e meio ambiente; cultura e economia; cultura, igualdade e inclusão social; cultura, planejamento urbano e espaço público; cultura, informação e conhecimento; governança da cultura" (Rubim, 2016, p. 186).

Se os direitos culturais já estavam incluídos na Declaração Universal dos Direitos Humanos das Nações Unidas desde 1948, com a Declaração de Friburgo, eles avançam e ganham ainda maior amplitude, tornando-se cada vez mais essenciais às semânticas das sociedades pacíficas, justas e sustentáveis. Os Direitos Humanos tornam-se, portanto, os garantes da diversidade cultural, conforme previsto no informe mundial da Unesco de 2010, que destaca a necessária conexão entre diversidade cultural e a promoção dos direitos humanos, a coesão social e a governança democrática, condições necessárias à construção da paz entre os povos. A Declaração de Hangzhou, que virá a seguir, em 2013, situa, finalmente, a cultura no centro das políticas de desenvolvimento sustentável:

> [...] a cultura deve ser considerada como fator fundamental da sustentabilidade já que é uma fonte de significado e de energia, de criatividade e inovação, e um recurso para responder aos desafios e encontrar soluções

apropriadas. A extraordinária força da cultura para favorecer e possibilitar um desenvolvimento verdadeiramente sustentável se faz especialmente patente quando um enfoque centrado no indivíduo e baseado no contexto local se integra nos programas de desenvolvimento e nas iniciativas de construção da paz. (Unesco, 2013, p. 2)

"Viver e ser o que desejar", esta é a máxima da Declaração de Hangzhou, que destaca o papel da cultura na redução da pobreza, assim como no desenvolvimento econômico que produza inclusão:

> [...] a cultura como capital de conhecimentos e como recurso, provê as necessidades dos indivíduos e das comunidades, e reduz a pobreza. As capacidades da cultura como fonte de emprego e renda devem ser fortalecidas, com enfoque especial para as mulheres, as crianças, as minorias e os jovens. É necessário aproveitar todo o potencial das indústrias criativas e da diversidade cultural para a inovação e criatividade, sobretudo, impulsionando as pequenas e médias empresa e promovendo o comércio e os investimentos baseados em materiais e recursos renováveis, sustentáveis, na perspectiva ambiental, que estejam localmente disponíveis e acessíveis a todos os grupos da sociedade, assim como respeitando os direitos da propriedade intelectual. O desenvolvimento includente, também se deve alcançar mediante atividades centradas na proteção sustentável do patrimônio, sua salvaguarda e sua promoção. (Unesco, 2013, p. 4)

A Declaração cria conexões sobre a cultura e o desenvolvimento sustentável dos países, abrindo espaço e criando as bases conceituais para um novo Informe da ONU/PNUD/ Unesco (2013) sobre a Economia Criativa no mesmo ano. A cooperação internacional passa a trazer entre os seus pilares, graças a esse Informe, a tarefa de internacionalização da Economia Criativa, em particular no que se refere ao intercâmbio de conhecimentos e às práticas de comércio internacional. A ONU compreende que a cooperação Sul-Sul pode produzir uma aprendizagem mútua entre as nações, com grande impacto para o seu desenvolvimento. As cidades, em função do seu crescimento exponencial, ganham especial destaque no Documento, passando a serem consideradas territórios privilegiados para a cooperação e a diplomacia cultural.

Toda essa trajetória de institucionalização da cultura, como eixo estratégico de desenvolvimento sustentável dos países, leva à celebração da Década Internacional de Aproximação Cultural (2013–22), uma ação estratégica para o desenvolvimento humano integral, valendo-se do estímulo às competências interculturais que permitam aos indivíduos interagir de forma adequada, em contextos complexos. A década busca contribuir para a criação de um mundo sem medo nem violência, que respeite as liberdades fundamentais de todos os cidadãos.

A Agenda 2030 para o Desenvolvimento Sustentável, um novo marco das relações entre cultura, desenvolvimento e sustentabilidade, é fruto de um longo e conflituoso caminho efetuado pelas organizações internacionais. "Ninguém deve ser deixado para trás". Esse imperativo ético, que anima os Objetivos do Desenvolvimento Sustentável é um alerta para o sistema-mundo global e seus modelos insustentáveis de desenvolvimento. O princípio da sustentabilidade é essencial para que se possa compreender as distinções e contradições entre economia criativa e indústria criativa. Os 17 Objetivos do Desenvolvimento Sustentável (ODS) e suas 169 metas tentam traduzir a escala e a ambição dessa nova agenda universal. Embora a cultura não tenha sido tratada nessa Agenda de forma explícita, nos termos sugeridos por organismo, organizações internacionais e *experts*, ela abre oportunidades inéditas para ampliar o alcance e a transversalidade das políticas culturais nos programas de desenvolvimento sustentável dos países. Apesar das críticas à expressão desenvolvimento sustentável, a grande contribuição da Agenda 2030 é incorporar a transversalidade e a intersetorialidade da cultura como motor e facilitador do desenvolvimento sustentável, enfatizando o princípio da inclusão social. A Agenda permite usos mais amplos da cultura e sua participação nos processos de desenvolvimento.

Para compreendermos a importância estratégica do princípio da sustentabilidade para a economia criativa, devemos observar o quanto a sua ausência no âmbito das indústrias criativas vem impactando negativamente o desenvolvimento sustentável do planeta. A indústria da moda é um símbolo trágico da insustentabilidade das indústrias criativas. Sua lucratividade é diretamente proporcional à sua capacidade poluidora.[12] Enquanto economia sustentável, a economia criativa deve ampliar suas afinidades com o campo da Ecologia, em busca de uma raiz comum que estimule os usos sustentáveis dos territórios. Afinal, em nome da abundância e da prosperidade, o que constatamos é a proliferação de territórios insustentáveis (Morin, 2010, pp. 261–62):

> Lá onde o bem-estar material se estabeleceu, ele trouxe um mal-estar moral [...]. Acrescentemos que esses desenvolvimentos hipertrofiam as cidades, convertidas em megalópoles poluídas e estressadas, e desertificam as zonas rurais, entregues às monoculturas, às criações de gado industrializadas, aos pesticidas poluídos e poluidores.

A economia capitalista neoliberal definiu e priorizou sua forma excludente de gerir recursos no território. A privatização, a especulação e o abandono de espaços urbanos, a exclusão das populações periféricas, a ausência de infraestruturas públicas (escolas, hospitais, praças) simbolizam o fracasso de um modelo e sua forma nefasta de se relacionar com o entorno, de gerir recursos e de eleger patrimônios que, embora sejam denominados de bens públicos, não são reconhecidos como bens comuns. As economias sustentáveis nascem dos movimentos das comunidades humanas em busca de outras formas de se relacionar com os seus entornos – em muitos casos, apesar dos governos.

A Agenda 2030, ao mesmo tempo que amplia os significados da cultura na agenda de desenvolvimento sustentável das nações, deve nos evocar o longo caminho a ser percorrido pelas nações para a realização de seus objetivos. Avançar no cumprimento dos ODS implica em perceber as transformações dos significados da cultura. A cultura é, dessa forma, muito mais processo que produto, ela é aprendizagem, matriz de transformação e fundamento para a construção de novas cognições e outros de ser e de agir. Políticas públicas que garantam efetividade ao princípio da sustentabilidade na economia criativa são estratégicas para a agenda de (des)envolvimento sustentável. Constitui tarefa primordial à sustentabilidade da economia criativa o enfrentamento de um dos grandes paradoxos dos países do Sul: embora reconhecidos pela riqueza de sua biodiversidade cultural, são consumidores passivos dos produtos exógenos de mercado (Furtado, 1984, p. 25). Políticas públicas para a sustentabilidade da economia criativa devem se comprometer com uma governança territorial que traduza os valores do envolvimento, da colaboração e da convivialidade, estimulando novas práticas econômicas fundamentadas nesses valores. Deve, ainda, reconhecer o papel estratégico das comunidades tradicionais e de suas práticas culturais em favor de um desenvolvimento com envolvimento. Conhecê-las para aprender com elas é uma necessidade e também uma urgência, algo que não se efetiva por meros repositórios, mapeamentos ou diagnósticos.

Ampliar e qualificar a gestão dos recursos dos territórios em favor de hábitos culturais saudáveis também constitui um desafio essencial, seja na gestão dos bens comuns (usos sustentáveis da água, energia limpa, proteção da biodiversidade), seja nas dinâmicas econômicas de produção, distribuição e consumo sustentáveis dos bens e serviços criativos. Da cultura alimentar à gastronomia, do artesanato ao design, observamos que a criatividade humana ganha concretude, seja na sua produção artesanal ou industrial. É tarefa das políticas públicas enfrentar as assimetrias entre indústrias e artesanias, em favor da sustentabilidade, ao invés de construir discursos acríticos e laudatórios sobre o crescimento dos setores criativos no PIB dos países.

A Organização Internacional do Trabalho tem sido uma grande difusora do crescimento das indústrias criativas nas redes e dos sistemas produtivos. No caso brasileiro, as federações das indústrias, com destaque para a Federação das Indústrias do Rio de Janeiro – FIRJAN, vêm construindo narrativas otimistas sobre as indústrias criativas, associando-as ao seu papel crucial na promoção da competitividade das empresas, da eficiência e do dinamismo em diversos mercados. Esses estudos se detêm aos significados industriais da inovação, ou seja, aos investimentos em pesquisa e desenvolvimento, estratégias de distribuição e processos de gestão, sempre focados na elevação da produtividade dos trabalhadores, na redução de custos e na maximização dos lucros.

O Relatório da FIRJAN, intitulado Mapeamento da Indústria Criativa no Brasil (2022, p. 13), demonstra, por meio de uma metodologia quantitativa, o vigor de alguns setores criativos, embora não apresente conexões entre esses setores e seus impactos sobre o (des)envolvimento sustentável brasileiro. A priorização na quantificação de um PIB Criativo que, efetivamente, vem crescendo busca estabelecer vantagens comparativas entre as indústrias criativas e as indústrias tradicionais, porém observa a necessidade de uma política pública capaz de neutralizar as diferenças abissais entre setores criativos:

> Para segmentos como Artes Cênicas, Música, Patrimônio, Moda, editorial e Audiovisual, o saldo de novos vínculos e estabelecimentos criados foi negativo – ou seja, tais segmentos encolheram entre 2019 e 2020. Como se poderia esperar, os segmentos de Tecnologia da Informação e Comunicação (TIC) e Publicidade e Marketing, apresentaram expansão robusta em 2020, com geração de novos vínculos e criação de novos estabelecimentos. (FIRJAN, 2022, p. 15)

Os indicadores adotados pela FIRJAN (2022, p. 15) acentuam a visibilidade das indústrias criativas, principalmente da categoria das criações funcionais, face aos setores do patrimônio cultural e das artes. A produção de um "PIB criativo" proposta pelo Relatório limita-se a ratificar, de forma acrítica, a hegemonias das indústrias criativas sobre a economia criativa, que são tão concentradoras quanto as indústrias tradicionais:

> De maneira geral, a participação do PIB Criativo nos PIB das UF mostra a desigualdade na importância do valor gerado pela Indústria Criativa dentro da economia estadual nas diferentes UF, revelando as desigualdades regionais do País. Os estados, que já se destacavam com a maior participação da Indústria Criativa em suas economias, aumentaram ainda mais no período, enquanto os estados com menor participação viram reduzir a presença dessa indústria. (FIRJAN, 2022, p. 15)

A desigualdade é, por natureza, insustentável. Ela revela a face obscura em que se encontram milhares de trabalhadores da cultura, submetidos à precarização, à informalidade e à exploração. O Relatório (FIRJAN, 2022, p. 19) associa o desmantelamento do Ministério da Cultura e a respectiva ausência de políticas públicas para a economia criativa a um óbice para o seu desenvolvimento:

> A atual gestão federal promoveu alterações na Lei Federal de Incentivo à Cultura a Lei Rouanet, mecanismo atualmente controlado pela Secretaria Especial de Cultura. Com publicação de novas Instruções Normativas (IN), o governo estabeleceu, entre outras medidas, a redução de 50% no limite para captação de recursos pela lei. O documento estabelece o limite de R$ 10 mil

> para o valor destinado a aluguéis de teatros, espaços e salas de apresentação, valor que é inferior ao pago, em média no Rio de Janeiro. Houve ainda uma diminuição de cachês. O limite para o pagamento com recursos incentivados do cachê individual, que era de R$ 45 mil, passou a ser de R$ 3 mil. As tomadas de decisão do atual governo federal golpearam de forma deliberada a cultura e as artes em todas as suas dimensões. [...] (FIRJAN, 2022, p. 19)

No Relatório, a retórica da remuneração reforça a lógica da invisibilização da economia criativa diante das indústrias criativas, pois acentua o crescimento de salários de alguns setores (Pesquisa e Desenvolvimento (P&D), Tecnologias da Informação e Comunicação (TIC), Publicidade e Marketing e Design) em detrimento dos demais. As mudanças tecnológicas nos processos produtivos trazem novas assimetrias entre os setores e, por isso, suscitam novos estudos e outros indicadores para a economia criativa. Enfim, a publicação revela que a cultura é a área com menor participação na indústria criativa brasileira. Sem uma conta satélite da cultura, sem estudos e pesquisas de economia criativa dos estados da federação, sem indicadores, sem observatórios, enfim, sem vontade política para incluir a economia criativa no cerne do (des)envolvimento sustentável brasileiro, a contribuição da FIRJAN continua sendo uma referência importante para a indústria criativa, em um horizonte ainda pouco auspicioso para a economia criativa.

A sustentabilidade é um conceito que suscita vaguezas e ambuiguidades na sua mensuração e, por isso, não pode prescindir de indicadores transversais, métodos qualitativos, enfim, outras abordagens que permitam a compreensão dos impactos da economia criativa nas diversas regiões brasileiras. Em um contexto econômico de hegemonia de monoculturas insustentáveis (agronegócio, mineração, pecuária), e de extrema concentração de renda, as políticas para a economia criativa nunca foram tão urgentes. A Agenda 2030, especialmente a partir de 2021, Ano da Economia Criativa, tem instigado os países a vencer, valendo-se da cultura e da criatividade, os seguinte desafios: identificação dos fatores culturais da pobreza, garantia da dignidade das condições de trabalho na economia criativa, acesso seguro à informação, ao crédito e ao financiamento, educação voltada às competências criativas para as juventudes, novos usos do patrimônio cultural, valorização e proteção dos bens comuns, compromisso das indústrias criativas com a sustentabilidade dos seus produtos e processos (usos da água e energias limpas), transversalidade da economia criativa nas diversas pastas governamentais, créditos orientados para as comunidades criativas, infraestrutura necessária às dinâmicas de criação, produção, distribuição e consumo de bens e serviços criativos, marcos legais que contribuam para consolidar e proteger ecossistemas criativos economia criativa – eis alguns dos desafios de uma economia criativa sustentável, cuja contribuição é inestimável para a realização de um desenvolvimento com envolvimento.

O grande desafio da economia criativa é o de ter um campo de estudos distinto daquele das indústrias criativas, com epistemologias, léxicos, metodologias e indicadores apropriados, aptos a captar seus impactos no território, com ênfase na performance, menos dos setores e mais dos seus impactos nos territórios. Afinal, indicadores que capturam somente a performance econômica desterritorializada dos setores estão fadados a oferecer visões enviesadas da economia criativa. Necessitamos, enfim, de uma pedagogia dos dados que relativize e ofereça complexidade aos discursos ufanistas sobre PIBs Criativos. Números dissociados de seus contextos podem constituir ruídos e produzir vieses indesejados à compreensão da economia criativa.

A ECONOMIA CRIATIVA COMO ECONOMIA DA INCLUSÃO PRODUTIVA

Uma política cultural que contribui para o desenvolvimento econômico de territórios e populações é uma política econômica? E, no sentido inverso, uma política econômica que reconhece e apoia as dinâmicas de criação, produção, distribuição e consumo de bens e serviços simbólicos também é uma política cultural? Essas indagações são estratégicas para que possamos compreender a natureza híbrida da economia criativa. Mais um grande paradoxo deve ser salientado: como explicar a relação inversamente proporcional entre biodiversidade cultural e pobreza econômica nos países do Sul?

Para sobreviver em contextos adversos, é preciso criatividade. Criatividade que, no caso do Brasil, não se aprende na escola, pois ela é, historicamente, fruto da necessidade. A tragédia da desigualdade social e econômica no país simboliza uma tendência planetária preocupante. Conforme dados do PNUD (2021), dois terços da população global vivem na pobreza e lutam diariamente para atender suas necessidades de subsistência. Singer (2000) observa que o subemprego, o desemprego disfarçado e a estratégia de sobrevivência são termos comumente associados à parcela de trabalhadores excedentes do mercado de trabalho formal que sobrevivem na informalidade. Desse modo, o trabalhador se sustenta pela capacidade de reinventar e produzir suas próprias estruturas, como é o caso de vendedores ambulantes nas cidades brasileiras que produzem artefatos,[13] utilizando-se, não de conhecimentos técnicos, mas antes de criatividade, como forma de contornar a situação do desemprego e da exclusão.

A informalidade é o campo da invisibilidade, da desconexão, da ausência e do apequenamento do trabalhador na economia-mundo capitalista e constitui um dos seus efeitos mais perversos, principalmente no campo das economias criativas dos países do Sul. Muito mais processo do que produto, qualidade da governança e de gestão dos recursos territoriais do que performance setorial mensurada pelo PIB, a economia criativa brasileira tem como tarefa primordial ampliar os indicadores da economia criativa para revelar o intangível, o invisível e o inaudível. Enfim, a informalidade é um sintoma de um sistema econômico que aniquila e oculta as forças criativas, marginalizando-as dos direitos civis, humanos e do exercício da cidadania. Como reconhecer a presença dos trabalhadores culturais e criativos na informalidade, e que estão sempre invisíveis nos relatórios internacionais e nacionais de economia criativa?

Políticas públicas para a economia criativa, em sua tarefa de inclusão produtiva, devem incluir produtivamente as juventudes brasileiras, historicamente alijadas do direito à criatividade, como propugnava Furtado. Nesse sentido, inclusão produtiva implica, necessariamente, em educação das juventudes para as competências criativas. Afinal, ser um jovem, pobre e pardo/negro no Brasil o insere em uma trágica categoria: a dos "jovens matáveis". Segundo Giorgio Agamben (2002, p. 189), ao participar desse grupo, "qualquer um pode matá-lo sem cometer homicídio, pois a sua inteira existência é reduzida a uma vida nua despojada de todo direito". Mais uma vez a invisibilidade, o apagamento e o aniquilamento atravessam nossas reflexões sobre o desenvolvimento brasileiro e sua aproximação histórica com a necropolítica. A categoria dessas juventudes invisíveis encontra, lamentavelmente, total sintonia com o Atlas da Violência (Cerqueira *et al.*, 2021), no qual a taxa de homicídios de negros no Brasil saltou de 34 para 37,8 por 100 mil habitantes entre 2008 e 2018, o que representa aumento de 11,5 no período. Em relação aos jovens, registra-se 57 mil homicídios de jovens por ano – em sua maioria, meninos nordestinos, pobres e negros –, como apontam as várias edições da pesquisa Mapa da Violência no Brasil. A situação fica mais grave quando há o recorte de gênero.

Ampliando o olhar sobre a formação e empregabilidade, segundo dados da Pesquisa Nacional por Amostra de Domicílio (PNAD), do IBGE (2020), um em cada cinco jovens não está na escola, em treinamento ou trabalhando. De modo geral, o perfil dos jovens que não concluíram o Ensino Médio é assim apresentado: maioria de negros, com baixa renda familiar e que precocemente entra no mercado de trabalho — quase sempre ocupação informal e precária. Esses dados corroboram com a situação exponencial do desemprego no País, que hoje atinge 14,6% da população ativa (PNAD), e que é maior entre jovens, mulheres e trabalhadores sem nível superior. Dados produzidos pelo IBGE, em 2019, apontam que das 46,9 milhões de pessoas, de 15 a 29 anos de idade, o número dos que não estudam e nem trabalham (chamados informalmente de "nem-nem") atingiu 22,1%. O Brasil tem mais jovens que não estudam nem têm ocupação do que os outros países da América do Sul, como Argentina, Paraguai, Uruguai e Bolívia. São os jovens brasileiros os que mais sofreram, com os efeitos da crise no mercado de trabalho, devido à dificuldade de se inserirem no mercado ou de conciliarem estudo e trabalho.

Figura 1: Porcentagem de jovens "nem-nem" no Brasil

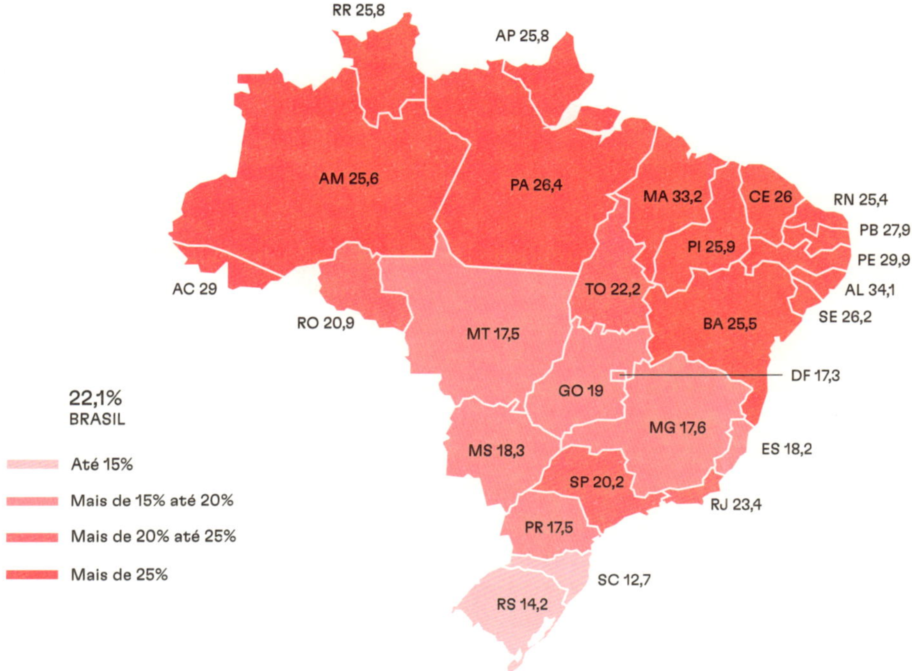

Fonte: IBGE, 2020 (adaptado).

A pesquisa revela a tragédia de um sistema que descarta, ao mesmo tempo, objetos e pessoas, que desistiu de seu ativo mais estratégico para imaginar e realizar futuros: as juventudes. São as juventudes que, por meio do aprendizado, teriam as melhores condições para empreender projetos colaborativos e a produzir novos conhecimentos em torno de novas práticas comunitárias.[14] No contexto das juventudes brasileiras, a situação relativa às mulheres é a mais delicada. Elas representavam 59,1% de jovens nessa faixa etária que não estudavam nem trabalhavam no ano acima indicado, ou seja, jovens brasileiros fora da escola e do mercado de trabalho estão apressados por impeditivos relacionados tanto à pobreza quanto ao gênero (Diógenes, 2019). Segundo o IBGE (2020), "a desigualdade entre o percentual de homens e o de mulheres de 15 a 29 anos, que não estudam nem estão ocupados, persiste ao longo da série histórica". Entre o total de jovens no país, 16,6% dos homens não estudavam nem estavam ocupados.

Entre as mulheres este percentual saltou para 27,5% e entre as mulheres pretas ou pardas o percentual era ainda maior: 32% não estudavam e não tinham ocupação. Uma jovem preta ou parda tinha, por conseguinte, 2,4 vezes mais chances de estar nessa situação do que um jovem branco (13,2%). As mulheres pretas ou pardas também estavam em desvantagem tanto em relação aos homens de mesma cor ou raça (18,9%) quanto em relação às mulheres brancas (20,8%).

Segundo Ladislau Dowbor (2002, p. 57), é função social da economia aprofundar, para superar, os significados da desigualdade e construir as estruturas necessárias à efetivação da inclusão produtiva dos trabalhadores:

> A desigualdade medida em termos econômicos, em particular de renda e de riqueza, continua fundamental. Mas as suas manifestações se dão em complexas dinâmicas sociais, em que a desigualdade econômica se articula com a desigualdade de gênero, de raça, de sexo, de regiões, ou até de bairros. A desigualdade tem de ser analisada e enfrentada no plural, tal como as Nações Unidas hoje trabalham com o conceito de pobreza multidimensional. O conceito mais amplo de resgate da dignidade humana, que envolve desde assegurar o piso econômico para todos, até o enfrentamento das mais variadas formas de prepotência, de humilhações que atingem a maior parte da população, reflete melhor o impacto sistêmico das várias formas de desigualdade. [...] Temos de organizar a inclusão produtiva, de assegurar as bases financeiras correspondentes, de atualizar as formas de gestão para que as políticas funcionem, e de ampliar as bases políticas para que essas mudanças sejam possíveis. [...] O essencial é que as populações, as organizações da sociedade civil, as pequenas e médias empresas, o conjunto dos agentes sociais, precisam ter uma presença muito mais ativa e cotidiana na gestão dos interesses do conjunto da sociedade. Frente à força das grandes corporações mundiais, teremos democracia participativa ou não teremos democracia.

Entre os princípios da economia criativa, a inclusão produtiva somente ganhará uma dimensão estratégica, se oriunda de um novo Estado, capaz de empreender e de cuidar. Políticas públicas de economia criativa são aquelas que estimulam a capacidade empreendedora, mas, sobretudo, que reconhece nas suas dinâmicas, a potência cognitiva do cuidado. Planos universais de saúde, estruturas para uma vida longeva com ênfase no cuidado dos idosos, das crianças e das pessoas com deficiência, educação de qualidade, proteção ao trabalhador, renda mínima, inclusão produtiva das juventudes, políticas para a infância, são algumas das tarefas de um Estado que prioriza o coletivo em detrimento do individual. O Estado cuidador é o Estado humanizador.

No campo da economia criativa, o Estado empreendedor é aquele que formula uma política de investimentos e de sinergias entre arte, cultura, conhecimento científicos e não científico, além de tecnologias, em torno de uma nova agenda de desenvolvimento. Como já foi observado, a inovação não pode nem deve ser reduzida ao mero apoio de *startups* e à incubação de empresas; ela deve ser ampliada, valendo-se de formas inovadoras, para a incubação de comunidades. O Estado empreendedor no campo da economia criativa é aquele que garante, pela estruturação e pelo fortalecimento de ecossistemas criativos, a presença efetiva das energias criativas nos diversos domínios da vida social. Seu papel não é somente o de corrigir falhas de mercado ou de priorizar investimentos em determinadores setores, mas antes o de induzir uma política ampla de desenvolvimento fundamentada nos princípios da economia criativa.

No sentido oposto ao Estado Neoliberal, o que se espera do Estado-Rede, do Estado empreendedor e do Estado cuidador, no campo da economia criativa, é que sejam responsáveis e proativos na formulação, implementação e monitoramento de políticas públicas que abram caminhos para novas possibilidades de viver, conviver, aprender, conhecer e empreender. Na Sociedade do conhecimento e com o advento da cultura digital, essa missão é ainda mais estratégica e não menos desafiadora, pois revelam a ausência do Estado brasileiro no campo da economia criativa: ausência de informações, dados e de análises produzidos e sistematizados; modelos de negócios precários e inadequados frente aos desafios dos empreendimentos criativos; baixa disponibilidade e/ou inadequação de linhas de crédito para financiamento das atividades dos setores criativos; oferta insatisfatória de formação em todos os níveis (técnico, profissionalizante e superior) para os setores criativos; ausência de institucionalidade da economia criativa nos planos de governo; ausência, insuficiência e desatualização de marcos legais e infralegais para o desenvolvimento dos setores criativos são exemplos de desafios que devem ser superados por meio de políticas públicas para a economia criativa.

A pesquisa Mercado Brasil Criativo[15] é um dos poucos diagnósticos dos sistemas produtivos e das redes de economia criativa realizados em capitais brasileiras. Patrocinado pelo Sebrae Nacional, o relatório final também não foi publicado, difundido e disponibilizado para o campo da economia criativa brasileira. Conforme já foi registrado, a ausência de estudos e pesquisas nesse campo produz impactos negativos sobre os empreendimentos criativos, em particular quanto aos seus impactos no território. Sem informação, sem fomento, sem formação, sem infraestrutura, bens e serviços criativos tendem se a expandir, muitas vezes, sustentados pelo trabalho precário, aprofundando a separação entre ocupações nobres e pobres.

Estruturados em grande parte por micro e pequenas empresas, os setores criativos brasileiros, em maior ou menor grau, atuam em situações bastante precárias. A baixa conectividade entre os empreendimentos e as instituições, que deveriam suportá-los, também é uma realidade; seja por conexões assistemáticas e descontinuadas ou, ainda, por relações superficiais dessas instituições com os empreendimentos criativos, impactando insatisfatoriamente sobre as atividades e os resultados desses empreendimentos. Apesar do mito de que todos estão conectados em rede, as condições de articulação em favor de causas comuns ainda são insatisfatórias, impactando a capacidade de mobilização e articulação entre setores criativos nos territórios, ou seja, no crescimento e na comunicação em rede das comunidades criativas.

Por outro lado, a relação com as instituições representativas de cada setor é frágil e há desconfiança entre os empreendedores quanto à sua capacidade de defender causas de interesse comum. Se a cultura colaborativa é reconhecida como importante, ela ainda é incipiente, no sentido de gerar ganhos efetivos no desenvolvimento econômico dos negócios criativos. Somente alguns setores têm incorporado as tecnologias digitais, como instrumentos de criação, produção e distribuição (como a arquitetura, filme e vídeo, jogos digitais e música) e grande parte dos empreendimentos criativos continuam limitados a um determinado território físico, embora haja iniciativas de relacionamento com mercados nacionais e internacionais.

Enquanto as relações dentro dos setores criativos precisam ser fortalecidas, as relações entre os setores necessitam ser potencializadas. As relações intersetoriais ocorrem de modo espontâneo, principalmente entre os setores com maior afinidade. A ausência de espaços ou de programas que promovam o encontro dos atores reduz a incidência criativa positiva das conexões. É grande a necessidade de qualificação da percepção e da compreensão dos agentes (artistas, empreendedores, profissionais e instituições) quanto às dimensões da economia criativa e às dinâmicas de seus sistemas produtivos, redes setoriais e intersetoriais, para que se fortaleça uma cultura de colaboração, participação e desenvolvimento. O potencial de desenvolvimento dos sistemas produtivos e das redes de economia criativa é significativo, mas precisa ser trabalhado com profissionalismo. Afinal, fazer frente às grandes empresas demanda das MPEs ações articuladas e integradas para a mitigação de suas fragilidades, desde a etapa da criação, àquelas de produção, distribuição e consumo, priorizando-se, sobretudo, canais inovadores de difusão e comercialização.

O breve diagnóstico apresentado fortalece o princípio da inclusão produtiva como fundamento da economia criativa brasileira. Comunidades criativas em todas as nossas regiões apresentam experiências de superação da pobreza material e da vulnerabilidade territorial por meio de uma grande riqueza de práticas colaborativas em torno de objetivos comuns. A literatura sobre a função social da economia vem crescendo e deve se estender cada vez mais à economia criativa, para reafirmá-la como um campo de conhecimento próprio e distinto do campo das indústrias criativas.

Em uma perspectiva antagônica às concepções rentistas e especulativas, oriundas da apropriação do excedente na economia-mundo, os estudos sobre a função social da economia vêm produzindo propostas contra-hegemônicas sobre temas como privatização e apropriação de recursos naturais, endividamento, extração de dividendos, propriedade intelectual, direitos autorais, patentes, direitos trabalhistas, evasão fiscal, apropriação dos bens comuns, hegemonia das plataformas, linhas de crédito, fundos garantidores, renúncia fiscal, marco civil da internet, políticas de exportação, direitos comunitários, direitos culturais, inovação aberta, *creative commons*, entre outras áreas essenciais à inclusão produtiva e à ampliação da cidadania. Todas essas temáticas são essenciais para as políticas públicas que visam à economia criativa brasileira e também para um desenvolvimento com envolvimento; porém, ainda carecem de estudos e de vontade política que as tornem efetivas, eficientes e eficazes.

A ECONOMIA CRIATIVA COMO ECONOMIA DO BEM COMUM

Para imaginarmos e realizarmos uma economia criativa brasileira, necessitamos de uma economia política da cultura e da criatividade, como propôs Furtado. Sobre isso refletiremos com base no pensamento de Elinor Ostrom, destacando suas reflexões acerca do bem comum.[16] Furtado e Ostrom são contemporâneos, foram pesquisadores e professores e possuíram um amigo comum: Amartya Sen. Nascidos, respectivamente, em 1920 e em 1933, na Paraíba e na Califórnia, encontramos no pensamento dos dois economistas preocupações semelhantes, sobretudo na compreensão de que a atividade econômica não apenas acontece, como também é moldada pelas instituições políticas, ou seja, economia e política devem ser compreendidas além dos limites do mercado e do Estado. Ambos os estudiosos detinham visão ampla e transdisciplinar da economia, o que os conduziu a teorizações sociológicas importantes, inspiradoras para os domínios da ecologia, dos estudos de gênero, da governança e do desenvolvimento sustentável. Enfim, Furtado e Ostrom encontram formas diferentes de defender os valores da Democracia e da Igualdade Social. São essas as inspirações que nos estimulam a trazer suas ideias para as nossas as economias criativas do Sul, especialmente sobre uma economia criativa brasileira.

Ostrom conduziu seus esforços intelectuais para se contrapor às ideias de Garrett Hardin, que escreveu, em 1968, a "Tragédia dos Comuns", no qual defendia o controle populacional em função da incapacidade dos seres humanos de enfrentarem, de forma cooperativa, os problemas ecológicos. Hardin utilizou a Terra como a grande metáfora da tragédia dos bens comuns. O *tempo trágico* (Rosset, 1991, p. 12) imobiliza todos os tempos, em sua tarefa de nos fazer refletir sobre o destino humano. O tempo trágico é inverso ao tempo comum e deve ser compreendido de trás para frente. Ele nos mostra que é uma ilusão acreditar que caminhamos em direção ao futuro. Pelo contrário, voltamos ao ponto de partida, mergulhando no passado do tempo trágico. Impossível lutar contra esse tempo. Somos espectadores impotentes diante do desfile de imagens de um filme invertido. Quando chegamos ao começo, ou quando o começo chega até nós, somos nós que acabamos. O filme acaba no exato momento em que entramos na sala (Leitão, 2022).

A "Tragédia dos comuns" nos lembra o Édipo Rei de Sófocles. Édipo é condenado à morte quando ainda era recém-nascido. Laio, rei de Tebas e seu pai, ouviu do oráculo de Delfos que o filho algum dia o mataria e desposaria sua mãe, Jocasta. Diante da revelação, o rei decide mandar matar o filho. Um pastor é convocado para a tarefa, mas apieda-se e o leva para casa, oferecendo-o posteriormente a Políbio, rei de Corinto, para adoção. O desenrolar da peça conduz Édipo a realizar a profecia do oráculo. Ao levantar das cortinas, o drama já está consumado. A essência da tragédia de Sófocles está no entrecruzamento e tensionamento do tempo real com o tempo trágico. A alegoria de uma cidade adoecida é o pano de fundo da tragédia. Mais uma vez a destruição é o início e o fim de uma narrativa, processo e produto dos desvarios humanos. Nela, percebemos que a liberdade humana não se resume à permissão de agir, mas, principalmente, à capacidade de fazer escolhas. Enfim, a liberdade é uma conquista para poucos:

> Imagine um pasto aberto a todos. É de se esperar que cada pastor tente manter o máximo de gado possível nas terras comuns. Tal arranjo pode funcionar razoavelmente satisfatoriamente por séculos porque as guerras tribais, a caça furtiva e as doenças mantêm o número de homens e animais bem abaixo da capacidade de carga da terra. Finalmente, porém, chega o dia do acerto de contas, ou seja, o dia em que a tão desejada meta de estabilidade social se torna realidade. Nesse ponto, a lógica inerente aos comuns gera impiedosamente a tragédia. Como um ser racional, cada pastor busca maximizar seu ganho. Explícita ou implicitamente, mais ou menos conscientemente, ele pergunta: 'O que é o utilitário *para mim* de adicionar mais um animal ao meu rebanho?' Este utilitário tem um componente negativo e um positivo. 1) O componente positivo é uma função do incremento de um animal. Uma vez que o pastor recebe todo o produto da venda do animal adicional, a utilidade positiva é quase +1. 2) O componente negativo é uma função do sobrepastoreio adicional criado por mais um animal. Uma vez que, no entanto, os efeitos do sobrepastoreio são compartilhados por todos os pastores, a utilidade negativa para qualquer pastor que toma decisões em particular é apenas uma fração de -1. Somando as utilidades parciais componentes, o pastor racional conclui que o único caminho sensato para ele perseguir é adicionar outro animal a seu rebanho. E outro, e outro [...]. Mas esta é a conclusão alcançada por todo e qualquer pastor racional que compartilha um bem comum. Aí está a tragédia. Cada homem está preso a um sistema que o obriga a aumentar seu rebanho sem limites – em um mundo limitado. A ruína é o destino para o qual todos os homens correm, cada um buscando seu próprio interesse em uma sociedade que acredita na liberdade dos comuns. A liberdade em um bem comum traz ruína a todos. (Hardin, 1968, pp. 1243–244)

Influenciado pelos estudos de Malthus, Hardin (1968) desenvolve em outro ensaio denominado "Ética do barco salva-vidas", no qual reafirma as mesmas perspectivas sombrias da condição humana: os recursos planetários não suportarão os modos de produzir e de viver dos humanos e nenhuma ética os poupará de seu destino catastrófico. Fundamenta, ainda, as origens dessa tragédia no pensamento de Aristóteles:

> O que é comum ao maior número recebe o mínimo de cuidado. Os homens prestam mais atenção ao que é seu; eles se importam menos com o que é comum; ou pelo menos cuidam dele apenas na medida em que cada um está individualmente preocupado. Mesmo quando não há outro motivo para desatenção, os homens são mais propensos a negligenciar seu dever quando pensam que outro está atendendo a ele. (Aristóteles, 1946, p. 1261 *apud* Wall, 2017, p. 25)

Na tentativa de enfrentar a tragédia de Hardin, Ostrom se dedicou a estudar o funcionamento dos bens comuns, com base na análise de *recursos do pool comum* gerenciados de forma exitosa pela *propriedade do pool comum*:

> O termo 'recursos comuns' não é algo que a maioria das pessoas tem em sua linguagem cotidiana. [...]. É qualquer tipo de recurso maior do que uma piscina no quintal de uma família, onde, é difícil manter as pessoas fora – porque mantê-las fora é caro. Quem entra pode subtrair alguma coisa. É o que se pode observar a partir de uma pescaria. Às vezes é difícil descobrir quem pode entrar e quais são os limites, mas se eu tirar o peixe, esse peixe não estará disponível para mais ninguém. Isso seria o recurso comum. (Sullivan, 2011 *apud* Wall, 2017, p. 21 – tradução nossa)

Observando os recursos comuns baseando-se nos biomas, naturalmente abertos ao coletivo e onde não se pode excluir usuários, Ostrom observou que as noções legais acerca de propriedade eram mais diversas do que se podia supor, ou seja, uma coisa não é o mesmo que a forma legal de propriedade que ela assume. Nesse sentido, a propriedade do *pool* comum pode não ser a mesma que um recurso do *pool* comum. A partir daí, passou a se dedicar a estudos de caso de bens comuns geridos com sucesso, ou seja, recursos comuns oriundos de propriedade coletiva, contrastando-os com exemplos malsucedidos de bens comuns. Essa metodologia lhe permitiu superar o pensamento de Hardin, ao acrescentar, em suas pesquisas, novas camadas de análise, especialmente com base nos estudos da Ecologia e da Psicologia.

Em sua obra de 1990 – *Governando os Comuns* –, Ostrom identificou e categorizou sistemas de recursos comuns, valendo-se de uma extensa pesquisa documental, e os categorizou como recursos de longa duração, auto-organizados e autogovernados. As experiências foram agrupadas nas categorias citadas e cotejadas com aquelas cujos bens comuns haviam fracassado. A variedade das formas de gestão coletiva desses bens em cada território do planeta levou-a a concluir que não seria possível construir um sistema único capaz de produzir conclusões universalizantes sobre eles, mas que haveria observações importantes a serem registradas, sobre os modos em que eram geridos:

> Em primeiro lugar, os bens comuns sustentáveis, ela acreditava, precisavam ter claramente limites definidos. Isso significava que, embora pudessem ser usados comunitariamente, não havia um vale-tudo; [...] em segundo lugar as regras para o uso dos bens comuns tinham que se adequar às circunstâncias locais, para que funcionassem de forma eficaz. O que funcionou em uma localidade pode ser inadequado em outra. Diferentes bens comuns teriam diferentes condições ambientais, então teriam que ser tratados de maneiras diferentes; [...] em terceiro lugar os indivíduos que usam um Commons precisam ser capazes de participar na elaboração e modificação de regras. Os indivíduos são mais propensos a respeitar as regras que ajudaram a construir. Portanto, a autogovernança provavelmente será mais eficaz, em comparação com a governança por outros; [...] o quarto ponto se refere ao monitoramento eficaz. Limites e regras eficazes só funcionarão se forem policiados de alguma forma. Normas de bom comportamento, embora úteis, provavelmente não serão suficientes para proteger um bem comum por si só. O primeiro passo para um policiamento eficaz é através de um monitoramento eficaz; [...] o quinto recurso foi o uso de sanções graduais. Uma sanção é uma punição de algum tipo por quebrar as regras estabelecidas para conservar um bem comum. Claramente, algum tipo de punição ou sanção é necessário, pois é improvável que a boa vontade por si só impeça o abuso dos bens comuns.; [...] a sexta característica é a resolução de conflitos de baixo custo. As regras, mesmo que simples e acordadas pelos participantes, podem ser interpretadas de diferentes maneiras. Tais diferenças podem ser mediadas por um órgão judicial acordado, mesmo que seja altamente informal; [...] o sétimo requisito se refere ao reconhecimento mínimo das comunidades acerca dos direitos de organização e manutenção dos mesmos, reconhecimento vital para a conservação. O controle de cima pode atrapalhar a manutenção de um sistema comum. Mais fundamentalmente, muitos bens comuns foram privatizados ou levados ao controle do Estado. A regulação paternalista de autoridades externas também pode ser prejudicial porque, embora possa ser bem-intencionada, muitas vezes é insensível às condições locais. A regulação externa também reduz a possibilidade de autogoverno que é necessário, para que o bom funcionamento do bem comum; o oitavo ponto enfatiza que os bens comuns precisam fazer parte de empresas em arranjos, clusters ou redes, ou seja, que funcionem dentro de sistemas mais amplos. Assim, um

> bem comum pode ser parte de um estuário de rio, que pode ser parte de uma região maior, e assim por diante. Os ambientes não são ilhas discretas, e mesmo as ilhas são influenciadas por sistemas climáticos e oceanos. Sistemas de propriedade comum podem sobrepor-se à intercomunhão que ocorre entre diferentes comunidades. Deve haver, portanto, formas de negociar as ligações entre bens comuns interligados. (Wall, 2017, pp. 3–39)

As ideias de Ostrom sobre os bens comuns é inspiradora para a economia criativa. Ela conforta os valores solidários do *ethos* comunitário, ao mesmo tempo que suscita uma visão disruptiva da propriedade, produzida pelo individualismo possessivo moderno. Nesse sentido, a ideia do Comum vai além dos estudos econômicos, passando a significar uma ética, isto é, um modo de ser e de estar no mundo que se traduzem em ações de "compartilhamento, colaboração, organização emancipatória das soluções e resultados socializados" (Savazoni, 2018, p. 13). O Comum, enquanto prática social, é o que é construído e testado, como enfatiza Lafuente, se baseando no entre nós e, por isso, beneficia a todos. Se a criatividade é uma invenção da cultura, para Furtado, a cultura do Comum define os modos compartilhados e comunitários de criar.

> Dito de outra forma, não é só a coisa compartilhada, mas também o seu compartilhamento por uma comunidade; ou, nas palavras de Massimo De Angelis, "there is no commons without commoning": um bem comum é simultaneamente um "substantivo" (o conjunto de bens compartilhados) e um "verbo" (a ação de compartilhar; o commoning, o "fazer comum"). (Savazoni, 2018, p. 136)

A contribuição de Ostrom sobre os bens comuns é primordial para o os impasses dos modelos econômicos e seus impactos ambientais, sociais, culturais e políticos no século XXI. No seu último artigo de 2012, ano de sua morte, a economista californiana expressava suas preocupações com o sistema-mundo global e seus efeitos deletérios sobre o planeta. Além disso, enfatizava a importância estratégica do local, na gestão sustentável dos bens comuns, compreendendo-os, em uma perspectiva complexa, com base nos sistemas religados, o que nos evoca a visão de Edgar Morin, acerca das relações dialógicas entre a parte e o todo e a Teoria do Ator-Rede de Bruno Latour.

Ostrom defende que uma economia além de mercados e estados, valendo-se de governanças policêntricas, são valiosas, pois nos levam a perceber que as soluções coletivas foram historicamente descartadas, subestimadas e invisibilizadas, enquanto alternativas viáveis para uma democracia econômica. A economista californiana não era anticapitalista, porém acreditava na necessidade de desconstrução dos sentidos ortodoxos da economia capitalista. Ao instigar, utilizando a gestão coletiva dos bens comuns, o *ethos* cooperativo dos seres humanos, ela nos redime dos negacionismos e fatalismos de plantão. Seu pensamento nos permite retornar à origem etimológica da palavra economia e reaproximar sua raiz da palavra ecologia:

> A economia trata essencialmente da maximização do bem-estar, dados os limites e a escassez. Por bem-estar, os economistas querem dizer o bem-estar humano, então, intrinsecamente, a economia não é sobre o lucro ou como os negócios crescem, mas tenta estudar como toda a humanidade pode ganhar uma vida melhor. A economia tem sido definida como a forma como os recursos escassos podem ser usados para satisfazer os desejos humanos ilimitados. Os economistas geralmente assumem que os recursos, como terra para construir fábricas, matérias-primas para fazer produtos tão variados como iogurte e motocicletas, e trabalho humano, são finitos. Assim, nossa capacidade coletiva de produzir bens é limitada; não podemos fazer o suficiente para suprir todas as nossas necessidades. Como nunca há o suficiente para satisfazer nossos desejos, as escolhas precisam ser feitas. (Wall, 2017, p. 52)

O comum e o público, como campo de ação do Estado, nem sempre estão alinhados. No sistema-mundo global, em função dos interesses antagônicos que representam, estão, naturalmente, em conflito:

> O comum é o princípio político a partir do qual devemos construir comuns e ao qual devemos nos reportar para preservá-los, ampliá-los e lhes dar vida. É, por isso mesmo, o princípio político que define um novo regime de lutas em escala mundial. (Laval; Dardot, 2017)

Sustentabilidade, cidadania, biodiversidade cultural, inovação, inclusão, bem viver são princípios que animam a gestão cooperativa dos bens comuns e que reagem contra a ética neoliberal capitalista do individualismo possessivo, ampliando horizontes para novas economias, sobretudo a economia criativa brasileira. Ao estimular novas formas de governança e participação social, os bens comuns ganham ainda maior significado nos sentidos do agir na rede de Bruno Latour, em particular nas formas de distribuição de conteúdo, bens e serviços por meio da internet, formas de comunicação, *softwares* de código livre, formas de direito autoral como o *creative commons,* além dos espaços públicos das cidades. Compartilhamento e autogestão são essenciais para a ampliação da cidadania e a efetivação de novos direitos:

> [...] o comum é uma soma constituída pelos bens elementares, essenciais, como o ar, a luz, os oceanos, a alimentação, os corpos, o patrimônio ambiental, mais aquilo que criamos em nosso próprio benefício, como a arte, os *softwares* livres, a internet, os espaços públicos das cidades, mais a gestão

> comunitária desses bens entre pares que se autogovernam. Dentro dessa lógica, natureza e cultura são lidas de forma simétrica. Os direitos, portanto, deixam de ser somente dos seres humanos para abarcarem também o que é não humano. (Savazoni, 2019, p. 39)

Imaginar e realizar uma economia criativa pelo princípio do bem comum é afirmar uma nova epistemologia que se opõe às concepções hegemônicas das indústrias criativas, erigidas sobre os valores da propriedade privada, do culto ao indivíduo e da competitividade. Ostrom se refere à confiança e à cooperação como valores primordiais ao século XXI, com base na gestão dos bens comuns:

> Para aqueles que desejam que o século XXI seja de paz, precisamos traduzir nossos resultados de pesquisa sobre ação coletiva em materiais escritos para alunos do ensino médio e de graduação. Muitos de nossos livros se concentram exclusivamente em líderes e, pior, apenas em líderes nacionais. Alunos concluindo um curso introdutório sobre governo americano, ou ciência política em geral, não aprenderão que eles desempenham um papel essencial na sustentação da democracia. A participação cidadã é apresentada como contato com líderes, organização de grupos de interesse e partidos e votação. O que os cidadãos precisam de habilidades e conhecimentos adicionais para resolver os dilemas sociais que enfrentam é deixado de lado. (Ostrom, 1998, p. 18 *apud* Wall, 2017, p. 86 – tradução nossa)

Na economia azul, o bem comum a ser protegido é a água; na bioeconomia, os biomas; na economia circular, a sustentabilidade dos processos; na economia solidária, as práticas colaborativas. Todas essas economias, que reagem ao sistema capitalista global, elegem seus patrimônios, privilegiando recursos que valorizam e salvaguardam o bem comum. Se florestas, golfinhos, povos originários, água potável, preço justo, memória, honestidade e outros patrimônios arriscam desaparecer, o contraponto mais concreto à pulsão de morte do planeta se dá nas redes que são tecidas no território. O grande desafio das sociedades contemporâneas é o de reaproximar a cultura do território. Para tanto, é necessário desenvolver uma ecologia das dinâmicas econômicas que seja capaz de realizar a melhor gestão dos recursos no território e eleger os seus novos patrimônios, com base nos princípios do bem comum e do bem viver. A economia criativa como a economia do bem comum põe à prova a existência de outros modos de viver e, nesse sentido, liberta a palavra economia de uma racionalidade redutora do humano. Enfim, é exatamente por ser cooperativa, colaborativa, solidária, cidadã e sustentável que a economia criativa é, de fato, uma economia.

A ECONOMIA CRIATIVA COMO ECONOMIA DO BEM VIVER

Os movimentos sociais na América Latina vêm lutando contra os processos colonizatórios se baseando na afirmação de novas epistemologias contra-hegemônicas às políticas econômicas neoliberais. As epistemologias do Sul também se constituem valendo-se do legado dos povos originários. O princípio do bem viver se fundamenta nos saberes e fazeres dos Quéchua e dos Aimara, se baseando na filiação do ser humano com a mãe Terra, a *Pacha Mama*, e do relacionamento entre todos os seres vivos, humanos e não humanos. O termo bem viver é uma tradução da expressão equatoriana *Buen Vivir* e boliviana do *Vivir Bien*, interpretações dos conceitos *kíchwa* (quéchua, em português) de *sumak kawsay*, que encontra paralelos com o conceito aimara de *suma qamaña* e com o conceito guarani de *nhande-reko* e *tekó porã*, entendidos como: saber viver, saber conviver, vida plena, vida em plenitude, respeitar a vida, viver em equilíbrio e harmonia (Motta, 2022, p. 258).

> Não existe um único *buen vivir;* por exemplo, o *sumak kawsay* do Equador é diferente do *suma qamaña* da Bolívia; traduções aproximadas para categorias Ocidentais no primeiro caso se referem a arte de uma vida comunitária boa e harmoniosa, embora definida em dimensões sociais e ecológicas ao mesmo tempo, enquanto a segunda também se relaciona com a convivência em comunidades diversificadas, mas em territórios específicos. Ao mesmo tempo, é incorreto dizer que o *buen vivir* é uma proposição exclusivamente indígena, como querendo dizer que ele implica em um retorno a condições pré-coloniais, embora essas contribuições sejam essenciais para sua construção. (Chuji; Rengifo; Gudynas, 2018, p. 112, *apud* Motta, 2022, p. 259)

O bem viver não pode ser compreendido por meio de um único conceito, posto que seus significados estejam presentes nos imaginários de diversos povos dos países do Sul, como é o caso do Ubuntu africano, que enfatiza o *ethos* comunitário: "Eu sou o que sou pelo que nós somos"; tampouco, devemos tentar aproximá-lo do estado de bem-estar social. Três eixos estruturam o bem viver: a relação com a natureza, as formas de reprodução da vida social e material, e o decoloniasmo em todas as suas esferas:

> Para Florida (2012), esses eixos se materializam em quatro pilares de atuação política: a) a oposição ao mercado como regulador de toda a sociedade; b) a crítica à modernidade e à colonialidade a partir das demandas indígenas; c) o aumento da participação direta, especialmente daqueles marginalizados pelo sistema atual; d) a defesa da soberania nacional ante os malefícios da globalização. (Motta, 2022, p. 259)

A primeira grande transformação preconizada pelo bem viver é o rompimento com o antropocentrismo; a segunda é a reação à redução do desenvolvimento à sua dimensão mercantil; o terceiro se refere à decolonização do pensamento, não apenas enfrentando o eurocentrismo e os impactos do antropoceno sobre o planeta, com base na ênfase aos princípios da plurinacionalidade e bioigualitarismo, oriundos dos povos originários.

> Valores intrínsecos são reconhecidos, e a natureza se torna um sujeito; o humano como a única fonte de valores é, portanto, deslocado. A visão promovida pelo Buen Vivir apoia fortemente a necessidade de explorar alternativas para o desenvolvimento para além do conhecimento tradicional eurocêntrico. Portanto, o decolonialismo é um componente que o Buen Vivir propõe (incluindo o trabalho de intelectuais indígenas, mas também incorporando as ideias promovidas entre outros por Walter Mignolo). Essa decolonização abre as portas para diferentes formas de entendimentos, racionalidades e sentimentos do mundo. Por outro lado, o Buen Vivir também respeita sua pluralidade interna de concepções, sem hierarquia. A visão liberal clássica de multiculturalismo é insuficiente para esse propósito, então uma visão intercultural é necessária. Buen Vivir é mais do que a simples coexistência ou justaposição de diferentes culturas, porque elas interagem em diálogo e práxis focadas em promover alternativas ao desenvolvimento. O Buen Vivir promove a dissolução do dualismo Sociedade – Natureza. A Natureza se torna parte do mundo social, e as comunidades políticas podem se estender em alguns casos para os não humanos. Isso inclui, por exemplo, não só as propostas de perspectivas ambientais biocêntricas, mas também as posições indígenas que reconhecem que os não humanos (sejam animais, plantas, ecossistemas ou espíritos) possuem desejos e sentimentos. Com isso, a pólis é expandida, e o conceito de cidadania é alargado para incluir estes outros atores com suas configurações ambientais. (Gudynas, 2011, p. 445 *apud* Motta, 2022, p. 261)

Oriunda de uma compreensão integrada entre indivíduos e natureza, o bem viver nos remete às reflexões sobre os excessos de crescimento e as ameaças produzidas pelo desenvolvimentismo:

> O decrescimento é um slogan político com implicações teóricas, uma "palavra-obus" como diz Paul Ariès, que visa acabar com o jargão politicamente correto dos drogados do produtivismo. [...] A palavra de ordem "decrescimento" tem como principal meta enfatizar fortemente o abandono do objetivo do crescimento ilimitado, objetivo cujo motor não é outro senão a busca do lucro por parte dos detentores do capital, com consequências desastrosas para o meio ambiente e, portanto, para a humanidade. Não só a sociedade fica condenada a não ser mais que o instrumento ou o meio da

> mecânica produtiva, mas o próprio homem tende a se transformar no refugo de um sistema que visa a torná-lo inútil e a prescindir dele. (Latouche, 2009, p. 4 *apud* Motta, 2022, p. 260)

O decrescimento econômico não deve ser percebido como oposição ao crescimento; em outras palavras, não se trata de negar o crescimento ou, simplesmente, de reduzi-lo, respeitando a epistemologia hegemônica que o forjou, mas de substitui-lo por outras epistemologias:

> Assim como não existe nada pior que uma sociedade trabalhista sem trabalho, não há nada pior que uma sociedade de crescimento na qual não há crescimento. [...] Por todas essas razões, o decrescimento só pode ser considerado numa "sociedade de decrescimento", ou seja, no âmbito de um sistema baseado em outra lógica. Portanto, a alternativa é efetivamente: decrescimento ou barbárie! Para sermos rigorosos, em termos teóricos conviria mais falar de 'a-crescimento', como se fala de ateísmo, do que de decrescimento. Trata-se, aliás, de conseguir abandonar uma fé ou uma religião, a da economia, do progresso e do desenvolvimento, de rejeitar o culto irracional e quase idólatra do crescimento pelo crescimento. A princípio, portanto, o decrescimento é simplesmente uma bandeira sob a qual reúnem-se aqueles que procederam a uma crítica radical do desenvolvimento e querem desenhar os contornos de um projeto alternativo para uma política do após-desenvolvimento. Sua meta é uma sociedade em que se viverá melhor trabalhando e consumindo menos. É uma proposta necessária para que volte a se abrir o espaço da inventividade e da criatividade do imaginário bloqueado pelo totalitarismo economicista, desenvolvimentista e progressista. (Latouche, 2009, p. 5 *apud* Motta, 2022, p. 260)

Latouche (*apud* Motta, 2022) propõe oito objetivos capazes de iniciar um ciclo virtuoso voltado para o decrescimento:

- Reavaliar (os valores sobre os quais construímos nossas sociedades);
- Reconceituar (tendo a construção social como base);
- Reestruturar (de que forma organizamos nossa economia e nossa base produtiva);
- Redistribuir (alterando a forma como provemos acesso aos recursos naturais, à produção e à riqueza);
- Relocalizar (promovendo iniciativas de consumo da produção local);
- Reduzir (transformando nossas formas de consumo e gasto de nossa produção);
- Reutilizar (dando sobrevida para todos os objetos);
- Reciclar (em toda e qualquer atividade).

O bem viver, como princípio da economia criativa, se opõe ao reducionismo da vida aos valores mercantis, à hegemonia da racionalidade instrumental e da lógica dos meios, enquanto privilegia o compartilhamento de sentimentos e afetos, presentes nas experiências de felicidade e de tristeza, na rebelião e na compaixão, como ilustrado nas experiências de muitos movimentos sociais (Gudynas, 2011, p. 445 *apud* Motta, 2022, p. 261).

Afecções e afetos são valores do bem viver sobre os quais também podemos refletir com base no pensamento de Spinoza (1969). Sua filosofia se estrutura como uma ética da alegria, do contentamento intelectual e, sobretudo, do reconhecimento do corpo e da intercorporeidade. Para o filósofo, imaginar não é monopólio da alma e necessita das afecções do corpo em favor do existir. Empregando um conceito muito caro aos pensadores seiscentistas, refere-se ao desejo de vida do corpo e da alma por meio do termo *conatus*, que significa esforço para se conservar na existência. A relação originária da alma com o corpo e de ambos com o mundo é a relação afetiva. A virtude do corpo é poder afetar de inúmeras maneiras simultâneas outros corpos e ser por eles afetado de inúmeras maneiras simultâneas. A alegria e todos os afetos dela derivados, mesmo quando passiva, é o sentimento do aumento da força para existir. É o que lemos na proposição 18 da parte 4 da *Ética* (Spinoza, 1969): "O desejo que nasce da alegria é mais forte do que o desejo que nasce da tristeza".

Spinoza (1969) afirma que a alegria e o desejo nascidos da alegria (como o amor, a amizade, a generosidade, o contentamento, a misericórdia, a benevolência, a gratidão, a glória) são as paixões mais fortes, diante de todas as formas da tristeza e dos desejos nascidos da tristeza (ódio, medo, ambição, orgulho, humildade, modéstia, ciúme, avareza, vingança, remorso, arrependimento, inveja). À medida que as paixões tristes vão sendo afastadas e as alegres vão sendo aproximadas, a força do *conatus* aumenta, de sorte que a alegria e o desejo dela nascido tendem, pouco a pouco, a diminuir nossa passividade e preparar-nos para a atividade. A possibilidade da ação reflexiva da alma encontra-se na estrutura da própria afetividade: é o desejo de alegria que a impulsiona rumo ao conhecimento e à ação. Pensamos e agimos não contra os afetos, mas graças a eles.

O pensamento spinoziano sobre a *afeccio* encontra grandes afinidades com o princípio do bem viver, fundamento da economia criativa. A afirmação de uma epistemologia nova deforma para testar as grandes instituições jurídicas da modernidade em busca de valores para o bem viver. O indivíduo e a propriedade não tecem redes nem fazem comunidades. No *ethos* comunitário, o individualismo se esvai:

> No mundo capitalista, o funcionamento da economia e da própria sociedade se baseia na premissa de que o melhor nível social possível se alcança deixando em liberdade (valor fundamental) cada indivíduo na busca da realização pessoal (a negação do outro) em um ambiente de competição (mer-

> cado) a partir da defesa irrestrita da propriedade privada. Esta realidade de soberanias autossuficientes, sustentada no individualismo – fundado no paradigma do "eu-sem-nós", como afirma o economista brasileiro Marcos Arruda – e na propriedade privada dos meios de produção, geraria uma ordem cósmica autorregulada, onde se desenvolvem os indivíduos isolados. (Acosta, 2016, p. 80)

O bem viver ganha, em meio à crise planetária, sobretudo a crise climática, cada vez maior pregnância simbólica, que se expressa nas lutas comunitárias em favor de formas cooperativas e não extrativistas dos usos do território. Ao se tornar uma grande palavra, passa a aglutinar em sua órbita outras palavras, como ecosofia, o multiverso, bioigualitarismo, cosmovisão, plurinação, decrescimento, feminismo, decolonialismo e cooperativismo. Todas elas sustentam o bem viver como um princípio ou uma ideia força do *ethos* comunitário, essencial à economia criativa:

> O que se busca é uma convivência sem miséria, sem discriminação, com um mínimo de coisas necessárias e sem ter estas coisas como objetivo final. Esta sim, sem dúvida, é uma visão compatível com o Bem Viver. (Handelsman, 2015, p. 148 *apud* Motta, 2022, p. 273)

Os valores propostos pelo bem viver ganham ainda maior efetividade quando associados ao princípio do bem comum. Eles estão profundamente imbricados, pois estimulam o estreitamento de vínculos e a consolidação de culturas participativas em torno de novas economias:

> Evocando os comuns, podemos começar a construir um vocabulário compartilhado para designar o que nos pertence coletivamente e devemos gerir de forma responsável. Podemos reconquistar o controle de um patrimônio intergeracional que vai da atmosfera e dos oceanos ao genoma humano e à internet, passando pelo espaço público e pelo domínio público. Todos esses bens coletivos são objeto de exploração, privatização e mercantilização agressivas. (Bolier *apud* Laval; Dardot, 2017)

A economia criativa como economia do bem viver reage ao modelo econômico extrativista e à retórica de que os problemas ambientais podem ser resolvidos simplesmente com negociações de créditos de carbono, de compensações aos acidentes ambientais, ou quaisquer outras medidas incapazes de mitigar os desvarios do antropoceno:

> Nesse sentido, abordagens de desenvolvimento como o Bem Viver – apesar de apresentar um cunho filosófico utópico mais do que uma proposta de mu-

> danças concretas; mais inspiração do que uma revolução no modo de pensar; mais sonho do que realidade –, demonstram, sem dúvida, uma possibilidade de resistência ao modo de vida questionável predominante da sociedade, propondo um novo arcabouço cultural, centrado no equilíbrio, bem-estar e sustentabilidade. (Alcantara; Sampaio, 2017, p. 240 *apud* Motta, 2022, p. 264)

Movimentos sociais, povos originários, quilombolas, populações ribeirinhas, culturas tradicionais e juventudes periféricas reconhecem a economia circular e a economia solidária como categorias legítimas e representativas de suas dinâmicas econômicas, mas não as associam à economia criativa. Essa realidade expressa, mais uma vez, a ausência de políticas públicas para uma economia brasileira, que seja reconhecida por meio de seus princípios, como um ativo essencial e estratégico na nova agenda de desenvolvimento brasileiro.

Políticas públicas são frutos da participação social e do exercício cotidiano da transversalidade e da concertação entre políticas, não podendo prescindir da vontade política dos governos. Políticas públicas são republicanas. Seu tempo é o da criação e do enraizamento, tempo de plantio, que não se submete aos mandatos políticos nem aos interesses sazonais de grupos. Vários mitos envolvem a economia criativa. É tarefa do Estado enfrentá-los, sob pena de se reduzir a economia às visões liberais e à primazia do mercado, reduzindo-se e submetendo-se os bens e serviços simbólicos à hegemonia das indústrias culturais e criativas. Por isso, reconhecer os princípios e apoiar as redes de economia criativa é uma decisão mais política do que econômica.

Notas

1 Os movimentos indígenas brasileiros têm produzido reflexões importantes sobre o desenvolvimento com envolvimento. As seguintes publicações são exemplos disso: de Ailton Krenak, *Ideias para adiar o fim do mundo* (2020); *A vida não é útil* (2020); *O amanhã não está à venda* (2020), e de Davi Kopenawa, *A queda do céu* (2015).

2 Segundo Miguel Reale (1986, p. 60), "princípios são verdades ou juízos fundamentais, que servem de alicerce ou de garantia de certeza a um conjunto de juízos, ordenados em um sistema de conceitos à dada porção da realidade".

3 Analisaremos a reinvenção do Estado com base nas categorias de Estado-rede, Estado empreendedor e Estado cuidador, no capítulo seguinte.

4 Em 2008, foi realizado o XX Fórum Nacional Brasil – Um Novo Mundo nos Trópicos: 200 anos de Independência Econômica e 20 anos de Fórum Nacional sob o signo da incerteza, com coordenação do criador do IPEA e ex-ministro do Planejamento João Paulo dos Reis Velloso. Os resultados do Fórum se transformaram em um livro intitulado *O Brasil e a Economia Criativa: um novo mundo nos trópicos*, publicado no Rio de Janeiro, pela Editora José Olympio em 2008. Participaram do livro cientistas, políticos, gestores e empresários, como Luiz Inácio Lula da Silva, Guido Mantega, Aloizio Mercadante, Luiz Carlos Mendonça de Barros, Affonso Pastore, Emilio Odebrecht, Marcio Pochmann, Fernando Sandroni, Sergio Rezende, Alessandro Carlucci, Arnaldo Madeira e Ivan Ramalho. Vale observar que os criativos não foram convidados e que a economia criativa aparece episodicamente na publicação como indústria cultural e criativa, ou como biotecnologia para o aproveitamento da biodiversidade.

5 O desaparecimento da Blockbuster face ao surgimento da Netflix exemplifica o *user empowerment,* ou seja, no caso da Blockbuster havia uma insatisfação dos clientes no que concernia ao pagamento de multas pelo atraso na entrega dos filmes e videogames. O que a Netflix propõe é uma inovação que melhora a experiência dos usuários. Trabalhando com algoritmos para a fidelização dos clientes, na oferta de filmes, a empresa bloqueou sua competência, delegando aos clientes a decisão sobre os produtos. O Cirque du Soleil é um outro exemplo de inovação em valor, ao criar um conceito de circo que não concorre com os existentes. Do circo tradicional à "indústria do circo", a empresa produziu um negócio disruptivo por meio de uma proposta global, centrada no multiculturalismo, que nunca cessa de oferecer novos produtos. O negócio está focado na venda de tíquetes e de espetáculos e não no circo (Bonet; González-Piñero, 2021).

6 O grande desafio da economia criativa é não sucumbir às taxonomias da inovação sobre as quais já atuam as indústrias culturais e criativas e, dessa forma, serem reduzidas ao pragmatismo dos mercados.

7 Citamos, a esse respeito, algumas experiências inovadoras do Grande Sul, a partir da Austrália: a Australian Arts Industry Hub (www.artshub.com.au/news/reviews/performance-review-open-homes-ozasia-festival-2509403/); a companhia de teatro No Strings Attached Theatre of Disability (www.nostringsattached.org.au/), em parceria com o diretor de Singapura, Jeff Tan, idealizador do projeto (www.theatretodaysg.com/), realizou o Open Homes, projeto no qual contadores de histórias recebiam o público em suas casas ao invés de apresentarem-se em salas de espetáculos, como (ainda mandava a) tradição. O público conheceu histórias de imigrantes, de casais interraciais, de empreendedores orientais que presentearam a Austrália com sua cultura, riqueza e conhecimento. As pessoas se sentavam em sofás, cadeiras, bancos, tomavam um chá, comiam biscoitos, enquanto escutavam lições de vida em forma de histórias cotidianas.

8 O depoimento da informante é fruto de uma entrevista não publicada, realizada pela autora.

9 A propósito de Museus Orgânicos, vale conhecer o projeto do Serviço Nacional do Comercio (Sesc) na região do Cariri, Ceará, vencedor do 11º Prêmio Ibermuseus de Educação. O Projeto fortalece a função socia e comunitária dos museus, ao transformarem as casas dos mestres e mestras da cultura tradicional popular da região em espaços de afeto e memória, onde arte vida se fundem e se (con)fundem no fazer comunitário.

10 O fazer juntos remete à expressão caboverdiana *djuntamon*, que significa juntar as mãos para realizar de forma solidária e colaborativa.

11 Citamos aqui alguns desses projetos por representarem uma outra perspectiva de inovação: La Colmena Cultural, buscador de patrimônio cultural Pueblo a Pueblo (uma plataforma

colaborativa para a promoção e o registro de pontos de interesse patrimonial e que não aparecem no Google Maps (www.lacolmena cultural.com/); Sonidos de la Tierra y la Orquesta de Cateura, projeto em que crianças aprendem música, se baseando em instrumentos reciclados, em um lixão no Paraguai (www.sonidosdelatierra.org.py); Festival TakeOver, um modelo de empoderamento juvenil radical (www.bbc.co.uk); Social Point, inovação em videogames (www.social point.es); Fira Tàrrega, festival de rua que vem apresentando as novas tendências cênicas (www.tarrega.cat); CentroRural de Arte, coletivo dedicado a projetos artísticos rurais (www.centro ruraldearte.org.ar); Microteatropordinero, transformação de um prostíbulo em um espaço cultural por uma associação de comerciantes (www.microteatro.es); Red Panal, plataforma para produzir e compartilhar música livre e colaborativa (www.redpanal.org).

12 No final de 2021, fotos do deserto do Atacama, no Chile, mostravam a face monstruosa do capitalismo cultural e estético: um oceano de roupas descartadas por diversos países, entre eles China, Estados Unidos e Reino Unido, formando um lixão tóxico e simbólico da tragédia do hiperconsumo. Cerca de 59 mil toneladas chegam anualmente no norte chileno, na Zona Franca de Alto Hospício, onde comerciantes compram algumas peças para serem revendidas na América Latina. No entanto, em torno de 39 mil toneladas acabam em lixões no deserto. Segundo o Relatório Fashion on Climate, da Global Fashion Agenda, em parceria com a consultoria McKinsey and Company, em 2018, as indústrias da moda emitiram cerca de 2,1 bilhões de toneladas de gases de efeito estufa em todo o mundo. No Brasil, segundo a Associação Brasileira de Empresas de Limpeza Pública e Resíduos Especiais, mais de 4 milhões de toneladas de resíduos têxteis também são descartados todos os anos.

13 O termo artefato, aqui utilizado, é o proposto pelo Dicionário Aurélio (1999, p. 204): 1. Produto ou obra do trabalho mecânico; objeto ou artigo manufaturado; e 2. Aparelho, mecanismo ou engenho construído para finalidade específica.

14 Como exemplo de política pública para a educação das juventudes, em favor da inclusão produtiva, vale assinalar o programa produzido pelo Instituto Nacional de Tecnologias Educativas e Formação de Professores do Ministério da Educação e Formação Profissional da Espanha denominado: A aventura de aprender: como fazer futuros (www.laaventuradeaprender.intef.es).

15 A Pesquisa Mercado Brasil Criativo: diagnóstico dos sistemas produtivos e das redes de economia criativa no Brasil, foi patrocinada pelo Sebrae Nacional em 2018.

16 O comum, como observa Motta (2022), "ainda disputa a melhor definição gramatical em português (podemos encontrar a grafia Comum, Comuns, bens comuns) e compartilha da mesma problemática tanto em espanhol, idioma em que se encontra o *común* ou *procumún* (que atualmente é a grafia mais utilizada) e no inglês com os termos *commons* e *commoning*, que são fundamentais para o conceito mas não encontram tradução literal para o português".

Referências bibliográficas

Acosta, Alberto. *O Bem Viver uma oportunidade para imaginar outros mundos*, São Paulo: Elefante, 2016.

Agamben, Giorgio. *Homo Sacer: o poder soberano e a vida nua*, Belo Horizonte: UFMG, 2002.

Bachelard, Gaston. *A terra e os devaneios do repouso: ensaio sobre as imagens da intimidade*, São Paulo: Martins Fontes, 2019.

Barroso, Oswald. *Ceará mestiço*, Fortaleza: Expressão, 2019.

Baudrillard, Jean. *La transparence du mal: essai sur les phénomènes extremes*, Paris: Galilée, 1990.

Bauman, Zygmund. *Vida líquida*, Rio de Janeiro: Jorge Zahar, 2007.

Bonet, Lluís; Gonzalez-Piñero, Manuel. (orgs.). *La innovación en la gestión de la cultura: reflexiones y experiencias*, Barcelona: Universitat de Barcelona Edicions, 2021.

Brasil – Ministério da Cultura. *Programa cultural para o desenvolvimento do Brasil*, Brasília: MinC, 2006. Disponível em: www.yumpu.com/pt/document/read/4024091/programa-cultural--para-o-desenvolvimento-do-brasil.

Brasil. *Constituição da República Federativa do Brasil*, São Paulo: Saraiva, 2008.

Brasil. Ministério do Meio Ambiente. Biodiversidade. MMA [online], s.d. Disponível em: www.gov.br/mma/pt-br/assuntos/biodiversidade.

Canclini, Nestor García. *Culturas híbridas*, São Paulo: Edusp, 2019.

Canetti, Elias. *A consciência das palavras*, São Paulo: Companhia das Letras, 1990.

Carta da Terra Brasil. *Texto da Carta da Terra*, 2000. Disponível em: www.cartadaterrabrasil.com.br/prt/texto-da-carta-da-terra.html.

Cerqueira, Daniel *et al. Atlas da violência 2021*, São Paulo: FBSP, 2021.

Chauí, Marilena. *Cultura e democracia*. 2 ed., Salvador: Secretaria de Cultura, Fundação Pedro Calmon, 2009.

Delors, Jacques. *Educação: um tesouro a descobrir. Relatório para a UNESCO da Comissão Internacional sobre Educação para o século XXI*, São Paulo: Cortez; Brasília: MEC/Unesco, 2003.

Diógenes, Glória (org.). *Eles dizem não ao não: um estudo sobre a Geração N*, Fortaleza: Instituto Dragão do Mar, 2019.

Downbor, Ladislau. *Resgatar a função social da economia: uma questão de dignidade humana*, São Paulo: Elefante, 2022.

Ferreira, Aurélio Buarque de Holanda. *Novo Aurélio século XXI: o dicionário da língua portuguesa*, Rio de Janeiro: Nova Fronteira, 1999.

Fiorillo, Celso Antonio Pacheco. *Curso de Direito Ambiental brasileiro*, São Paulo: Saraiva, 2008.

FIRJAN. *Mapeamento da indústria criativa no Brasil*, Rio de Janeiro: FIRJAN, 2022. Disponível em: www.firjan.com.br/economiacriativa.

Florida, Richard. *The Rise of the Creative Class--Revisited*, Nova York: Basic Books, 2012.

Furtado, Celso. *Criatividade e dependência na civilização industrial*, São Paulo: Companhia das Letras, 2008.

Haraway, Donna. "Antropoceno, Capitaloceno, Plantationoceno, Chthuluceno: fazendo parentes", em: *Clima com Cultura Científica – Pesquisa, Jornalismo e Arte*, ano 3, n. 5, abr. 2016, pp. 139–46.

Hardin, Garrett. "The tragedy of the commons", em: *Science*, v. 162, n. 3859, 1968, pp. 1243–248.

Hui, Yuk. *Tecnodiversidade*, São Paulo: Ubu, 2020.

IBGE – Instituto Brasileiro de Geografia Estatística. *Biomas e sistema costeiro-marinho do Brasil: compatível com a escala 1:250.000*, 2019. Disponível em: biblioteca.ibge.gov.br/index.php/biblioteca catalogo?view=detalhes&id=2101676.

IBGE – Instituto Brasileiro de Geografia Estatística. "Oito em cada dez jovens que nunca frequentaram escola estava sem ocupação em 2019", em *Estatísticas Sociais – Síntese dos Indicadores Sociais* [online], 12 nov. 2020. Disponível em: agenciadenoticias.ibge.gov.br/agencia-noticias/2012-agencia-de-noticias/noticias/29434-oito-em-cada-dez-jovens-que--nunca-frequentaram-escola-estavam-sem--ocupacao-em-2019.

IBGE – Instituto Brasileiro de Geografia Estatística. *PNAD Contínua Trimestral: desocupação cresce em 10 das 27 UFs, no 3º trimestre de 2020*, Estatísticas Sociais [online], 27 nov. 2020. Disponível em: agenciadenoticias.ibge.gov.br/agencia-sala-de--imprensa/2013-agencia-de-noticias/releases/29519-pnad-continua-trimestral-desocupacao--cresce-em-10-das-27-ufs-no-3-trimestre-de-2020#:~:text=A%20taxa%20de%20desocupa%C3%A7%C3%A30%20do,2019%20(11%2C8%25).

IPHAN – Instituto do Patrimônio Histórico e Artístico Nacional. *Decreto nº 3.551 de 04 de agosto de 2000*. Disponível em: portal.iphan.gov.br/portal/baixaFcdAnexo.do?id=295.

IPHAN – Instituto do Patrimônio Histórico e Artístico Nacional. *Os sambas, as rodas, os bumbas, os meus e os bois: a trajetória da salvaguarda do patrimônio cultural imaterial brasileiro*, Brasília: IPHAN, 2006.

IPHAN – Instituto do Patrimônio Histórico e Artístico Nacional, Relatórios Periódicos – Unesco 2020/2021. Disponível em: portal.iphan.gov.br/pagina/detalhes/2152.

Lafuente, Antonio. *Itinerarios communes: laboratorios ciudadanos y cultura experimental*, Barcelona: NED Ediciones, 2022.

Latouche, Serge. *Pequeno tratado do decrescimento sereno*, São Paulo: Martins Fontes, 2009.

Latour, Bruno. *Diante de Gaia: oito conferências sobre a natureza do Antropoceno*, São Paulo: Ubu, 2020.

Laval, Christian; Dardot, Pierre. *Comum: ensaio sobre a revolução no século XXI*, São Paulo: Boitempo, 2017.

Leitão, Cláudia Sousa. "Biodiversidade Cultural e imaginário do desenvolvimento: políticas públicas para a valorização e proteção integradas do patrimônio Cultural e natural brasileiros" em V ENECUL – Encontro de Estudos Multidisciplinares em Cultura. Salvador, 2009. *Anais [...]* Salvador: UFBA, 2009. Disponível em: www.cult.ufba.br/enecult2009/19211.pdf.

Leitão, Cláudia Sousa; Guilherme, Luciana Lima. *Cultura em movimento: memórias e reflexões sobre políticas públicas e práticas de gestão*, Fortaleza: Armazém da Cultura, 2014.

Leitão, Cláudia Sousa. "Economia criativa, Cultura e Comunicação", em: Sampaio, Adriano; Ferreira, Giovandro Marcus; Carvalho, Claudiane (orgs.). *Comunicação estratégica e gestão de marcas,* Salvador: Edufba, 2022.

Martín-Barbero, Jesús. *Dos meios às mediações: comunicação, cultura e hegemonia,* Rio de Janeiro: Editora da UFRJ, 2003.

Mazzucato, Mariana. *O Estado empreendedor: desmascarando o mito do setor público vs. Setor privado*, São Paulo: Portfolio-Penguin, 2014.

Mestres, Àngel. "Retos contemporâneos a la innovación cultural: art of change", em: Bonet, Lluís; Gonzalez-Piñero, Manuel (orgs.). *La innovación en la gestión de la cultura: reflexiones y experiencias*, Barcelona: Universitat de Barcelona Edicions, 2021.

Morin, Edgar. *Meu caminho: entrevistas com Djénane Kareh Tager*, Rio de Janeiro: Bertand Brasil, 2010.

Motta, Daniel Andrioli Rodrigues. *A arte e a cultura como estratégias do planejamento territorial: as "Cidades Criativas" como base estrutural do desenvolvimento urbano*. Memorial de qualificação (Doutorado) – Faculdade de Engenharia Civil, Arquitetura e Urbanismo, Universidade de Campinas, Campinas, 2002.

ONU – Organización de Naciones Unidas; PNUD – Programa de Naciones Unidas para el Desarrollo; Unesco – Programa de Naciones Unidas para la Educación, la Ciencia y la Cultura. *Principales recomendaciones: informe sobre la economia criativa*. Nova York/Paris: ONU/PNUD/Unesco, 2013.

Ostrom, Elinor. *Governing the Commons: the Evolution of Institutions for Collective Action*, Cambridge: Cambridge University Press, 1990.

PNUD. *Informe sobre desarrollo humano 2004. La libertad cultural en el mundo diverso de hoy*. Nova York: PNUD, 2004. Disponível em: /hdr.undp.org/sites/default/fails/hdr_2004_es.pdf.

PNUD. *Annual Report 2021*, Nova York: PNUD, 2021. Disponível em: annualreport.undp.org/assets/UNDP-Annual-Report-2021-en.pdf

Reale, Miguel. *Filosofia do Direito*, São Paulo: Saraiva, 1986.

Reis, Ana Carla Fonseca. "Economia criativa: um novo olhar sobre o que faz a diferença", em: Brasil, Ministério da Educação, *Plano da Secretaria da Economia Criativa: políticas, diretrizes e ações, 2011–2014*. Brasília: MinC, 2011b, pp. 74–77.

Rosset, Clement. *La philosophie tragique*, Paris: Quadridge/PUF, 1991.

Rousseau, Jean-Jacques. *Emílio ou da educação*, São Paulo: Martins Fontes, 1995.

Rousseau, Jean-Jacques. *Discurso sobre as ciências e as artes*, coleção Os Pensadores, vol. 2, São Paulo: Nova Cultural, 1999.

Rubim, Antônio Albino Canelas (org.). *Política cultural e gestão democrática no Brasil*, São Paulo: Fundação Perseu Abramo, 2016.

Sandel, Michael. *O que o dinheiro não compra*, Rio de Janeiro: Civilização Brasileira, 2012.

Santos, Milton. "O retorno do território", em: Santos, Milton; Souza, Maria Adélia; Silveira,

María Laura (orgs.). *Território: globalização e fragmentação*, São Paulo: Hucitec, 1994.
Savazoni, Rodrigo. *O comum entre nós: da cultura digital à democracia do século XXI*, São Paulo: Edições Sesc, 2018.
Shafik, Minhouche. *Cuidar uns dos outros: um novo contrato social*, Rio de Janeiro: Intrínseca, 2021.
Singer, Paul Israel; Souza, André Ricardo de (orgs.). *A economia solidária no Brasil: a autogestão como resposta ao desemprego*, São Paulo: Contexto, 2000.
Sousa, Mário Lúcio. Leitão, Cláudia Sousa (org.). *Meu verbo cultura: ensaios amorosos sobre cultura e desenvolvimento*, Salvador: Edufba, 2016.
Spinoza. *Ética*, São Paulo: Autêntica, 1969.
Tirole, Jean. *Economia do bem comum*, Rio de Janeiro: Zahar, 2020.
Unesco. *Convención para la protección de los bienes culturales en caso de conflicto armado y reglamento para la aplicación de la Convención*, Haya: Unesco, 1954.
Unesco. *Declaración de los princípios de la cooperación cultural internacional*, Paris: Unesco, 1966. Disponível em: unesdoc.unesco.org/imagees/0011/001140/114048s.pdf#page=87.
Unesco. *Convención de la Protección del Patrimônio Mundial, Cultural y Natural, Artículo I*. Paris: Unesco, 1972.
Unesco. *Conferência Mundial sobre las Políticas Culturales/mondiacult*, Ciudad del México: Unesco, 1982. Disponível em: unesdoc.unesco.org/images/0005/000525/052505eo.pdf.
Unesco. *Declaração sobre o Direito ao Desenvolvimento*, 1986. Disponível em: dhnet.org.br/direitos/sip/onu/bmestar/dec86.htm_en.pdf.
Unesco. *Convención para la protección del patrimonio cultural y inmaterial*, Paris: Unesco, 2003. Disponível em: ich.unesco.org/es/convenci%C3%B3n.
Unesco. *Convenção sobre a proteção e promoção da diversidade das expressões culturais: texto oficial ratificado pelo Brasil por meio do Decreto Legislativo 485/2006*, Brasília: Unesco, 2007.
Unesco. *Investir en la diversidad y en el diálogo intercultural: informe mundial*, Paris: Unesco, 2010. Disponível em: unesdoc.unesco.org/images/00818/001878/187828s.pdf.
Unesco. *Declaración de Hangzhou: situar la cultura en el centro de las políticas de desarrollo sostenible*, Hangzhou: Unesco, 2013.
Unesco. *Indicadores temáticos para la cultura en la agenda 2030*, Paris: Unesdoc, 2020. Disponível em: unesdoc.unesco.org/ark:/48223/pf0000373570.
Velloso, João Paulo dos Reis (coord.). *O Brasil e a economia criativa: um mundo novo nos trópicos*, Rio de Janeiro: José Olympio, 2008.
Wall, Derek. *Elinor Ostrom's Rules for Radicals; Cooperative Alternatives Beyond Markets and States*, London: Pluto Press, 2017.
Yúdice, George. *A conveniência da cultura: usos da cultura na era global*. Belo Horizonte: Editora da UFMG, 2006.

Terceira parte

Territórios usados pela cultura e a criatividade

LUIZ ANTÔNIO GOUVEIA DE OLIVEIRA é bacharel em Ciências Econômicas pela Universidade Federal do Ceará (1995) e mestre em Administração de Empresas pela Universidade Estadual do Ceará (1999). Tem experiência profissional e acadêmica na área de gestão, administração pública e iniciativa privada, com ênfase em negócios internacionais, inovação e economia criativa, atuando principalmente nas seguintes áreas temáticas: políticas públicas, administração pública, análise de dados, inovação organizacional e tecnológica, métodos quantitativos, economia criativa e indústrias criativas. Foi diretor da Secretaria da Economia Criativa do Ministério da Cultura entre 2011 e 2014.

O desenvolvimento de territórios criativos

LUIZ ANTÔNIO GOUVEIA DE OLIVEIRA

> *Qualquer caminho perspectivo para o Brasil de discussão do desenvolvimento socioeconômico e do avanço político terá de ser o de resgatar a potência virtuosa de nossa diversidade. Nós sempre trabalhamos as heterogeneidades estruturais do país como problemas. É uma ideia equivocada. [...] Poderíamos trabalhar todas essas assimetrias como um campo interessante de diversidade de um país continental muito rico e complexo em todos os sentidos.*
>
> CARLOS BRANDÃO

A discussão sobre a temática do desenvolvimento de territórios criativos prescinde de uma clara percepção sobre as múltiplas relações que se estabelecem entre os conceitos de território e desenvolvimento. Com efeito, o que estrutura essas relações são as forças produtivas, os atores sociais e políticos, os ambientes cultural e biológico e, naturalmente, as diferentes escalas espaciais – nacional, regional e local, urbanas e rurais – de ocupação e convivência humana e não humana que caracterizam o território.

Reconhecido em todo o mundo por sua rica biodiversidade cultural – a partir de um certo grau de complexidade e heterogeneidade de sua estrutura produtiva –, o Brasil insiste em ignorar o imenso potencial de contribuição dessas diversidades para os processos de criação de riqueza, acumulação material e de avanço civilizatório. A propósito dessa discussão, Brandão (2012, p. 205) já nos alertava que, no Brasil, "nunca as diversidades produtivas, sociais, culturais, espaciais [...] foram usadas no sentido positivo. Foram tratadas sempre como desequilíbrios, assimetrias e problemas".

Ora, residem exatamente na heterogeneidade dessas forças sociais e produtivas, desses atores, ambientes e escalas territoriais, os vetores mais relevantes de nossa organização sociopolítica e territorial, com imenso potencial para induzir o desenvolvimento democrático e sustentável do país. Para Brandão, no entanto, o aproveitamento dessas potencialidades "irá requerer o resgate da lógica do projeto e das ações planejadas, participativas, pedagógicas e politizadas" (2012, p. 205).

Subverter a lógica das políticas públicas de desenvolvimento horizontal e uniforme em favor do curso de ação apontado por Brandão torna-se um imperativo, no qual se encaixam perfeitamente os *sete princípios para uma economia criativa brasileira*, apresentados e defendidos neste livro. É de se esperar que esses princípios guardem relação direta com o conceito de território criativo. Na verdade, os sete princípios definem, em boa medida, os atributos e as potencialidades de um território criativo. Além disso – e a fim de fornecer maior concretude a esses princípios –, sugerimos cinco pilares/fundamentos para o desenvolvimento de territórios protagonizados por comunidades criativas, ou seja, por comunidades engajadas na renovação e no fortalecimento da cidadania, da democracia e do desenvolvimento sustentável.

Cabe ressaltar, de partida, o conceito de desenvolvimento. Não se trata aqui da visão moderna de progresso, centrado tão somente na introdução de métodos produtivos mais eficazes e expresso por meio do crescimento do fluxo de bens e serviços à disposição da sociedade – também referido como "modernização dos padrões de consumo" (Furtado, 2000, p. 27). Antes, interessa-nos o conceito de desenvolvimento como um processo de transformação das estruturas sociais e sua máxima expressão: "a capacidade de uma sociedade de criar soluções originais para seus problemas específicos" (Furtado, 2008, p. 110).

Na verdade, enquanto a primeira perspectiva do desenvolvimento é pautada por um processo de acumulação das forças produtivas, mediado pela inovação técnica, a segunda visão aposta na atividade inventiva do ser humano – compreendendo tanto a inovação técnica quanto a inovação estética –, com o objetivo de promover a transformação estrutural da realidade social e econômica por meio da inserção dos agentes da criatividade nas estruturas sociais e, principalmente, nas estruturas de poder decisório. Nesse sentido, a circunscrição do conceito de desenvolvimento à acumulação material, como um fim em si mesma, submete a criatividade aos propósitos da civilização industrial e aos padrões de consumo de seus países líderes – via de regra, ambientalmente insustentáveis e socialmente injustos.

Em segundo lugar, é necessário definir o que entendemos por território. Para tanto, assumimos o conceito de "território usado" de Milton Santos, derivado da compreensão do espaço como um "conjunto de recursos fixos e móveis e, ao mesmo tempo, como instância social" (Santos, 2004, p. 238). De acordo com Santos (2004), o espaço geográfico é constituído por formas (espaços de produção, de distribuição, de troca, de consumo, de circulação) e por conteúdos (estruturas, processos e funções). Santos (1998, p. 15) foi um crítico à noção moderna de território:

> Vivemos uma noção de território herdada da Modernidade incompleta e o seu legado de conceitos puros, tantas vezes atravessando os séculos praticamente intocados. É o uso do território, e não território em si mesmo, que faz dele objeto da análise social. Trata-se de uma forma impura, um híbrido, uma noção que, por isso mesmo, carece de constante revisão histórica.

> O que ele tem de permanente é ser nosso quadro de vida. Seu entendimento é, pois, fundamental, para afastar o risco da alienação, o risco da perda do sentido da existência individual e coletiva, o risco da renúncia do futuro.

Ainda segundo o autor, a totalidade da formação socioespacial é o "território usado", composto pela configuração territorial (as infraestruturas e o meio ecológico) e pela dinâmica territorial (uso do território pelos agentes – empresas, instituições e pessoas). É no uso do território pelos diferentes agentes que ocorre a dialética entre o externo e o interno, o novo e o velho, o Estado e o mercado. O autor destaca a totalidade do lugar, a dimensão geográfica do cotidiano, onde ocorre a dialética entre circuito superior e circuito inferior, verticalidades e horizontalidades, racionalidades e contrarracionalidades, solidariedade organizacional e solidariedade orgânica: "O território é o chão e mais a população, isto é, uma identidade, o fato e o sentimento de pertencer àquilo que nos pertence. O território é a base do trabalho, da residência, das trocas materiais e espirituais e da vida, sobre os quais ele influi" (Santos, 1998, p. 15).

O lugar é, nesse sentido, a força para enfrentar a globalização como fábula e como perversidade – produzida e amplificada pelas redes – e construir uma globalização como possibilidade. Segundo Santos, os diversos usos do território seriam disputados pelos diferentes agentes globais e locais e seus modos de existência, coexistência e resistência. Nessa perspectiva, o lugar oferece materialidade ao *ethos* político em seus enfrentamentos à globalização:

> Quando se fala em Mundo, está se falando, sobretudo, em Mercado que hoje, ao contrário de ontem, atravessa tudo, inclusive a consciência das pessoas. Mercado das coisas, inclusive a natureza; mercado das ideias, inclusive a ciência e a informação; mercado político. Justamente, a versão política dessa globalização perversa é a democracia de mercado. O neoliberalismo é o outro braço dessa globalização perversa, e ambos esses braços – democracia de mercado e neoliberalismo – são necessários para reduzir as possibilidades de afirmação das formas de viver cuja solidariedade é baseada na contiguidade, na vizinhança solidária, isto é, no território compartilhado. Se essa convivência conhece uma regulação exterior, esta se combina com formas nacionais e locais de regulação. (Santos, 2005, p. 18)

No conceito de "território usado" nos interessa, especialmente, a ideia de que as configurações espaciais exprimem as relações sociais e econômicas das pessoas, empresas e instituições e constituem uma condição para que a formação econômica e social desses atores seja exercida. Novas existências não podem prescindir de novas ontologias, de valores e princípios que fundamentem os usos do território e que orientem suas dinâmicas econômicas, sociais, culturais, ambientais e políticas. A partir dos princípios fundadores da economia criativa, poderíamos imaginar os usos dos territórios, sobretudo das comunidades envolvidas nessas dinâmicas. Nesse sentido, denominamos "territórios criativos" ambientes que ampliem a potência do agir nas redes, a partir de novos repertórios, atores, associações e conexões que contribuam para um desenvolvimento com envolvimento.

Testemunhamos cotidianamente a criatividade popular se manifestando, sobretudo a partir da (re)invenção de tecnologias comunitárias, muitas vezes produzidas em ambiente de grande precariedade social. A partir das experiências comunitárias no território, as insubmissões e as lutas cotidianas acontecem, reafirmando e provocando a ampliação dos significados da vida e do humano. Novas mediações culturais, novos usos do território e de seus recursos, novos repertórios são frutos de novas associações entre atores-rede[1] nas redes de economia criativa.

Acreditamos que um território pode ser denominado criativo na medida em que é protagonizado por comunidades criativas comprometidas com os princípios da economia criativa nos usos e nas dinâmicas territoriais. O reconhecimento e a compreensão do conceito de território criativo estão necessariamente atrelados à consciência das dinâmicas políticas, econômicas, sociais, ambientais e culturais, impondo desafios a serem enfrentados, especialmente aqueles representados pela emergência climática, pelas disrupções tecnológicas, pela transição para a economia de baixo carbono e pelas crises político-institucionais que têm abalado a democracia mundo afora.

Figura 1: Macrodesafios dos territórios

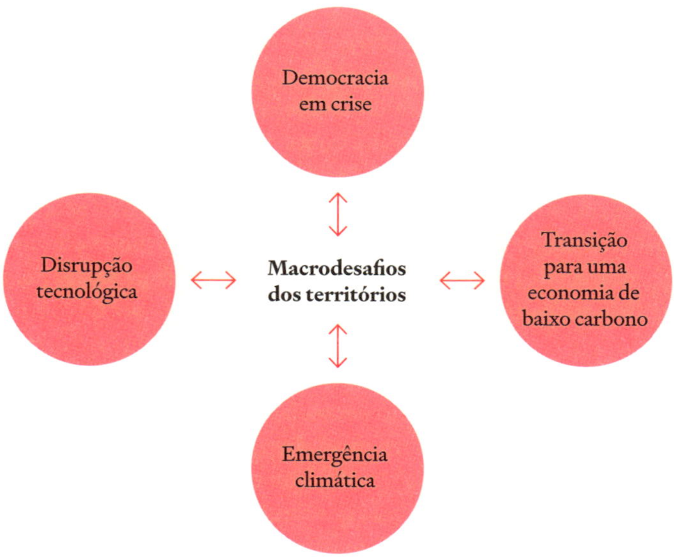

Fonte: elaborado pelo autor.

Com relação ao contexto ambiental/ecológico que define e, simultaneamente, reflete o comportamento de humanos e não humanos no território, verifica-se um número crescente de evidências a nos alertar sobre as ameaças ao planeta que põem em xeque o futuro da Terra, como o aumento dramático dos incêndios florestais, a elevação do nível do mar, a perda da biodiversidade, a ocorrência de fenômenos climáticos extremos, dentre outros impactos que põem em risco as condições de habitabilidade do planeta. Por sua vez, entre os desafios políticos que atravessamos, destacam-se as fortes crises por que passam as democracias de todo o mundo. Com efeito, são cada vez mais frequentes as ondas de instabilidade causadas por movimentos populistas e radicais de extrema-direita e pelas polarizações sociais que afastam e desacreditam os cidadãos da vida cívica e democrática no território.

Nesse sentido, na era digital, assistimos a uma escalada vertiginosa da influência das novas tecnologias no dia a dia das populações, que pauta as relações sociais, econômicas, ambientais, culturais e políticas das sociedades contemporâneas. O mais notável é que os fenômenos de disrupção tecnológica parecem se disseminar tanto no sentido horizontal – alcançando, a um só golpe, a população de uma grande metrópole global e pequenas comunidades dos países do Sul – quanto verticalmente –, percorrendo instantaneamente as cadeias produtivas econômicas, por um lado, e as diversas camadas sociais, por outro. Dentre os impactos – positivos e negativos – imediatos das disrupções tecnológicas que marcaram o final do século XX e inauguraram o século XXI, vale destacar: os ganhos de produtividade do fator trabalho; o aumento do desemprego estrutural, com a consequente exclusão dos cidadãos menos qualificados do mercado de trabalho; a amplificação caótica das redes sociais virtuais; e o aumento exponencial da velocidade de circulação dos fatores de produção capital e trabalho.

Acreditamos que um dos desafios econômicos mais graves que se impõem ao desenvolvimento dos territórios é o desafio da transição para uma economia de baixo carbono ou economia verde. Tal desafio exigirá de todos os países o uso eficiente de energia, o desenvolvimento de fontes alternativas de energia renovável e a diminuição na utilização de tecnologias baseadas em combustíveis fósseis. Precisamos reconhecer que o Brasil reúne parte relevante das condições objetivas para enfrentar os desafios citados e desenvolver territórios criativos que privilegiem o enfrentamento e a superação da emergência climática, o emprego de uma matriz produtiva sustentável, o incentivo à criação de tecnologias disruptivas fundadas na biodiversidade cultural e a concepção e difusão de modelos de participação/governança para o fortalecimento da democracia do país.

Não obstante, devemos ressaltar que existem diferentes escalas espaciais de territórios criativos a serem consideradas. Com efeito, o território criativo é uma ideia-força que permite diversos recortes.

Figura 2: Escalas espaciais de territórios criativos

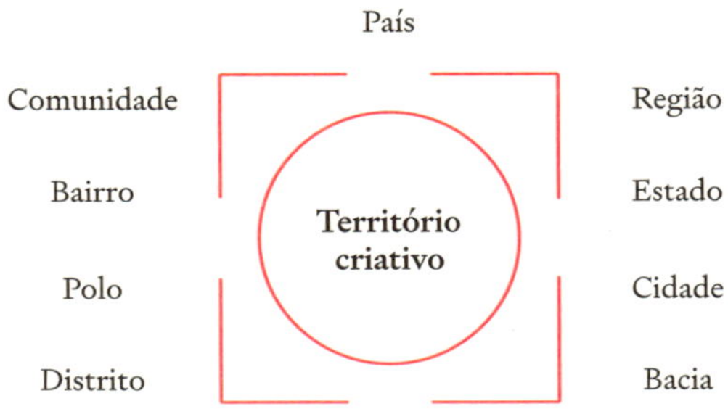

Fonte: elaborado pelo autor.

Seja um bairro, um distrito, uma cidade, seja ainda uma bacia ou um consórcio de municípios, cada uma dessas escalas espaciais apresenta sua própria caracterização e demanda um conjunto de indicadores capazes de monitorar e avaliar seu desenvolvimento enquanto território criativo, como veremos adiante.

O território criativo, *locus* da transversalidade das políticas públicas, também encontra nos conceitos da Teoria Ator-Rede, de Bruno Latour (2012), um referencial estratégico para descrever e analisar as redes intersetoriais, os atores-rede envolvidos, o fluxo das associações, os consensos e as controvérsias que permeiam as relações e os elementos capazes de influenciar as políticas públicas e as transformações das estruturas socioeconômicas. A polissemia do termo rede está presente nas realidades política, econômica, política, cultural, social e ambiental. Em sua essência, as redes visam integrar e conectar pessoas, objetos ou ideias, com o objetivo de descentralizar e estabelecer relações mais horizontais entre os elementos. No campo das políticas públicas, a lógica da intersetorialidade e das redes surge como uma estratégia do Estado-rede para promover a articulação entre o setor público, o privado e a sociedade civil, dada a complexidade dos problemas e a escassez de recursos.

Acreditamos que o desenvolvimento de territórios criativos será tão bem-sucedido quanto for a capacidade de seus atores humanos e não humanos de se organizarem em torno de redes socioeconômicas de elementos materiais e imateriais. Uma vez que essas escalas espaciais são o palco em que se materializam as relações sociais e econômicas dos atores produtivos e institucionais, convém reconhecer alguns dos atores-rede que interagem no território criativo.

Figura 3: Territórios criativos e seus atores-rede

Fonte: elaborado pelo autor.

As dinâmicas entre os atores-rede e as respectivas associações, conexões e interações que eles produzem conformam o que denominamos ecossistema criativo. Um ecossistema criativo é caracterizado pela infraestrutura e pela concertação da aplicação de recursos econômicos, sociais, ambientais, culturais e políticos dos territórios a partir dos princípios da economia criativa, em favor do desenvolvimento com envolvimento. Enfim, *ecossistema criativo* é definido como todo sistema no qual a atividade criativa emerge, incluindo três elementos básicos, quais sejam: as pessoas criativas envolvidas centralmente, as atividades criativas e o ambiente criativo, bem como as relações que os conectam. Assim, os territórios criativos devem ser reconhecidos por sua capacidade de estruturação de ecossistemas que estimulem a imaginação e a transformação de ideias e de experiências, com potencial de contribuir para a ampliação da riqueza cultural, política, social, ambiental e econômica de suas comunidades e populações.

Figura 4: Desafios territoriais da economia criativa

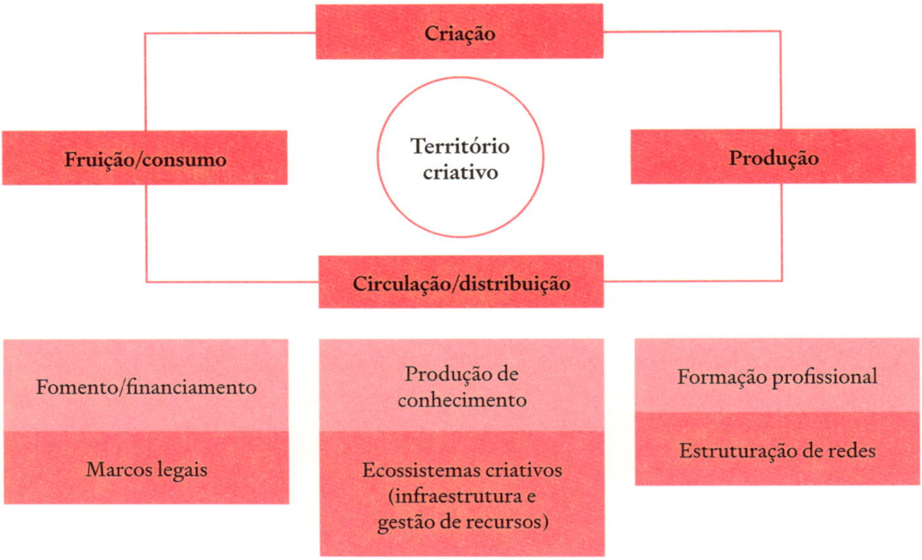

Fonte: elaborado pelo autor.

O ecossistema criativo constitui, de fato, o pilar fundamental que alicerça o território criativo. Entretanto, o desenvolvimento de territórios criativos requer a presença de quatro pilares adicionais, a saber: governança e gestão, comunidades criativas, políticas públicas e economia criativa.

Figura 5: Pilares para o desenvolvimento de territórios criativos

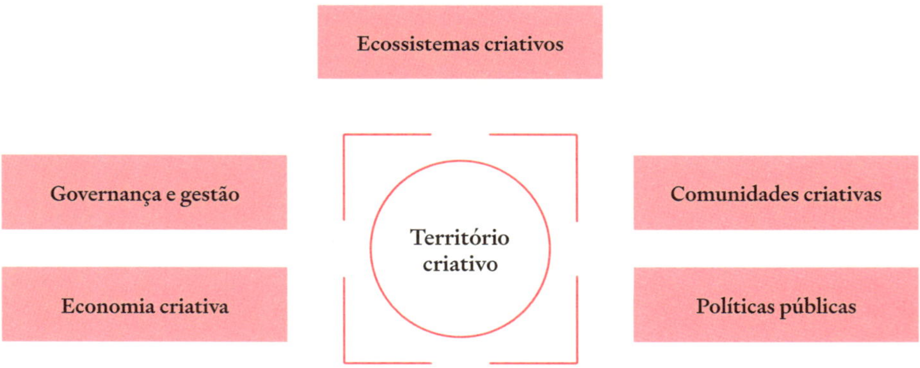

Fonte: elaborado pelo autor.

Vejamos, a seguir, a caracterização e a definição de cada um desses pilares dos territórios criativos. Denominamos economia criativa as dinâmicas econômicas, culturais, ambientais, políticas e sociais dos bens e serviços criativos que tecem redes e fazem comunidades com vistas à emancipação e ao desenvolvimento com envolvimento. É preciso ressaltar que não se trata aqui da simples oferta de bens e serviços originados da criatividade, algo que está na gênese de toda e qualquer atividade humana. Com efeito, a economia criativa está relacionada à atividade criadora no plano do sistema de valores de uma sociedade e implica, necessariamente, a ampliação das possibilidades humanas, seja no campo da experiência estética, seja no espaço das atividades econômicas (Furtado, 2000).

As comunidades criativas constituem comunidades-rede, ou seja, uma categoria de ator-rede, que reconhece em suas forças criativas a capacidade para o desenvolvimento de soluções originais aos seus problemas e à realização dos seus desejos. As comunidades criativas expressam a dinâmica dos territórios criativos e protagonizam respostas inovadoras aos obstáculos que dificultam, ou mesmo impedem, o bem-estar e o bem viver.

As políticas públicas, por sua vez, devem denotar a liderança e a ação empreendedora do Estado em favor do (des)envolvimento sustentável do território. Especialmente no contexto de crise, as políticas públicas assumem o papel estratégico de induzir a inovação e de criar ambientes adequados para o surgimento de ecossistemas criativos. Por fim, governança e gestão – constituídas e implementadas, preferencialmente, de forma transparente e compartilhada – fornecem as metodologias e as ferramentas para a indução e a concertação de políticas, programas e projetos de desenvolvimento do território. Elas permitem, ainda, o monitoramento e a avaliação da efetividade dessas iniciativas e são decisivas para a racionalização e a alocação otimizada dos recursos econômicos e sociais da sociedade, quase sempre escassos ou insatisfatórios.

Figura 6: Desenvolvimento de territórios criativos

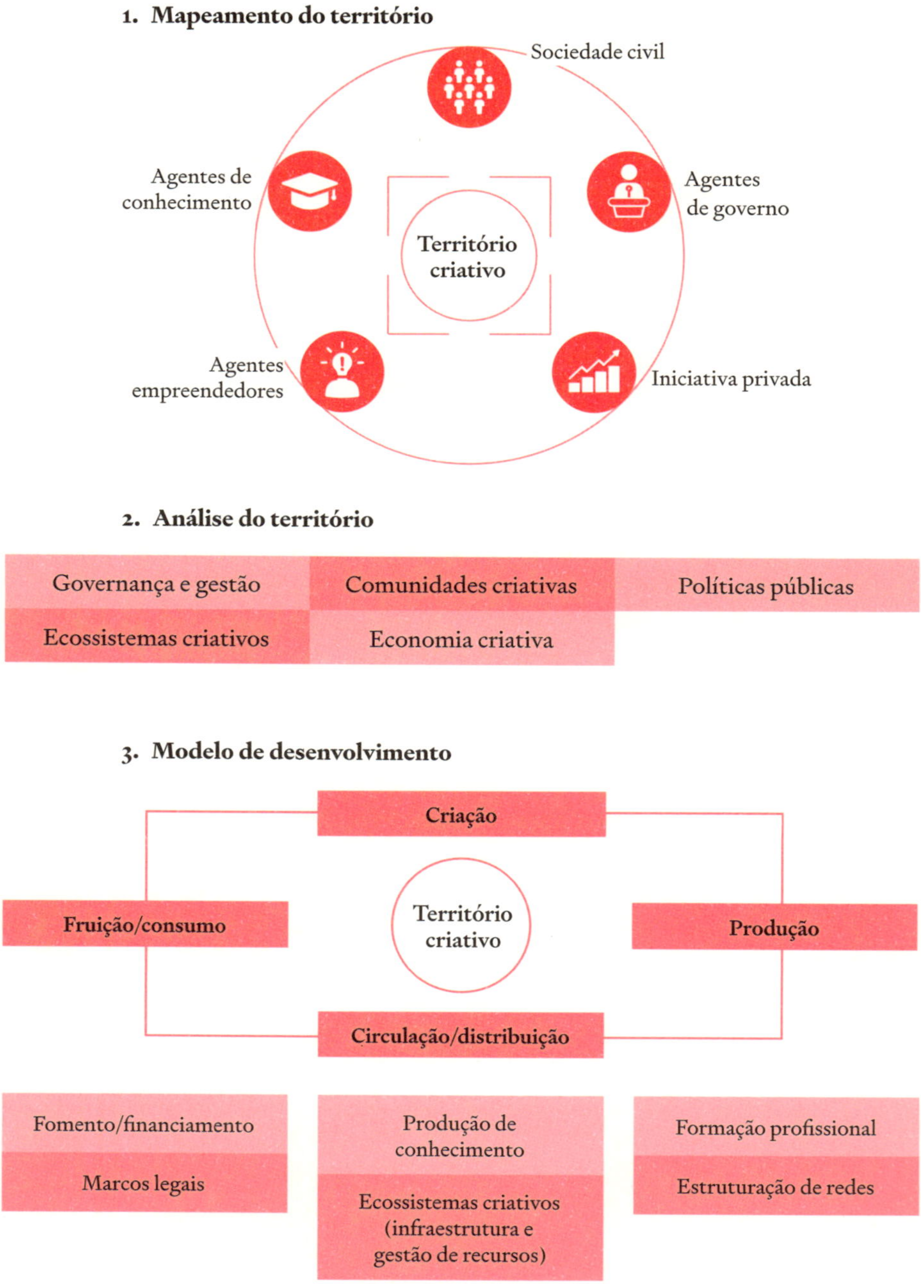

Fonte: elaborado pelo autor.

O desenvolvimento de territórios criativos implica, enfim, o reconhecimento de que tais territórios apresentam características muito próprias e distintivas de outros recortes espaciais, constituindo uma espécie de *celula mater* para o desenvolvimento com envolvimento de diversos recortes espaciais. Com efeito, vale descrever aqui os sete princípios da economia criativa brasileira que definem o perfil de um território criativo:

- *Territórios criativos são territórios da cidadania e da democracia* e se destacam pela promoção da participação social/governança, da transparência da gestão das políticas e instituições públicas, da representatividade das minorias e da concertação vertical e horizontal das relações econômicas, sociais, políticas, culturais e ambientais encetadas pelos membros das comunidades. Nesse contexto, territórios criativos são aqueles que oferecem à sociedade o ambiente favorável e a infraestrutura necessária ao desenvolvimento de atividades socioeconômicas que ampliam e fortalecem os valores da cidadania e da democracia.
- *Territórios criativos são territórios da biodiversidade cultural e da tecnodiversidade*, posto que abriguem e deem sustentação à diversidade cultural e à biodiversidade, ou seja, à inter-relação do conhecimento humano, dos recursos naturais, da tecnologia e da diversidade de seres vivos presentes em um amplo ecossistema planetário. Segundo Yuk Hui (2020), os modos de se compreender a tecnologia – enquanto força exclusivamente produtiva e mecanismo capitalista voltado ao aumento da mais-valia – impedem uma nova percepção da tecnologia como produtora de novas cosmotécnicas e instrumento de afirmação das diferenças entre comunidades no território. Trata-se de produzir uma reflexão sobre a ecologia das máquinas; e, para isso, é preciso enfatizar os nexos entre diversidade e biodiversidade. A biodiversidade é o correlato da tecnodiversidade, uma vez que, sem ela, só testemunharemos o desaparecimento de espécies, diante de uma racionalidade homogênea. Dessa forma, os territórios criativos se notabilizam pelo uso cultural dos biomas para fins de produção e distribuição equilibrada da riqueza gerada no território. Enfim, um território da biodiversidade cultural e da tecnodiversidade é aquele que incentiva comunidades a inventarem seus próprios pensamentos e futuros tecnológicos.
- *Territórios criativos são territórios de inovação*. Eles se destacam por sua permeabilidade a iniciativas inovadoras – radicais ou incrementais –, manifestadas no desenho e na implementação de políticas públicas e de governança que rompem com a ortodoxia vigente e promovem a transformação da estrutura socioeconômica do território. Territórios criativos são territórios que promovem a inovação social e que estimulam a cultura da experimentação, processos e metodologias de natureza comunitária e cidadã. Territórios criativos favorecem a inovação econômica na medida em que oferecem infraestrutura e incentivos à criação e/ou ao aperfeiçoamento de produtos e processos produtivos sustentáveis que geram riqueza e contribuem para um desenvolvimento com envolvimento.

• *Territórios criativos são territórios sustentáveis*. Na perspectiva econômica, são sustentáveis na medida em que abrigam iniciativas públicas e privadas de estímulo à produção e à distribuição de renda e riqueza com justiça social e preservação do meio ambiente; na dimensão social e ambiental, sua sustentabilidade se refere à promoção e ao suporte aos esforços dos atores-rede no combate ao desemprego, às atividades produtivas e laborais informais, à precarização do trabalho e às atividades que degradam o meio ambiente. Finalmente, territórios criativos são sustentáveis culturalmente, uma vez que promovem infraestrutura e fomento à criação, à produção, à distribuição/circulação e ao consumo/fruição sustentável de bens e serviços culturais, garantindo-se a memória e a diversidade cultural dos bens e serviços culturais e criativos.

• *Territórios criativos são territórios de inclusão produtiva*, porque acolhem e protegem estratos sociais, especialmente dos jovens, em situação de vulnerabilidade econômica e social. Nesse contexto, promovem e implementam políticas, programas e projetos de geração de ocupação e renda voltados à superação das condições crônicas de exclusão socioeconômica e direcionados à emancipação cidadã. Os territórios criativos são aqueles que proporcionam oportunidades claras de inclusão socioeconômica a populações historicamente marginalizadas, assim como a qualificação de empreendedores, gestores e trabalhadores da cultura e da criatividade.

• *Territórios criativos são territórios do bem comum*. O bem comum é um imenso conjunto de bens materiais e espirituais que formam o patrimônio de uma comunidade (Ostrom, 1990). A geografia, a água, as riquezas naturais, a infraestrutura, o transporte, a comunicação, a educação, a saúde, o patrimônio cultural e artístico, a ordem pública e a honestidade das instituições constituem bens comuns de uma comunidade. Segundo Tirole (2020), todos nós – seja qual for nosso lugar na sociedade – reagimos aos incentivos aos quais somos expostos. Eis por que a busca do bem comum passa, em grande parte, pela construção de instituições visando conciliar o interesse individual e o interesse comum. Nessa perspectiva, a economia de mercado não é um fim em si mesma, constituindo um instrumento bastante imperfeito, se levarmos em conta a divergência entre os interesses dos indivíduos, dos grupos sociais e econômicos e das nações e o interesse comum. Territórios criativos estão a serviço do bem comum, procurando investigar e compreender as situações em que o interesse individual é compatível ou constitui um entrave para a proteção e a gestão dos bens comuns. Enfim, territórios criativos são aqueles favoráveis à formulação, à implementação e ao monitoramento de políticas de reconhecimento e proteção dos bens comuns, que não são necessariamente nem públicos nem privados.

• *Territórios criativos são territórios do bem viver*. O conceito de bem viver compreende a dimensão da convivialidade, ou seja, da capacidade de uma comunidade de (con)viver harmoniosamente, com favorecimento ao respeito, à tolerância e às trocas recíprocas entre seus membros e entre os membros e o seu entorno (Chuji, Mónica; Rengifo, Grimaldo; Gudynas, Eduardo, 2019). O conceito também inclui a dimensão da mutualidade, ou seja, a troca recíproca entre os membros de uma comunidade por meio de iniciativas oriundas da economia criativa ou de outras economias sustentáveis, como a economia circular e a economia solidária. O conceito de bem viver inclui as dimensões da preservação e da salvaguarda do patrimônio cultural do território e da segurança em todas as suas vertentes: segurança na moradia, segurança no trabalho, segurança nos espaços públicos, segurança alimentar e nutricional e segurança na informação, entre outras.

Figura 7: Princípios dos territórios criativos

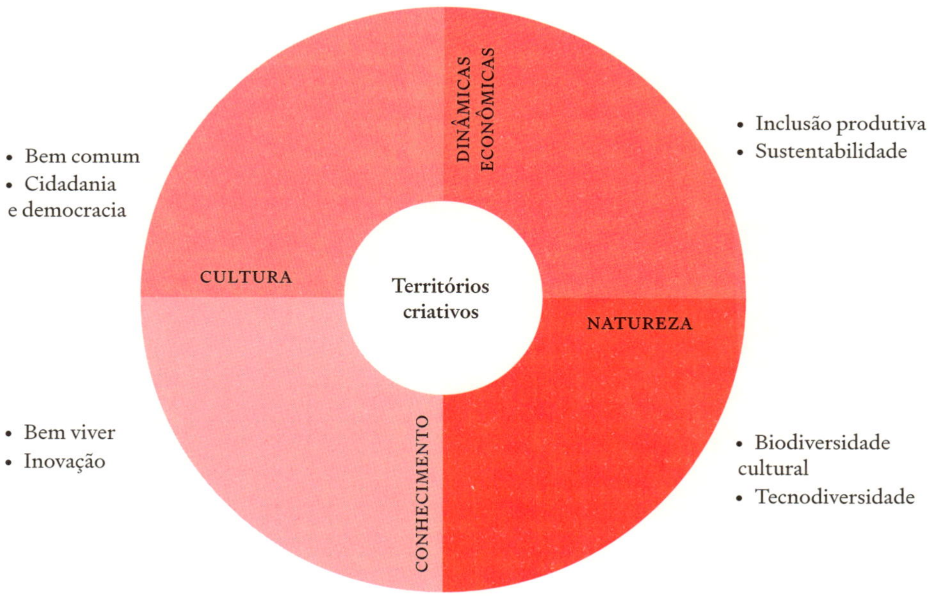

Fonte: elaborado pelo autor.

Para além do reconhecimento e da compreensão dos princípios, pilares e atributos que conformam os territórios criativos, é necessário identificar indicadores – preferencialmente vinculados aos Objetivos de Desenvolvimento Sustentável da Organização das Nações Unidas (ONU) – capazes de expressar, monitorar e avaliar o processo de desenvolvimento desses territórios.

Listamos, a seguir, um rol exemplificativo – longe de ser exaustivo – de potenciais indicadores com essas finalidades:

• *Territórios criativos da cidadania e da democracia*: grau de utilização de práticas de consulta popular; índice de atuação de movimentos sociais e culturais no desenho, na implementação e na avaliação de políticas públicas; nível de transparência e *accountability* das instituições públicas; índice de representação política e institucional das minorias sociais; grau de acesso dos portadores de deficiência à infraestrutura do território.

• *Territórios criativos da biodiversidade cultural e da tecnodiversidade*: índices de qualidade do ar, da água e do solo; níveis de proteção, recuperação e promoção do uso sustentável dos biomas presentes no território; número de políticas, programas e projetos de combate à mudança climática e de prevenção de seus impactos.

• *Territórios criativos inovadores*: nível de qualidade do investimento público; grau de digitalização dos governos locais; índice de utilização de *softwares* livres pelas instituições públicas governamentais; quantidade e qualidade de políticas públicas de fomento a obras e patentes licenciadas por *creative commons*; número de laboratórios comunitários.

• *Territórios criativos sustentáveis*: grau de formalização de empreendimentos culturais; nível de qualidade do consumo cultural; oferta de qualificação de empreendedores, gestores e trabalhadores da cultura; arcabouço legal de fomento e suporte a atividades culturais; índice de concentração espacial da infraestrutura cultural; índice de desemprego geral e cultural do território; grau de informalidade da economia do território; nível de precarização do trabalhador.

• *Territórios criativos de inclusão produtiva*: taxas de alfabetização e de desemprego da população vulnerável; número de operações de concessão de crédito e microcrédito rural e urbano; índice de inserção da população vulnerável nos mercados de trabalho formal rural e urbano; número de trabalhadores qualificados e requalificados para inserção nos mercados de trabalho formal rural e urbano; número de registros de Microempreendedor Individual (MEI).

• *Territórios criativos do bem comum*: grau de percepção e consciência da comunidade a respeito dos bens comuns existentes em seu território; volume de recursos públicos aplicados na proteção do bem comum; nível de compartilhamento entre o público e o privado na gestão do bem comum do território; índice de valorização e preservação do bem comum; quantidade de políticas, programas e projetos voltados à educação da comunidade para a valorização do bem comum.

• *Territórios criativos do bem viver*: índice de déficit habitacional e taxa de redução de habitações precárias; taxas de homicídios e feminicídios; índices de acidentes de trânsito e de trabalho; índices de cobertura vacinal, de mortalidade materna e infantil; taxas de subnutrição e de obesidade; índices de padrões alimentares da população; tamanho e importância dos circuitos econômicos alternativos, como o circular e o solidário; existência de legislações de proteção de dados e contra a desinformação; índices de violência doméstica.

Vale ressaltar que a proposição de um conjunto de indicadores dessa natureza deve obrigatoriamente vincular-se a um contexto bem definido e equilibrado de objetivos estratégicos e resultados relevantes, estabelecidos pela própria comunidade que ocupa o território. O esforço inicial de desenvolvimento de territórios criativos compreende o diagnóstico do estágio atual de maturidade política, econômica, social, tecnológica, cultural e ambiental em que se encontra o território. A partir daí, definem-se objetivos estratégicos e resultados relevantes que conduzirão ao desenvolvimento de territórios criativos e que devem ser alcançados pela comunidade em curto, médio e longo prazos.

O passo seguinte compreende a formulação e a implementação de um modelo de desenvolvimento de território criativo lastreado em políticas, programas e projetos estratégicos e que toma como ponto de partida o diagnóstico do estágio de maturidade do território e das condições de atuação das comunidades.

O quarto e último passo consiste no desenho e na implementação de um sistema de monitoramento e avaliação de indicadores – com suas respectivas metas – que reflitam efetivamente as iniciativas da comunidade e o grau de sucesso no alcance dos objetivos e resultados estratégicos definidos na fase de planejamento do processo de desenvolvimento do território criativo. Além disso, esse sistema de monitoramento e avaliação deve ser capaz de aferir a evolução das características políticas, econômicas, sociais, tecnológicas, culturais e ambientais das comunidades ao longo de uma escala objetiva de mensuração do "índice de maturidade de territórios criativos".

Para tanto, é necessário enfrentar e superar os desafios que se impõem ao desenvolvimento de territórios criativos. Dentre eles, destacamos: a concertação político-institucional da ação articulada dos atores públicos e privados que se relacionam no território; a promoção do capital social e a facilitação do acesso ao capital financeiro para a geração sustentável de renda e riqueza; o desenho e implementação de um modelo democrático e colaborativo de governança e gestão; a elaboração e implementação de marcos legais favoráveis às atividades produtivas criativas; a proposição e a implementação de iniciativas sustentáveis de fomento à criação, à produção, à distribuição/circulação e ao consumo/fruição de bens e serviços criativos; e, finalmente, a proposição e a implementação de iniciativas de qualificação/requalificação das comunidades para o desenvolvimento de competências e habilidades criativas.

Em resumo, o processo de desenvolvimento de territórios criativos demanda um diagnóstico/mapeamento da configuração espacial e socioeconômica do território e de suas comunidades, seguido da definição de objetivos e resultados estratégicos a serem alcançados e concluídos com a formulação e a implementação de ações e iniciativas articuladas e levadas a cabo em curto, médio e longo prazos.

Figura 8: Estágios do desenvolvimento de territórios criativos

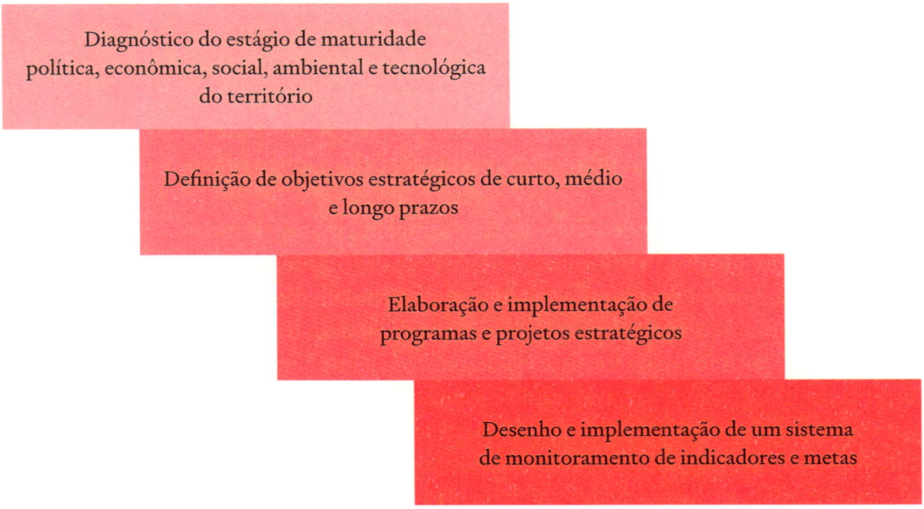

Fonte: elaborado pelo autor.

A energia empregada no desenvolvimento dos territórios criativos carece, no entanto, de um vetor de indução das redes socioeconômicas. Em sua essência, as redes socioeconômicas visam integrar e conectar pessoas, objetos ou ideias com vistas a descentralizar e estabelecer relações horizontais no território. No campo das políticas públicas, a lógica da transversalidade das redes surge como uma estratégia do Estado para promover a articulação entre o setor público, o setor privado e a sociedade civil, dada a complexidade dos problemas e a escassez de recursos.

SOBRE A MEMÓRIA DAS POLÍTICAS PÚBLICAS PARA OS TERRITÓRIOS CRIATIVOS: A SECRETARIA NACIONAL DA ECONOMIA CRIATIVA

Desde o desenho e a implementação da Secretaria da Economia Criativa (SEC/Minc) do Ministério da Cultura, no biênio 2011/12, identificamos, na conformação espacial das redes socioeconômicas, a abordagem mais adequada ao desenvolvimento de territórios criativos brasileiros. A primeira iniciativa da SEC/Minc consistiu na definição do conceito de polo criativo e no mapeamento e na caracterização de potenciais polos criativos brasileiros nas cinco macrorregiões administravas do país. Em estudo contratado junto à Unesco, a SEC/Minc definiu polo criativo como o

> conjunto de empreendimentos criativos geograficamente próximos e circunscritos a um território de pequena dimensão, sendo também considerados espaços de convivência urbana, ou seja, dedicados à vida em sociedade que possuam uma dinamização funcional com a realização de diversas atividades de dimensão simbólica unindo em sua geografia diversos grupos e pessoas com uma identidade cultural própria. (Santiago, 2011, p. 40)

A partir daí, foram propostas categorias analíticas (economia e gestão; cultura e identidade; relações sociais; e elementos transversais), com suas respectivas unidades de informação, a fim de se realizar um levantamento de dados primários sobre potenciais polos criativos brasileiros. O quadro 1 apresenta essas informações sistematizadas.

Quadro 1: Categorias analíticas e unidades de informação[2] sobre polos criativos

Economia e gestão

Tecido econômico

- quantidade e diversidade de iniciativas/empreendimentos privados baseados no território, como empresas, comércios, grupos associados, coletivos etc.;
- quantidade e diversidade de iniciativas/instituições públicas baseadas no território, como escolas temáticas, museus, bibliotecas, autarquias etc.;
- calendário e dados econômicos de eventos de entretenimento temáticos realizados no polo, como festivais ou mostras de dança, gastronomia, música, teatro, circo, artes plásticas e visuais, manifestações tradicionais, entre outros, e sua periodicidade.

Políticas públicas

- marcos legais de institucionalização territorial do polo, como delimitação da área de abrangência, leis orgânicas e/ou outros dispositivos legais de reconhecimento espacial;
- ações do poder público implementadas com vistas ao uso do espaço público no qual o polo está inserido, como sinalizações turísticas, investimentos na melhoria da malha viária, transporte urbano, segurança, acessibilidade e/ou outras iniciativas;
- outras iniciativas públicas, como concursos para integração ao polo, implantação de equipamentos públicos etc.;
- políticas voltadas ao desenvolvimento do polo no plano diretor do município, nos planos de desenvolvimento econômico ou no plano de cultura do município ou do estado no qual o polo está inserido.

Formação e capacitação

- quantitativo e descritivo das ações formativas realizadas em prol do desenvolvimento do polo, pelo próprio polo ou por terceiros, como oficinas e cursos;
- quantitativo e descritivo de eventos formativos, como seminários, congressos e outros realizados no próprio polo;
- quantitativo e descritivo de instituições formadoras no polo, como universidades, faculdades, instituições de formação profissional, ONGs, centros tecnológicos, institutos de educação tecnológica e outros;
- descritivo das ações de parceria com instituições de formação.

Projeção turística e desenvolvimento turístico local

- quantitativo e descritivo de atividades turísticas desenvolvidas no polo;
- quantitativo e descritivo de atividades de formação para o turismo desenvolvidas junto aos integrantes do polo;
- descritivo da sinalização turística existente no polo;
- ações de promoção e visibilidade do polo junto ao público turístico, como anúncios na mídia, cartazes, folders, panfletos etc.

Produtos e serviços ofertados e seu diferencial

- descritivo das atividades de comércio inovador, como vendas coletivas, uso das novas mídias e redes sociais, patrocínio coletivo (*crowdfunding*) etc.;
- descritivo da flexibilidade de horários de funcionamento voltados para a natureza dos serviços do polo ou ainda indo ao encontro do público-alvo;
- descritivo das atividades de comercialização orientadas para o mercado exterior

Estratégias de sustentabilidade

- planejamento estratégico do polo;
- planos de negócios das iniciativas integrantes do polo;
- descritivo das ações de parceria institucional com vistas ao desenvolvimento sustentável.

Cultura e identidade

Identidade própria do polo

- componente histórico que deu origem ao polo criativo;
- ações de projeção e visibilidade do polo desenvolvidas por seus integrantes ou por terceiros;
- características próprias que se destacam nas relações comerciais, de gestão, associativas e culturais;
- consolidação de imagem com identidade própria do polo junto aos seus integrantes e à sociedade local.

Valor agregado intangível

- potencial de agregação de valores intangíveis identitários do próprio polo aos produtos e serviços oferecidos;
- capacidade de reconhecimento social e de capacidade colaboração com a sustentabilidade local a partir de suas características de produção e de atuação;
- valor único e insubstituível que torna os produtos e serviços produzidos no polo distintos da mercadoria produzida em larga escala, outorgando um caráter único a cada mercadoria cultural.

Relações sociais
Formas de governança • análise das atividades de gestão compartilhada estabelecidas entre os diversos integrantes do polo; • análise das atividades de gestão compartilhada estabelecidas entre os integrantes do polo e instituições públicas, privadas e outras da sociedade civil externas ao polo; • quantitativo e descritivo de grupos, coletivos, cooperativas ou outras formas de aglomeração por convergência de atuação com vistas ao desenvolvimento econômico criativo. **Relação entre o polo e a comunidade** • histórico de construção/implantação do polo com relação aos seus antigos residentes, comerciantes ou frequentadores; • ferramentas de comunicação entre as atividades econômicas criativas com os residentes do polo; • percepção dos residentes relativa às alterações no território após a criação do polo. **Responsabilidade social** • práticas de responsabilidade social desenvolvidas no polo e seus resultados, como atividades de inclusão, acessibilidade etc.; • atividades de gestão compartilhada estabelecidas entre os diversos integrantes do polo no que concerne à responsabilidade social; • atividades de gestão compartilhada estabelecidas entre os integrantes do polo e instituições públicas, privadas e outras da sociedade civil no que concerne à responsabilidade social, inclusive os mecanismos de controle social. **Responsabilidade ambiental** • práticas de responsabilidade ambiental desenvolvidas no polo e seus resultados; • atividades de gestão compartilhada estabelecidas entre os diversos integrantes do polo no que concerne à responsabilidade ambiental; • atividades de gestão compartilhada estabelecidas entre os integrantes do polo e instituições públicas, privadas e outras da sociedade civil no que concerne à responsabilidade ambiental.

Elementos transversais
Estudos precedentes • revisão da bibliografia disponível sobre pesquisas realizadas acerca dos polos; • síntese dos resultados e recomendações resultantes de estudos e pesquisas anteriores; • coleta de material de mídia sobre as iniciativas do polo; • Índice de Desenvolvimento Humano do polo; • outros dados relevantes.

Fonte: Santiago, 2011.

O levantamento preliminar de potenciais polos criativos brasileiros apontou sete territórios a serem investigados com maior profundidade, quais sejam: Polo Criativo Art'Escama (Porto Alegre/RS); Polo Criativo Caminho das Artes (Belo Horizonte/MG); Polo Criativo da Zona Central (Goiânia/GO); Polo Criativo Delta Zero, Polo Criativo Porto Mídia e Polo Criativo Bomba do Hemetério (Recife/PE); e Polo Criativo Parque Tucumã (Rio Branco/AC). O levantamento de dados primários junto às lideranças e comunidades constituintes desses territórios revelou que, dadas as categorias e unidades analíticas listadas, os polos criativos mais consolidados (Polo Criativo Delta Zero, Polo Criativo Porto Mídia e Polo Criativo Bomba do Hemetério, de Recife/PE, e Polo Criativo Caminho das Artes, de Belo Horizonte/MG) apresentavam como características comuns uma boa densidade empresarial/institucional/comunitária, presença de relevante infraestrutura pública e privada, bom nível de coesão institucional e social, existência de arcabouço jurídico de suporte à economia criativa, consciência e responsabilidade ambiental, dentre outras. De outro lado, pouco menos da metade dos territórios investigados (Polo Criativo Art'Escama, de Porto Alegre/RS, Polo Criativo da Zona Central, de Goiânia/GO e Polo Criativo Parque Tucumã, de Rio Branco/AC) ainda se encontrava em um estágio bastante preliminar de institucionalização. De maneira geral, esses polos produtivos apresentavam na ocasião bom adensamento empresarial/institucional/comunitário, mas careciam de outros elementos importantes, em especial coesão institucional e social, infraestruturas públicas e privadas para criação, produção, distribuição/circulação e consumo/fruição de bens e serviços criativos, bem como representatividade político-institucional.

A segunda iniciativa da SEC/Minc para mapear e investigar o desenvolvimento de territórios criativos brasileiros consistiu na realização de uma parceria estratégica, em 2013, com a Secretaria de Desenvolvimento da Produção (SDP) do então Ministério do Desenvolvimento, Indústria e Comércio Exterior (MDIC), a fim de reconhecer e fortalecer, em todo o território nacional, os Arranjos Produtivos Locais (APLs) Intensivos em Cultura.

Naquela ocasião, foi elaborado e implementado – em conjunto com a SDP/MDIC – o Projeto de Melhoria da Competitividade de Arranjos Produtivos Locais (APLs) Intensivos em Cultura. O projeto teve por objetivo desenvolver 27 Planos Estratégicos de Desenvolvimento em 27 APLs distribuídos em todo o território brasileiro, selecionados por meio de edital conjunto entre as duas secretarias.

Figura 9: Arranjos Produtivos Locais Intensivos em Cultura selecionados (por macrorregião administrativa)

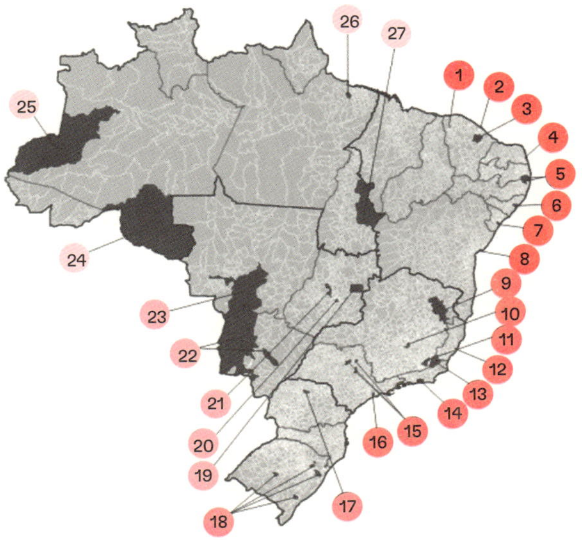

1	Moda íntima de Frecheirinha	CE
2	Festejos e quadrilhas juninas	CE
3	Turístico cultural do Maciço de Baturité	CE
4	Audiovisual	RN
5	Mata Norte Criativa	PE
6	Turismo Lagoas e Mares do Sul	AL
7	Festejos populares de São Cristóvão	SE
8	Candeal	BA

9	Gemas e artefatos de pedras de Teófilo Otoni	MG
10	Mapa	MG
11	Zona da Mata	MG
12	Corredor criativo Nestor Gomes	ES
13	Confecções e moda Noroeste Fluminense	RJ
14	Confecções e moda Leste Fluminense	RJ
15	Cultural caipira	SP
16	Design, audiovisual e economia criativa	SP

17	Bonés de Apucarana	PR
18	Jogos digitais	RS

19	Marca Brasília	DF
20	Audiovisual de Goiânia	GO
21	Teares do Xixá	GO
22	Turismo Rota do Pantanal Bonito	MS
23	Economia criativa Vale do Rio Cuiabá	MT

24	Artesanato de Rondônia	RO
25	Artesanato do Alto Solimões	AM
26	Polo Metrópole do Estado do Pará	PA
27	Artesanato de Capim Dourado do Jalapão	TO

Fonte: elaborado pelo autor (adaptado).

A metodologia do projeto compreendeu, em linhas gerais: 1) o diagnóstico da situação corrente (contextualização e caracterização dos APLs; identificação dos setores econômicos e das empresas presentes; processo de cooperação e governança; e síntese dos pontos fortes, desafios, oportunidades e ameaças) dos APLs; 2) o levantamento de expectativas e resultados esperados (identificação das expectativas dos empreendedores e instituições de apoio; tradução das informações em resultados esperados; e definição de indicadores para acompanhamento dos resultados); e 3) definição de ações previstas e de instrumentos de gestão dos planos estratégicos (identificação de ações necessárias ao desenvolvimento; definição de responsáveis, apoiadores, prazos e investimentos necessários; processo de gestão do Plano Estratégico de Desenvolvimento do APL). A figura a seguir resume o fluxo do processo de elaboração dos Planos Estratégicos de Desenvolvimento dos APLs.

Figura 10: Fluxo do processo de elaboração dos Planos Estratégicos de Desenvolvimento dos APLs Intensivos em Cultura

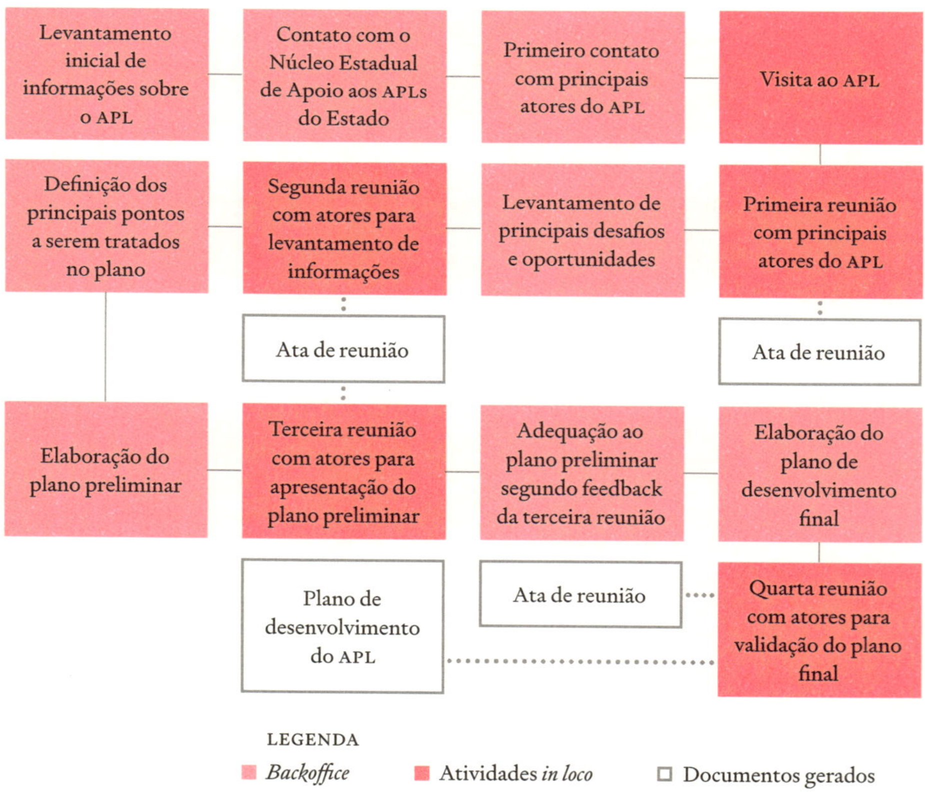

Fonte: elaborado pelo autor (adaptado).

O gráfico 1 apresenta a segmentação dos APLs por faturamento (em milhões de reais) e por empregos gerados. Vale ressaltar, nesse gráfico, a evidente correlação positiva entre o tamanho do faturamento e o volume de empregos gerados pelo APL.

Gráfico 1: Segmentação dos APLs por faturamento (em milhões de reais) e empregos gerados

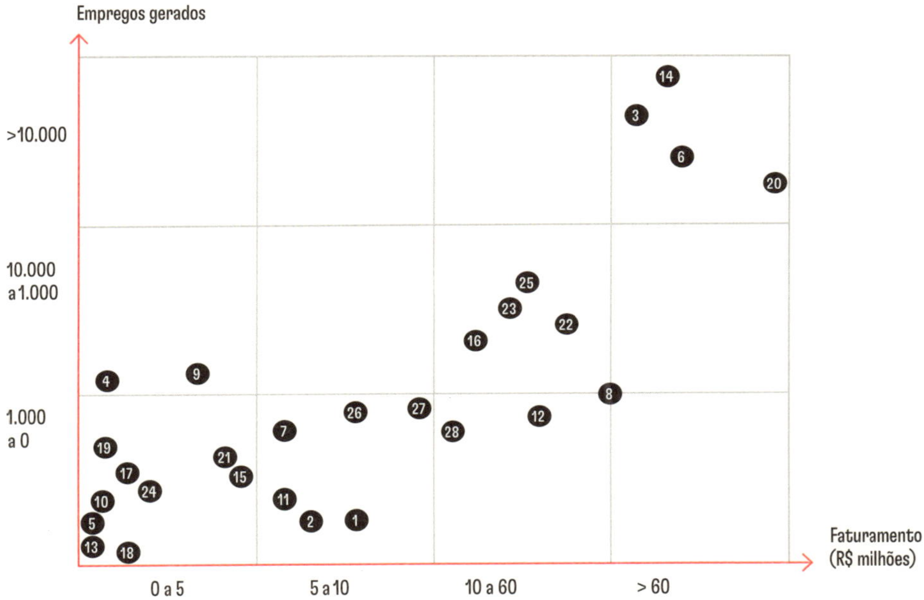

1	Audiovisual de Goiânia	GO	15	Jogos digitais	RS
2	Audiovisual	RN	16	Lagoas e Mares do Sul	AL
3	Artesanato de Rondônia	RO	17	Leste Fluminense	RJ
4	Artesanato do Alto Solimões	AM	18	MAPA	MG
5	Artesanato regional	AM	19	Maciço de Baturité	CE
6	Bonés de Apucarana	PR	20	Marca Brasília	DF
7	Candeal	BA	21	Mata Norte Criativa	PE
8	Caipira	SP	22	Moda íntima de Frecheirinha	CE
9	Capim Dourado do Jalapão	TO	23	Noroeste Fluminense	RJ
10	Corredor criativo Nestor Gomes	ES	24	Polo Metrópole	PA
11	Design, audiovisual e economia criativa	SP	25	Rota do Pantanal Bonito	MS
12	Festejos e quadrilhas juninas	CE	26	Teares do Xixá	GO
13	Festejos populares de São Cristóvão	SE	27	Vale do Rio Cuiabá	MT
14	Gemas e artefatos de pedras de Teófilo Otoni	MG	28	Zona da Mata	MG

Fonte: elaborado pelo autor (adaptado).

A figura 11, por sua vez, apresenta a segmentação dos APLs por setores criativos.

Figura 11: Segmentação dos APLS por setores criativos

Artesanato

Artesanato de Rondônia (RO)	Artesanato regional (AM)	Teares do Xixá (GO)
Gemas e artefatos de pedra de Teófilo Otoni (MG)	Artesanato do Capim Dourado do Jalapão (TO)	Artesanato do Alto Solimões (AM)

Artes de espetáculo

Candeal (BA)	Festejos e quadrilhas juninas (CE)	Festejos populares de São Cristóvão (SE)
MAPA (MG)	Mata Norte Criativa (PE)	Caipira (SP)

Audiovisual, design e games

Audiovisual de Goiânia (GO)	Audiovisual (RN)	Zona da Mata de Minas Gerais (MG)
Design, audiovisual e economia criativa (SP)	Jogos digitais (RS)	

Moda e confecção

Marca Brasília (DF)	Moda e design – Polo Metrópole (PA)	Confecções e moda Noroeste Fluminense (RJ)
Confecções e moda Leste Fluminense (RJ)	Bonés de Apucarana (PR)	Moda íntima de Frecheirinha (CE)

Turismo cultural

Vale do Rio Cuiabá (MT)	Corredor Criativo Nestor Gomes (ES)	Rota Pantanal Bonito (MS)
Maciça de Baturité (CE)	Lagoas e Mares do Sul (AL)	

Fonte: elaborado pelo autor.

UM CASO EXEMPLAR DE TERRITÓRIO CRIATIVO: O POLO AUDIOVISUAL DA ZONA DA MATA DE MINAS GERAIS

Dentre as experiências exemplares de territórios criativos brasileiros que se desenvolveram a partir do Projeto de Melhoria da Competitividade de Arranjos Produtivos Locais (APLs) Intensivos em Cultura, destacamos o caso do APL (Polo) Audiovisual da Zona da Mata de Minas Gerais, cujo centro irradiador fica na cidade de Cataguases, a 304 km de distância de Belo Horizonte e a 255 km da cidade do Rio de Janeiro.

Figura 12: Localização geográfica do APL (Polo) Audiovisual da Zona da Mata de Minas Gerais

Fonte: poloaudiovisual.org.br/ (adaptado).

Institucionalizado em 2002, o APL (Polo) Audiovisual da Zona da Mata de Minas Gerais é coordenado pela sociedade civil em parceria com fundações do terceiro setor, universidades, empresas e governos e tem por objetivo fomentar a economia criativa como novo vetor de desenvolvimento sustentável da região a partir dos setores criativos do audiovisual e das tecnologias digitais.[3] O Polo é uma referência na formação e na produção audiovisual brasileiras, um programa de cultura e desenvolvimento local e regional que se assume enquanto um movimento liderado pela sociedade civil e articulado junto a organizações públicas e privadas, com ou sem fins lucrativos, fortalecendo a região da Zona da Mata mineira a partir de um processo de construção e governança coletiva. Focado em três eixos prioritários de atuação – governança, formação e mercado –, esse território criativo está organizado em torno de empresas privadas da cadeia produtiva do setor audiovisual, instituições de formação profissional, fornecedores locais, instituições de ensino superior públicas e privadas, organizações do Sistema S, agências de desenvolvimento públicas e do terceiro setor, agências governamentais municipais, estaduais e federais e empresas privadas de grande porte que apoiam o Polo Audiovisual da Zona da Mata de Minas Gerais.

Podemos entender melhor o seu processo de estruturação a partir da descrição de oito cenas:[4]

Cena 1

• Reunião de pessoas e organizações comprometidas e engajadas com a construção de um programa de desenvolvimento local e regional a partir da compreensão da Zona da Mata mineira como uma região potente, criativa e conectada com o mundo;

• reconhecimento do legado histórico-cultural da região, mas avançando numa ruptura necessária para se pensar e construir o futuro a partir do presente.

Cena 2

• Criação de uma rede de cooperação envolvendo o setor público, o setor privado e a sociedade civil, articulando órgãos e organizações públicas, organizações privadas, com e sem fins lucrativos, mobilizando inteligência coletiva e recursos públicos e privados para a promoção de um investimento social e cultural de impacto no desenvolvimento da região;

• ampliação, junto às organizações, do conceito de responsabilidade social para o de impacto no desenvolvimento local;

• proposição de um programa de cultura e desenvolvimento local estruturante e de longo prazo, com impacto intergeracional na perspectiva de construir uma nova economia para a região;

• criação de condições para o desenvolvimento de uma nova economia a partir da cultura e da educação.

Cena 3

• A gestão local e regional se instituiu de modo horizontal e democrático, com o Instituto Cidade como mediador desse processo e com capacidade de mobilização e de construção coletiva de uma política endógena que partiu da base, de baixo para cima, com sentido para a região;

• as escolhas emergiram e foram reconhecidas como óbvias no sentido de se pensar e se desenvolver um programa tendo no audiovisual e nas novas tecnologias vetores transversais de desenvolvimento.

Cena 4

• Realização de mais de seis fóruns "Fábrica do Futuro"[5] durante o período de dois anos, na perspectiva de se pensar e construir o futuro;

• aposta nas pessoas, na formação e na educação;

• diversificação de fontes de recursos provenientes de empresas privadas e das esferas públicas estadual e federal.

Cena 5

• Foram realizados dezenas de projetos que foram estruturando, mobilizando e criando uma base e uma ambiência favoráveis à construção do Polo junto à população.

Cena 6

• Modelagem do Polo a partir do conhecimento de projetos e práticas de referência e de inspiração no Brasil e no exterior, como: Tecnopuc Viamão (RS); Polo Cinematográfico de Paulínia (SP); Polo Rio Cine Vídeo (RJ); Porto Digital, em Recife (PE), Sapiens Parque, em Florianópolis (SC); Media City, em Manchester (Inglaterra), 22@Barcelona, em Poblenou (Espanha), entre outros.

Cena 7

• Consultoria com o Porto Digital com foco na construção de uma visão de planejamento e de um modelo de gestão e governança articulados com os níveis municipal, estadual e federal, bem como no uso de isenções fiscais previstas na Constituição Federal de 1988 para a indústria da tecnologia, voltadas para a construção e o fortalecimento de um programa de cultura e desenvolvimento regional.

Cena 8

• Criação, em 2014, da Agência de Desenvolvimento do Polo Audiovisual da Zona da Mata de Minas Gerais (Apolo), "uma instituição social sem fins lucrativos, com sede em Cataguases, que atua como Film Commission nas cidades que compõe[m] a área de abrangência do arranjo criativo e produtivo da região".

> Sua missão principal é atrair produções para serem realizadas no âmbito do Polo Audiovisual, oferecendo às produtoras brasileiras um plano de viabilidade para sua atuação na região. Um agente local, mediador e mobilizador, que tem a responsabilidade de:
>
> • identificar, conforme roteiro, as condições artísticas, os ambientes e as locações necessárias para realização da obra audiovisual;
> • realizar a interlocução com instituições, fundações, prefeituras e órgãos municipais, bem como com a população local;
> • fornecer para as produtoras um amplo cadastro de artistas, técnicos, prestadores de serviços e fornecedores locais;
> • colaborar na prospecção de patrocínios junto às empresas públicas e privadas, através de fundos setoriais e leis de incentivo à cultura em âmbito estadual e federal. (Polo Audiovisual Zona da Mata, 2022)

Atualmente reconhecido como um dos principais centros de formação e produção audiovisual em funcionamento no Brasil, o Polo já realizou 24 grandes produções cinematográficas na região da Zona da Mata mineira. De longas-metragens a séries de televisão, a produção do Polo alcança um grande público multiplataforma (no cinema, na TV, no *streaming*, em mostras e em festivais) e já recebeu muitos prêmios.

Em mais de uma década, foram investidos cerca de 20 milhões de reais no fomento à produção, em fóruns e festivais, em programas de qualificação profissional e em editais para talentos artísticos e técnicos locais. Um conjunto integrado de ações que geraram, no período, mais de 2 mil postos de trabalho em diversas cidades da Zona da Mata mineira.

O arranjo criativo e produtivo do Polo Audiovisual contempla uma Rede de Cooperação regional liderada pela Agência de Desenvolvimento do Polo Audiovisual (Apolo), pela Fundação Cultural Ormeo Junqueira Botelho, pelo Instituto Fábrica do Futuro e pelo Sebrae-MG, que conta também com a aliança estratégica e o patrocínio principal do Grupo Energisa.

Para além dos indicadores de natureza econômica, as lideranças institucionais do APL (Polo) Audiovisual da Zona da Mata de Minas Gerais procuraram também aferir outros indicadores de natureza subjetiva que se destinam a captar a percepção das comunidades da região em relação ao nível de bem-estar. Dentre esses indicadores, destacam-se os índices de melhoria da autoestima, de sentimento de pertencimento, de felicidade, de orgulho e de reconhecimento da população local.

Como se vê no caso do território da Zona da Mata de Minas Gerais, a indução do desenvolvimento de territórios criativos por meio da articulação de atores-rede parece conduzir a resultados sustentáveis que reforçam seus pilares de constituição: a institucionalização de um ecossistema criativo; a concepção e a implementação de um modelo de governança e gestão; a mobilização de comunidades criativas; a articulação de políticas públicas; e, por fim, o fomento a atividades da economia criativa.

Neste ponto, vale retomar a reflexão que inaugurou este capítulo, ou seja, a relação existente entre desenvolvimento e território. Antes de mais nada, o conceito de desenvolvimento por nós compreendido implica, necessariamente, a transformação estrutural da realidade socioeconômica do território. Essa perspectiva escapa à armadilha da definição de desenvolvimento como mera acumulação material e modernização dos padrões de consumo da sociedade. Em segundo lugar, a ideia de território extrapola o sentido físico ou geográfico do espaço e privilegia as relações socioeconômicas que se estabelecem no seu interior (território usado), constituindo o *locus* de excelência para interação entre pessoas, empresas e instituições. Não custa reiterar que o debate sobre a temática do desenvolvimento de territórios criativos transcende a mera caracterização desse recorte espacial, tampouco se limita à prescrição de "receitas" metodológicas com o objetivo de estruturar e multiplicar territórios criativos por todas as regiões do país.

Ao contrário, compartilhamos a crença de que o desenvolvimento de territórios criativos é um processo orgânico, que pode até ser induzido pelo poder público, mas que, necessariamente, demanda a mobilização e o comprometimento da comunidade e do ecossistema criativo do território. Com efeito, é indiferente se a iniciativa de desenvolvimento do território criativo é tomada pelo Estado ou se é manifestada a partir das representações da sociedade organizada. O que importa é articulação das políticas públicas – novas ou já existentes – e a implementação de instâncias de governança e gestão com vistas à criação e à estruturação de ecossistemas favoráveis à economia criativa. Afinal, a institucionalização e o desenvolvimento de territórios criativos – para além de constituírem um fim em si mesmos – almejam o fortalecimento da capacidade das comunidades, como afirmava Furtado, de criar soluções originais para seus problemas específicos e, de maneira mais ampla, de produzir e efetivar práticas emancipatórias, assim como o desenvolvimento com envolvimento.

Notas

1 A Teoria do Ator-Rede (TAR), de Bruno Latour (2012), primordial ao conceito de "território criativo", será analisada na quarta parte deste livro.
2 As unidades de análise apresentadas no quadro 1 são apenas exemplificativas. Portanto, não exaurem as unidades sugeridas no estudo realizado pela SEC/Minc.
3 Para conhecer mais sobre o projeto, acesse: www.poloaudiovisual.org.br/.
4 Veja o canal Tempo de Hermes: "Territórios Criativos e Turísticos e a experiência do Polo Audiovisual da Zona da Mata de Cataguases", podcast disponível em: youtu.be/LVQTiDGoGRk.
5 O Instituto Fábrica do Futuro, hoje gestor da Agência de Desenvolvimento do Polo (Apolo), nasceu do primeiro ponto de cultura de Minas Gerais, uma incubadora cultural voltada para pesquisa e experimentação.

Referências bibliográficas

Brandão, Carlos. *Território e desenvolvimento: as múltiplas escalas entre o local e o global*, Campinas: Editora da Unicamp, 2012.

Furtado, Celso. *Introdução ao desenvolvimento: enfoque histórico-estrutural*, Rio de Janeiro: Paz e Terra, 2000.

Furtado, Celso. *Criatividade e dependência na civilização industrial*, São Paulo: Companhia das Letras, 2008.

Chuji, Mónica; Rengifo, Grimaldo; Gudynas, Eduardo. "Buen vivir", em: Kothari, A. *et al.* (orgs.), *Pluriverse: A Post-Development Dictionary*, Nova Delhi: Tulika & Authors Upfront, 2019.

Hui, Yuk. *Tecnodiversidade*, São Paulo: Ubu, 2020.

Latour, Bruno. *Reagregando o social: uma introdução à Teoria do Ator-Rede*, trad. Gilson César Cardoso de Sousa, Salvador/Bauru: Edufba/Edusc, 2012.

Ostrom, Elinor. *Governing the Commons: The Evolution of Institutions for Collective Action*, Cambridge: Cambridge University Press, 1990.

Polo Audiovisual Zona da Mata de Minas Gerais. Disponível em: www.poloaudiovisual.org.br/.

Santiago, Selma. *Estudo preliminar e conceitual para polos criativos*, Consultoria Unesco, 2011.

Santos, Milton. "O retorno do território", em: Santos, Milton; Souza, Maria Adélia; Silveira, María Laura. *Território: globalização e fragmentação*, São Paulo: Hucitec, 1998.

Santos, Milton. *Por uma geografia nova: da crítica da geografia a uma geografia nova*, São Paulo: Editora da Universidade de São Paulo, 2004.

Santos, Milton. "O retorno do território", em: *OSAL: Observatorio Social de América Latina*, ano 6, n. 16, jun. 2005. Buenos Aires: CLACSO, 2005.

Tirole, Jean. *Economia do bem comum*, Rio de Janeiro: Zahar, 2020.

RAQUEL VIANA GONDIM é doutoranda em Ciências da Cultura na Universidade de Trás-os-Montes e Alto Douro (UTAD) em Portugal e foi graduada em Administração de Empresas pela Universidade Estadual do Ceará (UECE). Possui especialização em Arte-Educação e mestrado em Administração pela Universidade Estadual do Ceará (UECE). Foi docente em cursos de Administração, Sistema de Informações, Direito, Design (Interiores, Gráfico e de Produtos) em IES de Fortaleza. Foi também coordenadora de pesquisa do curso de Administração da Unichristus (2008–13), elaborou e implementou o curso de Design de Moda na Universidade de Fortaleza (2013). Atualmente é professora na Universidade de Fortaleza (UNIFOR) nos cursos de Cinema e Audiovisual, de Design de Moda e Bacharelado em Moda, e faz parte da equipe de assessoria da coordenação dos cursos de Moda. É consultora em Economia Criativa e sócia da Tempo de Hermes Projetos Criativos, tendo atuado em projetos na área de educação voltada à Economia Criativa, tais como: (i) elaboração do plano político-pedagógico da Escola Virtual Coliga, uma parceria da Fundação Roberto Marinho e Organização dos Estados Ibero-americanos (OEI); (ii) estruturação da Escola Técnica de Arte, Tecnologia e Economia Criativa da Paraíba, uma parceria do Itaú Educação e Trabalho com a Secretaria de Estado da Educação e da Ciência e Tecnologia.

Educação para competências criativas

RAQUEL VIANA GONDIM

> *Religar os conhecimentos situa-se dentro da finalidade da 'cabeça bem feita'. Aborda aquilo que está igualmente ausente do ensino e que é essencial: a arte de organizar o pensamento, de religar e de distinguir simultaneamente. Trata-se de favorecer a aptidão natural do espírito humano para contextualizar e para globalizar, ou seja, para inscrever todas as informações ou todos os conhecimentos dentro do respectivo contexto e conjunto. Trata-se de fortificar a aptidão para interrogar e de ligar o saber à dúvida, de desenvolver a aptidão para integrar o saber particular não apenas dentro de um contexto global, mas também na sua própria vida, a aptidão para apresentar os problemas fundamentais da sua própria condição e do próprio tempo.*
>
> EDGARD MORIN

Dos muitos desafios que o Brasil vem enfrentando em tempos de adversidade, a educação é uma importante área, que tem a potencial função de auxiliar na recuperação do país. O Brasil chegou ao século XXI com promessas de desenvolvimento econômico, social e tecnológico, e entrou na segunda década do milênio com imaturidade política potencializada e com o aumento da nossa incapacidade de conviver. O impasse que nos interpela é que precisamos reaprender a acessar a vida; criar, utilizar e controlar as tecnologias em prol do nosso bem viver; compreender contextos e reelaborar as dores e as alegrias por meio das artes, religar saberes para lidar com os problemas contemporâneos e continuar a trabalhar juntos na construção de um mundo mais humano e sustentável.

O nosso país mudou profundamente e, mesmo antes da pandemia da covid-19, que causou profundo sofrimento humano, o crescimento econômico e a redução da desigualdade social no Brasil já haviam estagnado ou mesmo retrocedido, afetando a todos os setores: os gastos públicos totais na área foram reduzidos, resultando em uma performance medíocre do país no setor da educação, quando comparada a outras economias emergentes. A respeito disso, a Organização para a Cooperação e Desenvolvimento Econômico – OCDE (2021) apresentou um panorama sobre a situação do sistema educacional brasileiro, abordando desde o ensino infantil até o superior. O relatório da OCDE evidencia o quanto a educação foi relegada do país nos últimos anos e apresenta diversos e complexos problemas do sistema educacional brasileiro que envolve desde a estrutura física das escolas, passando pelas questões pedagógica, financeira, social, cultural e até de saúde e segurança.

O cenário ora apresentado não é auspicioso e exige um esforço contínuo, com mais imaginação e criatividade para enfrentamento deste desafio. A história recente demonstra que o Brasil tem capacidade de criar e desenvolver políticas inovadoras e inclusivas. São muitos os municípios brasileiros com iniciativas transformadoras nas escolas, nas periferias, nas universidades em prol da qualidade e equidade na educação. A aposta é na formação de uma juventude criativa, bem formada e ousada, dotada de inteligência viva, que saiba ler o presente, lidar com os conflitos, que aprenda a trabalhar em grupo e que se sinta estimulada diante de desafios (Mosé, 2013). Frente a um complexo mercado de trabalho associado às transformações ambientais, sociais, culturais, tecnológicas, políticas e econômicas no mundo, são urgentes os profissionais preparados e atentos com um perfil baseado na empatia, na colaboração, na criatividade e no pensamento crítico em favor de soluções para o bem viver coletivo. Essa urgência implica em uma educação que considere metodologias colaborativas que desenvolvam competências criativas voltadas "à nova natureza do trabalho cuja parte de transação do conhecimento não para de crescer. Trabalhar quer dizer, cada vez mais, aprender saberes e produzir conhecimentos" (Levy, 1999, p. 157).

A nossa proposta é abordar uma educação para competências criativas que leve em conta processos de aprendizagem orientados à formação de um cidadão pleno em que possa expressar, nos espaços que ocupa, sua diversidade de práticas, seus valores e suas experiências, construindo seus repertórios que, por sua vez, delineará sua própria história. Ressaltamos que a abordagem está fundamentada nos conceitos e nos princípios da economia criativa (brasileira).

A CRIATIVIDADE COMO FLUXO INCESSANTE DO SABER E FAZER HUMANO

As competências criativas estão relacionadas com a criatividade, que pode ser entendida como uma propriedade ligada ao ato de criação ou, ainda, uma capacidade de desconfiar do que está vendo, perceber novas realidades, estabelecer diferentes conexões e gerar soluções. A criatividade é fundamentalmente social; o sujeito criativo emerge do seu contexto, do seu ambiente, e interage, afeta e é afetado em suas relações em um fluxo incessante de trocas de saberes e práticas.

A criatividade também está associada ao processo de aprendizagem do olhar, que nos possibilita encarar os problemas sob perspectivas diferentes, a vislumbrar novas possibilidades diante das intempéries habituais, além de nos ajudar a buscar novos saberes e a experimentar diferentes espaços de ação. Não só aprender a observar, mas aprender a escutar. O olhar atento e a escuta ativa estimulam a receptividade, pois nos instiga a ver tudo o que não é visível e ouvir o que não é dito. Ser receptivo significa ter todos os seus sentimentos predispostos a filtrar códigos que precisam ser interpretados em um processo no qual cada indivíduo atribui significados de acordos com sua história de vida, seu repertório de experiências, sua subjetividade (Vicario, 2016).

Ser criativo requer uma série de características que devem ser formadas, estimuladas e aplicadas em atividades na sala de aula, nas ruas, em comunidades de prática, no trabalho, na vida. A matriz da criatividade é a curiosidade, e é preciso desenvolvê-la, praticá-la repetidamente, explorando, observando, se arriscando no desconhecido e, sobretudo, é preciso refletir para que as respostas mudem e as perguntas mudem; no fluxo incessante do saber humano, tudo deixa um rastro de conhecimento que nos ajuda a conectar pontos e combinar novas descobertas. Uma curiosidade que não reflete não nos serve. Portanto, a criatividade se desenvolve por meio das nossas experiências e nossos conhecimentos acumulados combinados com o desejo de aprender e descobrir continuamente; uma capacidade para compreender situações, equilibrar realidade e desejos.

Em outras palavras, a criatividade nos obriga ao conhecimento, podendo ser desenvolvida ao longo da vida por meio de processos formativos oriundos tanto da educação formal como da informal e da não formal.

Figura 1: Tipologias da educação

Educação formal	"aquela recebida na escola, regulamentada e normatizada por leis, via um conjunto de práticas que se organizam em disciplinas"
Educação informal	"aquela que os indivíduos assimilam da família, pelo local onde nascem, religião que professam ou por meio do pertencimento a uma região, território e classe social da família"
Educação não formal	"aquela que não é nativa, no sentido de herança natural; ela é construída por escolhas ou sob certas condicionalidades, há intencionalidades no seu desenvolvimento, o aprendizado não é espontâneo, não é dado por características da natureza [...] designada por um 'conjunto de práticas socioculturais de aprendizagem e produção de saberes, que envolve organizações/instituições, atividades, meios e formas variadas, assim como uma multiplicidade de programas e projetos sociais'"

Fonte: Gohn, 2015, p. 16 (adaptado).

A criatividade se aprende, e é preciso ensiná-la. No entanto, devemos nos atentar às diferenças dos modelos de ensino. Em certos tipos, para além do protagonismo do aprendiz, há a livre circulação da informação, o respeito à memória, a prática da observação e todos aqueles componentes que nos ajudam a aprender, ajudam a criar com base no que aprendemos; e quanto aos demais modelos, estes estão a serviço da reprodução do que já foi criado e aprendido (Vicario, 2016). Portanto, todos os ambientes de aprendizagem (formal, informal e não formal), a criatividade e, por conseguinte, o pensamento crítico precisam ser estimulado para possibilitar o questionamento, a imaginação, o reconhecimento dos limites, o fazer e a reflexão das ações de seus aprendizes em relação aos problemas do cotidiano, contribuindo para a melhoria da vida pessoal e da cidadania.

UM BREVE OLHAR SOBRE A EDUCAÇÃO BRASILEIRA

De acordo com a Constituição Federal, a educação é um direito social com objetivos voltados ao pleno desenvolvimento da pessoa, ao preparo do indivíduo para o exercício da cidadania e à qualificação para o trabalho.

> Art. 205 – A educação, direito de todos e dever do Estado e da família, será promovida e incentivada com a colaboração da sociedade, visando ao pleno desenvolvimento da pessoa, seu preparo para o exercício da cidadania e sua qualificação para o trabalho. (Brasil, 1988)

O direito de todos e o dever do Estado estão estruturados em um sistema educacional dividido em (i) Ensino Básico que inclui a Educação Infantil, Ensino Fundamental e Ensino Médio e (ii) Ensino Superior.

Figura 2: Estrutura do sistema educacional brasileiro

CINE 2011	**Idade de início**	**Unidade administrativa (responsabilidade principal)**	**Série/ ano**	**Nível de ensino**		
8	23–26			Doutorado		
7	22	Governo Federal	Ensino Superior	Mestrado *stricto sensu*	Mestrado profissional *stricto sensu*	Curso de especialização *lato sensu*
6	18			Bacharelado	Licenciatura	Graduação tecnológica
4	18	Governo Federal e estados				Curso técnico de nível médio subsequente
3	15	Estados	3ª série 2ª série 1ª série	Ensino Médio		
2	11	Estados e municípios	9º ano 8º ano 7º ano 6º ano	Anos finais do Ensino Fundamental		
1	6	Municípios	5º ano 4º ano 3º ano 2º ano 1º ano	Anos iniciais do Ensino Fundamental		
0	4	Municípios		Pré-escola		
	0			Creches		

Fonte: OCDE, 2021, p. 38.

A formação básica, o Ensino Médio, a graduação e a pós-graduação estiveram constantemente em foco nas esferas de formulação de políticas públicas para a educação na últimas décadas, o que resultou em uma expansão educacional para o desenvolvimento do país traduzido em queda no analfabetismo, aumento nas taxas de matrículas em todos os níveis de ensino, ampliação de renda nas famílias, democratização de acesso com gerações de jovens ingressando no mercado de trabalho com um nível de formação muito superior ao das gerações anteriores (OCDE, 2021).

Figura 3: Principais marcos legais, políticas e reformas da educação nas últimas três décadas

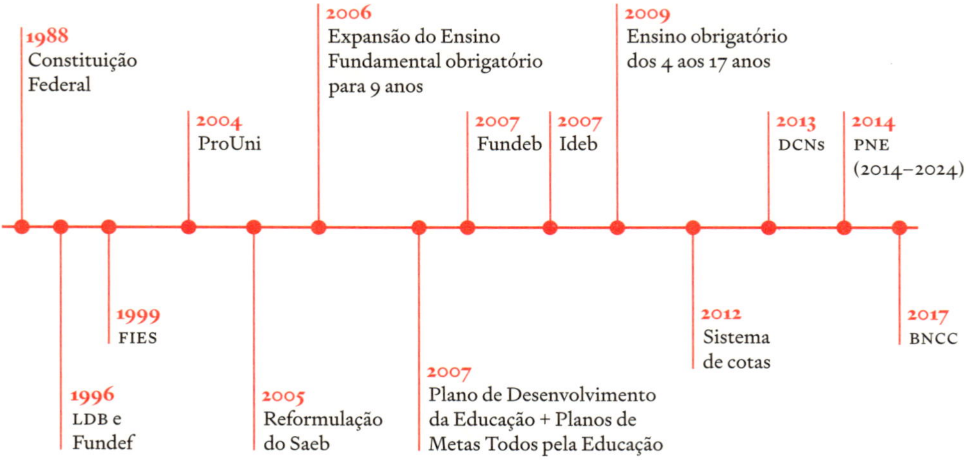

Fonte: OCDE, 2021, p. 47.

Desde o período da redemocratização do país, esforços foram feitos para reduzir a desigualdade, a exemplo das políticas educativas como a criação e ampliação de vagas na universidade e nas escolas técnicas, assim como das políticas de reparação como as cotas, fomentaram a inclusão de populações historicamente excluídas a exemplo das populações indígenas e quilombolas. Não podemos esquecer das políticas de acesso à cultura que fortaleceram a criação de negócios culturais e criativos, tampouco dos investimentos em ciência e tecnologia com a criação e ampliação de novos nichos de atuação e autonomia em relação à produção de conhecimento (Santos, 2020).

Entretanto, as transformações sofridas no mundo, as constantes ameaças ao meio ambiente, as recentes mudanças sociais, políticas e econômicas brasileiras, a pandemia da covid-19, os cortes nos investimentos nas áreas essenciais como a saúde, o retorno ao mapa da fome, a alta da inflação, a falta de estrutura social entre outros pontos acentuaram a assimetria social no nosso país que resultaram em danos, sem precedentes, à educação brasileira. No último relatório do International Institute for Management Development (IMD), o Brasil aparece na 59ª posição entre 63 economias do mundo avaliadas. Ainda há um agravante: na rubrica relativa à educação de crianças e adolescentes e à formação profissional, o país aparece na última posição (FDC, 2022).

A velocidade das coisas e as vivências fugazes do capitalismo ocidental provocam mudanças que impactam diretamente o mercado de trabalho – pressão por uma produtividade maior em menor tempo e a menor custo, avidez por novidades, intensificação por processos de autoaprendizagem por meios das redes sociais, que, por sua vez, influenciam a educação e, por conseguinte, o futuro das pessoas. No Brasil, a despeito do atual quadro de descaso da educação, há fatos novos em desenvolvimento. Trata-se de uma (re)volução provocada por novos olhares sobre a vida e as relações humanas fortalecidas em um modelo civilizatório em que a educação, poderosa ferramenta de combate à desigualdade no território brasileiro, tem o potencial de servir como uma mola propulsora ao desenvolvimento sustentável por meio da economia criativa centrada na cultura, na criatividade, em valores éticos e humanitários.

POR UMA EDUCAÇÃO CRIATIVA

Testemunhamos cotidianamente a criatividade popular se manifestando, sobretudo com base na (re)invenção de tecnologias sociais, muitas vezes (e talvez por isso) produzidas em ambiente de precariedade e carência social. Por outro lado, o Brasil tem diante de si a gigantesca tarefa de aprimorar a educação pública de sua população, principalmente a básica. Essa tarefa é inadiável e imprescindível. Porém, bem sabemos que séculos de histórico descaso com a educação não podem ser sanados em curto prazo. Há um tempo inevitável, a ser medido em décadas, para a satisfatória realização dessa tarefa. A combinação da criatividade natural com políticas públicas adequadas ao seu cultivo, incremento da qualidade, acessibilidade a equipamentos educacionais e culturais, disponibilidade de veículos de expressão, difusão e circulação poderiam prover os meios para a viabilização econômica da inovação cultural/criativa e a consequente realização econômica e social para parcela considerável da população, sobretudo da jovem. Trata-se de prover um "atalho" capaz de ganhar precioso tempo na direção do desenvolvimento humano, a despeito da deficiência educacional; trata-se de oferecer rotas alternativas àquelas da educação formal. O ensino das artes na educação básica, o ensino técnico, de turno complementar nas escolas da rede pública, assim como a graduação tecnológica e as possibilidades do ensino não formal, configuram-se em *loci* estratégicos para a formação em economia criativa.

Se a economia criativa é baseada na abundância e não na escassez de recursos, pois seus principais insumos são a criatividade e o conhecimento humano, infinitos por natureza, ela figura como uma estratégia fundamental para os países onde a criatividade é mais importante que o domínio da ciência e da tecnologia. Ao mesmo tempo, a natureza colaborativa dessa economia favorece a ação coletiva entre pessoas, comunidades, instituições, coletivos, empresas, governos e redes. Enfim, a economia criativa torna possível a "queima de etapas" nos processos produtivos, na medida em que reconcilia estratégias nacionais com processos internacionais globais. Educar as crianças e as juventudes brasileiras para a economia criativa é, antes de tudo, uma ação política de emancipação social e um grande passo na superação da desconcertante desigualdade brasileira.

Vive-se em um período de mudanças nas sociedades em que se multiplicam as misturas culturais, acelera-se a sociodiversidade, emergem novas tecnodiversidades, intensifica-se o volume de informações, surgem possibilidades para variadas formas de comunicação e de diferentes linguagens, ao passo que se ampliam as diferenças sociais, provocando fome e exclusões. Tudo isso desafia e potencializa os processos de aprendizagem e produção de conhecimento.

O modelo pedagógico com ênfase na memorização, na linearidade e na transmissão de conhecimento não prioriza a formação dos sujeitos para o exercício da cidadania, e sim o uso de técnicas e manipulação de artefatos, máquinas e *softwares*, numa perspectiva tecnicista, visando a um possível acesso ao mercado de trabalho. Nesse modelo, chamado de tradicional, o estudante é coadjuvante no processo em que há baixa ou nenhuma produção do conhecimento de forma crítica e colaborativa. Nesse tipo de modelo, nada de novo acontece, e o aprendiz é conduzido a renunciar "ao direito de pensar, e que, portanto, desistiu de sua cidadania e do direito ao exercício da política no seu mais pleno significado" (Bonilla; Souza, 2011, p. 93).

Na perspectiva de uma formação voltada ao protagonismo do estudante, o desafio que assumimos foi o de modelar uma proposta de educação para competências criativas que possam ser praticadas em um território de criação e difusão de conhecimentos (escola, comunidades de prática, uma organização, uma arranjo produtivo ou uma universidade), ancoradas em pilares associados à religação dos saberes da educação, nos princípios da economia criativa, nos desafios dos sistemas produtivos e das redes de economia criativa e nas competências para educação em economia criativa, além de estarem voltadas à promoção de uma educação integrada às dimensões antropológica, cidadã e econômica da cultura.

Nesse território de criação e difusão de conhecimento, as infraestruturas, as relações sociais, assim como as tecnologias, os recursos e os problemas locais misturam-se em favor de novas metodologias de ensino, fortalecendo o ambiente de formação como espaço central na articulação com os atores sociais. Assim, as metodologias que alicerçam um ambiente criativo de ensino e aprendizagem devem utilizar a criatividade como pilar central para formação dos discentes e devem transportar para os conteúdos dos componentes curriculares a inovação, a adaptação, a sustentabilidade, valores humanitários proporcionando o estímulo a novas inteligências, à pesquisa, a experimentações criativas e à cultura da prototipagem com a perspectiva de estruturar um outro modelo emancipatório. A cultura da prototipagem pode ser definida como

[...] uma cultura que nasce para ser eficiente quando as condições para a produção do conhecimento são a heterogeneidade de atores e a precariedade dos meios. Na cultura da prototipagem, trabalhamos sempre com os recursos que temos. Implica admitir a natureza imperfeita, inacabada e perfectível da ação coletiva. E mais do que uma carência, entender que essa condição experimental opera como uma potência e um convite para o fomento deste tipo de agitação social. (Doity, 2022, online)

Lafuente (2020, p. 87) vai além ao enfatizar que "prototipar implica em um alto nível de comprometimento. Não é um entretenimento moderno, nem um trabalho para ociosos. Prototipar bem, para aqueles que não podem arriscar muito, significa valorizar as noções de baixo custo e de foco rápido".

Desse modo, na elaboração e aplicação das metodologias colaborativas/criativas devemos considerar algumas diretrizes que podem orientar todos os atores – estudantes, docentes e comunidade a assumirem as reais possibilidades da participação na construção de novos horizontes societários (Gohn, 2015). As diretrizes foram assim identificadas: Cultura e Criatividade na Educação; Educação para o Desenvolvimento Sustentável (EDS); Educação para a Cidadania Global (EGG); Base Nacional Comum Curricular (BNCC); e Infraestrutura Escolar e Ambiente de Aprendizagem (IEAA).

Figura 4: Diretrizes para metodologias criativas

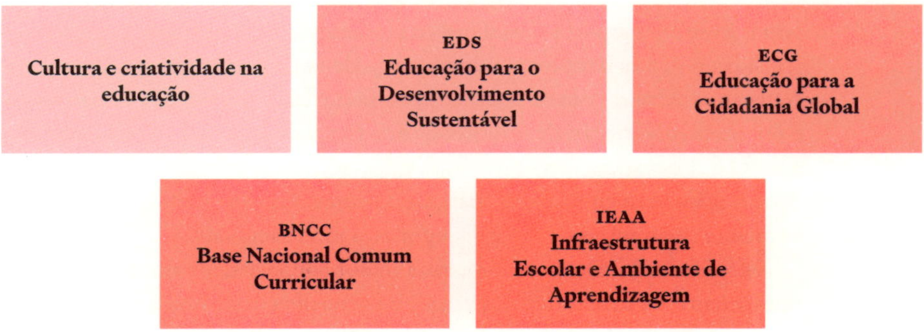

Fonte: Barros; Misino; Feitosa, 2021 (adaptado).

Parte dessas diretrizes estão calcadas no documento da Unesco intitulado "Organização das Nações Unidas para a Educação, a Ciência e a Cultura". Segue a descrição de cada uma delas.

Cultura e criatividade na educação

A Declaração Universal sobre a Diversidade Cultural da Organização das Nações Unidas para a Educação, a Ciência e a Cultura (Unesco) representaram um avanço no processo de construção de um "diálogo renovado entre as culturas e as civilizações" (Unesco, 2001, p. 1). Na Declaração,

> a cultura deve ser considerada como o conjunto dos traços distintivos espirituais e materiais, intelectuais e afetivos que caracterizam uma sociedade ou um grupo social e que abrange, além das artes e das letras, os modos de vida, as formas de viver em comunidade, os sistemas de valores, as tradições e as crenças [...] (Unesco, 2001, p. 1).

No documento, a cultura é reconhecida como centralizadora dos debates atuais sobre "a identidade, a coesão social e o desenvolvimento de uma economia fundada no saber", e que há "uma maior solidariedade fundada no reconhecimento da diversidade cultural, na consciência da unidade do gênero humano e no desenvolvimento dos intercâmbios culturais" (Unesco, 2001, p. 1). A Declaração está composta por quatro princípios: entre eles, está a diversidade cultural, compreendida como promotora do bem-estar e a coexistência mais pacífica entre os diferentes agrupamentos civilizatórios, estando salvaguardadas suas singularidades e seus patrimônios culturais.

Nos dias atuais, as conquistas sociais e culturais de outrora são diariamente ameaçadas por práticas como o racismo, a homofobia, a misoginia e o fundamentalismo religioso, que vêm recrudescendo nos últimos anos no país. Essa situação se contrapõe às bandeiras da tolerância e da pacificação global defendidas pela Declaração. No documento de 2001, a cultura se encontra no centro dos debates contemporâneos a respeito da identidade, da coesão social e do desenvolvimento de uma economia fundada no saber. Além disso, ela aponta que o respeito pela diversidade das culturas, a tolerância, o diálogo e a cooperação, num clima de confiança e de entendimento mútuos, estão entre as melhores garantias da paz e da segurança internacionais.

Dessa forma, a Declaração projeta maior solidariedade fundada no reconhecimento da diversidade cultural, na consciência da unidade do gênero humano e no desenvolvimento dos intercâmbios culturais. Passadas duas décadas, os desafios tornaram-se mais difíceis, mas a educação ainda mantém sua função de possibilitar o desenvolvimento da autonomia e do senso crítico por meio do acesso à formação e do aprimoramento de competências em um espaço de respeito, tolerância, criação, cuidado e acolhimento.

Em relação à criatividade, esta passou a ser associada a uma habilidade a ser estimulada e aprendida, sendo reconhecida como uma área a ser desenvolvida nos currículos escolares e considerada na Base Nacional Comum Curricular (BNCC). No espaço de aprendizagem, a criatividade facilita o entendimento e a apreensão do conteúdo, possibilita o aprendiz a observar o mundo de novas maneiras, para identificar padrões que estejam escondidos, estabelece novas conexões entre fenômenos que aparentemente não se conectam e gerar soluções, instiga a procura por mais conhecimento, estimula o desenvolvimento socioemocional e ajuda a enfrentar as rápidas mudanças na sociedade futura onde predominam a realidade virtual, a linguagem digital e o pensamento visual.

Na elaboração de um currículo voltado ao desenvolvimento de competências criativas ancoradas na economia criativa, a diversidade cultural exige um pensar e um agir na abordagem às complexas formações e relações sociais que se estabelecem na contemporaneidade, assim como a constituição de uma ponte para o diálogo com a criatividade. Na educação criativa, o pensamento deve ser estimulado na mesma medida em que os estudos são encorajados tanto a trabalhar de forma colaborativa com outros indivíduos culturalmente diversos, quanto a desenvolver um modelo mental de comunidade. Não é suficiente o estudante conviver com diferentes culturas; é preciso encorajá-lo a compreender a originalidade e a complexidade daqueles contextos culturais diversos. É na circulação desses saberes distintos que as hibridizações podem ser promovidas, propiciando olhares mais acolhedores, mais integradores e mais criativos (Maia; Miyata, 2020).

Educação para o Desenvolvimento Sustentável (EDS)

Em 2015, foi lançado o documento "Objetivos de Desenvolvimento Sustentável (ODS)", composto por dezessete objetivos e 169 metas definidos pela Organização das Nações Unidas (ONU). Eles estão fundamentados nos três pilares do desenvolvimento sustentável: crescimento econômico, inclusão social e proteção ao meio ambiente. O documento, chamado Agenda 2030, atualizou as contribuições e metas dos governos e sociedade civil para traçar até o ano 2030, um novo pacto de desenvolvimento sustentável. No ano de 2020, o mundo foi atravessado pela crise sanitária da pandemia da covid-19 que gerou efeitos negativos no cumprimento dos ODS, prorrogando a efetivação da Agenda 2030.

Em relação aos objetivos, a cultura se apresenta de modo transversal a todos eles e está definida de forma integrada ao ODS 4 – Educação de qualidade, sendo incorporada como elemento fundamental para "assegurar a educação inclusiva e equitativa de qualidade, e promover oportunidade de aprendizagem ao longo da vida para todos".

Figura 5: ODS 4 e transversalidades com os demais objetivos

Fonte: Unesco, Brasil, s.d (adaptado).

Além da ODS 4, uma educação criativa engloba ações relacionadas ao ODS 7 – Energia limpa e sustentável, ODS 8 – Trabalho decente e crescimento econômico, ODS 11 – Cidades e comunidades sustentáveis, ODS 12 – Consumo e produção responsáveis, ODS 13 – Ação contra mudança global do clima, ODS 16 – Paz, justiça e instituições eficazes e ODS 17 – Parcerias e meios de implementação.

A educação e a cultura são fundamentais na Educação para o Desenvolvimento Sustentável (EDS), que contribui para mudar a forma como as pessoas pensam e agem para, gerando mudanças de comportamento para alcançar "um futuro mais sustentável em termos da integridade ambiental, da viabilidade econômica e de uma sociedade justa para as gerações presentes e futuras" (Unesco, s.d). A EDS significa incluir questões-chave sobre o desenvolvimento sustentável no ensino e na aprendizagem.

Educação para a Cidadania Global (EGG)

Documento também desenvolvido pela Unesco em 2015, Educação para a Cidadania Global compõe a diretriz para pensar iniciativas no ambiente de formação. De acordo com o relatório, a cidadania global é entendida como "[...] sentimento de pertencer a uma comunidade mais ampla e a uma humanidade comum. Ela enfatiza a interdependência e a interconexão política, social e cultural entre os níveis local, nacional e global" (Unesco, 2016).

O relatório, para além do entendimento sobre a cidadania global, oferece caminhos para a experimentação prática da implementação de metodologias de ensino e aprendizagem. Por meio dessas metodologias, ressaltam-se os valores e as habilidades que promovam o respeito mútuo e a coexistência pacífica. A ECG, portanto,

> sinaliza uma mudança no papel e no propósito da educação para construir sociedades mais justas, pacíficas, tolerantes e inclusivas [...]. Além das habilidades e conhecimentos cognitivos, a comunidade internacional tem instado por uma educação que contribua para a resolução dos desafios globais já existentes e emergentes que ameaçam o planeta e, ao mesmo tempo, ajude a aproveitar com sabedoria as oportunidades que a educação oferece. (Unesco, 2016)

A perspectiva de um futuro melhor e uma sociedade mais humana é a base do relatório que se reflete nas iniciativas desenvolvidas na educação de cada território, assim como na promoção de pedagogias transformadoras que a ECG

> capacita estudantes de todas as idades com valores, conhecimento e habilidades que, ao mesmo tempo, baseiam-se e incluem o respeito por direitos humanos, justiça social, diversidade, igualdade de gênero e sustentabilidade ambiental, além de empoderar os aprendizes para que se tornem cidadãos globais responsáveis. (Unesco, 2016)

A importância da ECG para o fortalecimento da educação cidadã está na construção de princípios – holístico, diálogo, pensamento crítico e formação de valores para composição de uma pedagogia transformadora na prática (Barros; Misino, Feitosa, 2021).

Figura 6: Princípios da Pedagogia ECG

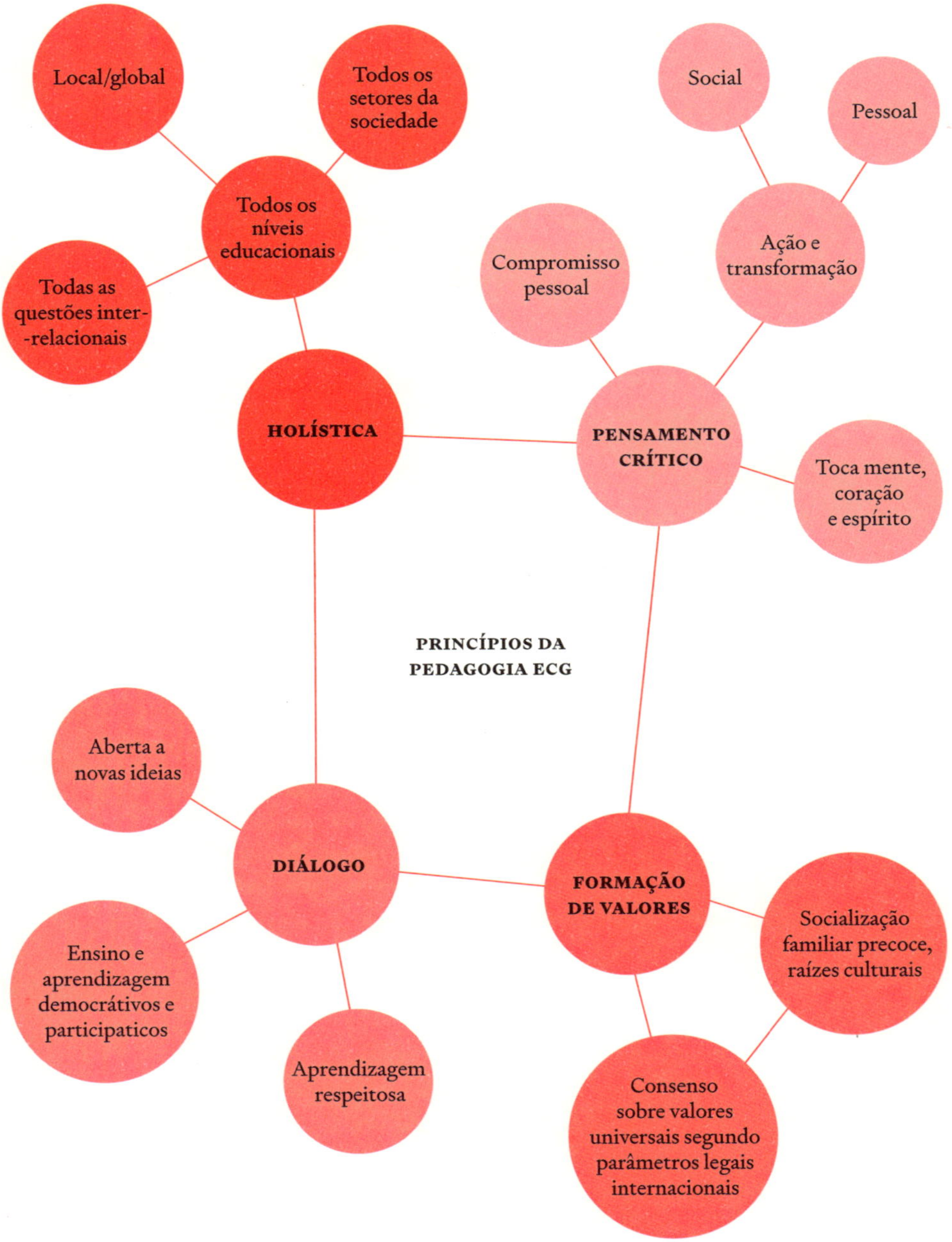

Fonte: Barros; Misino, Feitosa, 2021 (adaptado).

Nessa pedagogia, o estudante está no centro, e é baseando-se nele que ocorrem mudanças no ambiente de aprendizagem. O professor, por sua vez, é o responsável pela condução do estudante ao protagonismo, desenvolvendo competências e habilidades que promovam a transformação. Em outras palavras, é preciso formar os formadores para a criação de novos conteúdos educacionais e de novas metodologias, pois são agentes "fundamentais na marcação de referências no ato de aprendizagem, carregam visões de mundo, projetos, ideologias, conhecimentos acumulados que se confrontarão com outros participantes no processo educativo [...]" (Gohn, 2015, p. 22).

A Educação para Cidadania Global volta-se para o protagonismo do estudante como agente transformador e multiplicador de conhecimento no seu território, na perspectiva da construção de uma sociedade mais justa e digna.

Base Nacional Comum Curricular (BNCC)

A Base Nacional Comum Curricular (BNCC) é um documento de caráter normativo, estabelecido pelo Ministério da Educação, que define o conjunto orgânico e progressivo de aprendizagens essenciais que todos os estudantes devem desenvolver ao longo das etapas e modalidades da educação básica (Educação Infantil, Ensino Fundamental e Ensino Médio) no Brasil, com o propósito de garantir o direito à aprendizagem, à formação integral e ao desenvolvimento pleno de todos os estudantes (Brasil, 2017).

De acordo com a Lei de Diretrizes e Bases da Educação Nacional (LDB, Lei nº 9.394/1996), a BNCC é um guia de orientação dos currículos dos sistemas e redes de ensino das unidades federativas, e também das propostas pedagógicas de todas as escolas públicas e privadas de Educação Infantil, Ensino Fundamental e Ensino Médio, em todo o país.

A BNCC estabelece conhecimentos, competências e habilidades que se espera que todos os estudantes desenvolvam ao longo da escolaridade básica. Orientada pelos princípios éticos, políticos e estéticos traçados pelas Diretrizes Curriculares Nacionais da Educação Básica, a Base orienta todas as esferas de educação com ênfase no uso e na compressão de linguagens, no exercício da empatia, na resolução de problemas e outras capacidades englobadas em um conjunto de competências básicas (conhecimento, pensamento científico, crítico e criativo, repertório cultural, comunicação, cultura digital, trabalho e projeto de vida, argumentação, autoconhecimento e autocuidado, empatia e cooperação e responsabilidade e cidadania) a serem desenvolvidas em toda a educação básica. Além disso, soma-se aos propósitos que direcionam a educação brasileira para a formação humana integral e para a construção de uma sociedade justa, democrática e inclusiva (Brasil, 2018; Barros; Misino, Feitosa, 2021).

Infraestrutura escolar e ambiente de aprendizagem

A experiência da aprendizagem está associada ao ambiente físico estruturado e adaptado aos estudantes, professores e demais usuários. Com tecnologias, recursos físicos e humanos necessários, é possível garantir uma formação completa. Segundo uma pesquisa realizada pelo Banco Interamericano de Desenvolvimento (BID, 2011), há uma relação direta da performance do estudante com a infraestrutura escolar: quanto mais qualificada a infraestrutura, melhor o processo de aprendizagem.

Sendo assim, território de criação e difusão de conhecimentos voltado à economia criativa deverá dispor de um espaço estimulante, no qual os estudantes se sintam motivados a participar das dinâmicas dos encontros, das aulas e das atividades propostas. O ambiente deve viabilizar as condições necessárias de promoção de aprendizagem que diminuam as desigualdades no ensino, um desafio que deve ser pensado não somente no âmbito das políticas públicas de educação, como também por todos os atores que fazem parte do sistema de ensino.

O QUE É PRECISO PARA REALIZAR NOSSAS AMBIÇÕES MAIS OUSADAS: UMA (R)EVOLUÇÃO NA EDUCAÇÃO

A instabilidade da economia do Brasil na última década provocou o enfraquecimento da base tributária que sustenta a Educação e gerou um cenário repleto de armadilhas. Sendo assim, propostas ousadas mostram-se menos arriscadas do que a ausência de ação. Para realizar nossa ambição de uma (r)evolução na educação, nossa proposta foi ancorada na economia criativa e seus conceitos fundantes: saberes para educação do futuro; os princípios dos territórios criativos; os desafios dos sistemas produtivos e das redes de economia criativa; e as competências para a educação em economia criativa.

O grande desafio da educação do futuro é refletir sobre os modos de conhecer. Morin (2002) nos adverte que o conhecimento é sempre uma tradução, ou seja, ele sempre será (re)construído com base em uma determinada percepção da realidade. Nesse sentido, a educação para competências criativas deve ser aquela que reconhece as limitações do conhecimento. Todo conhecimento que isola o objeto estudado acabará por ocultar sua complexidade. As reflexões de Edgar Morin (2002) são basilares para a concepção de um ambiente de aprendizagem (escola/universidade/comunidades/organizações) em economia criativa. A formação para os setores criativos representa a educação do futuro, que deve ser, por natureza, transdisciplinar, assim como é também a economia criativa.

A religação dos saberes (Morin, 2002) é primordial para conhecer e (re)conhecer o que liga ou (re)liga o objeto a seu contexto, o processo ou a organização em que ele se inscreve. A educação moderna privilegiou a disjunção ou a compartimentação do conhecimento em disciplinas isoladas. E quanto mais avançamos em busca de um conhecimento científico e técnico reservado a especialistas, mais nos distanciamos de outros modos de conhecer ou de perceber o mundo. Nesse sentido, a educação mais eficaz é aquela que reconhece que não é possível conhecer as partes sem conectá-las ao todo, assim como não é possível compreender o todo sem conhecer particularmente as partes.

Por ser constituída de áreas de conhecimento das mais diversas (artes, culturas, ciências e tecnologias), a Educação Criativa obedece naturalmente aos princípios da complexidade de Edgar Morin (2018). Não é possível conhecer o campo criativo de forma isolada, sem uma visão transdisciplinar, sem religar saberes. Para atuar em um ecossistema criativo, é necessário conectar, para conhecer, a parte e o todo. Os sete saberes de Edgar Morin (2018) são fundamentais e devem estar inscritos nas finalidades educativas do século XXI:

Conhecer o conhecimento: o erro e a ilusão

O conhecimento deve recusar o dogmatismo e a certeza. Conhecemos de forma parcial e, por isso, necessitamos aceitar diversos pontos de vista. O conhecimento heterogêneo é cada vez mais estratégico em tempos de incerteza.

Os princípios do conhecimento pertinente

O conhecimento analítico dividiu o mundo em disciplinas, distanciou o texto do seu contexto, privilegiando visões reducionistas da realidade. Por outro lado, o ensino fragmentado e dividido retira do estudante sua capacidade de criar conexões e significados em relação à realidade, ou seja, de ligar as partes ao todo e o todo às partes.

Ensinar a condição humana

O ensino desintegrador também compartimentou o ser humano, fragmentando-o a partir das ciências biológicas ou naturais, separadas das ciências humanas, das artes e da cultura. Seres humanos são, ao mesmo tempo, indivíduos/sociedade/espécie. Ensinar a condição humana significa compreender que temos destinos individual, social, político, histórico, econômico e cultural. Da mesma forma, as artes introduzem as dimensões estéticas da vida humana, a qualidade poética da vida. Graças ao teatro, ao cinema, à literatura, somos capazes de perceber os indivíduos em suas singularidades. A finalidade do ensino é ajudar o estudante a reconhecer-se em sua humanidade e a ampliar sua ética de pertença à humanidade.

Ensinar a compreensão humana

É tarefa da educação ensinar a compreensão, ou seja, criar condições para que os indivíduos reconheçam a importância da empatia, da solidariedade, da compaixão, da colaboração, do compartilhamento e da emoção em suas vidas. Compreender significa, sobretudo, privilegiar o "nós-solidário" ao "eu-egoísta", ou seja, reagir à intolerância e aos ódios, à alteridade para abraçar as diversas dimensões da realidade.

Enfrentar as incertezas

Educar para as incertezas significa rejeitar lógicas deterministas e verdades absolutas. As incertezas devem ser percebidas como estímulos à tomada de novos caminhos, reconhecendo na imprevisibilidade dos fatos outras possibilidades no viver. Escolas que enfrentam as incertezas são aquelas que possuem a cultura da inovação, da prototipagem e da invenção.

Ensinar a condição planetária

Na era da globalização em que tudo está conectado, a educação ainda não se responsabilizou pela construção de indivíduos com uma consciência ecológica e planetária. Necessitamos reconhecer conexões entre fatos e problemas locais com os fatos e problemas globais, ao passo que se deve estimular a consciência de que a humanidade vive um destino comum.

A ética do gênero humano

A educação deve se ocupar e difundir os valores da democracia, fomentando, junto aos estudantes, as competências para a estruturação de novas organizações sociais e políticas voltadas a ampliar a consciência ética dos habitantes do planeta, ou seja, é necessário criar e consolidar uma ética do gênero humano capaz de civilizar a Terra.

A economia criativa não deve ser concebida somente se baseando na performance econômica dos setores que a compõem, mas antes na qualidade dos seus impactos no território e em suas populações. Nesse sentido, a categoria "território criativo" se encontra imbricada aos significados da economia criativa. Territórios criativos são espaços de reinvenção e ampliação da cidadania, caracterizados por princípios e dinâmicas que definem seus usos e que oferecem às forças criativas as condições necessárias para a construção de valores, crenças e éticas que constituam novas humanidades, pela valorização do bem comum, do bem viver e do desenvolvimento sustentável do planeta. Um ambiente de aprendizagem, uma escola, uma universidade ou um território configura-se território criativo. Constituem seus princípios e fundamentos:

Cidadania e democracia

Os princípios de democracia e de cidadania devem ser permeados de princípios sociais; ou ainda, a democracia e a cidadania resultam de uma participação efetiva de todos, algo que reforçaria o envolvimento e comprometimento. Segundo Orth; Medeiros e Pereira (2011, p. 132), "[...] o cidadão considera-se em exercício de cidadania autônoma, responsável e comprometida, quando lhe são oportunizadas condições para apreender e aprender sua prática social e educativa com os outros". Sendo assim, há urgência de democracia e de cidadania emancipatórias nos territórios de aprendizagem com a possibilidade de coabitar o conflito e o diálogo nas práticas pedagógicas com vista na construção de uma sociedade justa e equânime. Assim como temos a biodiversidade e a tecnodiversidade, Santos (2007, p. 87) nos provoca afirmando que "temos de reinventar as demodiversidade", a diversidade de formas democráticas.

Biodiversidade cultural e tecnodiversidade

Compreende a diversidade cultural como produto e processo da biodiversidade natural a que se expressa por meio das diversas intervenções humanas sobre a própria natureza. Ora, a biodiversidade é o correlato da tecnodiversidade[1] que estimula que indivíduos, nos seus contextos e territórios, elaborem pensamentos originais, rearticulem a forma como compreendem e utilizam a tecnologia, assim como imaginem e criem futuros tecnológicos baseados na multiplicidade de cosmotécnicas,[2] em que cada cultura deve fazer um esforço para reconciliar a tecnologia com suas próprias práticas e culturas locais, de modo que a razão instrumental seja reorientada para as necessidades da comunidade (Hui, 2020). Nos ambientes (criativos) de aprendizagem, é preciso enfrentar visões universalistas e hegemônicas das tecnologias, compreendendo-as como ativos essenciais para a produção da alteridade e da diferença.

Inovação

Ela deve estar presente nos produtos e processos, nos conceitos, metodologias e experiências de práticas para o desenvolvimento dos territórios e dos setores criativos com ênfase na integração de conteúdos culturais às novas tecnologias. A inovação por si só é uma oportunidade de aprendizagem. No entanto, em um território de formação, as competências como a criatividade e o pensamento reflexivo são essenciais, uma vez que contribuem tanto para o bem-estar das pessoas e comunidades como para o bom funcionamento das sociedades democráticas (Vicent-Lancrin *et al.*, 2020).

Sustentabilidade

É compreendida aqui por seus significados políticos, ambientais, sociais, econômicos e culturais para o desenvolvimento sustentável dos territórios e de seus habitantes. Portanto, o conceito de sustentabilidade é de natureza dinâmica e está atrelado às necessidades e à perspectiva de ganhos crescentes das pessoas. Em uma escola, em uma organização ou em uma comunidade de prática devem ser endossados debates e discussões sobre a sustentabilidade em seus territórios, a fim de suscitar ações desde a preservação do meio ambiente, passando pelo fortalecimento da cultura, segurança pessoal, de moradia e alimentar, cuidados com saúde de todos, até geração de emprego e renda levando em conta os ODS (Santos, 2020).

Inclusão produtiva

Diante de tantas mudanças ocorridas na economia mundial, exige-se do (futuro) trabalhador mais habilidades e competências (criativas) para o enfrentamento dos desafios de competitividade, produtividade e domínio de novas tecnologias. A educação pode fomentar caminhos de acolhimento à diversidade e às múltiplas formas de aprender por meio de ambientes que possibilitem a participação e a compreensão mútua, promovendo a inclusão produtiva. Esta, por sua vez, deve contribuir para que todos possam ter condições de assumir efetivamente a plena cidadania, com direito a saúde, educação, boa qualidade de alimentação, condições dignas de trabalho e qualidade de vida. Vale ressaltar a importância e a necessidade de políticas públicas que promovam a inclusão produtiva das juventudes, em especial das pessoas socioeconomicamente vulneráveis.

Bem comum

O bem comum é um imenso conjunto de bens materiais e espirituais que formam o patrimônio de uma sociedade. Territórios criativos são aqueles que formulam, implementam e monitoram políticas de reconhecimento e proteção dos bens comuns, que não são necessariamente bens públicos (Ostrom, 1990). O bem comum está associado a processos colaborativos comunitários voltados aos cuidados e à preservação de algum tipo de elemento natural, do conhecimento ou do digital. Sendo assim, o bem comum pode ser definido se baseando nos processos participativos que consideram a diversidade de contextos, conceitos de bem-estar e ambientes de produção de conhecimento (Unesco, 2016). Nesse sentido, a educação deve ser encarada como bem comum mundial.

Bem viver

Reconhece a potência do *ethos* comunitário no território para o desenvolvimento da convivialidade, da equidade e da mutualidade entre os seres humanos. Trata-se de desenvolver a solidariedade e a cultura de paz nos indivíduos. Apostar na filosofia do bem viver[3] nos ambientes de formação é um ato subversivo no sentido de que ela nos impulsiona às soluções descolonizadoras em todas as esferas da vida humana. Para além do conceito, o bem viver é uma vivência (Acosta, 2011) de (re)conhecer a diversas formas de viver e se organizar, de se relacionar com o meio ambiente, permitindo que a própria educação seja afetada no sentido de acolher e respeitar os conhecimentos ancestrais e, com base neles, criar conhecimentos e práticas.

Da mesma forma que não nos parece difícil apontar as virtudes da economia criativa, também devemos identificar suas variabilidades. A determinação do mundo dos serviços depende da qualidade do ecossistema criativo; sem isso, os bens e serviços criativos tendem a expandir, muitas vezes sustentados pelo trabalho precário, aprofundando a separação entre ocupações nobres e pobres. Estruturados em grande parte por micro e pequenas empresas, os setores criativos, em maior ou menor grau, atuam em situações bastante precárias. A baixa conectividade entre os empreendimentos e as instituições que deveriam suportá-los também é uma realidade, seja pela ausência de relacionamento, seja por conexões assistemáticas e descontinuadas ou, ainda, por relações superficiais dessas instituições com os empreendedores criativos, que impactam de modo insatisfatório nas atividades e nos resultados dos seus empreendimentos. Apesar do mito de que o campo cultural/criativo está conectado em rede, o que favorece ações em prol de causas comuns, na realidade a articulação e a capacidade de mobilização dos setores criativos ainda é baixa.

Em outro sentido, a relação com as instituições representativas de cada setor cultural/criativo é frágil e há desconfiança entre os empreendedores quanto à capacidade dessas instituições de defenderem os seus interesses. Se a cultura colaborativa é reconhecida como importante, ela ainda é incipiente, para que possa gerar ganhos efetivos no desenvolvimento econômico dos negócios criativos. Se alguns setores têm incorporado as tecnologias digitais, como instrumentos de criação, produção e distribuição (como a arquitetura, filme e vídeo, jogos digitais, publicidade, design, música), muitos setores se mantêm no mundo analógico, limitados a um determinado território físico e com relacionamento frágil e sazonal com mercados nacionais e internacionais.

Se as relações/conexões dentro dos setores criativos precisam ser fortalecidas, entre os setores elas devem ser potencializadas. Em geral, as relações intersetoriais ocorrem de modo espontâneo, principalmente entre setores com maior afinidade. No entanto, a ausência de infraestrutura, de políticas e de programas que promovam o encontro desses atores reduz a incidência criativa positiva dessas conexões. É grande a necessidade de qualificação da percepção e da compreensão dos agentes (artistas, empreendedores, técnicos e instituições) quanto às dimensões da economia criativa e às dinâmicas de seus sistemas produtivos, redes setoriais e intersetoriais, para que se fortaleça uma cultura de colaboração, participação e desenvolvimento.

Os potenciais de desenvolvimento da economia criativa são infinitos, mas precisam ser trabalhados com profissionalismo. Afinal, fazer frente às grandes empresas, em mercados competitivos, demanda das MPEs ações articuladas e integradas para a mitigação de suas fragilidades, desde a etapa da criação à produção, distribuição e consumo, potencializando, sobretudo, suas capacidades de difusão e seus canais de comercialização. Esse breve diagnóstico nos incita a destacar sete desafios a serem superados pelos sistemas produtivos e redes de economia criativa no Brasil.

Ameaça à diversidade cultural na produção cultural/criativa

A diversidade cultural brasileira é o grande insumo da economia criativa, que agrega valor aos seus produtos e serviços, fortalecendo e ampliando novos nichos de mercado. A junção e a integração das capacidades de produção simbólica com o incremento de processos inovadores são imprescindíveis em todas as etapas do ciclo econômico (criação, produção, difusão, comercialização e consumo) desses setores, com graus e intensidades diferentes, de acordo com suas especificidades setoriais e com as diferenças estruturais identificadas. Além do potencial para o fortalecimento do tecido econômico-cultural do território, a diversidade cultural gera novos modelos de negócio, ao passo que produz externalidades positivas relacionadas ao sentimento de pertença, ao fortalecimento da autoestima e das identidades locais e regionais, ampliando sociabilidades, valorizando a memória e fortalecendo processos educativos.

Fragilidade no desenvolvimento organizacional

Os setores criativos são constituídos prioritariamente por pequenos empreendedores que, em sua maioria, não dominam a gestão de negócios. Em geral, desenvolvem suas atividades empresariais de modo bastante intuitivo se baseando em um conhecimento empírico, adquirido no cotidiano. Faltam aos gestores e empreendedores criativos o uso competente de técnicas e metodologias de planejamento; gestão de processos e projetos; gestão financeira, gestão de marketing; gerenciamento de direitos autorais; utilização de mecanismos de captação de recursos, design de novos modelos de negócios; tecnologia da informação aplicadas ao negócio, entre outras áreas da economia criativa. Esses indivíduos não têm recursos financeiros para investir na contratação de serviços de consultoria, o que conduz à predominância de negócios criados e administrados sem uma gestão profissionalizada.

Fontes incipientes de financiamento, fomento e investimento

As dificuldades no acesso ao crédito constituem outro problema que permeia os setores criativos. O despreparo técnico para elaborar projetos e captar recursos tornam-se dificuldades intransponíveis. Pequenos empreendedores não possuem as garantias exigidas para a concessão de empréstimos por parte de instituições de fomento que possam financiar projetos inovadores. Também se verifica uma forte dependência dos mecanismos públicos de financiamento sem reembolso, como é o caso dos provenientes de editais, das leis de incentivo fiscal e dos fundos públicos de apoio à cultura. Ainda assim, o acesso a esses recursos é restrito a um universo reduzido de profissionais e setores criativos. As instituições financeiras não reconhecem o potencial econômico dos setores criativos e, por isso, não oferecem produtos e serviços financeiros compatíveis com as suas realidades. Por outro lado, o poder público também impõe exigências burocráticas excessivas para o acesso aos editais e às chamadas públicas. Esses obstáculos são vistos como comprometedores das suas atividades e limitantes das alternativas de financiamento para o desenvolvimento e a gestão de projetos criativos.

Distribuição e promoção insuficientes

A etapa da distribuição é particularmente frágil na economia criativa, o que estimula a presença de "atravessadores" que interrompem, sobretudo, os fluxos de produção e comercialização de produtos criativos. A promoção é uma etapa essencial para os criativos que necessitam participar de rodadas de negócios, feiras nacionais e internacionais, visitas técnicas, além de contar com espaços de incubação de negócios e prototipagem de produtos. Medidas dessa natureza podem estimular práticas de *benchmarking,* desenvolver parcerias e propiciar troca de informações e experiências. Plataformas digitais, em formato de aplicativos para múltiplos suportes, também contribuíram para a conexão e a integração de empreendedores de cada setor, entre setores criativos e entre esses e as indústrias tradicionais correlatas.

Desestímulo à formação de redes e ausência de ecossistemas criativos

A economia criativa é uma economia de redes que devem estar conectadas à diversidade das demandas dos criativos. Da mesma maneira, os territórios necessitam ser dotados de ecossistemas criativos, ou seja, de infraestruturas que garantam às forças criativas as condições necessárias para criar, produzir, comercializar e consumir seus bens e serviços. No Brasil, observamos a inexistência dos ecossistemas criativos e o desestímulo na formação de redes de profissionais e de empreendimentos criativos, que ainda se estruturam de modo intuitivo e pontual, em função de projetos e ações pontuais. As atividades econômicas dos setores criativos acabam se desenvolvendo baseadas em redes de confiança, construídas de modo espontâneo em função das relações cotidianas.

É clara a necessidade de espaços (físicos e virtuais) de convergência e de encontros efetivos para a constituição de novas redes, a identificação de oportunidades e o desenvolvimento de negócios. As redes sociais, apesar de serem muito utilizadas, funcionam muito mais como espaço de divulgação de trabalhos e projetos, que como *locus* efetivos de colaboração produtiva. Na percepção dos empreendedores, as entidades representativas dos setores criativos pouco contribuem ou simplesmente não contribuem para formular políticas de desenvolvimento e fortalecimento dos segmentos criativos. Ainda que haja uma ampla rede de instituições públicas e privadas que desenvolvem ações para fomentar e fortalecer as MPEs dos setores criativos, os programas e projetos oferecidos para esse público são pouco conhecidos ou não se adequam às reais necessidades dos empreendedores, contemplando um número pouco significativo de negócios que poderiam ser beneficiados.

Marcos legais insuficientes

A ausência de marcos legais constitui um grande óbice para as dinâmicas econômicas de criação, produção, distribuição e consumo de bens e serviços criativos. Em cada uma dessas etapas, legislações trabalhistas, econômicas, civis, administrativas, previdenciárias, tributárias, constitucionais devem ser produzidas para garantir aos trabalhadores da cultura o necessário suporte, assim como para o êxito de seus empreendimentos. Por outro lado, sem políticas públicas que sejam institucionalizadas por meio de leis, a economia criativa não poderá avançar. É necessário, enfim, efetivar mecanismos direcionados à consolidação institucional de instrumentos regulatórios que tornem competitivos os produtos criativos nacionais e locais.

Educação insatisfatória para as competências criativas

A formação para o desenvolvimento de competências criativas vai muito além da estruturação e da difusão de conteúdos de natureza técnica, e envolve um olhar complexo e transdisciplinar que integre sensibilidades e habilidades diversas em prol de um desenvolvimento amplo e sustentável. O Brasil não possui uma política nacional de educação para a economia criativa, com foco nas competências criativas. É necessário enfrentar esse desafio, construindo políticas e programas federais, estaduais e municipais que introduzam a religação dos saberes do Ensino Fundamental ao Ensino Médio e ao Ensino Superior. Em um contexto desolador de violência e exclusão das juventudes, os cursos técnicos aparecem como uma alternativa estratégica, que deve ser ampliada em todo o país.

Os sete saberes da escola do futuro, os sete princípios da economia criativa e os sete desafios dos sistemas produtivos e das redes de economia criativa fundamentam a definição das sete competências a serem desenvolvidas em um ambiente de aprendizagem. Vejamos a seguir cada uma delas.

1 – Ampliar os significados da cidadania

Pensar a Terra, a vida e a humanidade são tarefas complexas que devem ser apropriadas, especialmente, pelas juventudes: de onde viemos? Quem somos? Para onde vamos? Essas perguntas primordiais devem atravessar os ambientes de aprendizagem, tendo sempre em vista a ampliação da cidadania dos seus estudantes. No aprendizado da condição humana, vive-se como indivíduo, como cidadão e também como espécie. A complexidade das sociedades na virada do século traz grandes desafios às organizações educacionais. Já não se trata de se desvendar o mundo com base no aprendizado de disciplinas distintas e desconexas, de ensinar a separar sem religar, de distinguir matéria e conteúdo sem reconectá-los à vida dos indivíduos, de replicar velhos discursos sem desenvolver o pensamento crítico dos estudantes, de inculcar abstrações sem traduzi-las em situações concretas, ao passo que é preciso inserir os conhecimentos parciais e locais no contexto global. Para reavivar a cidadania, é necessário ampliá-la muito além das nacionalidades e dos nacionalismos. A cidadania terrestre acontecerá quando os indivíduos ganharem verticalidade e enraizamento pelo exercício livre de suas expressões culturais. Em um mundo babélico, a cultura constitui o grande sistema de tradução e de comunicação entre comunidades, povos e nações.

2 – Atuar em rede e de forma colaborativa

Os significados de território vêm se transformando nas sociedades de redes. Atuar em rede significa reconhecer o *ethos* comunitário e sua capacidade de encontrar soluções para os seus próprios problemas. Em tempos de crise as tecnologias sociais proliferam na tentativa de aplacar os impactos das visões individualistas nos diversos domínios da vida. Novas ferramentas, que ampliam a onda da solidariedade, demonstram a vontade de comunidades e organizações de frear a curva da exclusão, da violência e da apatia. Laboratórios cidadãos vão surgindo nos diversos continentes, repositórios abertos de boas práticas territoriais ganham um protagonismo inusitado. Voluntários, profissionais das diversas áreas, *hackers*, criadores, empreendedores, lideranças tomam para si responsabilidades e tarefas para transformar problemas em novas alternativas para o bem viver. O abandono e a dependência passam a ser enfrentados por meio dos cuidados, das tecnologias e da criatividade. Articular, conectar, oferecer, colaborar ganham força e passam a simbolizar um *ethos* cidadão que se põe em marcha em busca da criação de laços de confiança, espaços de aprendizagem e redes de colaboração abertas e recursivas. Tecnologias não devem ser somente eficientes. Elas devem, sobretudo, revelar necessidades para definir novos modos de cuidar. Não há saberes dogmáticos nem atores insubstituíveis, porque todos colaboram e ninguém tem disponibilidade para reconhecimentos oficiais. Em tempos de pandemia, de tragédias climáticas, de guerras, retomam-se os significados de vizinhança, a importância do pró-comum, ou seja, do que se pode fazer em proveito de todos.

3 – Desenvolver práticas de mediação entre os mundos digital e analógico

As organizações educacionais não estão preparadas para as novas competências criativas oriundas da era digital. A proliferação de grandes bancos de dados, o desenvolvimento exponencial de aplicativos em dispositivos móveis, a internet das coisas, a inteligência artificial contribuem para a ampliação de infinitas possibilidades de protagonismo e acesso aos usuários, em função de suas próprias necessidades. A transformação digital está sempre associada à dimensão econômica, especialmente em função do crescimento das grandes empresas na área das tecnologias da informação. No entanto, ela é um processo presente em todas as atividades humanas, por meio de ferramentas diversas que transformam radicalmente os modos de criar, produzir, distribuir e consumir bens e serviços. Nesse sentido, o desenvolvimento tecnológico é parte da cultura, ou seja, não há tecnologia sem uma cultura que lhe dê significado. As competências a serem desenvolvidas no mundo digital devem conduzir à compreensão da realidade, através da análise de suas lógicas, para propor modelos de transformação. A biodiversidade cultural brasileira não deve se manter distante do mundo digital; pelo contrário, esse diálogo entre mundos é o cerne da inovação e produzirá impactos importantes para o desenvolvimento sustentável regional. Um ambiente de aprendizagem deve criar mediações entre os mundos digital e analógico (entre *hackers* e mestres da cultura!) e oferecer novos modos de produção de conhecimento. Tal ambiente deve estar atento ao processo de hipertrofia do digital, cujos impactos ainda são obscuros para a produção de sentido do ser humano. A era digital trouxe e trará consequências éticas e estéticas para a vida nas sociedades, especialmente para os jovens.

4 – Desenvolver o pensamento complexo

Não é possível conceber um território e seus usos sem percebê-lo de forma complexa, ou seja, sem religar saberes (ciências, humanidades, natureza, artes e tecnologias) para recompor o conhecimento. No território criativo o indivíduo deve encontrar as condições para que o *Homo sapiens* compartilhe sua existência com o *Homo faber*, bem como com o *Homo ludens*. Indivíduos, comunidades e sociedades detêm potencial gerador, regenerador e criador. A partir da adolescência, o ser humano deve ser educado para perceber seu lugar no universo e compreender que as conquistas técnicas e tecnológicas são produtos híbridos do conhecimento acumulado pela diversidade das civilizações. Ao dividir o conhecimento em disciplinas, promovendo cada vez mais a hegemonia do conhecimento científico sobre as humanidades, a escola apartou as artes e a cultura, tornando-as supérfluas e marginais aos processos educativos. Enfim, enquanto o positivismo científico cresce, a criatividade, as artes e a cultura, insumos privilegiados para novos modos de conhecer e insumos essenciais à cidadania, ao sentimento de pertença e à autoestima vão sendo segregados e invisibilizados. Nas sociedades pós-industriais, o êxito profissional está diretamente ligado às capacidades de desordenar para reordenar, desfazer para refazer, experimentar para avançar, desenvolvendo-se no estudante, enfim, formas lúdicas de ampliação dos modos de conhecer. Nesse sentido, são as artes (especialmente as artes!) e a cultura que permitem novos modos de observar, experimentar e aprender.

5 – Agir em favor do coletivo e proteger os bens comuns

Definir o bem comum, aquilo a que aspiramos para a sociedade, requer um juízo de valor. Esse juízo pode refletir nossas preferências e nosso grau de informação, bem como nossa posição na sociedade. A economia de mercado não é um absoluto fim em si, ela não passa de um instrumento bastante imperfeito, se levarmos em conta a divergência possível entre o interesse particular dos indivíduos e o interesse geral. Constitui o bem comum o conjunto de bens materiais e espirituais que formam o patrimônio de uma sociedade. A geografia, a água, as riquezas naturais, as infraestruturas, o transporte, a comunicação, a educação, a saúde, o patrimônio cultural e artístico, a ordem pública, a honestidade das instituições, tudo isso é bem comum da sociedade. Territórios criativos são aqueles que formulam, implementam e monitoram políticas de reconhecimento e proteção dos bens comuns. Comunidades ciganas, de imigrantes, de pescadores, de agricultores, de artistas, de mulheres, de jovens de bairros periféricos nas cidades lutam pelos seus bens comuns por meio de novas governanças, assegurando a vitalidade dos territórios criativos.

6 – Desenvolver a cultura da prototipagem e da inovação

Uma escola, cujo insumo maior é a criatividade, deve ter como propósito maior alimentar o imaginário das juventudes se baseando em uma pedagogia fundamentada não somente em medir, classificar e abstrair, como também criar, prototipar, reciclar e inovar. Afinal, o aprendizado só acontecerá se o saber construído fizer sentido para a vida do aprendiz. Embora não haja inovação sem criatividade, criatividade não é inovação. Inovação é a transformação do conhecimento e da criatividade no bem viver. Conhecimento e criatividade são, portanto, essenciais à inovação. O fato é que a inovação contém necessariamente conteúdo cultural, uma vez que tem por objetivo, direto ou indireto, participar e afetar nossos modos de viver. O objetivo da inovação é intervir nos nossos meios de produção, comunicação, deslocamento, saúde, moradia, alimentação, entretenimento, comunicação, cultura, trabalho, enfim, em nosso cotidiano, encontrando alternativas e enfrentando problemas. Por isso, são os conteúdos culturais que desempenham papel essencial no processo de transformação do conhecimento em riqueza e bem-estar. Parte significativa do processo inovador reside na incorporação da cultura/criatividade à tecnologia. Em um ambiente de aprendizagem, é tarefa formar estudantes empreendedores, abertos à cultura da inovação e da prototipagem, conscientes dos seus desafios e compromissos profissionais com o desenvolvimento sustentável. Para tanto, é preciso desenvolver competências para a geração de formas inovadoras de produção de conhecimento, ferramentas que permitam novos modos de observar a realidade para realizar produções que, além da sustentabilidade da sua dimensão econômica, contribua para criar um mundo menos desigual e menos injusto, ou seja, comprometido com uma ética planetária. Trata-se de desenvolver competências criativas que permitam o fluxo de novas leituras e intervenções sobre a realidade. Ouvir, compartilhar, mediar, validar, pactuar, experimentar, revelar, documentar, prototipar, transformar são ações que constituem habilidades essenciais aos profissionais criativos.

7 – Reconhecer a cultura e a criatividade como recursos para o desenvolvimento sustentável

Cultura e criatividade são os recursos primordiais da economia criativa e devem ser geridos em favor do desenvolvimento sustentável. Esse reconhecimento é essencial, pois a proteção do patrimônio natural é condição necessária para a salvaguarda do patrimônio cultural imaterial, que se refere aos diversos saberes, aos diversos fazeres e às diversas tradições, presentes nos processos de criação, produção, comercialização e consumo de bens e serviços culturais e criativos. No Brasil, as expressões do patrimônio cultural imaterial encontram-se tão ameaçadas quanto as do patrimônio natural, porque dele dependem. Afinal, a viola de cocho do Centro-Oeste brasileiro só poderá sobreviver se a madeira que constitui a fabricação do instrumento musical também sobreviver; as paneleiras do Espírito Santo só poderão manter sua produção se o tipo de argila responsável pela fabricação das panelas também sobreviver; ou ainda, para garantirmos a sobrevida do acarajé da Bahia, necessitamos também assegurar a sobrevida do azeite de dendê. Esses exemplos ratificam as relações vitais entre cultura e natureza, demonstrando a fundamental complementaridade entre os patrimônios cultural e natural, ou seja, muitos elementos disponíveis no ecossistema brasileiro solucionam problemas das comunidades tradicionais que nele vivem. Esses conhecimentos se traduzem nos setores da cultura alimentar, nos remédios, nos objetos, nos materiais de construção, nas festas, nas produções artesanais, nas artes, nos saberes e fazeres, reforçando sociabilidades comunitárias. Promover o desenvolvimento solidário, includente e sustentável, por meio da economia criativa, implica em qualificar as juventudes para a estruturação de ecossistemas criativos; isso significa também promover a organização dos pequenos empreendimentos da economia criativa, com ênfase na colaboração e na cooperação. Além disso, indica dominar práticas de gestão necessárias à sustentabilidade dos negócios criativos.

Em resumo, os fundamentos para uma (r)evolução da educação criativa tem como base os Sete Saberes para a Educação do Futuro sobre os quais se definem os Princípios dos Territórios Criativos. Esses princípios serão observados no território, onde se estruturam os Sistemas Produtivos e as Redes de Economia Criativa, cujos desafios somente serão superados com o domínio das Competências Criativas.

No que se refere à educação para as competências criativas, é necessário trazer para os componentes curriculares a concepção tridimensional da cultura, essencial à formação do profissional dos setores criativos.

A CONCEPÇÃO TRIDIMENSIONAL DA CULTURA NA COMPOSIÇÃO DE UMA MATRIZ CURRICULAR

"A criatividade é uma invenção da cultura". A afirmação de Celso Furtado (2008, p. 116) é estratégica por nos fazer refletir sobre os significados amplos da cultura sobre os quais a educação para as competências criativas deve contemplar. A visão tridimensional de cultura, proposta, em 2003, pelo então Ministro Gilberto Gil, deve ser contemplada nos componentes curriculares dos cursos:

> Cultura não no sentido das concepções acadêmicas ou dos ritos de uma "classe artístico-intelectual". Mas em seu sentido pleno, antropológico. Vale dizer: cultura como a dimensão simbólica da existência social brasileira. Como usina e conjunto de signos de cada comunidade e de toda a nação. Como eixo construtor de nossas identidades, construções continuadas que resultam dos encontros entre as múltiplas representações do sentir, do pensar e do fazer brasileiros e a diversidade cultural planetária. Como espaço de realização da cidadania e de superação da exclusão social, seja pelo reforço da autoestima e do sentimento de pertencimento, seja, tam-

> bém, por conta das potencialidades inscritas no universo das manifestações artístico-culturais com suas múltiplas possibilidades de inclusão socioeconômica. Sim. Cultura, também, como fato econômico, capaz de atrair divisas para o país – e de, aqui dentro, gerar emprego e renda. Um bem simbólico é um produto cultural, político e econômico – simultaneamente. Como envolve custos de criação, planejamento e produção é, obviamente, uma fonte geradora de emprego e renda. Uma fonte de lucro para empresas e de captação de divisas para países exportadores de bens e serviços culturais. Ou seja: além de dar emprego em casa, a produção cultural pode trazer dinheiro de fora [...] Tudo isso apenas mostra a importância do que hoje se chama "economia da cultura", que, entrelaçando-se à "economia do lazer", é um dos setores mais dinâmicos da economia mundial. (Gil, 2003 *apud* Leitão; Guilherme, 2014, p. 44)

As dimensões antropológica, cidadã e econômica da cultura devem estar presentes nos componentes curriculares. Os egressos dos ambientes de aprendizagem em economia criativa deverão ser capazes de identificar nos bens e serviços criativos sua dimensão simbólica (relativa à diversidade cultural e responsável pela autoestima e sentimento de pertença dos indivíduos e comunidades), sua dimensão cidadã (relativa aos direitos culturais e à inclusão social), além da sua evidente dimensão econômica (relativa à produção de riqueza, emprego e renda). A concepção tridimensional deve ser percebida em todos os conteúdos, em todas as práticas, em todas as disciplinas. Somente dessa forma, os estudantes estarão aptos a compreender a complexidade da economia criativa e dos bens e serviços que produz.

Para conduzir o ambiente de ensino e aprendizagem, baseado na economia criativa e voltado ao desenvolvimento de competências criativas, além de fornecer condições para o desenvolvimento integral do estudante, é necessária uma atenção especial para o papel do professor. Novas demandas exigem novos cuidados com todos que participam do processo educativo, sobretudo quem fica na lida cotidiana na sala de aula. Cabe ao educador a responsabilidade de promover o desenvolvimento do pensamento reflexivo e a criatividade somadas a outras tantas no sistema educacional, é pelo trabalho do(s) professor(es) que os estudantes podem aprender muito mais, assim como se tornarem mais independentes e felizes.

Em tempos de instabilidade e incerteza econômica, social e climática, o atual modelo educacional não consegue dar conta das demandas por ainda se encontrar preso ao processo de transferência de informações "de cima para baixo", ou como dizia Freire (2011, pp. 49–50) ao refletir sobre esse modelo:

> Educa-se para arquivar o que se deposita – para depois despejar nas provas. Mas o curioso é que o arquivado é o próprio homem, que perde assim seu

> poder de criar, se faz menos homem, é uma peça. O destino do homem deve ser criar e transformar o mundo, sendo o sujeito de sua ação.

Nesse contexto, a formação contínua do professor e dos demais integrantes do ambiente educacional com a abertura junto à prática que dialogue com as teorias, descubra caminhos para novos conceitos e que possa expandir as perspectivas de ensino-aprendizagem. A função de um educador crítico, amoroso da liberdade, radicalmente contra a ordem desumanizante e, sobretudo, criativo, é proporcionar ao seu estudante a capacidade de compreender a diversidade de leituras de mundo, uma vez que:

> O seu papel, contudo, não se encerra no ensino, não importa o mais competente possível de sua disciplina. Ao testemunhar a seriedade com que trabalha, a rigorosidade ética no trato das pessoas e dos fatos, a professora progressista não pode silenciar ante a afirmação de que "os favelados são os grandes responsáveis por sua miséria"; não pode silenciar em face do discurso que diz da impossibilidade de mudar o mundo porque a realidade é assim mesmo. (Freire, 2000, p. 44)

Mais uma vez, nosso esforço é pensar incessantemente em uma educação baseada na economia criativa, que promova o desenvolvimento de competências de criatividade e de pensamento crítico.

ISSO NÃO É O FIM

O século XXI caminha em direção a uma educação que consiga responder às necessidades dos indivíduos que não se limitam à compreensão e ao uso das tecnologias no processo de ensino-aprendizagem. A mudança de comportamento em que a figura do professor/educador/tutor/orientador/facilitador abdica o lugar central da sala de aula na transmissão linear de informações e passa a ser um (co)criador do processo de ensino-aprendizagem afeto-efetivo com o protagonismo do estudante/aprendiz.

O ambiente de ensino-aprendizagem (escola/comunidades/organizações/universidades) deve se configurar um território aberto a novas questões, democrático; e para a educação, imprescindivelmente associada à cultura (Mosé, 2013), quanto mais cultura é vivenciada, mais o tecido social se fortalece nas diversas instâncias e provoca as mudanças necessárias. Isso implica que o espaço de estudo se expande para além das salas de aula: ele deve se conectar aos demais territórios – espaços públicos, festividades, museus, teatros, cinemas, centros de pesquisas, parques ecológicos, que também devem assumir suas responsabilidades no processo educativo. Todo espaço de formação deve pulsar vida – a vida em todas as suas dimensões. E assumir a vida é descobrir caminhos, produzir conhecimentos, criar valores, gostar de fracassos, elaborar regras e métodos.

O assunto sobre educação não se esgota principalmente em tempos de produção diária de notícias tão perturbadoras. Sempre há de vingar uma nova ordem após a crise, e não há tempo para contemplar o caos absoluto quando se trata de educação. Para a construção de oportunidades, novas competências são necessárias e não podemos prescindir daquelas voltadas à reflexão e à criatividade.

Para o Brasil, ousamos associar processos educativos baseados nos conceitos, princípios e desafios da economia criativa e projetamos uma escola (do futuro) não alijada do mundo real. Ao contrário, ela deve ser o elo de conexão, de inclusão, um espaço que ajuda os seus participantes a pensar por si mesmos e a aprender a imaginar, a criar soluções, a trabalhar com os outros e a conviver melhor juntos. E no ambiente de ensino-aprendizagem, a educação deve ser: personalizada – focada na jornada do estudante; divertida – a imaginação e a curiosidade como propulsoras de energia; colaborativa – capacidade de cooperar e integrar; relevante – conexão entre os conteúdos educacionais com as referências culturais dos educandos e a comunidade; multimodal – diversos modos (voz, sons, cheiros, cores, imagens, textos) de comunicação por meio de recursos para transmitir mensagens significativas; tecnológica – quanto maior e mais próximo o desenvolvimento tecnológico, mais oportunidades e desafios para o sistema educacional; aberta – diálogo intenso com o entorno, com a cidade/estado/região, com o país, com o planeta; parceria estudante-professor – juntos, eles podem cocriar, tendo como propósito a vida em todas as suas dimensões (Young Digital Planet, 2016). Será utopia? Utopia é insistir em uma educação que nos conduza ao entrincheiramento do "treinamento para o trabalho", que ressalta o nosso subdesenvolvimento político e ético, sem conexão com as dimensões da vida.

Isso não é um fim; é só o começo de um novo momento da educação, uma nova construção com vista a substituir a obsoleta educação tradicional que não consegue lidar com a complexidade das demandas contemporâneas. Momento que urge não só questionarmos a habitabilidade do planeta e a nossa incapacidade de prover soluções aos problemas que criamos, mas plantar sementes de esperança e liberdade em nossa mente, em direção à fruição da vida por meio de uma educação de competências criativas para que sejamos capazes de criar condições para o bem viver.

Notas

1 Conforme o capítulo 5, "Desenvolvimento de territórios criativos", p. 169.
2 Cosmotécnica é a unificação do cosmos e da moral por meio de atividades técnicas, sejam elas de criação de produtos ou obras de arte (Hui, 2020, p. 39).
3 O conceito de bem viver é originário dos princípios da sabedoria e cultura das populações andinas, relacionado à cosmovisão de comunidades tradicionais que se organizam se baseando coletivo (Pozzer'Díaz, 2019).

Referências bibliográficas

Acosta, Alberto. *O Bem Viver: uma oportunidade de imaginar outro mundo*, São Paulo: Autonomia Literária; Elefante, 2016. Disponível em: base.socioeco.org/docs/bemviver.pdf.

Barros, Mardônio; Misino, Nayana; Feitosa, Paulo. *Guia metodológico para implementação de escolas criativas*, Fortaleza/Rio de Janeiro: Quitanda Soluções, 2021.

Ministério da Educação. *Base Nacional Comum Curricular (BNCC)*, Brasília: MEC, 2018. Disponível em: basenacionalcomum.mec.gov.br/.

Castells, Manuel. *Ruptura: a crise da democracia liberal*, Rio de Janeiro: Zahar, 2018.

Doity. "A aritmética dos bens comuns e a cultura da prototipagem", em: *Doity* [online], 2022. Disponível em: doity.com.br/oficina-ciencia-aberta-e-cidada.

Drummond, Alessandra; Cunha, Maria Helena da; Santana, Richard (orgs.). *Competências criativas*, Belo Horizonte: Instituo Una de Responsabilidade Social e Cultural, 2016.

FDC – Fundação Dom Cabral. Análises do World Competitiveness Yearbook 2022, *Blog FDC* [online], 15 jun. 2022. Disponível em: www.fdc.org.br/conhecimento/blog/postagem/analises-do-world-competitiveness-yearbook-2022.

Freire, Paulo. *Pedagogia da indignação: cartas pedagógicas e outros escritos*, São Paulo: Unesp, 2000.

Freire, Paulo. *Educação e mudança*, São Paulo: Paz e Terra, 2011.

Furtado, Celso. *Criatividade e dependência na civilização industrial*, São Paulo: Companhia das Letras, 2008.

Gohn, Maria da Glória (org.). *Educação não formal no campo das artes*, São Paulo: Cortez, 2015.

Hui, Yuk. *Tecnodiversidade*, São Paulo: Ubu, 2020.

Lafuente, Antonio. "Laboratórios cidadãos: cultura comum e inovação social", em: Lessa, Maria Graça *et al.* (orgs.). II Encontro Internacional de Observatórios: sustentabilidade, governança e inovação, *Anais [...]*, Fortaleza: Instituto de Planejamento de Fortaleza, 2020. Disponível em: observatoriodefortaleza.fortaleza.ce.gov.br/assets/publicacoes/ebooks/II-EBOOK-ENCONTRO-OBSERVATORIO-VERS%C3%83O-REDUZIDA.pdf.

Leitão, Cláudia Sousa; Guilherme, Luciana Lima. *Cultura em movimento: memórias e reflexões sobre políticas públicas e práticas de gestão*, Fortaleza: Armazém da Cultura, 2014.

Levy, Pierre. *Cibercultura*, São Paulo: Editora 34, 1999.

Maia, Maria Vitória; Miyata, Edson. "Diversidade cultural e criatividade: debatendo seu espaço no currículo", em: *Espaço do Currículo*, João Pessoa, v. 13, dez. 2020, pp. 909–22.

Morin, Edgar. *A religação dos saberes: o desafio do século XXI*, Rio de Janeiro: Bertrand Brasil, 2002.

Morin, Edgar. *Os sete saberes necessários à educação do futuro*, São Paulo: Editora Cortez, 2018.

OCDE – Organização para a Cooperação e Desenvolvimento Econômico. *A Educação no Brasil: uma perspectiva internacional*, São Paulo: Todos pela Educação, 2021. Disponível em: todospelaeducacao.org.br/wordpress/wp-content/uploads/2021/06/A-Educacao-no-Brasil_uma-perspectiva-internacional.pdf.

Orth, M. R. B.; Medeiros, M.; Pereira, G. "Democracia e cidadania na educação escola", em: *Perspectiva*, Erechim, v. 35, n. 131, set. 2011, pp. 127–37. Disponível em: www.uricer.edu.br/site/pdfs/perspectiva/131_227.pdf.

Ostrom, Elinor. *Governing the Commons: the Evolution of Institutions for Collective Action*, Cambridge: Cambridge University Press, 1990.

Pozzer, Adecir; Díaz, José Maria H. "O bem viver como filosofia da vida: contribuições à educação intercultura", em: *Temas em Educação*, João Pessoa, v. 28, n. 2, maio/ago. 2019, pp. 121–37. Disponível em: periodicos.ufpb.br/index.php/rteo/article/view/43653/27641.

Santos, Boaventura de Sousa. *Renovar a teoria crítica e reinventar a emancipação social*, São Paulo: Boitempo, 2007.

Santos, Lídia Rafaela Barbosa dos. "Economia criativa e cidadania: estado de mutações constantes no cenário baiano. [Entrevista concedia a] Ana Fátima dos Santos, Dossiê Economia criativa e cidadania: democracia, solidariedade e produção em rede", em: *Grau Zero*, v. 8, n. 2, jun./dez. 2020, pp. 167–88.

Vicario, Fernando. "Envidia y creatividad", em: Drummond, Alessandra; Cunha, Maria Helena da; Santana, Richard (orgs.),

Competências criativas, Belo Horizonte: Instituo Una de Responsabilidade Social e Cultural, 2016.
Vincent-Lancrin, Stéphan *et al.* (orgs.). *Desenvolvimento da criatividade e do pensamento crítico dos estudantes: o que significa na escola*, São Paulo: OCDE; Instituto Ayrton Sena; Fundação Santillana, 2020.
Unesco – Organização das Nações Unidas para a Educação, a Ciência e a Cultura. *Educação para cidadania global: tópicos e objetivos de aprendizagem*, Brasília: Unesco, 2016.
Unesco – Organização das Nações Unidas para a Educação, a Ciência e a Cultura. *Repensar a educação: rumo a um bem comum mundial?*, Brasília: Unesco, 2016. Disponível em: unesdoc.unesco.org/ark:/48223/pf0000244670.
Unesco – Organização das Nações Unidas para a Educação, a Ciência e a Cultura. *Educação para os objetivos do desenvolvimento sustentável: tópicos e objetivos de aprendizagem*, Brasília: Unesco, s.d.
Young Digital Planet (org.). *Educação no século 21: tendências, ferramentas e projetos para inspirar*, São Paulo: Fundação Santillana, 2016. Disponível em: www.fundacaosantillana.org.br/wpcontent/uploads/2020/07/EducacaoSec21.pdf.

A criatividade e a cultura nos objetivos do (des)envolvimento sustentável: experiências brasileiras

RAQUEL VIANA GONDIM

> *Só haverá verdadeiro desenvolvimento – que não se deve confundir com crescimento econômico, no mais das vezes resultado de mera modernização das elites – ali onde existir um projeto social subjacente.*
>
> CELSO FURTADO

UMA BREVÍSSIMA HISTÓRIA DOS OBJETIVOS DE DESENVOLVIMENTO SUSTENTÁVEL

A construção histórica do desenvolvimento sustentável[1] se desenrolou ao longo de décadas e teve como marco o ano de 2015. Em setembro daquele ano, 193 Estados-membros da ONU assumiram o compromisso de contribuir com o cumprimento dos Objetivos de Desenvolvimento Sustentável (ODS). Ao afirmarem o acordo de concertação que foi a Agenda 2030, os países signatários comprometeram-se com os dezessete ODS, que compreendem também 169 metas e 231 indicadores, tendo como ideia intrínseca a de que os objetivos são indissolúveis e devem ser tratados de forma integrada.

Figura 1: Agenda 2030

Fonte: BSCD, s.d (adaptado).

Os temas abordados nos objetivos – universais e comuns aos países signatários – são voltados à construção e à implementação de políticas públicas que, a partir de uma visão ampla e com esforços integrados de diversos agentes da sociedade, visam guiar a humanidade até o ano de 2030 por meio de ações para resolver localmente demandas presentes em diferentes lugares do mundo. Na figura 2, o simulacro de um quebra-cabeça reforça a ideia de que os ODS são interdependentes: através de estratégias associativas, a ação de um potencializa a ação dos outros.

Figura 2: Os dezessete ODS e os temas universais

Fonte: CNM, 2019 (adaptado).

Os ODS foram forjados a partir de quatro dimensões – social, ambiental, econômica e institucional – para orientar empresas, projetos e organizações na criação de estratégias e medidas transformadoras que proporcionem ao mundo um desenvolvimento sustentável. Eles surgiram em um contexto de crise do Estado, dos governos e das instituições – uma crise que se mostrou também avassaladora no campo das políticas públicas e da gestão cultural, áreas quase sempre impotentes diante dos desafios das sociedades do século XXI. Embora a cultura não seja citada de forma explícita nos objetivos definidos pela ONU para 2030, as instituições culturais são constantemente postas à prova – das artes às expressões culturais, da cópia à criatividade, da segmentação à transversalidade, da quantidade à qualidade, dos produtos aos processos, do consumo aos direitos culturais, da gestão à governança, da vontade à responsabilidade.

A despeito da ausência da cultura nos temas da Agenda 2030, a iniciativa reconheceu, pela primeira vez desde 1950, a importância de aspectos culturais na promoção do desenvolvimento sustentável. Em várias das 169 metas há menções transversais à cultura, uma vez que ela se relaciona com diversos dos temas abordados nos ODS, como é o caso da educação, da mudança climática, da biodiversidade, do desenvolvimento urbano, da paz, da justiça e do crescimento econômico (Alonso, 2020).

Os ODS representam uma mudança conceitual e representativa sobre o desenvolvimento, que não deve ser confundido apenas com crescimento econômico, uma vez que almeja um tempo futuro equitativo, inclusivo e ambiental e economicamente sustentável no porvir das sociedades e da evolução da biosfera. As abordagens mais tradicionais adotadas nos últimos anos não são suficientes para encarar os desafios representados pelas metas e indicadores, sobretudo após o dramático período da pandemia de covid-19. Acreditamos, portanto, que o desenvolvimento sustentável depende de abordagens criativas e inovadoras. Nesse sentido, investir em políticas públicas de cultura fortalece a democracia, fomenta o crescimento econômico e tecnológico de maneira sustentável e pode ajudar nas questões relacionadas à emergência climática.

A CULTURA E A CRIATIVIDADE NOS ODS

A importância da cultura é mencionada na meta 4 do ODS 11: "Fortalecer esforços para proteger e salvaguardar o patrimônio cultural e natural do mundo". Embora os objetivos tenham sido agrupados em torno dos pilares ambientais, sociais, econômicos e institucionais, a cultura é uma proposição de que não se deve prescindir na criação de políticas públicas de enfrentamento aos desafios do desenvolvimento sustentável. Ainda que não haja indicadores específicos suficientes para mensurá-la, sua valorização pode contribuir para a implantação e fortalecimento dos ODS.

A Unesco compreende a cultura como um campo extenso de atividades que pode desempenhar um papel transversal em outros setores. Sua relevância é tão evidente que a própria Unesco, em 2013, já havia colocado a cultura no centro das políticas de desenvolvimento sustentável, uma vez que ela representa "quem nós somos e o que molda a nossa identidade. Colocar a cultura no coração das políticas de desenvolvimento é a única forma de garantir um desenvolvimento centrado no ser humano, inclusivo e equitativo" (Hosagrahar, 2017, p. 12).

Declarações, convenções e outros documentos internacionais, ao tratarem a cultura no âmbito do desenvolvimento sustentável, a entendem como um aspecto separado e independente dos demais. Essa percepção, que tem como foco a proteção dos ativos culturais, reduz a cultura aos setores artísticos e de entretenimento, desconectando-a das relações com a natureza e com outros temas sociais ao redor do mundo. Compreender a cultura como parte do desenvolvimento sustentável é enxergá-la como mediadora e facilitadora, com a tarefa precípua de traduzir conflitos e demandas entre os diversos grupos sociais, seus valores e formas de viver. A partir dessa concepção, a cultura outorga sustentabilidade aos projetos de desenvolvimento de povos e nações, agregando a eles um significado social e humano.

Nesse sentido, a cultura é muito mais processo do que produto; é aprendizagem, matriz de transformação e fundamento para a construção de novas epistemologias, outros modos de pensar, de ser e de agir no mundo. Nesse contexto, as políticas públicas de cultura devem comprometer-se cada vez mais com uma governança territorial capaz de fazer dos indivíduos os protagonistas do seu desenvolvimento. Para tanto, são necessários novos modelos mentais, novas estruturas públicas, novas institucionalidades.

Apesar do esforço de compilação de dados sobre a economia criativa mundial durante a última década, são sobretudo os países do Sul[2] global que se mantêm invisíveis nos relatórios realizados pela UNCTAD e pela Unesco. O resultado é que, malgrado a diversidade cultural e as tecnologias sociais produzidas nesses países, suas experiências ainda não são reconhecidas, sendo quase sempre tratadas como *cases* de gestão. A América Latina, por meio de suas tecnologias sociais, especialmente nas áreas da governança, do multiculturalismo, dos direitos humanos e da gestão cultural, sem falar nos sistemas alternativos de produção e na proteção à biodiversidade e à propriedade intelectual, é um espaço estratégico para o florescer de novas epistemologias. Apesar da invisibilidade dessas práticas no contexto global, elas são reveladoras dos novos conteúdos que a cultura passa a agregar aos significados do desenvolvimento.

Os desafios para a gestão cultural do "grande Sul" são instigantes, mas os aprendizados de territórios como a América Latina podem ser valiosos sobretudo nos seguintes âmbitos:

- estruturação de novas governanças;
- enfrentamento dos fatores culturais da pobreza;
- ampliação dos papéis da economia criativa como fonte de desenvolvimento sustentável;
- produção de novos indicadores culturais;
- construção de programas educativos que contribuam para a superação de todas as formas de descriminação das minorias;
- desenvolvimento de novas competências interculturais;
- incentivo ao empreendedorismo cultural e criativo;
- reconhecimento das práticas culturais tradicionais;
- gestão dos hábitos culturais em favor da alimentação e da saúde;
- produção cultural verde e uso de energias limpas pelas indústrias criativas;
- integração das artes às cidades – especialmente em assentamentos urbanos vulneráveis – e criação de circuitos e territórios culturais e criativos;
- humanização dos espaços públicos, a partir da recuperação, do restauro e de novos usos do patrimônio cultural;
- fomento dos turismos criativo e cultural;

- garantias de trabalho digno para os setores criativos;
- inclusão de jovens marginalizados nos sistemas produtivos da economia criativa;
- criação de condições de acesso dos pequenos empreendimentos ao crédito e ao financiamento;
- inovação nos processos e produtos culturais e criativos;
- gestão dos direitos culturais;
- proteção de comunidades afetadas pela violência por meio de ações culturais e criativas sustentáveis.

Nesse cenário, novas tarefas no campo da cultura e da economia criativa são necessárias para a Agenda 2030:

- construir novas institucionalidades capazes de enfrentar os fatores culturais da pobreza;
- repensar os papéis da economia da cultura/economia criativa como fonte de desenvolvimento sustentável;
- produzir indicadores culturais para a mensuração da qualidade de vida dos povos;
- implantar programas educativos que contribuam para a superação de todas as formas de discriminação das minorias;
- desenvolver novas competências criativas;
- incentivar o empreendedorismo cultural e criativo;
- reconhecer práticas culturais tradicionais;
- promover a gestão dos hábitos culturais em favor da alimentação e da saúde;
- privilegiar a produção cultural verde e o uso de energias limpas pelas indústrias criativas;
- integrar as artes às cidades, especialmente em assentamentos urbanos vulneráveis;
- criar circuitos e territórios criativos;
- humanizar espaços públicos a partir da recuperação, restauro e de novos usos do patrimônio cultural;
- desenvolver os turismos criativo e cultural;
- garantir trabalho digno para os profissionais dos setores criativos;
- promover a inclusão produtiva de jovens marginalizados por meio da economia criativa;
- criar e garantir condições de acesso dos pequenos empreendedores ao crédito e ao financiamento;
- construir um ecossistema favorável à inovação nos processos e produtos criativos;
- garantir os direitos culturais e a proteção de comunidades afetadas pela violência por meio de ações criativas sustentáveis.

Com o propósito de medir e avaliar a contribuição da cultura na realização dos objetivos de desenvolvimento sustentável, além de suas metas, tanto de forma local como nacional, a Unesco propôs a criação de indicadores temáticos. Entendemos que a cultura e a criatividade, por serem essenciais na condução das ações em prol do bem comum e do bem viver, devem ser protegidas, salvaguardadas e bem cuidadas. Por serem elementos-chave na promoção da inclusão e equidade de oportunidades, ambas podem ser condutoras e facilitadoras de soluções no alcance dos ODS (Hosagrahar, 2017).

Os 22 indicadores da cultura estão agrupados em dimensões, e cada uma delas combina vários objetivos e metas do ODS. Os indicadores estão divididos em quatro macrotemáticas, a saber: meio ambiente e resiliência (cinco indicadores); prosperidade e meios de vida (sete indicadores); conhecimento e competências (cinco indicadores); e inclusão e participação (cinco indicadores).

Figura 3: Indicadores temáticos para a cultura e a Agenda 2030

Meio ambiente e resiliência	**Prosperidade e meios de vida**
1 Despesas patrimoniais 2 Gestão sustentável do patrimônio 3 Adaptação à mudança climática e à resiliência 4 Equipamentos culturais 5 Espaço aberto à cultura	6 Cultura em relação ao PIB 7 Emprego na área cultural 8 Empresas culturais 9 Despesas domésticas 10 Comércio de bens e serviços culturais 11 Financiamento público da cultura 12 Governança da cultura
Convenções culturais da Unesco: 1954, 1970, 1972, 2001, 2003	**Convenções culturais da Unesco:** 1954, 1970, 1972, 2001, 2003, 2005
ODS 2, 6, 9, 11, 12, 13, 14, 15, 16	**ODS 8, 10, 11**
2.4 Produção de alimentos e agricultura sustentável 6.6 Ecossistemas relacionados à água 9.1 Infraestrutura de qualidade 11.4 Patrimônio cultural e natural 11.7 Espaços públicos inclusivos 12.b Gestão sustentável do turismo 13.1 Resiliência ao clima e aos desastres 14.5 Conservação das zonas marinhas 15.1 Ecossistemas terrestres sustentáveis 16.4 Recuperação de ativos roubados	8.3 Emprego, empreendedorismo e inovação 8.9 Políticas para o turismo sustentável 8.a Aumento da ajuda ao comércio 10.a Tratamento diferenciado do comércio 11.4 Patrimônio cultural e natural

Conhecimentos e competências	Inclusão e participação
13 Educação para o desenvolvimento sustentável 14 Conhecimentos culturais 15 Educação multilíngue 16 Educação cultural e artística 17 Formação cultural	18 Cultura para coesão social 19 Liberdade artística 20 Acesso à cultura 21 Participação cultural 22 Processos participativos
Convenções culturais da Unesco: 1970, 1972, 2003, 2005	**Convenções culturais da Unesco**: 1970, 1972, 2003, 2005
ODS 4, 8, 9, 12, 13	**ODS 9, 10, 11, 16**
4.4 Competências para o emprego 4.7 Competências para o desenvolvimento sustentável 8.3 Emprego, empreendedorismo e inovação 9.c Acesso às tecnologias da informação 12.a Consumo sustentável 13.3 Educação sobre a adaptação à mudança climática	9.1 Infraestrutura de qualidade/acesso igualitário 9.c Acesso às tecnologias da informação 10.2 Inclusão social 11.7 Espaços públicos inclusivos 16.7 Participação na tomada de decisões 16.10 Liberdades fundamentais 16.a Prevenção da violência 16.b Políticas não discriminatórias

Cultura 2030 Indicadores Também contribuem transversalmente aos seguintes objetivos	
5.5 Participação e liderança das mulheres 5.c Políticas de igualdade de gênero	17.9 Criação de capacidades 17.16 Aliança mundial 17.17 Associações públicas, privadas e da sociedade civil 17.19 Medição da sustentabilidade

Fonte: Unesco, 2020 (adaptado).

Esses indicadores buscam suprir lacunas de dados acerca do papel da cultura no alcance dos objetivos de desenvolvimento sustentável. O caminho pela frente é desafiador, sobretudo com o advento da pandemia de covid-19, que colocou sob pressão o pacto pelo desenvolvimento sustentável. Com as urgências imediatas que precisaram ser atendidas durante a pandemia, uma outra agenda premente de curto prazo foi estabelecida para os Estados, empresas e indivíduos, no que diz respeito a programas de transferência de renda no intuito de atender às necessidades das pessoas que perderam suas fontes de renda; a capacidade hospitalar que precisou ser aumentada em curto prazo; as questões econômicas etc. Nesse contexto, as metas e os indicadores dos ODS foram postergados, e isso impactou na mobilização de recursos domésticos para a implementação da Agenda 2030 (Orliange; Pincemin, 2020).

Os esforços para a recuperação da economia e a retomada da "normalidade" revelaram a importância da Agenda 2030 no contexto da reconstrução pós-covid-19, no sentido de minimizar os impactos sociais, que abrangem desde o aumento da pobreza e das pessoas em situação de segurança alimentar, a desigualdade no acesso às tecnologias – dificultando assim a continuidade do ensino e do trabalho, e até o aumento da violência doméstica. É importante ressaltar que o acordo firmado em 2015 necessita de mais investimentos, uma vez que os ODS demonstraram seu potencial para dar uma resposta coletiva aos desafios impostos pela covid-19. Portanto, a promoção de uma conjuntura em que a cultura e a criatividade possam fomentar esforços para minimizar as exclusões de grandes camadas da sociedade deve ser considerada. A seguir, são apresentadas de forma resumida as quatro dimensões para a cultura da Unesco (2020) e os ODS associados a cada uma delas:

Meio ambiente e resiliência

Esta dimensão temática está relacionada ao valor intrínseco do patrimônio material e imaterial natural e avalia o papel da contribuição da cultura para o desenvolvimento sustentável.

Os cinco indicadores associados a ela avaliam os esforços dos países na proteção e na salvaguarda cultural e natural, os aspectos físicos/espaciais da qualidade do ambiente urbano, a adaptação à mudança climática, a resiliência, o espaço público e a infraestrutura cultural.

Prosperidade e meios de vida

Esta dimensão temática leva em conta em que medida a cultura pode promover e fomentar economias mais inclusivas e sustentáveis através da geração de renda, criando empregos e estimulando lucros por meio de serviços, bens e empresas culturais.

Os sete indicadores associados a ela avaliam a contribuição da cultura para os principais aspectos da economia (PIB, comércio, meio ambiente, empresas, despesas domésticas), considerando que as estruturas e os quadros institucionais que regem as atividades do setor cultural são diferentes em cada país. Vale ressaltar a incorporação de um indicador sobre a governança da cultura em relação à sua contribuição para o desenvolvimento econômico inclusivo.

Conhecimentos e competências
Esta dimensão temática se relaciona com a contribuição da cultura para a aquisição de conhecimentos e habilidades, incluindo as tradições locais e a diversidade cultural. Ela enfatiza o papel da diversidade cultural no ensino primário, secundário e superior, bem como na formação profissional, e concentra-se no desenvolvimento de currículos para integrar o conhecimento cultural.

Os cinco indicadores associados a ela avaliam o grau de empenho dos poderes públicos e das instituições na integração e na utilização do conhecimento cultural para promover respeito e reconhecimento da diversidade cultural, garantir a compreensão do desenvolvimento sustentável e a transmissão de valores culturais, estabelecer prioridades em termos de formação cultural e promover conhecimentos e competências em áreas criativas.

Inclusão e participação
Esta dimensão temática propõe um quadro que permite avaliar como a cultura contribui para promover a coesão, a inclusão e a participação social. Concentra-se na capacidade de acesso dos indivíduos à cultura, em seu direito de participar na vida cultural e na liberdade de expressão artística e criativa.

Os quatro indicadores associados a ela avaliam como as práticas culturais, os locais, os elementos e as expressões artísticas e criativas transmitem valores e competências que promovem a inclusão social, assim como a capacidade da cultura para estimular a participação efetiva das comunidades locais na vida pública.

O desenvolvimento sustentável proposto na Agenda 2030 precisava discutir a relevância da cultura na formação de valores, no desenvolvimento cognitivo, no estímulo à criatividade, no bem viver, na percepção de pertencimento ao território e na valorização da identidade e da biodiversidade cultural. Além disso, era necessário considerar o potencial da economia criativa ou, ainda, o impulso que os setores culturais e criativos[3] dão à economia por meio da geração de emprego, da circulação de renda, da arrecadação de imposto e do turismo, aspectos que produzem impactos ambientais de baixa densidade e se relacionam com os insumos naturais de forma sustentada (Alem, 2017).

Para constatar a importância do papel da economia criativa, um estudo apresentado pela Unesco (2022) indicou que 50 milhões postos de trabalho nos setores culturais e criativos foram criados no mundo. Esse fato contrabalanceia os mais de 10 milhões de empregos que foram perdidos e só em 2020, devido à pandemia e ajudam no ODS 8, na busca de trabalho decente e no crescimento econômico. Em relação ao ODS relacionados à igualdade de gênero (ODS 5), como 48% do mercado da economia criativa é composto de mulheres, há necessidade de avanços em se tratando de liderança nos grupos de trabalho. Sobre o ODS 11 que diz respeito a paz, a justiça e as instituições fortes, o relatório informa que 75% dos Estados Membros da Unesco ratificaram a Organização e seis convenções culturais, assim fortalecendo seus mecanismos por igualdade de acesso a cultura, inclusão, proteção do patrimônio e promoção dos direitos culturais. O relatório também apontou que os sítios históricos e naturais tombados como patrimônio, correspondentes a cerca de 10 milhões de km^2, contribuem para mitigar as mudanças climáticas (Unesco, 2022; Seganfredo, 2022). Esses são apenas alguns dos resultados obtidos.

EXPERIÊNCIAS BRASILEIRAS: O (DES)ENVOLVIMENTO SUSTENTÁVEL NOS TERRITÓRIOS

Em um boletim informativo, a Unesco (2022) ratificou que a urgência da renovação de políticas de cultura é um imperativo para um futuro sustentável. No caso do Brasil, os setores culturais e criativos têm sofrido continuamente interrupção de programas de incentivo e fomento à cultura, e a recuperação dos setores culturais e criativos pós-pandemia tem ocorrido de forma vagarosa, o que joga luz sobre a necessidade de elaboração de novas políticas públicas. Tal urgência ainda se intensifica porque a conexão entre cultura, criatividade e sustentabilidade ganhou reconhecimento, tanto em nível global como nacional, devido a seu papel na continuidade das atividades, no engajamento, no trabalho, na resiliência e no bem-estar ao desenvolvimento.

No Brasil, antes e depois da pandemia, a cultura e a criatividade estiveram e estão à frente da promoção de resiliência e da construção de novas dinâmicas socioeconômicas. Por todo o território brasileiro é possível testemunhar a economia criativa como força vital do desenvolvimento humano sustentável e inclusivo. Nesse sentido, nosso intuito é apresentar um panorama de experiências brasileiras em economia criativa que revelam a importância dessas atividades na economia dos territórios.

Para compor esse panorama, realizamos uma pesquisa netnográfica – uma forma especializada de etnografia que se utiliza de comunicações mediadas por plataformas digitais como fonte de dados para compreender e representar o fenômeno (Kosinets, 2014) – em casos em que a cultura e a criatividade têm o papel de alavancar o desenvolvimento no território de atuação. Para a seleção das experiências, consideramos os setores criativos da UNCTAD:

Figura 4: Setores criativos

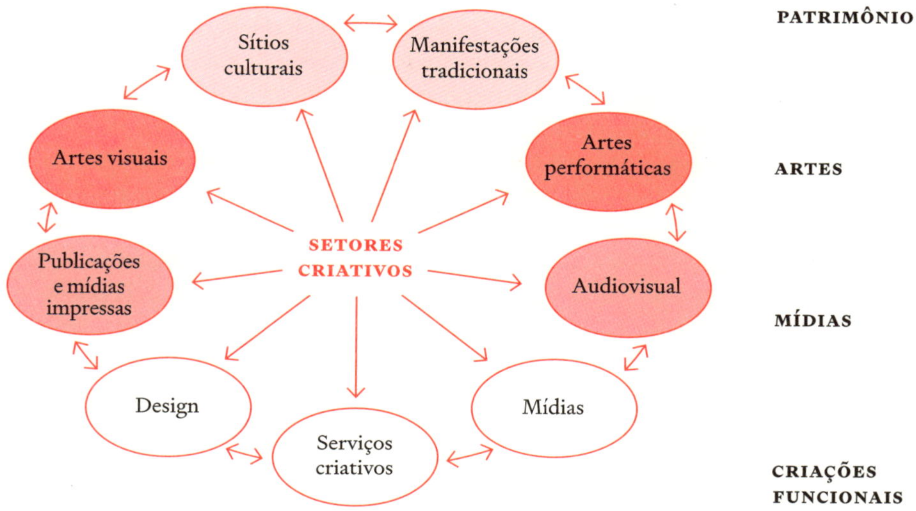

Fonte: Brasil, 2012.

Selecionamos alguns exemplos de casos/experiências que representam os setores culturais e criativos conforme as categorias patrimônio, artes, mídias e criações funcionais. São eles:

- Cultura e criatividade centradas no planeta: Tucum e Trama Afetiva;
- Cultura e criatividade centradas na prosperidade econômica: FIA {oficina de artesãs} e PretaHub;
- Cultura e criatividade centradas no conhecimento e competências: co.liga;
- Cultura e criatividade centradas na cidadania: todas as experiências.

Ao final de cada experiência, é apresentada uma tabela com os impactos voltados ao (des)envolvimento sustentável nos territórios deste imenso país e desvelam as contribuições da cultura e da criatividade para os ODS. Vale lembrar que todos esses casos são, por natureza, emancipatórios.

FIA {oficina de artesãs}[4] (design de moda e artesanato)

A Fia {oficina de artesãs} é um exemplo de negócio da economia criativa que contribui com a construção de novas formas de produzir, circular e distribuir bens e serviços culturais e criativos. Foi idealizada a partir de oficinas para artesãs para o desenvolvimento de produtos focados em palha, crochê, bordado e gastronomia, através de diferentes perspectivas.

O projeto foi coordenado pela prefeitura de Sobral, no Ceará, pelo Instituto de Assessoria para o Desenvolvimento Humano (IADH) em parceria com a designer da marca Catarina Mina, por meio de uma consultoria no desenvolvimento de produtos. O grupo era composto de quarenta mulheres artesãs dos distritos de Trapiá, Aracatiaçu, Sumaré e Taperuaba, todos da cidade de Sobral. A iniciativa representou um exercício prático de repensar vínculos tradicionais entre mercado, artesãos, designers e consumidores. Cada uma das instituições e dos profissionais envolvidos no projeto foram sensíveis à necessidade de redesenhar os modelos de arranjos produtivos.

No intuito de levantar fundos para a compra dos insumos para a primeira produção, realizou-se um financiamento coletivo por meio da plataforma Catarse[5], que angariou 222 apoiadores com uma arrecadação 46% acima da meta estipulada.

O projeto reforça a ideia do trabalho compartilhado, em que o conhecimento formal (a designer e os gestores do IADH) se alia às técnicas tradicionais (grupo de artesãs) para favorecer a inclusão socioeconômica, a superação da pobreza e o desenvolvimento local de comunidades, priorizando, além da captação de recursos, a efetiva melhoria das condições de vida da população. Nesse processo, o crescimento se metamorfoseia em desenvolvimento (Furtado, 2004).

Na tabela 1, são apresentados os impactos das ações desenvolvidas na Fia {oficina de artesãs} à luz dos ODS.

Tabela 1: Relação da experiência Fia {oficina de artesãs} com os ODS

ODS	Impactos dos projetos e das ações desenvolvidas
1	**Erradicação da pobreza:** inclusão socioeconômica, superação da pobreza e desenvolvimento local de comunidades.
5	**Igualdade de gênero:** ações efetivas para fortalecer a presença e a liderança feminina nas equipes de projetos e produções.
8	**Trabalho decente e crescimento econômico:** iniciativas de fortalecimento do artesanato proporcionando qualificação profissional e inclusão produtiva por meio do trabalho coletivo na produção de produtos artesanais, promotores de trabalho criativo, geradores e distribuidores de riquezas, com relevantes impactos econômicos, sociais e culturais na região.

10	**Redução das desigualdades:** ações efetivas para promover a melhoria das condições de vida da população associadas aos direitos humanos, à diversidade cultural, à redução das taxas de desemprego, à equidade de gênero, à cidadania, à democracia e à vida sustentável.
12	**Consumo e produção responsáveis:** a produção ocorre em ambiente familiar ou na associação de artesãos e é feita em um tempo maior, um tempo do humano. O projeto utilizou financiamento coletivo para garantir os insumos iniciais, a primeira produção e a criação da carteira de clientes. As vendas ocorrem na loja virtual da Catarina Mina.
17	**Parcerias:** em prol das metas, com ações efetivas de formação de redes de cooperação, que promovam os quatro pilares para o desenvolvimento: cultura, ecologia, economia e política.

Fonte: elaborado pela autora.

Levando em conta os ODS apontados e os indicadores temáticos da cultura indicados no início deste capítulo, demonstramos, na tabela 2, a seguinte correlação com as experiências desenvolvidas pela Fia {oficina de artesãs}:

Tabela 2: Relação da Experiência FIA com os ODS e os indicadores temáticos da cultura

ODS	Indicadores temáticos da cultura
1 Erradicação da pobreza **5 Igualdade de gênero** **8 Trabalho decente e crescimento econômico** **10 Redução das desigualdades** **12 Consumo e produção responsáveis** **17 Parcerias e meios de implementação**	**Meio ambiente e resiliência:** gestão sustentável do patrimônio; resiliência; espaço aberto para a cultura. **Prosperidade e meios de vida:** emprego cultural; despesas domésticas; comércio de bens e serviços culturais; financiamento colaborativo da cultura. **Inclusão e participação:** cultural para a coesão social; liberdade artística; participação cultural; processos participativos.

Fonte: elaborado pela autora.

co.liga – Educação, trabalho, comunidade[6] (Educação em economia criativa)

A co.liga é uma escola virtual que busca promover a inclusão das juventudes no campo da economia criativa por meio de uma educação não formal. Em uma plataforma digital, são disponibilizados cursos gratuitos, autoinstrucionais e de curta duração, segmentados em cinco áreas – patrimônio, música, multimídia, design e artes visuais –, além de abranger temas transversais, como empreendedorismo, línguas, cidadania e elaboração de projetos culturais, que dão suporte à trajetória dos jovens. É um espaço de fortalecimento de redes, com o objetivo de conectar pessoas (estudantes e profissionais) às instituições.

O propósito da co.liga é conectar as juventudes, os profissionais e empresas dos mais diversos espaços de atuação nos setores culturais e criativos. Toda dinâmica ocorre em uma plataforma digital (coliga.digital), onde são ofertados, de forma gratuita, cursos e outras oportunidades (projetos, empregos, editais) para facilitar a inclusão social e produtiva dos jovens. Vale ressaltar que a construção e o fortalecimento das parcerias institucionais com os agentes públicos e empresas locais (as parcerias estão presentes em várias cidades brasileiras) são essenciais para ampliar o impacto e o alcance de jovens (OEI; FRM; co.liga, 2022).

A escola de economia criativa está ancorada em três eixos – educação, por meio da oferta de conteúdo educacional desenvolvido por professores e/ou profissionais do mercado; trabalho, com mentores para apoiar a formação dos alunos e oportunidades de trabalho oferecidas por empresas parceiras; e comunidades de "co.legas co.ligados" para troca de ideias e projetos.

Tabela 3: Eixos de atuação da co.liga

Educação	Trabalho	Comunidades
• Cursos livres de curta duração segmentados em cinco áreas da economia criativa e abrangendo temas transversais. • Os conteúdos educacionais foram desenvolvidos por nomes reconhecidos em suas áreas.	• A escola promove a conexão dos estudantes com o mercado. • Empresas, gestores, produtores e empreendedores "coligados" oferecem, na plataforma, oportunidades de trabalho para os alunos, a partir de uma rede de parcerias organizada pela co.liga.	• Os estudantes podem compartilhar seu portfólio na plataforma coliga.digital. • Jornadas criativas, momento em que se compartilham experiências e se criam protótipos de ideias. • Todos os cursos são online e gratuitos: cada estudante escolhe sua trajetória e acessa quando e onde puder, por celular ou computador.

Fonte: OEI; FRM; co.liga, 2022 (adaptado).

A escola de economia criativa co.liga é resultado de um projeto multifacetado realizado por meio de uma parceria entre as Organizações dos Estados Ibero-americanos (OEI)[7] e a Fundação Roberto Marinho (FRM).[8] Na tabela 4, apresentamos um resumo da relação da escola virtual de economia criativa co.liga com os objetivos de desenvolvimento sustentável:

Tabela 4: Relação da Experiência co.liga com os ODS

ODS	Impactos dos projetos e das ações desenvolvidas
4	**Educação de qualidade:** por meio da plataforma co.liga, um espaço livre de formação, de programação cultural e de distribuição virtual de conteúdo educativo criado por profissionais que atuam nas áreas da economia criativa que de forma autoinstrucional possibilita o protagonismo dos alunos na construção de sua jornada, conforme o ritmo de cada um.
5	**Igualdade de gênero:** a co.liga, por meio de sua linha pedagógica, adota um ensino não formal e trabalha de maneira sistemática para eliminar as desigualdades de gênero, proporcionando o acesso igualitário das juventudes às oportunidades de ensino-aprendizagem e trabalho.
8	**Trabalho decente e crescimento econômico:** por meio do eixo do trabalho, a co.liga promove inclusão produtiva das juventudes e geração de renda por meio de projetos, concursos e editais exclusivos para os alunos, além de proporcionar acesso a informações relevantes sobre o mundo do trabalho e um programa de mentoria em projetos, com o objetivo de impulsionar a jornada do aluno.
10	**Redução das desigualdades:** com ações que contribuem com o processo de desenvolvimento sustentável dos territórios, a co.liga enfrenta a hegemonia da indústria cultural, facilitando a produção e a transmissão de expressões culturais minoritárias e atuando na redução das desigualdades de acesso à educação e à cultura.
12	**Consumo e produção responsáveis:** a co.liga é um espaço de cocriação e colaboração que proporciona aos alunos e à comunidade informações relevantes e conscientização sobre o desenvolvimento sustentável, a produção e o consumo responsáveis e os estilos de vida em harmonia com a natureza e em consonância com a biodiversidade, a cultura e a tecnodiversidade do território.
17	**Parcerias e metas de implementação:** por meio da parceria entre OEI e FRM e do apoio de parceiros do mercado, a co.liga mobiliza recursos com ações efetivas para o desenvolvimento sustentável.

Fonte: elaborado pela autora.

A tabela 5 constata a correlação entre as experiências desenvolvidas pela co.liga e a perspectiva dos ODS e dos indicadores temáticos da cultura:

Tabela 5: Relação da experiência da co.liga com os ODS e os indicadores temáticos da cultura

ODS	Indicadores temáticos da cultura
1 Erradicação da pobreza **3 Saúde e bem-estar** **4 Educação de qualidade** **5 Igualdade de gênero** **8 Trabalho decente e crescimento econômico** **9 Indústria, inovação e infrestrutura** **10 Redução das desigualdades** **12 Consumo e produção responsáveis** **16 Paz, justiça e instituições eficazes** **17 Parcerias e meios de implementação**	**Prosperidade e meios de vida:** emprego cultural e empreendimentos culturais. **Conhecimentos e competências:** educação para o desenvolvimento sustentável; conhecimentos culturais; educação multilíngue; educação cultural e artística; formação cultural. **Inclusão e participação** cultural que ativa conexões cruciais para a coesão social e a construção da confiança; liberdade artística; acesso à cultura; participação cultural; processos participativos.

Fonte: elaborado pela autora.

Tucum[9] (Artesanato e Artes Indígenas)

A Tucum é uma instituição voltada à assessoria de organizações indígenas na estruturação de cada cadeia produtiva para o desenvolvimento de seus negócios. A entidade atua também como parceira comercial na venda dos produtos por meio de consultorias e pela comercialização de artesanatos indígenas em seu *marketplace* e em lojas parceiras no Brasil e no exterior.

Por meio da plataforma digital, a Tucum promove artes dos povos da floresta através da comercialização de produtos fundamentados por saberes e práticas ancestrais, transmitidos de geração a geração, evidenciando que os modos de fazer e criar tradicionais têm caráter dinâmico e estão em constante processo de transformação. A dinâmica de trabalho de cada povo está conectada com a tradição, a inovação e a sustentabilidade.

Toda ação da Tucum tem como propósito proporcionar a autonomia e a geração de renda para os povos indígenas e comunidades tradicionais com os quais trabalha. De acordo com a instituição,

> [...] contribuir para a manutenção de suas culturas é honrar saberes que se renovam no fazer de cada produto, que por sua vez renovam nossas conexões com sofisticadas cosmologias. Fortalecer os povos indígenas é fortalecer a transmissão de conhecimentos que garantem não somente a sobrevivência destes povos, mas a nossa própria existência enquanto sociedade, capaz de reconhecer e valorizar suas raízes e sua história. (Tucum Brasil, s.d., online)

A rede Tucum é formada por mais de 2.400 artesãs e artesãos de 86 povos indígenas e comunidades tradicionais do Amazonas, do Cerrado e da Mata Atlântica, e contribui para a conservação de mais de 32 milhões de hectares de florestas nesses biomas. Na tabela 6 descrevemos a relação da Tucum com os objetivos de desenvolvimento sustentável:

Tabela 6: Relação da experiência da Tucum com os ODS

ODS	Impactos dos projetos e das ações desenvolvidas
1	**Erradicação da pobreza:** a Tucum promove programas e ações que garantem a produção artesanal calcada nos conhecimentos ancestrais e atendem às necessidades dos povos indígenas e das comunidades tracionais atendidas, proporcionando-lhes autonomia e geração de renda.
2	**Fome zero e agricultura sustentável:** a organização respeita e trabalha para fortalecer os modos de vida dos povos originários e apoia a luta em prol de seus direitos e territórios, para que possam produzir alimentos que garantam a sobrevivência de quem cultiva a terra e de suas comunidades.
8	**Trabalho decente e crescimento econômico:** por meio das assessorias e da plataforma de *marketplace*, a Tucum proporciona a autonomia e a geração de renda para os povos indígenas e as comunidades tradicionais.
10	**Redução das desigualdades:** são promovidas ações de valorização das artes dos povos indígenas, contribuindo para "diminuir o abismo entre a riqueza e potência dos povos originários deste país e a maneira como são vistos e reconhecidos pela sociedade, ainda impregnada de preconceitos que perpetuam a opressão histórica contra seus corpos e territórios" (Tucum, s/d).
11	**Cidades e comunidades sustentáveis:** por meio de ações junto aos povos indígenas e as comunidades tradicionais, a Tucum trabalha para a (re)existência das florestas, dos cerrados, e das comunidades como espaço democrático de negociação e produção de riquezas para a humanidade através de suas culturas.
12	**Consumo e produção responsáveis:** a visão de mundo que a Tucum apoia é baseada na produção e na comercialização de forma sustentável, com respeito aos processos naturais – algo que os povos indígenas já vivenciam há muito tempo.
13 e 15	**Ação contra mudança climática e vida saudável:** a Tucum contribui para esse objetivo com práticas de produção sustentáveis e inclusivas, promovendo um ambiente que se relaciona de forma respeitosa com o território e consciente em relação ao uso dos recursos naturais.

Fonte: elaborado pela autora.

16	**Paz, justiça e instituições eficazes:** através do suporte ao trabalho, à produção e à comercialização de artesanato, a Tucum busca promover a autonomia e a sobrevivência dos povos originários, assim como a existência de uma sociedade capaz de respeitar os corpos indígenas e reconhecer e valorizar suas raízes e histórias.
17	**Parcerias e metas de implementação:** por meio das parcerias estratégicas com as iniciativas Origens Brasil e Parceiros pela Amazônia e do fortalecimento de outras parcerias duradouras com artesãos e suas comunidades, a instituição contribui para a manutenção dessas culturas e o respeito aos saberes tradicionais, renovados no fazer de cada produto, e que por sua vez renovam nossa conexão com sofisticadas cosmologias.

A tabela 7 apresenta a correlação entre as experiências desenvolvidas pela Tucum e os ODS e indicadores temáticos da cultura:

Tabela 7: Relação da Experiência Tucum com os ODS e os indicadores temáticos da cultura

ODS	Indicadores Temáticos da Cultura
1 Erradicação da pobreza **2 Fome zero e agricultura sustentável** **8 Trabalho decente e crescimento econômico** **10 Redução das desigualdades** **11 Cidades e comunidades sustentáveis** **12 Consumo e produção responsáveis** **13 Ações contra a mudança global do clima** **15 Vida terrestre** **16 Paz, justiça e instituições eficazes** **17 Parcerias e meios de implementação**	**Meio ambiente e resiliência:** gestão sustentável do patrimônio e resiliência. **Prosperidade e meios de vida:** emprego cultural e empreendimentos culturais. **Inclusão e participação:** cultura que ativa conexões cruciais para a coesão social e a construção da confiança; liberdade artística; processos participativos.

Fonte: elaborado pela autora.

PretaHub[10]
(Prosperidade e meio de vida; Inclusão e participação)

Coletivo de empreendedorismo negro criado em 2002, em São Paulo, pelo Instituto Feira Preta, o PretaHub nasceu voltado ao mapeamento e à capacitação técnica e criativa (competências criativas) do empreendedorismo negro no país. A trajetória percorrida ao longo desses anos tornou possível adquirir conhecimento empírico sobre o empreendedorismo, modelos de negócios e consumo negro no Brasil.

A iniciativa está alicerçada na relação com a cultura, a criatividade, a economia, as tendências e o empreendedorismo pretos

> [...] a partir de um olhar honesto e propositivo, entendendo seus papéis na mudança estrutural de uma sociedade – e um mercado – que precisa absorver esta população não apenas em seus processos de consumo, mas no respeito à sua existência enquanto potência criativa e empreendedora. (PretaHub, s.d., online)

O PretaHub não se relaciona exclusivamente com a população negra, mas a matriz de seus projetos e atividades espelha histórias e culturas negras, como é o caso da Feira Preta, um dos produtos do coletivo, condutor da inclusão produtiva de pessoas negras em um ecossistema empreendedor justo e equilibrado de oportunidades e resultados financeiros, abrangendo desde a criação, passando pela produção e desenvolvendo estratégias de distribuição e consumo (PretaHub, s.d.).

Por meio de seus projetos, o PretaHub (s.d., online) atua na criação, na produção, na distribuição e no consumo do mercado de produtos e serviços voltados à estética e à cultura negra, tendo proporcionado oportunidades a mais de 10.600 empreendedores. Com um investimento de mais 11 milhões reais, possui uma rede de cinco parceiros internacionais e atualmente desenvolve os seguintes projetos:

- Aceleração de Negócio de Empreendedoras Negras e Indígenas: aceleradora dedicada ao fomento de empreendedoras com vistas à prosperidade dos seus negócios, ao empoderamento econômico de outras mulheres e aos impactos gerados em suas comunidades.
- Afrolab: parceria com a British Council e a Coventry University, voltada às especificidades dos negócios negros, para trazer ferramentas práticas, inspirações e espaço de criação e produção efetiva, considerando contextos e desafios externos.
- Casa PretaHub: espaço de economia colaborativa de cunho econômico e cultural, de difusão e preservação artística da cultura negra permanente.
- Conversando a Gente se Aprende: programa de impulso à cultura de equidade racial realizado em parceria com a Mandacaru Consultoria, tem o objetivo de desencadear mudanças sistêmicas a partir de reflexões e aprendizados genuínos em grupo sobre a cultura de equidade racial e criar ambientes de aprendizagem para promover ações e compromissos de mudança e equidade.
- Festival Feira Preta: evento com conteúdo, produtos e serviços dos mais diversos segmentos que pauta tendências, *lifestyle* e o que há de mais inventivo e inovador na criatividade afrobrasileira.

- Festival Pretas Potências: evento focado na força criativa, na inovação e na resistência da comunidade negra.

Na tabela 8, descrevemos as ações do PretaHub e suas relações os objetivos de desenvolvimento sustentável:

Tabela 8: Relação da experiência do PretaHub com os ODS

ODS	Impactos dos projetos e das ações desenvolvidas
8	**Trabalho decente e crescimento econômico:** o PretaHub promove a capacitação técnica e criativa do empreendedorismo negro a partir de projetos que possibilitam o fortalecimento de um ecossistema mais justo, sustentável e equilibrado em oportunidades e resultados financeiros.
10	**Redução das desigualdades**: o PretaHub visa à redução das desigualdades por meio de ações de promoção do empreendedorismo negro, além de proporcionar respeito à sua existência enquanto potência criativa e empreendedora. Os esforços empenhados buscam pulverizar os recursos e as ações referentes ao tema da equidade racial.
11	**Cidades e comunidades sustentáveis:** as iniciativas sistematizadas do coletivo promovem o fortalecimento de territórios voltados à sustentabilidade, à biodiversidade cultural e à inclusão produtiva dos negros através da autonomia, do empreendedorismo e da geração de renda. A implementação dessas ações leva em conta os pilares da economia criativa, a economia circular, o empreendedorismo e a capacidade de mobilização.
12	**Consumo e produção responsáveis:** o PretaHub apoia o empreendedorismo negro e a comercialização de produtos de forma sustentável em um ecossistema que precisa ser mais justo em todas as etapas da cadeia produtiva – criação, produção e estratégias de distribuição e consumo –, entendendo que a sociedade "precisa absorver essa população em seus processos de consumo" consciente a partir da perspectiva negra.
16 e 17	**Paz, justiça e instituições eficazes com parcerias e metas de implementação:** por meio de projetos e parcerias voltados às práticas de produção e consumo sustentáveis e inclusivos, o PretaHub promove o empreendedorismo negro em um ambiente justo que reconhece e valoriza a potência criativa de negros e negras brasileiros.

Fonte: elaborado pela autora.

Na abordagem dos ODS e dos indicadores temáticos da cultura, a tabela 9 apresenta a seguinte correlação das experiências desenvolvidas pelo PretaHub:

Tabela 9: Relação entre a experiência do PretaHub com os ODS e os indicadores temáticos da cultura

ODS	Indicadores temáticos da cultura
8 Trabalho decente e crescimento econômico **10 Redução das desigualdades** **11 Cidades e comunidades sustentáveis** **12 Consumo e produção responsáveis** **16 Paz, justiça e instituições eficazes** **17 Parcerias e meios de implementação**	**Prosperidade e meios de vida:** emprego cultural; empreendimentos culturais; financiamento público da cultura. **Inclusão e participação:** cultura que ativa conexões cruciais para a coesão social e a construção da confiança; liberdade artística; acesso à cultura; participação cultural; processos participativos.

Fonte: elaborado pela autora.

Trama Afetiva[11] (design e moda)

O Trama Afetiva – Uma Experiência em Upcycling é um projeto da Fundação Hermann Hering que propõe a reunião de profissionais que trabalham para repensar o consumo e questionar os padrões sociais existentes por meio do design, que é utilizado como ferramenta de transformação social para o coletivo.

Com a economia afetiva (uma perspectiva de mercado que potencializa a importância do ganho coletivo e pauta novas formas de interação orientadas por respeito, empatia, colaboração e diversidade) como diretriz, a iniciativa busca conectar a indústria têxtil, o varejo e a sociedade com as questões urgentes de sustentabilidade dentro da moda.

Na arquitetura do Trama Afetiva,[12] o ponto de partida foi

> [...] criar uma ação estruturante como suporte a novos aprendizados sobre um futuro preocupante que chegou, evidenciando questionamentos sobre como estamos lidando com questões fundamentais sobe sustentabilidade e seus reflexos na indústria da moda. (Araújo; Predabon, 2018, p. 7)

Assim, desde suas primeiras edições, o projeto se voltou para o design, a moda e o empreendedorismo, conectando pessoas através de práticas transformadoras que, ressignificando processos e produtos, culminam em um modelo de produção e consumo com vistas à geração de valor e à responsabilidade socioambiental.

O projeto consiste em oficinas com criativos previamente selecionados, oriundos de várias regiões brasileiras. Sob a orientação de mentores, eles participam de uma imersão sensorial e criativa ao serem desafiados a trabalhar colaborativamente utilizando uma nova ecomatéria (têxtil), com a finalidade de criar produtos por meio do método de *upcycling*. Os participantes são orientados a refletir sobre origens, identidade e representatividade, "na busca por processos que contribuam para regeneração do planeta através do reaproveitamento, [partindo] do princípio de cuidado com as pessoas" (Araújo, 2019). A ideia é compartilhar experiências inovadoras de profissionais reconhecidos nos segmentos de design e moda e estimular essa reflexão como vetor de transformação social, econômica e ambiental.

O projeto também tem o compromisso de educar o consumidor sobre métodos de produção justa, limpa, transparente e com equidade. Ou seja, procura esclarecer que o descarte dos vestíveis, assim como a reflexão sobre a nossa relação com o consumo, pode fazer a diferença para o planeta.

Descrevemos, na tabela 10, os impactos das ações do Trama Afetiva em relação aos objetivos de desenvolvimento sustentável:

Tabela 10: Relação da experiência do Trama Afetiva com os ODS

ODS	Impactos dos projetos e das ações desenvolvidas
8	**Trabalho decente e crescimento econômico:** por meio capacitação técnica e criativa de desenvolvimento de produtos, com o uso de poucos insumos e muita criatividade, o Trama Afetiva colabora para a geração de renda e a potencialização de territórios.
11	**Cidades e comunidades sustentáveis:** o Trama Afetiva apoia iniciativas sistematizadas que promovem impacto nas práticas dos participantes voltadas à sustentabilidade e à inclusão produtiva com uso de recursos limitados, podendo provocar mudanças em seus territórios/cidades de atuação.
12	**Consumo e produção responsáveis:** por meio das oficinas de *upcycling*, o projeto promove a criação e a produção de itens a partir do uso de descartes têxteis como matéria-prima, integrando sustentabilidade, criatividade e redução de custos, além de agregar valor por meio do design. O Trama Afetiva ainda divulga o consumo consciente e responsável como uma prática que pode fazer a diferença para o planeta.
13	**Ação contra a mudança global do clima:** o uso de resíduos e descartes têxteis promove um modelo de produção mais sustentável, visando à circularidade de todo o ciclo de vida do material. A proposta do Trama Afetiva está associada a uma produção com custo baixo, consumo de pouca energia e dispensa do uso de componentes químicos.

Fonte: elaborado pela autora.

A tabela 11 apresenta a correlação entre os ODS e os indicadores temáticos da cultura e as experiências desenvolvidas pelo Trama Afetiva:

Tabela 11: Relação da experiência do Trama Afetiva com os ODS e os indicadores temáticos da cultura

ODS	Indicadores temáticos da cultura
8 Trabalho decente e crescimento econômico **11 Cidades e comunidades sustentáveis** **12 Consumo e produção responsáveis** **13 Ações contra a mudança global do clima**	**Prosperidade e meios de vida:** emprego cultural e empreendimentos culturais. **Conhecimentos e competências:** educação para o desenvolvimento sustentável e conhecimentos culturais. **Inclusão e participação:** cultura que ativa conexões cruciais para a coesão social e a construção da confiança; liberdade artística; processos participativos.

Fonte: elaborado pela autora.

A economia criativa é o esteio de atuação dos setores culturais e criativos e representa novas perspectivas relacionadas à transformação de ideias criativas em produtos e serviços. A ONU (2019) confirmou a importância da economia criativa em relação às três principais dimensões do desenvolvimento sustentável – social, econômica e ambiental –, bem como o papel das ações dos setores culturais e criativos para o cumprimento dos ODS da Agenda 2030. Na 74ª sessão da Assembleia Geral das Nações Unidas,[13] destacou-se que a economia criativa pode propiciar, por intermédio da criatividade e da inovação, o alcance do desenvolvimento inclusivo, equitativo e sustentável, visto que facilita as transições da vida e apoia mulheres, jovens, idosos, migrantes e outras pessoas em situação de vulnerabilidade (ONU, 2019).

À medida que os ODS são aplicados e suas metas são alcançadas, as experiências voltadas à sustentabilidade, à inclusão e à colaboração são ampliadas, tornando inevitável que se aprofundem os investimentos na infraestrutura de escolas, organizações e comunidades. Essa cadeia resulta em crescimento e fortalecimento de ecossistemas criativos com vistas à emancipação. Além disso, a implementação de ações dirigidas ao desenvolvimento sustentável representa oportunidades de trabalho e renda, capacitação de mão de obra e criação e uso de tecnodiversidades apropriadas, possibilitando a produção de conhecimentos e a promoção do protagonismo das comunidades envolvidas. Não obstante os desafios cada vez mais complexos enfrentados na contemporaneidade, é primordial a sustentação de uma aposição contra-hegemônica que confronte o tradicional modo capitalista de produção não sustentável – um modelo mais criativo, colaborativo, inclusivo e sustentável de produção voltado para o bem viver da sociedade.

Reforçamos ainda que a cultura e a criatividade são diretrizes fundamentais para o uso sustentável dos territórios, uma vez que compreendem a solidariedade, a autonomia, a resiliência e a equidade de gêneros constitutivos dos conceitos de um desenvolvimento com envolvimento.

Notas

1 O termo "desenvolvimento sustentável" foi empregado pela primeira vez em 1987, pela diplomata e médica Gro Harlem Brundtland, também ex-primeira-ministra da Noruega. Na ocasião, ela presidia a Comissão Mundial sobre Meio Ambiente e Desenvolvimento da ONU quando apresentou um relatório no qual se lia: "Desenvolvimento sustentável significa suprir as necessidades do presente sem afetar a habilidade das gerações futuras de suprirem as próprias necessidades" (Carvalho *et al.*, 2015).

2 "Esta concepção do Sul sobrepõe-se em parte com o Sul geográfico, o conjunto de países e regiões do mundo que foram submetidos ao colonialismo europeu e que, com excepção da Austrália e da Nova Zelândia, não atingiram níveis de desenvolvimento económico semelhantes ao do Norte global (Europa e América do Norte). A sobreposição não é total porque, por um lado, no interior do Norte geográfico classes e grupos sociais muito vastos (trabalhadores, mulheres, indígenas, afrodescendentes) foram sujeitos à dominação capitalista e colonial e, por outro lado, porque no interior do Sul geográfico houve sempre as 'pequenas Europas', pequenas elites locais que beneficiaram da dominação capitalista e colonial e que depois das independências a exerceram e continuam a exercer, por suas próprias mãos, contra as classes e grupos sociais subordinados". (Santos; Meneses, 2009, pp. 10–11).

3 Os setores culturais e criativos incluem artesanato, festas populares, literatura, teatro, dança, música, cinema, audiovisual, livros, games, fotografia, design, arquitetura, mídia e artes, gastronomia, entre muitos outros.

4 Para mais informações, visite o site da FIA {oficina de artesãs}: catarinamina.com/brasil/home-fia-oficina-de-artesas/.

5 A página da campanha ainda pode ser acessada em catarse.me/fiaoficina.

6 Para mais informações, visite o site da co.liga: https://coliga.digital/.

7 Conheça mais sobre a OEI em oei.int/pt/escritorios/brasil.

8 Conheça mais sobre a FRM em frm.org.br/sem-categoria/a-fundacao.

9 Para mais informações, visite o site da Tucum: www.tucumbrasil.com/.

10 Para mais informações, visite o site da PretaHub: pretahub.com/.

11 Para mais informações, visite o site da Trama Afetiva: fundacaohermannhering.org.br/projeto/trama-afetiva.

12 O *upcycling* é um método que transforma produtos e resíduos de descarte em itens diversos de igual ou maior valor agregado, utilizando menos energia e recursos durante seu reprocessamento (Paula; Barúna; Lira, 2019).

13 Em 2019, na 74ª sessão da Assembleia Geral das Nações Unidas, 2021 foi declarado como o Ano Internacional da Economia Criativa para o Desenvolvimento Sustentável (ONU, 2019).

Referências bibliográficas

Associação Brasileira de Indústria Têxtil de Confecção (Abit). "Trama Afetiva anuncia selecionados da 2ª edição". *Abit* [online], 6 ago. 2018. Disponível em: abit.org.br/noticias/trama-afetiva-anuncia-selecionados--da-2-edicao.

Alem, Nicolas. "As relações entre cultura e desenvolvimento". *Instituto DEA* [online], 4 jan. 2017. Disponível em: institutodea.com/artigo/as-relacoes-entre-cultura-e-desenvolvimento/.

Alonso, Guiomar. "Indicadores de Cultura da Unesco para o Desenvolvimento (IUCD)", em: *Revista Observatório Itaú Cultural*, 27 abr./out. 2020, pp. 61–81.

Araújo, Jackson; Predabon, Luca. "Um aprendizado para o futuro", em: Araújo, Jackson; Predabon, Luca (orgs.). *Economia afetiva: aprendizado para o futuro*, São Paulo: Jackson Araújo, 2018.

Brasil. Ministério da Cultura. "Plano da Secretaria da Economia Criativa", Brasília: MinC, 2012.

BSCD – Business Council for Sustainable Developmen. "Objetivos de Desenvolvimento Sustentável". *BSDC – Portugal* [online], s.d. Disponível em: bcsdportugal.org/objetivos-de-desenvolvimento-sustentavel/.

Carvalho, N. L. *et al.* "Desenvolvimento sustentável × desenvolvimento econômico", em: *Revista Monografias Ambientais*, Santa Maria, v. 14, n. 3, set./dez. 2015, pp. 109–17.

Catarina Mina; Fia [oficina de artesãs]. *Catarina Mina* [online], s.d. Disponível em: catarinamina.com/oficinas/fia.

Catarse; Fia [oficina de artesãs]. *Catarse* [online], 13 nov. 2015. Disponível em: catarse.me/fiaoficina.

CNM – Confederação Nacional de Municípios. "Mais de 100 Municípios podem se inscrever em curso a distância sobre ODS". *CNM – Notícias* [online], 9 jul. 2019. Disponível em: www.cnm.org.br/comunicacao/noticias/mais--de-100-municipios-podem-se-inscrever--em-curso-a-distancia-sobre-ods.

co.liga. "Sobre a escola". *co.liga* [online], s.d. Disponível em: coliga.digital.

Fashion Bubbles. "Flores astrais: *Upcycling* marca coleção da Trama Afetiva no BEFW", *Fashion Bubbles – Sustentabilidade* [online], 24 set. 2021. Disponível em: fashionbubbles.com/sustentabilidade/flores-astrais.

Furtado, Celso. *Formação econômica do Brasil*, São Paulo: Companhia Editora Nacional, 1968.

Furtado, Celso. "Os desafios da nova geração", em: *Revista de Economia Política*, v. 24, n. 4 (96), out./dez. 2004, pp. 483–86.

Hosagrahar, Jyoti. "Cultura: no coração dos ODS", em: *O Correio da Unesco*, abr./jun. 2017. Disponível em: unesdoc.unesco.org/ark:/48223/pf0000248106_por/PDF/248106por.pdf.multi.

Kosinets, Robert V. *Netnografia: realizando pesquisa etnográfica online*, Porto Alegre: Penso, 2014.

Hosagrahar, Jyoti. "Cultura: no coração dos ODS", em: *O Correio da Unesco*, abr./jun. 2017. Disponível em: unesdoc.unesco.org/ark:/48223/pf0000248106_por/PDF/248106por.pdf.multi.

OEI – Organizações dos Estados Ibero--Americanos; FRM – Fundação Roberto Marinho; co.liga. "Lançamento da co.liga em Volta Redonda reunirá organizações sociais e autoridades para discutir o acesso das juventudes à educação profissional". Comunicado de imprensa, 28 jul. 2022. Disponível em: oei.int/pt/escritorios/brasil/noticia/lancamento-da-co-liga-em-volta--redonda-reunira-organizacoes-sociais-e--autoridades-para-discutir-o-acesso-das--juventudes-a-educacao-profissional.

Paula, Daniel Ribeiro de; Baraúna, Luiza Helena; Lira, Magda Ferreira de. "*Upcycling:* desafios e oportunidades na indústria da moda", em: XXI ENGEMA (Encontro Internacional sobre Gestão Empresarial e Meio Ambiente da FEA-USP), FEA-USP, 21, São Paulo. *Anais* [...], São Paulo: FEA-USP, 2019. Disponível em: engemausp.submissao.com.br/21/arquivos/313.pdf.

ONU – United Nations. "International Year of Creative Economy for Sustainable Development, 2021", *General Assembly*, Seventy-fourth session, Second Committee, Agenda item 17, Macroeconomic policy questions, 8 nov. 2019. Disponível em: documents-dds-ny.un.org/doc/UNDOC/LTD/N19/359/41/PDF/N1935941.pdf?OpenElement.

Orliange, Philippe; Pincemin, Carlos. "Is the Covid-19 Pandemic a Stress Test for the 2030

Agenda?". *Boletim de Economia e Política Internacional* (BEPI), n. 27, maio/ago. 2020, Brasília: Ipea, 2020. Disponível em: repositorio.ipea.gov.br/bitstream/11058/10336/1/bepi_27_is_the_covid.pdf.

Santos, Boaventura de Sousa; Meneses, Maria Paula (orgs.). *Epistemologias do Sul*, Coimbra: Edições Almedina, 2009.

Seganfredo, Thais. "Cultura contribui para o desenvolvimento sustentável, diz Unesco". *Nonada* [online], 22 jun. 2022. Disponível em: nonada.com.br/2022/06/cultura-contribui-para-o-desenvolvimento-sustentavel-diz-unesco/.

Tucum Brasil. "Manifesto pelas artes indígenas". *Tucum Brasil* [online], s. d. Disponível em: tucumbrasil.com/p/sobre.

Veiga, José Eli da. *Desenvolvimento sustentável: o desafio do século XXI*, Rio de Janeiro: Garamond, 2006.

Unesco – Organização das Nações Unidas para a Educação, a Ciências e a Cultura. "Indicadores Cultura 2030", Paris: Unesco, 2020. Disponível em: unesdoc.unesco.org/ark:/48223/pf0000373570

Unesco – Organização das Nações Unidas para a Educação, a Ciências e a Cultura. "Culture and Public Policy: A Policy Monitoring Tool", em: *The Tracker* [online], n. 1, abr. 2022. Disponível em: unesco.org/sites/default/files/medias/fichiers/2022/04/Tracker%202.0%20Issue%2019%20ENG.pdf.

Quarta parte

Criatividade e emancipação nas comunidades-rede

LUCIANA LIMA GUILHERME é doutora em Políticas Públicas, Estratégias e Desenvolvimento – PPED, no Instituto de Economia, da Universidade Federal do Rio de Janeiro (UFRJ). É mestre em Administração pela Universidade Estadual do Ceará (UECE) e graduada em Administração de Empresas pela Universidade Federal do Ceará (UFC). Atualmente, é professora de graduação e do mestrado profissional em Gestão da Economia Criativa da Escola Superior de Propaganda e Marketing (ESPM/RJ), além de pesquisadora vinculada ao Laboratório Economia Criativa, Desenvolvimento e Território (LEC/ESPM). Consultora e pesquisadora em economia criativa, desenvolvimento e políticas públicas de cultura, atuou no Ministério da Cultura de Cabo Verde na formulação do Plano Cabo Verde Criativo – Plano Estratégico Integrado para o Desenvolvimento das Economias Criativas de Cabo Verde (2014) e consultora do Programa Indicativo Plurianual da Cooperação PALOP e Timor Leste com a União Europeia (PALOP-TL/UE) em 2015–16. Atuou como Diretora de Empreendedorismo, Gestão e Inovação da Secretaria da Economia Criativa (SEC) do Ministério da Cultura do Brasil (2011–13), tendo participado do processo de estruturação, planejamento, formulação e implantação de políticas públicas nacionais de economia criativa. Foi assessora de Marketing da Secretaria da Cultura do Ceará (2004–2006) e assessora de Marketing e Comunicação do Serviço Nacional de Aprendizagem Comercial – SENAC-CE (2002–03).

Economia criativa e Estado-rede: um sistema de ação política para o desenvolvimento de territórios

LUCIANA LIMA GUILHERME

> *A construção do Estado-rede se dá por meio de uma reforma da administração pública. A ideia fundamental é a de difusão do poder de centros para o poder de redes. O novo Estado não elimina o Estado-nação, mas redefine-o. O novo Estado compartilha sua autoridade mediante uma série de instituições. Se ele assume a forma de uma rede, deixa de ter um centro bem definido: articula-se por meio de diferentes nós e de relações internodais frequentemente assimétricas.*
>
> MARTELLI, 2001/02, p. 185

A economia criativa demanda um olhar sistêmico na leitura de suas configurações, com múltiplas dinâmicas, atores e potenciais de conexão. Seu desenvolvimento e seu fortalecimento apontam para o enfrentamento das suas fragilidades nos territórios e para o mapeamento de oportunidades por meio de articulações intersetoriais multinível. A dinâmica das redes, portanto, tem sido apontada como um caminho efetivo, necessário e natural a ser promovido e fortalecido junto aos setores culturais e criativos atuantes nos territórios físicos ou virtuais (Guilherme, 2018).

Desse modo, a formulação e a implementação de políticas públicas voltadas para redes e sistemas produtivos de economia criativa demandam a existência de um Estado que também se articule em rede, capaz de atuar como mediador das relações e conexões necessárias, potencializando sinergias, promovendo o bem comum, estimulando e apoiando autonomias, seja por meio da descentralização de processos, do empoderamento dos atores nos territórios ou da adoção de uma atuação transparente, sempre mantendo sua capacidade de atualizar processos administrativos e de gestão com uma equipe competente e em contínuo processo de aprendizagem (Castells, 1999).

Lamentavelmente, as capacidades estatais têm demonstrado pouca eficiência e eficácia na articulação de arranjos institucionais efetivos para a implementação de políticas públicas de economia criativa, integradoras de programas e projetos intersetoriais nos territórios. O tempo de ação e reação do Estado é, historicamente, lento, e sua estrutura burocrática não acompanha a dinâmica dos setores criativos, seja na promoção de suas fortalezas ou na mitigação de suas fragilidades, o que evidencia a urgência de uma reflexão voltada para a reformulação de estruturas, processos e modelos organizacionais que permitam a criação desse novo Estado.

Este capítulo propõe o aprofundamento dessa reflexão sobre a constituição de um Estado-rede articulador e integrador de políticas públicas na perspectiva da economia criativa brasileira. Aspectos institucionais, culturais e políticos serão analisados e aprofundados dentro de uma rede de tensões e convergências de interesses. A economia criativa brasileira, viva e resultante das relações sistêmicas entre múltiplos atores (políticos, econômicos, sociais e culturais) nos territórios, será então analisada em sua perspectiva intersetorial e política.

Será feito também um aprofundamento acerca das fragilidades das estruturas e das capacidades estatais no processo de formulação e execução de políticas integradas no campo da economia criativa em virtude de alguns pontos: a incompreensão, por parte dos gestores, do potencial de desenvolvimento que o campo da economia criativa pode gerar para o país; a existência de uma cultura personalista no campo da gestão pública; os jogos de interesses e as disputas de poder entre os diversos atores e instituições envolvidos no processo de planejamento; e a estrutura burocrática do Estado, carente de recursos tecnológicos e competências administrativas, incapaz de uma gestão integrada e compartilhada que garanta a promoção de autonomias e a descentralização de poder.

POLÍTICAS PÚBLICAS: CONCEITOS E DINÂMICAS

Desde a pólis grega (Nogueira, 2014), a política se apresenta como o caminho para a convivência em comunidade, como processo necessário para a criação de um ambiente de igualdade e de isonomia entre os cidadãos, como instrumento de participação com vistas ao bem comum, como mecanismo de articulação e busca por consensos, como espaço para a integração de desejos, vontades e interesses coletivos. Partindo-se dessa compreensão, a política baseia e orienta a ação do Estado fortalecendo valores e influenciando decisões que impactarão na formulação de políticas públicas.

Num mundo infinitamente mais complexo que o das cidades-estados, o debate se amplia e se coloca como necessário para entender o papel do Estado contemporâneo e dos seus agentes políticos no processo de formulação e execução de políticas públicas para o desenvolvimento do país. Seja no campo da sociologia, da ciência política, da antropologia, seja no campo jurídico ou administrativo, o Estado se coloca como ator fundamental para a definição de caminhos necessários a uma gestão pública eficiente e efetiva, voltada para o bem comum e para os interesses públicos, sobrepondo-se aos interesses privados (Saravia, 2006).

Nessa perspectiva, de acordo com Parada (2006), o conceito de política é bem mais amplo quando comparado ao de políticas públicas, em virtude de este último corresponder a soluções específicas relacionadas com temas, demandas e problemáticas priorizados pelo governo com a finalidade de gerar mudanças e transformações necessárias à sociedade. A política pauta, então, a agenda das prioridades governamentais com a intenção de convertê-las em políticas públicas, enquanto os governos funcionam como instrumentos de execução dessas políticas com a finalidade de alcançar os resultados almejados.

Analisando o papel do Estado nos países da América Latina, Saravia (2006) afirma que, mais propriamente na segunda metade do século XX, foram sendo percebidas as limitações da visão jurídica herdada dos países ibéricos, incapaz de lidar com as questões de natureza complexa, dinâmica e, na maioria das vezes, imprevisível dos cenários com os quais a administração pública se relacionava. O antigo gestor público, mero cumpridor de normas e legislações predefinidas, tornou-se insuficiente para o enfrentamento da realidade. Diante disso, a capacidade de formulação e reformulação de políticas públicas frente às mudanças contínuas foi compreendida como necessária e essencial, passando a ser encarada como fundamental num processo mais amplo de compreensão do mundo, da sociedade e das suas novas dinâmicas.

Os ministros da função pública dos países da OCDE[1] sintetizaram da seguinte forma as principais razões para reexaminar o papel do governo: a mudança profunda e rápida do contexto econômico e institucional; os problemas de complexidade crescente vinculados à globalização, que levam à necessidade de competir na economia mundial e à internacionalização de muitos assuntos que anteriormente eram preocupações domésticas; a diversificação das necessidades da sociedade, as novas tecnologias de comunicação e informação e o papel decisivo da mídia; a crescente participação dos usuários e grupos de pressão nos processos decisórios; e a exigência de maior transparência e provisão de informação em todas as áreas de ação governamental (Saravia, 2006, pp. 24–25).

Esse processo de ampliação e reformulação do papel do Estado na América Latina foi fortemente influenciado pela escola estadunidense. Assim, o uso de ferramentas de planejamento, que permitiram um olhar mais técnico e eficiente na definição e no cumprimento de metas,[2] foi incorporado às práticas de gestão dos governos latino-americanos. Apesar dos avanços concretos conquistados nos anos 1950 e 1960, esses países foram fortemente abalados pelas crises globais enfrentadas na década de 1970 que exigiram uma nova restruturação da gestão pública numa perspectiva estratégica, com maior capacidade e agilidade de resposta frente às mudanças e instabilidades. A partir dos anos 1980 (Saravia, 2006), emergiu uma nova reformulação da administração pública, por meio da incorporação, em seus processos de gestão, de novos métodos e tecnologias provenientes do campo da administração, da economia e da telemática que, na década seguinte, se aprofundariam no que diz respeito às Tecnologias da Informação e da Comunicação (TIC), gerando impactos diretos na construção de processos participativos e democráticos. O planejamento, agora denominado *estratégico*, permaneceu como processo fundamental, embora a centralidade da ação governamental tenha passado a se dar no âmbito das políticas públicas, contemplando múltiplos atores – governo, sociedade civil e iniciativa privada – e considerando aspectos do macroambiente econômico, ambiental, cultural e social.

Saravia (2006) afirma que o processo de construção de políticas públicas incorpora o planejamento estratégico como mecanismo para a análise de cenários, a formulação e a construção de políticas, bem como a definição de processos de implantação e implementação, considerando-se a alocação de recursos materiais, orçamentários e de pessoal e as possibilidades de articulação interinstitucional (viáveis) e de estabelecimento de mecanismos de monitoramento e avaliação, com flexibilidade para ajustes e redirecionamento de percursos e trajetórias.

No entanto, segundo esse mesmo autor, a lógica do planejamento não se desenvolve de modo linear, pois uma das grandes questões da máquina pública é sua dinâmica caótica, enfrentada diuturnamente por uma burocracia que busca, de certa maneira, ordenar e racionalizar processos para garantir o cumprimento dos objetivos definidos a partir das políticas públicas estabelecidas. A noção linear de começo, meio e fim só existe enquanto zona de conforto, garantidora de um padrão de racionalidade mínima e necessária ao planejamento e à execução de políticas públicas. Diante disso, faz-se necessário o reconhecimento da complexidade de uma máquina constituída por múltiplos atores, afetados por múltiplas variáveis e empenhados no cumprimento ou pelo menos no encaminhamento de múltiplos interesses. A racionalidade, ainda que não dê conta das dinâmicas complexas desse ambiente, contribui de algum modo com a mitigação das dificuldades próprias do processo que vai da priorização de demandas, dentro de uma agenda governamental, até a avaliação das políticas públicas executadas. A figura 1 apresenta as etapas desse processo.

Figura 1: Etapas das políticas públicas

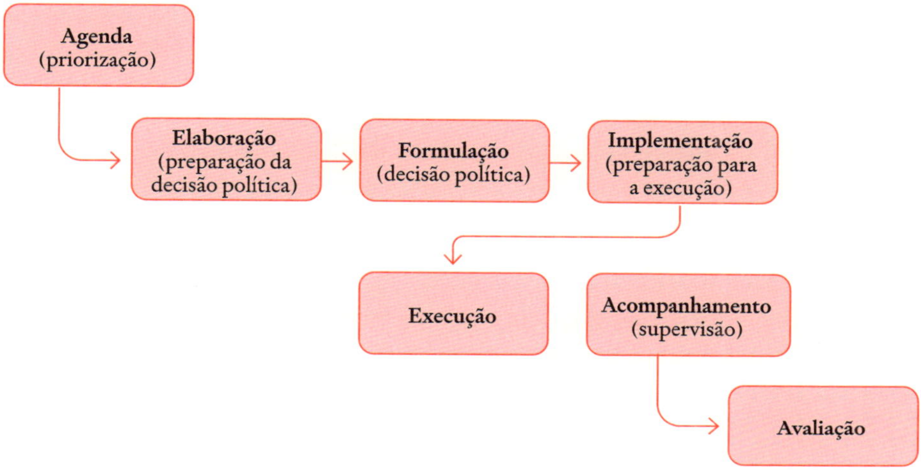

Fonte: Guilherme (2018, p. 88).

O processo de priorização de ideias e temas dentro das agendas dos governos corresponde ao nascedouro das políticas públicas. As agendas se configuram como listas nas quais temas ou problemas são priorizados em função da sua relevância para a sociedade, da capacidade dos governos de fazer frente às questões e da decisão política dos tomadores de decisão (Kingdon, 2006). No entanto, é importante ter claro que existem múltiplas estratégias que podem interferir no processo de priorização de ideias e qualificá-lo. Essas estratégias tradicionalmente obedecem a uma lógica *top-down* (de cima para baixo), com o processo de priorização se limitando à esfera dos agentes governamentais para a construção dessa agenda. Contudo, cada vez mais se consolida, em regimes democráticos, uma definição de prioridades que passa pela participação popular, levando em conta as reais necessidades da sociedade, envolvendo-a em consultas e processos decisórios. Essa lógica, enfatizada neste capítulo, é também denominada *bottom-up* (de baixo para cima).

A determinação de prioridades não se encerra na elaboração dessa agenda, mas se inicia nela, aprofundando-se por meio da análise de possíveis soluções frente a critérios e parâmetros estabelecidos para o enfrentamento das questões levantadas. A avaliação de alternativas de solução de maior impacto, em equilíbrio com as capacidades gerenciais e os recursos do poder público no futuro processo de implementação de políticas, constitui o processo de elaboração necessário e preparatório para a tomada de decisão política sobre qual o melhor caminho a ser seguido, considerando-se seus objetivos e seus marcos jurídico, administrativo e financeiro. É na implementação que se dá então o processo de planejamento e organização do aparelho administrativo, por meio da elaboração de planos, programas e projetos com a definição correspondente dos recursos necessários a serem alocados. Feito isso, pode-se seguir para a execução com o devido monitoramento e a posterior avaliação (Saravia, 2014; Saravia, 2006).

Cada uma dessas etapas será ou deverá ser cumprida para o atingimento dos objetivos previstos pelas políticas públicas formuladas, ainda que não ocorram numa sequência estritamente linear, estando sujeitas a idas e vindas no fluxo decisório, na formulação, na implementação ou na execução.

POLÍTICAS PÚBLICAS, NOVAS TERRITORIALIDADES E PROCESSOS PARTICIPATIVOS

O debate sobre política pública, para além da capacidade de formulação, implementação, execução, monitoramento e avaliação de soluções específicas relacionadas a temas, demandas e problemáticas que afetam a sociedade, deve contemplar a compreensão das novas territorialidades e dos processos participativos geradores de mudanças e transformações efetivas e legítimas. A missão de governar, diante disso, torna-se cada vez mais complexa.

De acordo com Thayer e Delamaza (2016), a ação do Estado como mediador das relações e dos fluxos estabelecidos entre as pessoas, a esfera do comum e as atividades econômicas têm se dado de modo mais ou menos intenso no decorrer da história. E essa intensidade de mediação, em maior ou em menor grau, é fruto da estrutura do Estado e do modelo de desenvolvimento por ele adotado dentro de um espectro bastante amplo entre o Estado mínimo e o Estado intervencionista. Se, no ciclo da industrialização, o Estado funcionou não só como regulador das atividades econômicas, mas como principal investidor e promotor de uma ambiência e de uma infraestrutura favoráveis ao desenvolvimento das empresas, no ciclo de pós-industrialização percebe-se uma tendência mundial a um sistema neoliberal de Estado mínimo. Esse processo acaba por ampliar a dissociação entre sociedade e Estado, gerando uma crise de representatividade político-institucional. Soma-se a isso o fato de haver uma maior complexidade subjetiva no campo do território, estabelecida de acordo com múltiplos critérios e categorias sociais. Desse modo, os novos sujeitos sociais se configuram a partir de um sistema simbólico cultural conectado com questões de pertencimento, de gênero, situações de risco social e referenciais ideológicos e políticos. Os novos sujeitos sociais e seus agrupamentos acabam por ser definidores de territórios e zonas que não necessariamente correspondem ou se restringem à geografia político-administrativa predefinida.

Nessa perspectiva, Thayer e Delamaza (2016) afirmam que os territórios são espaços definidos a partir das subjetividades e singularidades dos sujeitos que os habitam e neles atuam, em determinado espaço ou região, e que, nesses espaços de encontro entre cidadãos, instituições e empresas, faz-se necessário um sistema de governança promotor de legitimidade e garantidor da escuta das reais necessidades do território.

Esses autores também defendem a necessidade da instituição de sistemas de governança garantidores da presença dos atores direta ou indiretamente envolvidos tanto na formulação de políticas quanto no monitoramento das ações implementadas. Para eles, a governança democrática é um exercício complexo e multinível de cooperação e coordenação que exige a maturidade e o compromisso dos envolvidos, além do estabelecimento de mecanismos de participação de baixo para cima; é também uma proposta de descentralização política, onde à gestão territorial é incorporada a participação cidadã. O não entendimento claro das necessidades e demandas regionais cria um vácuo imenso na capacidade de formulação e implementação de políticas públicas efetivas. Assim, não há como se pensar na formulação de políticas públicas para o desenvolvimento de territórios sem um sistema de governança democrático e transparente.

Outro aspecto relevante e que merece consideração é que as demarcações regionais político-administrativas geralmente não correspondem a territórios homogêneos, sendo necessária uma leitura e uma análise mais profundas, que considerem características políticas, econômicas e culturais, para além das questões sociodemográficas usuais e presentes em cada região. No entanto, Rocha e Castro (2016) advertem que se, por um lado, a descentralização de políticas públicas é importante, por outro, deve-se evitar sua fragmentação. Enquanto regiões metropolitanas convivem com situações de contraste dentro de um mesmo território, no interior dos estados existem municípios em situações e com características similares o suficiente para agirem de modo cooperado, compartilhando processos de formulação e implementação de políticas públicas comuns.

De modo complementar, Rocha e Castro (2016) chamam atenção também para as assimetrias técnicas, administrativas e financeiras existentes entre as unidades federativas e os municípios brasileiros. A precariedade da maioria dos municípios brasileiros impede que haja uma ampla descentralização de políticas em virtude da incapacidade da gestão e da fragilidade da estrutura municipal, o que demanda

> uma maior coordenação federativa na produção das políticas públicas, tanto em seu sentido vertical, articulando União, estados e municípios, como, também, em seu sentido horizontal, estruturando esquemas de cooperação entre estados e, principalmente, entre municípios. Mostrou-se indispensável, portanto, produzir relações mais complexas e matizadas entre os entes federados. (Rocha; Castro, 2016, p. 68)

Delamaza (2016) contribui com o debate descentralização-participação em políticas públicas enfatizando a importância da institucionalização dos processos participativos. Numa análise desse processo na América Latina, o autor chama atenção para os fatos de que os mecanismos de viabilização da participação ainda são limitados a um caráter consultivo e de que a falta de uma institucionalização mais ampla da participação cidadã tem redundado numa reprodução de desigualdades, posto que há uma desconfiança clara dos cidadãos e cidadãs frente às instituições políticas democráticas. Ele defende que uma participação cidadã efetiva depende essencialmente do contexto político nacional estabelecido, incluindo as características do Estado, e da racionalização das normatizações sobre os mecanismos para evitar a criação de um aparato burocrático que se encerre em si mesmo.

Delamaza (2016) afirma que a análise da institucionalização de processos participativos deve levar em conta três questões fundamentais: quem participa (atores implicados em uma política ou programa); por meio de quais mecanismos concretamente se efetiva a participação; e se a participação se caracteriza como informativa, consultiva ou vinculante (consequências do processo).

No Brasil, a Constituição de 1988, responsável por incorporar na Carta Magna políticas de proteção social, definiu responsabilidades e competências no âmbito federativo (União, estados e municípios) e instâncias de participação popular no aparelho do Estado. A importância e a institucionalização de movimentos sociais, junto à criação de canais institucionalizados (conselhos) no aparelho estatal, foram um processo natural de democratização da administração e da gestão públicas, gradativamente ampliado a partir do governo Itamar Franco, ganhando força no governo Fernando Henrique Cardoso e se consolidando como política no governo Luís Inácio Lula da Silva. "Entre 2003 e 2013, dezenove conselhos foram criados e outros dezesseis foram reformulados, com o objetivo de incluir a dimensão do controle social na gestão das políticas públicas" (Martes; Araújo, 2016, p. 271). Em 2015, a União atingiu o número de quarenta conselhos e Comissões Nacionais, criados em função de setores e temáticas específicas.

A priori, esse processo pareceu garantir a representatividade da sociedade civil junto ao poder público, permitindo que políticas e programas viessem a corresponder às reais demandas populares, o que em parte ocorreu, mas não se confirmou de modo integral. A maior parte desses conselhos tinha caráter consultivo e, ainda que as temáticas tratadas fossem, na maioria das vezes, intersetoriais, envolvendo mais de uma pasta, na prática os conselhos eram associados a um único órgão responsável pela formulação e pela implementação de políticas relacionadas às suas temáticas de modo pouco ou nada articulado com outras pastas. Consequentemente, problemas complexos e inter-relacionados eram tratados separadamente pelos conselhos específicos de cada setor, o que fazia com que as políticas, em muitos casos, não levassem em conta todas as variáveis necessárias para solucionar problemas e demandas da sociedade. Ainda assim, nunca houve, na história deste país, tantos canais de articulação e escuta da sociedade. O governo Bolsonaro extinguiu a maioria dos conselhos. De um total de 2.593 colegiados, foram mantidos apenas 32, considerados prioritários pela sua gestão.[3]

CAPACIDADES ESTATAIS, PARTICIPAÇÃO E ARRANJOS INSTITUCIONAIS NAS POLÍTICAS PÚBLICAS

Como pôde ser percebido até aqui, a promoção de políticas públicas apoiadas em amplos consensos, articulados entre os diversos atores envolvidos, garante a legitimidade das ações governamentais e a manutenção de programas e projetos no médio e longo prazo. Entretanto, se, por um lado, a vigência de instituições democráticas garante a legitimação das tomadas de decisão e a manutenção de políticas debatidas e apropriadas pela sociedade, por outro, as múltiplas etapas e camadas de decisão podem causar ineficiência e, em alguns casos, custos de transação que prejudiquem a execução tempestiva e oportuna para a solução de problemas que pedem agilidade e rapidez (Gomide; Pires, 2014). Desse modo, a atenção se volta para a capacidade de execução desse Estado, levando em conta suas estruturas e dinâmicas de funcionamento, a partir de suas dimensões jurídico-institucionais, técnicas e burocráticas, dentro de um contexto político e social permeado por jogos de força e de interesse e por conflitos e tensões intensificados pelos processos de participação democrática (Saravia, 2006).

Segundo Gomide (2016), o Estado, seja numa configuração de Estado mínimo ou com um caráter fortemente intervencionista, é definidor de trajetórias de desenvolvimento dependentes de duas questões fundamentais: qual a estrutura e a capacidade do Estado para identificar problemas, formular, implantar, implementar e monitorar políticas públicas; e quais são as dinâmicas e práticas necessárias para a efetivação de relacionamentos entre o Estado, a sociedade e o mercado, gerando sinergias positivas nos processos de desenvolvimento.

Gomide (2016) segue afirmando que, em países emergentes,[4] como o Brasil, o debate sobre capacidades estatais e práticas democráticas tem se fortalecido nas últimas décadas com a finalidade de se responder a essas questões essenciais para a formulação e a implementação de políticas públicas consistentes, viáveis e geradoras de um impacto real e efetivo para o desenvolvimento do país.

Nessa discussão, a noção de "autonomia enraizada" (*embedded autonomy*) ganha relevância em virtude da necessidade de se garantir que a burocracia estatal não se submeta a interesses privados, sobrepondo-os aos interesses públicos. Nessa perspectiva, as relações com os setores privados devem ser construídas sempre no sentido da coletividade e do desenvolvimento, sem nunca acontecer a captura do Estado (Gomide, 2016). A relação do Estado com os setores privados se configura como uma das relações possíveis no seu amplo espectro de atuação.

Desse modo, é fundamental o desenvolvimento de mecanismos e competências que garantam tanto uma leitura clara da realidade e das questões enfrentadas pela sociedade quanto a capacidade desse mesmo Estado de atuar com eficiência e efetividade nos processos de transformação. Essa não é uma tarefa simples; ao contrário, é bastante complexa, o que reforça a necessidade de uma legitimação social construída a partir de negociações, pactos, coalizações e alianças entre os diversos atores envolvidos.

Percebe-se então a relevância da criação de canais de relacionamento com a sociedade civil, seja por meio da institucionalização de sua representatividade no aparato do Estado ou da institucionalização de canais diretos com a população.[5] No entanto, na perspectiva da formulação e da execução de políticas, para que o Estado atinja seus objetivos, é preciso ir além, articulando e criando arranjos institucionais que incorporem múltiplos atores. Nesse sentido, os arranjos institucionais são entendidos

> como o conjunto de regras, mecanismos e processos que definem a forma particular como se coordenam atores e interesses na implementação de uma política pública específica. São os arranjos que dotam o Estado de capacidade de execução de seus objetivos. Ou, em outras palavras, são os arranjos que determinam a capacidade do Estado de implementar políticas públicas. (Gomide; Pires, 2014, p. 19)

Os arranjos institucionais correspondem a estruturas de governança que mobilizam os atores relacionados a determinada política por meio de uma combinação entre incentivos e controles. Esses arranjos florescem em ambientes institucionais caracterizados "pela existência de instituições representativas, participativas e de controle (social, burocrático e judicial)" (Gomide; Pires, 2014, p. 21) que se integram na busca por objetivos comuns mediados pelas capacidades políticas do Estado.

Fiani (2014) destaca os investimentos realizados em ativos específicos como exemplares desse tipo de articulação do Estado. Esse autor apresenta como exemplos de investimentos em ativos específicos: os investimentos em infraestrutura com especificação de localização, como no caso de infraestruturas viárias e de telecomunicações; os investimentos em grande escala com promessa (incerta) de demanda futura, que afetam a matriz produtiva do país; e os investimentos em especificidade de capital humano, voltados à formação e ao desenvolvimento de profissionais em áreas estratégicas para o desenvolvimento do país.

Por serem de natureza estruturante e terem elevado risco de retorno, os investimentos específicos demandam o protagonismo do Estado como condutor, mobilizador, promotor e mediador de coalizões entre atores distintos, buscando interesses comuns e atuando como investidor e empreendedor de programas e projetos voltados para o bem-estar, a qualidade de vida da população e o desenvolvimento econômico nos territórios.

Gomide e Pires (2014), conforme pode ser observado na figura 2, defendem que os objetivos das políticas públicas, resultantes de processos democráticos includentes dos atores afetados pela tomada de decisão, pautam e definem os modelos de constituição dos arranjos institucionais que emergem das relações mantidas entre a burocracia do poder executivo e os sistemas participativo, representativo e de controles relacionados a setores específicos.

Figura 2: Modelo analítico adotado para a constituição de arranjos institucionais

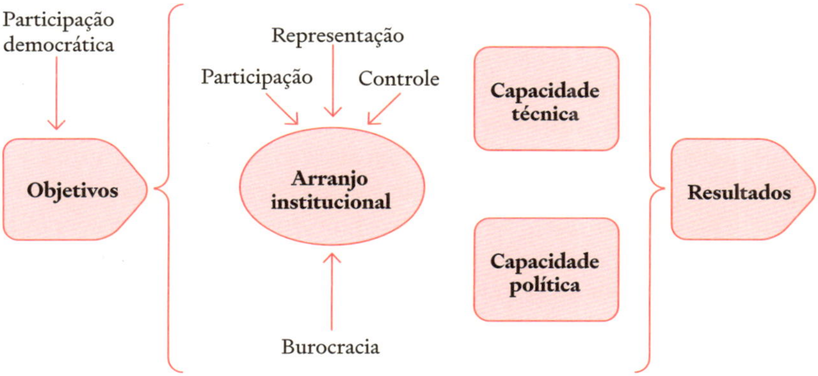

Fonte: Guilherme (2018, p. 95) com base em Gomide e Pires (2014) – adaptado.

As capacidades técnicas e políticas do Estado, necessárias para uma atuação qualificada junto à sociedade, são potencializadas pelos arranjos institucionais mediante uma coordenação eficaz e efetiva de ações integradas e eficientes na alocação de recursos. Os resultados atingidos são então fruto dessa coesão de interesses e da articulação de capacidades institucionais, sendo monitorados por processos de *accountability* e controle.

POLÍTICAS PÚBLICAS EM REDE: O ESTADO-REDE

Em virtude de tudo que foi colocado até aqui, constatamos o quanto a gestão pública é pautada por uma gestão em rede, acionada por e relacionada a representações de interesses que interferem diretamente no processo de formulação de políticas públicas (Lobato, 2006). As representações de interesse e suas dinâmicas são compreendidas a partir da identificação de grupos que, para além dos tradicionais (partidos políticos, associações, sindicatos, entre outros), englobam os informais, muitas vezes constituídos e legitimados pela própria sociedade civil (por exemplo, comunidades e coletivos) ou por empresas e corporações que veem suas demandas negadas ou não atendidas pelo Estado. A fragmentação de interesses e demandas a partir dessa multiplicidade de grupos torna mais complexo o processo de formulação (compartilhado) de políticas, em função de limitações estruturais, administrativas e de recursos. Desse modo, mais do que o atendimento a interesses privados, as políticas devem ser formuladas na perspectiva do atendimento a interesses públicos, geradores de corresponsabilidade.

Muitos desses grupos e atores sociais têm se constituído por meio de redes de ação pública, com seus espaços de representação de interesses, suas dinâmicas competitivas, suas estruturas, hierarquias e tipologias, impactando na constituição de uma ordem social, estabelecida por meio das relações entre Estado e sociedade (Massardier, 2006).

Segundo Massardier (2006), a manutenção da informalidade entre esses grupos e o Estado acaba por garantir, em alguns casos, um maior estreitamento das relações, que se tornam quase simbióticas e com um maior poder de influência sobre os tomadores de decisão. Essa intenção se dá em grupos que trabalham com uma estratégia de cooptação e de captura do Estado em função de interesses privados que são absorvidos por membros de órgãos e entidades governamentais. Nesse sentido, a constituição de redes de políticas públicas se dá a partir da fragilização dos limites entre público e privado, por meio do estreitamento das relações informais entre os indivíduos; da "mobilização dos funcionários nos espaços de discussão informais sobre os 'problemas' de um setor; [d]o fechamento desses espaços. As ações e as interações dos atores sociais inserem as políticas públicas nesses espaços fechados de inter-reconhecimento" (Massardier, 2006, p. 170).

Nesse tipo de sistema de ação pública, o acesso ao Estado é mais elitizado e restrito a um número menor de grupos com interlocução e poder de articulação. Num sentido mais ampliado e pluralista, Massardier (2006) defende que o número de grupos de interesse que se articulam em rede com o Estado é muito maior, e que as redes fragmentam o Estado em segmentos justapostos de acordo com seus interesses e temáticas, assim como fragmentam a própria sociedade, criando sobreposições nos processos de formulação de políticas públicas.

As redes fragmentam então o Estado e a sociedade, além de serem mediadoras das suas relações. As fronteiras entre público e privado se misturam, pois a rede integra interesses e mobiliza indivíduos em espaços informais de discussão em torno de projetos, temáticas, objetivos, ideias e razões para agir ou visões de mundo. O sistema de ação pública é, pois, determinado por estruturas e dinâmicas de rede que acabam por influenciar e estabelecer dispositivos tangíveis de políticas públicas.

É interessante perceber que, quanto mais as redes se multiplicam, mais se acirram a competição e a disputa por interesses entre as redes que tratam de uma mesma política pública. Essa disputa por vezes é assimétrica, em função dos níveis de influência econômica e política dos membros das redes. Assim, uma série de articulações é feita no sentido de mobilizar pessoas que possam fazer a diferença nesse processo.

A compreensão das redes de políticas públicas a partir da compreensão dos seus sistemas de ação permite uma análise da coerência dos dispositivos gerados nessa dinâmica de cooperação e troca. Assim, a análise da ordem política se desloca da separação entre Estado e sociedade para esses espaços sociais autônomos, que são as redes, constituídos por atores públicos e privados, cujos interesses convergem.

A rede, segundo Saravia (2002), é potencializadora de resultados a partir do momento que integra esforços e interesses comuns, ampliando a produção de conhecimento a partir do compartilhamento de informações, experiências e projetos e surgindo como potencial parceira na efetividade das políticas públicas. Cabe ao poder público, então, o reconhecimento do seu papel na formulação e na implementação dessas políticas, definindo canais de interlocução e sistemáticas de participação para além daqueles estabelecidos informalmente.

Se, historicamente, constata-se o modelo de implementação "de cima para baixo" (*top-down*) como o mais comum, cada vez mais tem-se discutido, principalmente em países com regime democrático, a implementação de políticas "de baixo para cima" (*bottom-up*), com a ampliação da participação popular. Assim, multiplicam-se os casos em que a gestão participativa e a participação comunitária são incorporadas às etapas de formulação, implementação, execução e mesmo de monitoramento e avaliação de políticas públicas. Assumindo-se o modelo de implementação *bottom-up*, é preciso ter clara a definição dos mecanismos de governança e de operacionalização das ações de modo compartilhado com a sociedade.

A participação da sociedade permite o compartilhamento e o aumento da capilaridade da ação governamental, além de gerar uma maior efetividade a partir do momento em que a sociedade passa a ser atendida em suas reais necessidades. Está claro que as estruturas de governo não são grandes o suficiente para uma atuação no território nacional, ainda mais quando pensamos nas dimensões do território brasileiro. Envolver a sociedade nesse processo não só amplia a capacidade de atuação governamental como promove o protagonismo da população, que se apropria das conquistas e dos benefícios atingidos e os mantém.

O Estado-rede emerge nesse ambiente plural, diverso e complexo das políticas públicas, inserido num contexto de globalização evidente e irreversível, impactado e alavancado fortemente pelo avanço da internet e das tecnologias da informação, promotoras de atividades econômicas e de comunicação em tempo real (Castells, 1999), ampliando e fortalecendo redes de interação entre governos, mercados, indivíduos e organizações da sociedade civil.

Com efeito, a partir dos anos 1980, o Estado passou a reduzir sua ação como gestor da economia para atuar como regulador (Sorensen, 2006), e sua autoridade política passou a ser desagregada numa variada gama de agências governamentais e públicas voltadas ao fortalecimento de arranjos privados ou públicos. Dessa forma, ele assumiu uma configuração polimorfa, inserida numa rede complexa e ampla de atores supranacionais, nacionais e subnacionais. Essa cooperação transfronteiriça se consolidou a partir de relações estabelecidas entre governos, indivíduos, grupos e organizações da sociedade civil, exigindo a criação e a articulação de sistemas de governança para essa integração. O papel do Estado-nação é assim ampliado no sentido de fazer frente às novas demandas relativas a sua atuação como agente político fundamental e necessário para um processo de desenvolvimento redutor de desigualdades, promotor de crescimento e da ampliação das capacidades de escolha dos indivíduos. Como dito por Amartya Sen (2000), as métricas exclusivamente fechadas em indicadores econômicos, típicas das abordagens convencionais do desenvolvimento, não são mais suficientes, e o enfoque precisa ser ampliado na perspectiva das liberdades humanas.

Essa ampliação exige a reformulação e o desenvolvimento de capacidades burocráticas e de formulação de políticas complexas e integradas entre agentes múltiplos, estatais ou não estatais, dentro de um Estado-rede, definido por Castells (1999, p. 165) como "o Estado da era da informação, a forma política que permite a gestão cotidiana da tensão entre o local e o global", caracterizado pelo compartilhamento de autoridade entre diversas instituições e capaz de responder às diferentes problemáticas de modo dinâmico e efetivo.

Num mundo que tem cada vez mais se constituído por meio de dinâmicas de rede, torna-se praticamente impossível um modelo de Estado que não incorpore essas mesmas dinâmicas às suas estruturas e aos seus modos de agir, junto aos seus múltiplos *stakeholders* (públicos relacionados). A necessidade de descentralizar poder e ampliar a multilateralidade é urgente, emergindo também a necessidade de uma reforma da administração que venha a favorecer a criação e o desenvolvimento do Estado-rede (Castells, 1999). Essa reforma do Estado deve levar em conta os **oito princípios do Estado-rede**:

- **subsidiariedade**, isto é, a capacidade de descentralizar poder e autoridade para entidades supranacionais, nacionais e subnacionais;
- **flexibilidade**, no sentido de ser capaz de atuar como negociador com os diversos entes, legitimando uma ação intervencionista efetiva;
- **coordenação**, com o objetivo de garantir que a subsidiariedade e a flexibilidade não fragilizem e enfraqueçam, sobremaneira, o seu poder soberano, mas que ampliem o empoderamento dos atores locais, promovendo o desenvolvimento de uma estrutura policêntrica (Le Bourlegat; Falcón, 2017);
- **participação cidadã**, com a finalidade de garantir a legitimidade e a efetividade das suas ações, incluindo a sociedade civil nos processos de formulação e monitoramento, num exercício articulado e multinível (Thayer; Delamaza, 2016);
- **transparência administrativa**, no sentido de reforçar a sua credibilidade junto à sociedade civil e aos demais entes com os quais se relaciona;
- **modernização tecnológica da administração**, objetivando mais agilidade, eficiência e eficácia na operação;
- **transformação dos agentes da administração**, com o objetivo de qualificar e ampliar as capacidades de gestão e operação dos servidores públicos; e, por último,
- **retroação na gestão**, promovendo sistemas e dinâmicas de aprendizagem organizacional voltados à correção dos próprios erros.

Essa abordagem institucionalista e de expansão das capacidades é reforçada por Evans (2010), ao reconhecer o papel das instituições como elemento facilitador da tomada de decisão de natureza econômica e ao considerar que políticas e estratégias devem ser formuladas com a participação da sociedade. Assim, o Estado-rede se constitui e se consolida como um Estado desenvolvimentista na perspectiva e no contexto do século XXI, voltado à melhoria do bem-estar e à ampliação das capacidades humanas, baseado no investimento em serviços, dinamizado por democracias participativas e por uma ampla integração de redes de cooperação e governança.

O Estado-rede é, portanto, um Estado integrado e integrador de políticas, configurando-se como o mais adequado aos processos de formulação, desenvolvimento e implementação de políticas públicas de economia criativa, que são, por natureza, intersetoriais e baseadas em redes de criatividade, tecnologia e conhecimento, integradoras de recursos simbólicos (culturais), econômicos e de inovação. O Estado-rede demanda, assim, um Estado democrático.

O ESTADO-REDE E A FORMULAÇÃO DE POLÍTICAS PÚBLICAS PARA O FORTALECIMENTO DE SISTEMAS PRODUTIVOS E REDES DE ECONOMIA CRIATIVA (SPREC)

Considerando que os sistemas produtivos e as redes de economia criativa (SPREC) se constituem dentro de sistemas territoriais (Raffestin, 1993) que contemplam redes de tessituras constituídas por atores influenciados pelas dimensões políticas, econômicas, culturais e sociais, constata-se que o sistema de atuação política do Estado-rede, apresentado esquematicamente na figura 3, deve ser coordenado e articulado de modo a garantir uma capacidade de interlocução múltipla com os diferentes atores, promovendo encontros, associações, parcerias e cooperações.

Figura 3: Os oito princípios do Estado-rede e seu sistema de atuação política no território

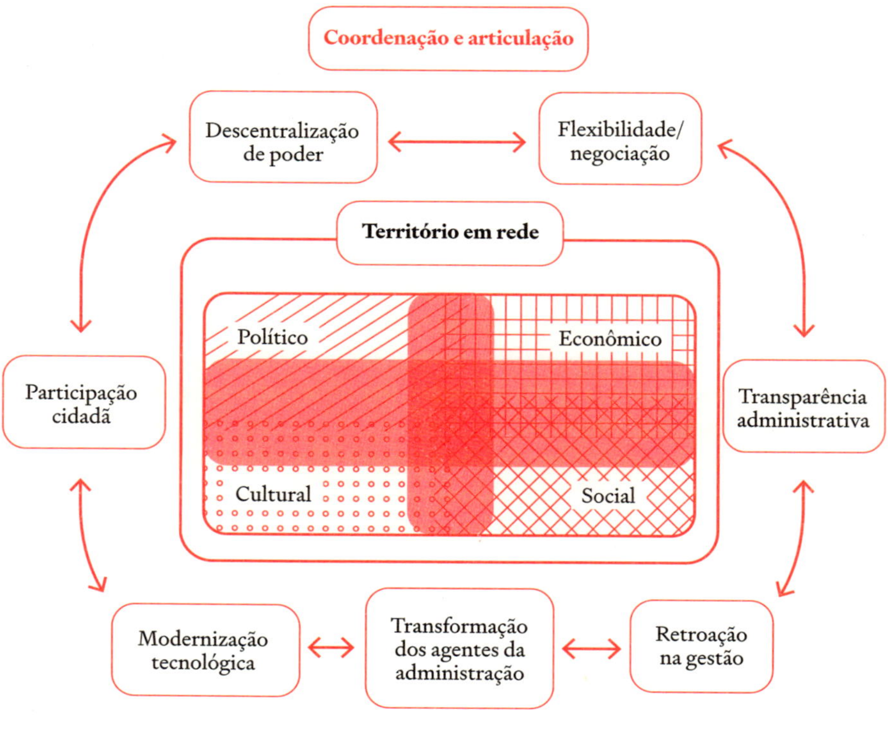

Fonte: Guilherme (2018, p. 237) – adaptado.

O território como um sistema pede uma atuação sistêmica do Estado. Os setores criativos, compreendidos também sob a perspectiva sistêmica, demandam uma interlocução sistêmica, integradora de políticas e capaz de agir de modo simultâneo e consistente por meio de programas e projetos verdadeiramente estruturantes, não fragmentários.

Nessa lógica atrelada ao território, o Estado-rede emerge como ator fundamental a partir de um núcleo-base de coordenação e articulação dos diversos arranjos institucionais que devem ser mobilizados nos territórios e incorporados como agentes políticos. No campo da economia criativa, percebe-se a necessidade de uma composição mínima, nuclear, que inclua as pastas relacionadas à cultura, à educação, à ciência, à tecnologia e à inovação, ao desenvolvimento econômico, ao trabalho e ao turismo. Assim, o sistema de atuação política apresentado na figura 3 é assumido, promovendo a integração de programas e projetos baseados nas demandas efetivas dos territórios, superando a lógica do curto prazo e encampando políticas públicas estruturantes nos médio e longo prazos.

Diante dessa reflexão, parece óbvia a necessidade da reformulação do Estado e de suas dinâmicas para a construção de caminhos efetivos para o desenvolvimento. Mas quais os principais obstáculos e dificuldades quando tomamos o campo da economia criativa como recorte?

- O entendimento acerca da temática da economia criativa ainda é incipiente junto a órgãos da administração pública, tanto no que ela representa quanto nas suas potencialidades efetivas para o desenvolvimento do país. Há, portanto, uma falta de sensibilização institucional para a sua importância.
- A estrutura do Estado é hierarquizada e burocrática, habituada a uma lógica de funcionamento compartimentalizado, em que a cada órgão ou organização cabe uma função específica relacionada ao desenvolvimento de políticas, programas e projetos próprios. Ainda que existam acordos de cooperação e parcerias interinstitucionais, estes se limitam a ações específicas. Desse modo, políticas de natureza transversal, sem um costado político forte, ampliado e bem articulado, não têm força e acabam por suscitar desconfiança entre as partes que se sentem "invadidas" em suas pautas. Os limites institucionais são confundidos com territórios de poder que não podem ser ultrapassados.
- A gestão pública convive e é transpassada por uma rede de interesses, públicos e privados, que precisam ser considerados e reconhecidos na sua importância para a consecução e a concretização de ideias e projetos. Como uma rede fluida, ela pode ser influenciada por atores estratégicos que tenham força política, mas nunca comandada de modo isolado. É necessário então um trabalho contínuo que garanta a presença das partes envolvidas com a finalidade de gerar legitimidade às ações. A construção de planos, programas e projetos, ainda que conceitualmente coerente e tecnicamente viável, não é suficiente para a sua efetivação.

• A cultura personalista presente na gestão pública ainda é um fator impeditivo de processos mais amplos de colaboração e compartilhamento, além de precipitar soluções de continuidade de políticas, programas e projetos com forte associação às gestões antecessoras.

Esses desafios precisam ser urgentemente enfrentados por um Estado-rede inovador e empreendedor de novos caminhos e possibilidades, um Estado-rede articulador de um modelo de governança efetivo que estabeleça processos de colaboração e compartilhamento em múltiplas camadas, promovendo participação, engajamento e corresponsabilidade no poder público e, para além dele, nas suas relações, conexões e parcerias com a iniciativa privada e a sociedade civil, garantindo mecanismos de *accountability* transparentes e efetivos na alocação e no uso dos recursos públicos.

Notas

1 A Organização para a Cooperação e o Desenvolvimento Econômico (OCDE) é uma organização intergovernamental baseada em Paris que se dedica à pesquisa e a estudos para o aperfeiçoamento das políticas públicas nas mais diversas áreas e à troca de experiências entre países membros e parceiros (veja www.oecd.org/about/).

2 Nesse sentido, é exemplar o processo de industrialização do Brasil, alavancado por um Estado desenvolvimentista, ainda que extremamente conservador, centralizador e autoritário. À estrutura estatal foram incorporados órgãos, agências e autarquias governamentais que, agindo de modo planejado e coordenado, investiram fortemente em infraestrutura e assumiram riscos determinantes para o aparelhamento do parque industrial nacional, transformando a matriz produtiva do país (Barcelar, 2003).

3 Veja: oglobo.globo.com/politica/decreto-do-governo-bolsonaro-mantem-apenas-32-conselhos-consultivos-23773337.

4 "De acordo com a literatura, emergentes são os Estados que se tornaram atores relevantes no plano global nos últimos anos por apresentarem vigor econômico e condições favoráveis à expansão do capitalismo mundial – amplos territórios, grandes populações e fartos recursos naturais –, além de aspirarem a uma posição relevante na ordem internacional" (Soares de Lima *apud* Gomide, 2016, p. 17).

5 Como no caso das consultas públicas via internet que têm sido realizadas por agências reguladoras, ministérios, conselhos, autarquias, fundações e empresas públicas para tratar de temas específicos, projetos de lei, resoluções, decretos e normatizações, entre outros assuntos considerados relevantes para formulação e/ou ajustes de políticas, programas e projetos (veja: www.brasil.gov.br/consultas-publicas).

Referências bibliográficas

Bacelar, Tânia. "As políticas públicas no Brasil: heranças, tendências e desafios", em: Santos Junior, Orlando Alves dos. (org.). *Políticas Públicas e Gestão*. Rio de Janeiro: FASE, 2003, pp. 1–10.

Le Bourlegat, Cleonice Alexandre; Falcón, Maria Lúcia. "Sistemas e arranjos produtivos e inovativos locais: abordagem territorial e os desafios para uma agenda de políticas públicas", em: Matos, Marcelo Pessoa *et al.* (orgs.). *Arranjos produtivos locais: Referencial, experiências e políticas em 20 anos da RedeSist*, Rio de Janeiro: Editora E-papers, 2017, pp. 91–120.

Castells, Manuel. "Para o Estado-Rede: Globalização econômica e instituições políticas na era da informação", em: Pereira, L. C. Bresser; Wilheim, Jorge; Sola, Lourdes (orgs.). *Sociedade e Estado em transformação*, São Paulo: Editora da Unesp; Brasília: Editora da UNB, 1999, pp. 147–72.

Delamaza, Gonzalo. "Contexto y características de la institucionalización de laparticipación em las políticas públicas. Um modelo metodológico a partir del caso chileno", em: Faria, Carlos Aurélio Pimenta de *et al.*, *Políticas públicas na América Latina: novas territorialidades e processos*, Porto Alegre: Editora da UFRGS/CEGOV, 2016, pp. 171–97.

Evans, Peter. "Constructing the 21st century developmental state: potentialities and pitfalls", em: Edigheji, O. (org.). *Constructing a Democratic Developmental State in South Africa. Potential and Challenges*, África do Sul: HSRC Press, 2010, s.p.

Fiani, Ronaldo. "Arranjos institucionais e desenvolvimento: o papel da coordenação em estruturas híbridas", em: Gomide, Alexandre de Ávila; Pires, Roberto Rocha C. *Capacidades estatais e democracia: arranjos institucionais de políticas públicas*, Brasília: Ipea, 2014, pp. 57–81.

Gomide, Alexandre de Ávila. "Capacidades estatais para políticas públicas em países emergentes: (des)vantagens comparativas do Brasil", em: Gomide, Alexandre de Ávila; Boschi, Renato Raul. *Capacidades estatais em países emergentes: o Brasil em perspectiva comparada*, Rio de Janeiro: Ipea, 2016, pp. 15–47.

Gomide, Alexandre de Ávila; Pires, Roberto Rocha C. "Capacidades estatais e democracia: a abordagem dos arranjos institucionais para análise de políticas públicas", em: Gomide, Alexandre de Ávila; Pires, Roberto Rocha C. *Capacidades estatais e democracia: arranjos institucionais de políticas públicas*, Brasília: Ipea, 2014, pp. 15–28.

Guilherme, Luciana Lima. *Economia criativa, desenvolvimento e Estado-rede: Uma proposição de políticas públicas para o fortalecimento de sistemas produtivos e redes econômicas de setores criativos na cidade do Rio de Janeiro*, tese (doutorado), Instituto de Economia, Programa de Pós--Graduação em Políticas Públicas, Estratégias e Desenvolvimento, Universidade Federal do Rio de Janeiro, Rio de Janeiro, 2018. Disponível em: www.academia.edu/36823947/ECONOMIA_CRIATIVA_DESENVOLVIMENTO_E_ESTADO_REDE_uma_proposi%C3%A7%C3%A3o_de_pol%C3%ADticas_p%C3%BAblicas_para_o_fortalecimento_de_sistemas_produtivos_e_redes_econ%C3%B4micas_de_setores_criativos_na_cidade_do_Rio_de_Janeiro.

Kingdon, John. "Como chega a hora de uma idéia?", em: Saravia, Enrique; Ferrarezi, Elisabete. (orgs.). *Políticas públicas*, v. 1, Brasília: Enap, 2006, pp. 219–23.

Lobato, Lenaura. "Algumas considerações sobre a representação de interesses no processo de formulação de políticas públicas", em: Saravia, Enrique; Ferrarezi, Elisabete. (orgs.). *Políticas públicas*, v. 1, Brasília: Enape, 2006, pp. 289–313.

Martelli, Carla Gandini Giani. "Estado-rede: a possibilidade do Estado na sociedade informacional", em: *Perspectivas: Revista de Ciências Sociais*, v. 24/25, 2001/02. Disponível em: hdl.handle.net/11449/108152.

Martes, Ana Cristina Braga; Araújo, Theo Lovizio de. "Participação social no Brasil: os pressupostos inatingíveis e as boas práticas possíveis", em: Faria, Carlos Aurélio Pimenta de *et al.*, *Políticas públicas na América Latina: novas territorialidades e processos*, Porto Alegre: Editora da UFRGS/Cegov, 2016, pp. 262–92.

Massardier, Gilles. "Redes de política pública", em: Saravia, Enrique.; Ferrarezi, Elisabete. *Políticas públicas*, v. 2, Brasília: Enape, 2006, pp. 167–85.

Nogueira, Marco Aurélio. "Pólis", em: Di Giovanni, Geraldo; Nogueira, Marco Aurélio (orgs.). *Dicionário de Políticas públicas*, v. 2, São Paulo: Fundap/Imprensa Oficial, 2014, pp. 703–06.

Parada, Eugenio Lahera. "Política y políticas públicas", em: Saravia, Enrique; Ferrarezi, E. (orgs.). *Políticas públicas*, v. 1, Brasília: Enape, 2006, pp. 67–95.

Raffestin, Claude. *Por uma geografia do poder*, São Paulo: Ática, 1993.

Rocha, Carlos Vasconcelos; Castro, José Flávio Moraes. "Dilemas da territorialização na produção de políticas públicas: reflexões a partir do caso de consórcios intermunicipais de saúde de um estado brasileiro", em: Faria, Carlos Aurélio Pimenta de *et al.*, *Políticas públicas na América Latina: novas territorialidades e processos*, Porto Alegre: Editora da UFRGS/Cegov, 2016, pp. 66–94.

Saravia, Enrique. "Introdução à teoria da política pública", em: Saravia, Enrique; Ferrarezi, Elisabete. (orgs.). *Políticas públicas*, v. 1, Brasília: Enape, 2006, pp. 21–42.

Saravia, Enrique. "Técnicas de determinação de prioridades", em: Di Giovanni, Geraldo; Nogueira, Marco Aurélio (orgs.), *Dicionário de políticas públicas*, v. 2, São Paulo: Fundap/Imprensa Oficial, 2014, pp. 980–83.

Saravia, Enrique. "Redes, organizações em rede, organizações virtuais: as novas configurações organizacionais", em: *Revista Portuguesa e Brasileira de Gestão*, v. 1, n. 1, Lisboa, abr./jun. 2002.

Sen, Amartya. *Desenvolvimento como liberdade*, São Paulo: Companhia das Letras, 2000.

Sorensen, George. "The Transformation of the State", em: Hay, Colin; Lister, Michael; Marsh, David. (orgs.). *The State: Theories and Issues*, Hampshire/Nova York: Palgrave Macmillan, 2006, pp. 190–208.

Thayer, Luis Eduardo; Delamaza, Gonzalo. "¿Territorios o regiones? Prácticas de participación y percepciones políticas como condiciones para la gobernanza democrática. Una mirada comparada a tres regiones del sur de Chile", em: Faria, Carlos Aurélio Pimenta de *et al.*, *Políticas públicas na América Latina: novas territorialidades e processos*, Porto Alegre: Editora da UFRGS/Cegov, 2016, pp. 28–46.

Da Sociedade em Rede à Comunidade-Rede: a economia criativa brasileira tecendo redes e fazendo comunidades

CLÁUDIA SOUSA LEITÃO

> *Gaia exige das ciências que digam onde estão e em que porção da Terra habitam... Ela não recusa a existência de um desígnio, mas quer que existam tantos desígnios quanto atores sobre a Terra.*
>
> BRUNO LATOUR

A sociedade em rede, enquanto estrutura social emergente, é compreendida pelos modos como as localidades e identidades são organizadas e definidas, conectadas e desconectadas ao sistema global. Esse processo é característico da Era Informacional, em que uma nova forma cultural dominante em rede é moldada por fluxos de informação e subsidiada por tecnologias, submetendo toda e qualquer ação social à sua lógica. O paradigma tecnológico impõe novos desafios à atuação dos atores sociais no território ao afirmar interesses políticos específicos, produzidos historicamente sob o espaço do lugar, em relação aos espaços verticalizadores das redes, onde agem as forças da globalização. É a partir dessa relação ambivalente entre local e global/ser e rede (Castells, 1999) que a globalização tende a se perpetuar, e que as funções do Estado e dos sujeitos sociais são reestruturadas.

A GLOBALIZAÇÃO E AS SOCIEDADES EM REDE

A globalização oculta e revela lugares, conectando pessoas e funções, conforme o potencial tecnológico e competitivo para tal, favorecendo a inclusão das áreas de valor e interesse ao capitalismo global e a exclusão daquelas que não formaram redes de capital, trabalho e informação (Castells, 2000). Mas a integração ou não desses indivíduos e territórios às sociedades em rede também se dá a partir da prática coletiva de comunidades e movimentos sociais que, em nível local, aderem ou não à estrutura institucional e às estratégias governamentais, de modo a ampliar os meios da participação cidadã sobre processos de decisão.

Opondo-se a uma globalização homogeneizadora, as comunidades locais resistem, ao liderarem novas formas de ativismo, denunciando as desigualdades presentes na sociedade informacional global (Castells, 1999) e explorando as formas de atuação da estrutura em rede no território. As tecnologias da comunicação exercem, nesse contexto, o papel de infraestrutura organizacional desses movimentos, que se articulam em um "processo contínuo de informacionalização, por meio da mudança dos códigos culturais no cerne das novas instituições sociais" (Castells, 1999, p. 135), na busca de apresentar um projeto político alternativo àquele proposto pelas instituições públicas.

Movidos por contradições e disputas, os movimentos sociais em rede se constituem e são programados por meio de códigos culturais comuns, estabelecidos pelas redes e pela internet, capazes de dar significado e poder simbólico a estas, garantindo-lhes uma identidade compartilhada. Essa identidade possibilita que os atores sociais se conectem entre si com autonomia, de modo a resistir à lógica de produção, consumo, comunicação e poder das redes dominantes. Castells (2009, p. 38) considera que, nas sociedades em rede, a dicotomia entre inclusão e exclusão, redes globais e identidades locais faz emergir uma nova cultura global, baseada em protocolos comuns de comunicação:

> [...] não necessariamente em valores compartilhados, mas no compartilhamento do valor da comunicação. Isto é: a nova cultura não é feita de conteúdo, mas de processo. É uma cultura de comunicação pela comunicação. É uma rede aberta de significados culturais que podem não apenas coexistir, mas interagir e modificar uns aos outros com base nessa troca.

Os meios de comunicação e organização em rede assumem um papel cada vez mais relevante como instrumentos de atuação, informatização, recrutamento e (contra)dominação. Sociedades em rede crescem enquanto arena de expressão e disputa de interesses sociais e políticos das comunidades locais, produzindo sociabilidades desterritorializadas e heterogêneas. É a própria rede que determina sua principal forma de organização.

> O decisivo, portanto, é a passagem da limitação espacial como fonte da sociabilidade para a comunidade espacial como expressão da organização social. [...]. As redes são montadas pelas escolhas e estratégias de atores sociais, sejam indivíduos, famílias ou grupos sociais. Dessa forma, a grande transformação da sociabilidade em sociedades complexas ocorreu com a substituição de comunidades espaciais por redes como formas fundamentais de sociabilidade. (Castells, 2003, p. 106)

A cultura da sociedade em rede pode ser definida como um conjunto de protocolos de comunicação que opera em sinergia com atores sociais e sua capacidade de intervir em redes e programas, modificando-os de acordo com seus interesses e condições de atuação (Castells, 2009). Para além dos meios de comunicação, os movimentos sociais necessitam avançar na construção efetiva de um *ethos* comunitário e de um espaço comum:

> [...] também precisam construir um espaço público, criando comunidades livres no espaço urbano. Uma vez que o espaço público institucional – o espaço constitucionalmente designado para a deliberação – está ocupado pelos interesses das elites dominantes e suas redes, os movimentos sociais precisam abrir um novo espaço público que não se limite à internet, mas se torne visível nos lugares da vida social. É por isso que ocupam o espaço urbano e os prédios simbólicos. [...] Em nossa sociedade, o espaço público dos movimentos sociais é construído como um espaço híbrido entre as redes sociais da internet e o espaço urbano ocupado: conectando o ciberespaço com o espaço urbano numa interação implacável e constituindo, tecnológica e culturalmente, comunidades instantâneas de prática transformadora. (Castells, 2013, pp. 19–21)

O espaço em rede, formado pela simbiose entre o digital e o urbano, deve ter a comunicação autônoma como seu pilar fundamental para que os movimentos sociais possam interagir com a sociedade, intervindo em causas diversas e livres da mediação dos que detêm o poder (Castells, 2013). Redes aproximam vivências, similares ou não, de pessoas e comunidades que se identificam e se associam a um propósito, facilitando a ação social e a comunicação eficaz entre os integrantes engajados no movimento. Por isso, possuem significado estratégico para projetos políticos – voltados à consolidação e à ampliação da democracia, da cidadania, da governança, dos direitos civis –, reforçando vínculos de solidariedade e cooperação. Movimentos em rede são autorreflexivos, ou seja, suas transformações acontecem de forma rizomática (seguindo a metáfora do talo de uma planta horizontal, descentralizada e potencialmente espraiada). Os movimentos sociais, segundo Castells (2013, pp. 129–34), obedecem a algumas características:

> (a) são conectados em rede de múltiplas formas; (b) embora se iniciem nas redes da internet, se tornam um movimento ao ocupar o espaço urbano; (c) o espaço da autonomia é a nova forma espacial dos movimentos sociais em rede; (d) os movimentos são simultaneamente locais e globais; (e) estes geram sua própria forma de tempo que é atemporal; (f) são amplamente espontâneos em sua origem, geralmente desencadeados por uma centelha de indignação; (g) os movimentos são virais; (h) a passagem da indignação

> à esperança realiza-se por deliberação no espaço da autonomia; (i) as redes horizontais, multimodais, tanto na internet quanto no espaço urbano, criam companheirismo; (j) a horizontalidade das redes favorece a cooperação e a solidariedade, ao mesmo tempo que reduz a necessidade de liderança formal; (k) são movimentos profundamente autorreflexivos; (l) esses movimentos raramente são programáticos; (m) os movimentos sociais são voltados para a mudança dos valores da sociedade; (n) os movimentos são políticos em um sentido fundamental.

Por mais diversificado, multimodal e versátil que seja o sistema, a inclusão nas redes acontece parcialmente e à sombra dos seus códigos culturais, ou seja, a mensagem serve a interesses e valores em disputa. O grande desafio é compreender de que modo as localidades resistem a esse impulso segregador da nova lógica espacial para desempenhar outra centralidade na relação com os espaços intangíveis do virtual por meio da ação dos seus atores sociais e da geração de valor no território. O espaço das redes, também denominado *ciberespaço* (Lévy, 1999), permite novas interações e dinâmicas, que desafiam as noções tradicionais de tempo e espaço por meio da realidade construída a partir da cultura virtual, a *cibercultura*:

> [...] Antes de apostar cegamente em caminhos irreversíveis, é urgente imaginar, experimentar e promover, em um novo espaço de comunicação, estruturas organizacionais e estilos de decisão voltados ao aprofundamento da democracia. O ciberespaço pode se tornar um meio para explorar problemas, para a discussão pluralista, para tornar visíveis processos complexos, para a tomada de decisões coletivas e para avaliar resultados junto às comunidades em questão. (Lévy, 1999, p. 43, tradução nossa)

O ciberespaço produz mutações culturais na consciência global da humanidade, como pondera Lévy (1999, p. 237), "ao complexificar e intensificar suas relações, ao encontrar novas formas de linguagem e de comunicação, ao multiplicar seus meios técnicos". No entanto, as desigualdades não são subtraídas da lógica de universalização e virtualização dessas relações, que podem despotencializar identidades comunitárias, subjetividades e especificidades do território.

A sociedade interativa que emerge da estrutura em rede se expande em função da comunicabilidade e da solidariedade entre usuários, mas também pode ampliar individualismos e projetos de dominação, ao que Castells (2003, p. 135) argumenta:

> Na verdade, a liberdade nunca é uma dádiva. É uma luta constante; é a capacidade de redefinir autonomia e pôr a democracia em prática em cada

> contexto social e tecnológico. A Internet encerra um potencial extraordinário para a expressão dos direitos dos cidadãos e a comunicação de valores humanos. Certamente não pode substituir a mudança social ou a reforma política. Contudo, ao nivelar relativamente o terreno da manipulação simbólica, e ao ampliar as fontes de comunicação, contribui de fato para a democratização. A Internet põe as pessoas em contato numa ágora pública, para expressar suas inquietações e partilhar suas esperanças. É por isso que o controle dessa ágora pública pelo povo talvez seja a questão política mais fundamental suscitada pelo seu desenvolvimento.

Apesar das contradições da cibercultura, vale enfatizar, nas relações entre poder e contrapoder traduzidas por novas emergências e centralidades, a presença de novos agentes da transformação social: os atores-rede (Latour, 2012a). Mobilizados em torno de projetos e interesses comuns, encontram eco na ação coletiva, construindo espaços de autonomia e deliberação sobre as demandas e vinculações sociais que lhes dizem respeito.

> [...] o exercício do poder na sociedade em rede requer um complexo conjunto de ações conjuntas, que vai além das alianças para se tornar uma nova forma de sujeito, próximo ao que Bruno Latour (2005) brilhantemente teorizou como o ator-rede de ação. (Castells, 2009, p. 45)

Castells destaca a importância da Teoria do Ator-Rede de Bruno Latour (2012a), especialmente, em sua tarefa de associar os estudos acerca do social àqueles relativos às inovações tecnológicas no sistema-mundo global.

A TEORIA DO ATOR-REDE E OS NOVOS MODOS DE REAGREGAÇÃO DO SOCIAL

A teoria parte da centralidade das ligações entre os indivíduos e os objetos na produção de significados e redes, ou seja, das conexões realizadas por meio do *continuum* de associações entre os atores-rede. Desse modo, o sentido do social deve ser construído pelos atores no exercício da sua reflexividade. Grupos sociais são dinâmicos, e a ação não deriva somente de uma única fonte/ator, mas do conjunto formado pelos mediadores e intermediadores que mobilizam as redes sociotécnicas.

> [...] Latour e seus colegas buscam ampliar a lista de atores e o horizonte da análise do mundo social, apontando assim para "um fio de Ariadne", que os permitiria passar continuamente do local ao global, do humano ao não humano. (Milanês, 2021, p. 12)

Esse "fio de histórias confusas" nada mais é, para Latour (2012a), que as redes de coisas e ações empreendidas por humanos e não humanos que permitem a criação de vínculos sociais nas redes. Segundo Latour (2012a, p. 312), um ator-rede consiste "naquilo que é induzido a agir por uma vasta rede de mediadores que entram e saem; suas muitas conexões lhe dão existência". Não obstante a importância do ser, as técnicas e objetos constituem a outra parte fundamental da relação ator-rede. Latour privilegia as conexões em formação pelos grupos, e não aquelas já estabelecidas, de modo a identificar e mapear novas associações.

Segundo Milanês (2021), na Teoria do Ator-Rede, a antropologia não está limitada ao território, mas acompanha as redes que nele emergem, em confluência com as novas formações sociais cada vez mais efêmeras. Por outro lado, a autora reconhece a existência de uma simetria entre atores – que valoriza os elementos sociais e materiais, na qualidade de agentes – assim como a imprecisão inerente às relações entre grupos e/ou ações, coisas e fatos, com vistas a conhecer o funcionamento das estruturas sociais. No cenário de multiplicação de seres híbridos, "meio-objetos e meio-sujeitos", acontece o redimensionamento das relações entre o local e o global, com a ampliação das redes para além daquelas constituídas e mantidas no território:

> O natural e o social não são compostos dos mesmos ingredientes; o global e o local são intrinsecamente distintos. Mas nós nada sabemos sobre o social além daquilo que é definido pelo que nós acreditamos saber sobre o natural, e vice-versa. Da mesma forma, só definimos o local através das características que acreditamos poder atribuir ao global, e inversamente. (Latour, 1994, p. 120)

São as mediações e os grupos em rede que atribuem sentido a esse quadro representativo de forças e que levam Latour (1994, p. 121) a constatar que: "no meio, onde supostamente nada acontece, é onde quase tudo está presente". A Teoria do Ator-Rede é um operador teórico-metodológico que abre uma terceira via, entre correntes estruturalistas e individualistas, de análise sobre a rede, percebida não mais enquanto forma dada ou exclusiva na explicação da organização social humana, mas como possibilidade de investigação da realidade, por meio das conexões entre os atores e as entidades humanas e não humanas, num processo sempre dinâmico de (re)agregação do social.

> [...] Em vez de ter que escolher entre a visão local e a visão global, a noção de rede nos permite pensar em uma entidade global – uma entidade altamente conectada – que permanece, no entanto, continuamente local. Em vez de opor o nível individual à massa ou a agência à estrutura, simplesmente observamos como determinado elemento se torna estratégico pelo número

de conexões que ele comanda e por como perde sua importância ao perder suas conexões. (Latour, 1996, pp. 5–6, tradução nossa)

Não há, na Teoria do Ator-Rede, uma divisão por domínios distintos, e sim a simetria entre humano/sujeito e não humano/objeto, de modo que todos têm poder de agenciamento sobre o social dentro da relação. Ao compreender a totalidade de atores, associações, interesses, valores e objetivos envolvidos nessas redes, compreendem-se as relações de poder e os projetos defendidos pelos agrupamentos, bem como as controvérsias acerca de um dado objeto entre eles. Segundo Latour (2012a), existe uma diferença entre a rede utilizada como ferramenta para ajudar a descrever algo e aquela que está sendo descrita. As redes de Latour são geralmente utilizadas como instrumentos descritivos de redes reticulares, como as redes tecnológicas – que organizam a infraestrutura das redes de atores –, mesmo que ambas não façam parte da Teoria do Ator-Rede.

Devemos a Latour novos caminhos para a análise social a partir das redes, que não devem ser definidas à luz do indivíduo humano, mas antes por qualquer objeto que esteja na fonte da ação. O poder da rede está contido na pluralidade e na intensidade com que as ligações e os fluxos são formados e mantidos, seguindo a escala estabelecida pelos próprios atores/mediadores. Essas escalas definem os espaços onde os atores transitam, assim como onde os fluxos de informação e os mecanismos de associação entre local e global são produzidos. O critério geográfico não é o que identifica as duas entidades, já que ambas são produtos de redes e estão submetidas à lógica complexa das relações entre os atores e a sua capacidade de ação nesses espaços. A relocalização do global e a redistribuição do local pelas redes reconfiguram o social ao possibilitar novas associações entre novas entidades e/ou atores. Nesse sentido, vale retomar os significados das palavras *ator*, enquanto "aquele que representa a principal fonte de incertezas, deslocamentos e perplexidades, quanto à origem do seu agir", e *ator-rede*, como "o alvo móvel de um amplo conjunto de entidades que enxameiam em sua direção" (Latour, 2012a).

Castells (2012) converge com o pensamento de Latour ao reservar um espaço de agir aos atores a partir das associações e dos movimentos sociais construídos na estrutura em rede. Suas reflexões são essenciais à compreensão das sociedades em rede e suas possibilidades: de um lado, como instrumentos de denúncia das contradições internas à cidadania e à democracia; de outro, como ampliação e reinvenção da cidadania e da democracia, a partir de novas práticas emancipatórias. Ao reivindicarem a representação de seus interesses, esses atores reafirmam o seu poder (ou contrapoder) simbólico na construção de redes de resistência e mudança social diante do controle exercido pelas instituições do Estado. É no processo de comunicação compartilhada entre as redes que informações são trocadas, significados são produzidos e relações de poder são modificadas.

> A questão fundamental é que esse novo espaço público, o espaço em rede, situado entre os espaços digital e urbano, é um espaço de comunicação autônoma. A autonomia da comunicação é a essência dos movimentos sociais, ao permitir que o movimento se forme e ao possibilitar que ele se relacione com a sociedade em geral, para além do controle dos detentores do poder sobre o poder da comunicação. (Castells, 2012, p. 21)

Na era do capitalismo de matriz cibernética, a sociedade em rede também pode ser representada como mais um de seus produtos, nos quais estão lançadas as bases para a construção de novas formas de agenciamento e de exercício do poder. O poder da comunicação e da informação, no contexto global, é exercido de forma avassaladora por meio das redes. Analisar os processos constituintes das redes significa compreender como a qualidade da atuação dos múltiplos atores é relevante e estratégica, sobre as dinâmicas que estruturam relações sociais, sistemas e processos, para a emancipação. Compreender o agir dos atores sobre as dinâmicas da mundialização significa perceber transformações e intensidades com que os elementos espaciais e organizacionais são processados em rede no território, transformando dependências em práticas emancipatórias.

Latour (2012a, p. 101) ressalta que "é grande a tentação de agir como se existisse uma força extraordinária capaz de enriquecer as assimetrias breves com a duração e a amplitude, que as habilidades sociais não podem produzir por seu próprio esforço". A observação do autor procede. Afinal, a ideia de sociedade é marcada pela lógica determinista e, por isso, a rede não está livre das grandes teleologias dos discursos hegemônicos modernos. Embora os objetos ajudem a "rastrear conexões sociais" (Latour, 2012a, pp. 111–2), os "sociólogos do social", sob o argumento da incomensurabilidade, não se dedicaram a estudá-los ou a compreendê-los como "fazedores de laços sociais". Seu interesse está nos "sociólogos da associação", não nos "sociólogos do social", considerando-os estratégicos para as sociedades. Por isso, ele propõe a utilização da palavra *coletivo* para enfatizar o projeto de junção de novas entidades, ainda não reunidas por não serem feitas de material social. Em outras palavras, territórios em rede constituem o *locus* privilegiado da conexão entre atores heterogêneos, que constroem vínculos a partir de um zigue-zague entre humanos e não humanos. Muitas dessas conexões são ocultadas nas redes, embora sejam essenciais para a compreensão das relações sociais:

> Um pastor e seu cão nos lembram perfeitamente relações sociais; mas quando vemos o rebanho por trás de uma cerca de arame farpado, perguntamo-nos onde estar[ão] o cão e o pastor – embora carneiros sejam mantidos quietos muito mais pelo efeito ameaçador das farpas do arame do que pelos latidos do cão. (Latour, 2012a, p. 116)

Ao introduzir e dar visibilidade aos objetos para analisar vínculos e associações, o autor sugere que observemos a sua "dança" nos lugares e nos territórios:

> A primeira solução é estudar inovações na oficina do artesão, no departamento de projetos do engenheiro, no laboratório do cientista... Nesses lugares, os objetos vivem uma vida claramente múltipla e complexa por intermédio de reuniões, projetos, esboços, regulamentos e provas. Surgem totalmente fundidos com outras ações sociais tradicionais. Só quando se instalam é que desaparecem de vista. Por isso o estudo de inovações e controvérsias constitui um dos primeiros locais privilegiados onde objetos podem ser mantidos por mais tempo como mediadores visíveis, disseminados e reconhecidos antes de se tornarem intermediários invisíveis, não sociais. (Latour, 2012a, p. 120)

Latour (2012a) categoriza objetos – objetos estes que estão sob a posse de usuários distantes (ao exemplo da arqueologia ou da etnologia) e passam a ser exóticos, arcaicos ou misteriosos; que sofrem situações acidentais e disruptivas (a explosão da nave Columbia) e passam a ser considerados objetos de risco; e que perderam proximidade com usuários, foram para os bastidores e somente voltam à luz a partir de museus, bibliotecas, arquivos, legitimando discursos históricos – para que possamos pensá-los enquanto articuladores de vínculos e associações. Ao trazê-los para o campo da "sociologia da associação", Latour (des)moraliza o discurso científico, que compreende a relação social como um monopólio dos humanos, revelando atores até então invisíveis no jogo das sociabilidades.

Removendo as fronteiras entre o social e o natural, as entidades não humanas ganham especial significado na formação das redes. Não se trata de observá-las a partir de uma ótica empírica, historicamente constituída a partir do desprezo e da desconfiança da experiência como forma de conhecer. Pelo contrário, trata-se de incluí-las na observação dos fatos enquanto possibilidade de novas aproximações com outras realidades.

A Teoria do Ator-Rede (Latour, 2012a, p. 158) produz uma revolução epistemológica ao introduzir na matéria social o não humano, ampliando horizontes para a percepção e a recepção de ontologias e cosmogonias, ao observar que a ampliação dos atores ilumina novas associações, pois o social circula em qualquer lugar, como um movimento que liga as coisas não sociais, promovendo, por sua vez, o surgimento de novos mediadores. A "sociologia das associações" recupera um dos significados originais da palavra social (*socius*): alguém que segue alguém (Latour, 2012a, p. 159). Se, no mundo das redes, a palavra *seguir* parece óbvia, vale aprofundá-la, a partir de Latour, enquanto conexões e associações que transportam transformações ou traduções.

A rede deve ser percebida como território de composição e tradução de relatos, mediações, associações e interações (Latour, 2012a, p. 160). O território é rede por dar concretude às traduções desses relatos e expandir seus mediadores. Para Latour (2012a, p. 189), "um bom relato é aquele que tece uma rede", e "tecer redes" significa produzir relatos, traduzindo a interação de todos aqueles que "fazem a diferença" no território. Em outras palavras, um relato será bem ou malsucedido em função da forma em que se limita a (re) produzir causalidades a partir da (in)visibilização de atores. Por outro lado, produzir relatos não significa somente descrever situações e reconhecer os atores enquanto redes de mediação. Não se trata, tampouco, de descrever para explicar, mas de inscrever novos coletivos para fazer aflorarem novas associações e conexões. A esse respeito, vale retomar a etimologia da palavra conexão (*connectare*), que remete a atar um ao outro, associar, mas cuja raiz é a palavra nexo (*nexus*), que significa laço, nó, ligação, vínculo ou relação lógica de causa e efeito. Se o "bom relato", segundo Latour, é o que "tece a rede", o bom relato é aquele que, ao libertar-se dos nexos deterministas de causa e efeito, reconhece novos atores, associações e conexões e, portanto, contribui para a construção de outros mundos a serem vividos.

Suas reflexões são implicantes na medida em que nos permitem perceber os discursos hegemônicos da civilização industrial como "maus relatos" e as sociedades em rede enquanto lugares da tradução e da mediação de relatos produtores seja de dependência, seja de emancipação. Analisar a qualidade associativa das redes a partir dos seus relatos é tarefa essencial do Estado-rede, conforme analisado, e, sobretudo, das comunidades-rede.

REDES DE ECONOMIA CRIATIVA: AS COMUNIDADES CRIATIVAS COMO COMUNIDADES-REDE

A ideia de comunidade-rede aqui adotada busca superar a compreensão da "sociedade em rede" de Castells para enfatizar, na perspectiva de Latour, o "agir na rede", e não somente o "agir em rede". Trata-se de compreender as comunidades criativas como atores-rede estratégicos para as novas formas de agregação social, de emancipação e em favor de um desenvolvimento com envolvimento, com ênfase no bem comum e no bem viver. A natureza das comunidades-rede ofereceria condições propícias ao "agir na rede", cuja qualidade de interação produz associações e conexões emancipatórias. A grande característica da comunidade criativa, enquanto ator-rede, seria a do reconhecimento de novos atores-rede a partir do acolhimento da pluralidade de ontologias e cosmogonias, essenciais aos novos modos de conhecer. Enfim, "comunidades em rede" não são, necessariamente, "comunidades-rede". Em nossa hipótese, as comunidades criativas são comunidades-rede, em função dos princípios da economia criativa, sobretudo o princípio da tecnodiversidade. A sociedade em rede se nutre de um imaginário universalista, ou seja, que produz achatamentos semânticos em nome de uma cosmotécnica que se torna um fim em si mesma. No sentido contra-hegemônico, as comunidades criativas constituem comunidades-rede por fomentarem a pluralidade dos modos de ser/estar no mundo a partir da tecnodiversidade.

Nesse sentido, poderíamos utilizar uma das ideias centrais da Teoria do Ator-Rede de Latour para transformá-la em um provérbio oportuno ao reconhecimento das comunidades criativas e seu papel essencial para a reagregação do social: "diga-me da qualidade de associações e interações das comunidades-rede e te direi da qualidade da sociedade que as produziu". Nesse sentido, a capacidade de produção de nexos, conexões, associações, modos de trabalhar e de se movimentar das redes de economia criativa dos países do Sul diz muito sobre a natureza das suas comunidades criativas, sobretudo a partir dos princípios de economia criativa. É tarefa das comunidades criativas, como comunidades-rede, produzir novos relatos contra-hegemônicos ao sistema-mundo global, ou seja, novos nexos criativos que não sucumbam ao reducionismo das lógicas mercantis, mas que sejam expandidos para reinventar humanidades. Comunidades-rede e Estados-rede são primordiais à ideia de "ecologia planetária", como propõe Latour frente à Gaia, ou seja, à rede de trajetórias na qual os seres vivos, humanos e não humanos, estão irreversivelmente emaranhados.

Ao refletir sobre a crise climática como o sintoma maior das relações irracionais dos humanos com o mundo, Latour (2020, s.p.) observa que a loucura foi definida pela ciência como "uma alteração da relação com o mundo", mas essa alteração sempre partiu de um *a priori*, o "dispor do mundo". Ora, a maior das distopias é a "deixar de ter o mundo", uma conquista considerada irreversível para os modernos. Em outras palavras, ao perderem a habitabilidade no mundo, os seres humanos terão assumido o seu desligamento dele. Em que medida as redes de economia criativa poderiam contribuir para que possamos reaver o mundo a partir de um desenvolvimento com envolvimento?

A Teoria do Ator-Rede nos estimula a refletir sobre as redes de economia criativa. Afinal, essas redes possuem natural apetência à produção de conexões e associações entre atores-rede humanos e não humanos a partir de suas dinâmicas comunitárias. Vejamos de que modo a Teoria do Ator-Rede contribui para percebermos, a partir da rede, a hegemonia das indústrias criativas sobre as economias criativas. O grande risco nesse processo é tomarmos o método como objeto, ou seja, confundirmos as redes de economia criativa que descrevemos com as redes utilizadas para descrever as dinâmicas econômicas dos setores criativos.

Refletir sobre a economia criativa a partir da Teoria do Ator-Rede não significa compreender a rede como um instrumento para descrever de que modo os setores criativos se utilizam dela em suas dinâmicas de criação, produção, distribuição e consumo de bens e serviços criativos, mas antes identificar de que modo as redes da economia criativa se constituem, ou seja, qual é a qualidade de interação dos atores-rede em sua capacidade de produção de nexos, conexões, associações, modos de trabalhar e de se movimentar. Nesse sentido, a sociedade é consequência, e não causa, das associações produzidas na rede. Enfim, não é o social que determina as associações, mas são os tipos de associações que oferecem pistas para a compreensão do social.

Em que medida a rede das indústrias criativas contribui para o florescimento de comunidades criativas, reagregando o social em uma perspectiva emancipatória? Em nossa hipótese, as redes das indústrias criativas reduzem os seus sentidos à mera dimensão performática dos setores criativos, ou seja, são consideradas meros veículos potencializadores das suas dinâmicas econômicas. Ao mesmo tempo, as redes das indústrias criativas mantêm uma visão reducionista dos atores que as compõem, limitada à compreensão de que somente os humanos constituem sua matéria social. Poderíamos compreender os relatórios de economia criativa produzidos pelas organizações internacionais e nacionais como "maus relatos", na perspectiva de Latour?

Ao tomarmos como exemplo o Relatório de Economia Criativa da UNCTAD (2022), observaremos que, uma década depois da sua primeira publicação, são os mesmos atores e mediadores que produzem as mesmas traduções acerca de relatos semelhantes, construídos a partir da repetição de conceitos, metodologias, categorias, tipologias, glossários, advertências e recomendações. Em nossa hipótese, a hegemonia dos relatos das indústrias criativas sobre as economias criativas nos relatórios internacionais e nacionais se fundamenta em visão reduzida de novos atores-rede, essenciais às novas possibilidades de agregação do social e à construção de novos mundos a partir das redes de economia criativa. Por outro lado, a visão utilitária dos setores criativos em rede funciona para maximizar os resultados econômicos das indústrias criativas, sobretudo a partir das demandas de digitalização propostas pelo capitalismo estético e cultural. As redes das indústrias criativas não "tecem redes" nem "fazem comunidades". Essa constatação é, ao mesmo tempo, frustrante e provocadora. É frustrante na medida em que observamos, nas organizações internacionais e nacionais, a ratificação de epistemologias do Norte global e de discursos acríticos sobre a economia criativa a partir dos mesmos atores; é provocadora, por sua vez, porque nos convoca a refletir sobre a necessidade de ampliação de novos atores e mediadores que possam oferecer novas respostas a um mundo permanentemente em crise que carece de outros mundos.

O Relatório da UNCTAD de 2022 decorre do Ano Internacional da Economia Criativa, 2021, promovido pelas Nações Unidas. Embora a economia criativa esteja associada aos Objetivos de Desenvolvimento Sustentável (ODS), o Relatório não problematiza, por exemplo, os impactos das indústrias criativas sobre a sustentabilidade dos territórios. De que modo as organizações internacionais poderiam oferecer respostas mais eficientes, efetivas e eficazes aos grandes desafios planetários a partir da economia criativa? Consideramos que essas organizações necessitam tecer redes e, para tanto, deveriam ampliar suas redes de economia criativa com novos atores-rede, sobretudo a partir do acolhimento às epistemologias do Sul. Não basta aos relatórios a manutenção de uma retórica de que "soluções criativas são necessárias para superar os desafios globais" (UNCTAD, 2022, p. 13). A gravidade e a complexidade dos problemas globais exigem medidas drásticas de ampliação dos significados do social para fazer aflorarem novos nexos e conexões que abram caminho na direção de outras epistemologias. Eis aí um nexo (no sentido de nó) que devemos nos dedicar a desatar.

No sentido proposto por Latour, os relatos produzidos pelas redes das indústrias criativas são "maus relatos", pois não reconhecem atores, associações e conexões que possam, efetivamente, contribuir para o (des)envolvimento sustentável, ou melhor, para um desenvolvimento com envolvimento:

> A contribuição da economia criativa para o desenvolvimento sustentável foi destacada na resolução 74/198 da Assembleia Geral das Nações Unidas, que reconheceu que ela se alinha às três dimensões do desenvolvimento sustentável – econômica, social e ambiental. A economia criativa está contribuindo para os Objetivos de Desenvolvimento Sustentável (ODS) de várias maneiras, especialmente para os Objetivos 1 (sem pobreza), 5 (igualdade de gênero), 8 (trabalho decente e crescimento econômico), 9 (indústria, inovação e infraestrutura), 10 (desigualdades reduzidas), 11 (cidades sustentáveis), 12 (padrões de consumo e produção sustentáveis), 16 (sociedades pacíficas e inclusivas) e 17 (meios de implementação e parcerias globais). (UNCTAD, 2022, p. 12)

Em uma tentativa mecânica de produzir nexos e conexões entre a economia criativa e alguns ODS, o Relatório novamente demostra sua inépcia em tecer redes. Somente a recepção a novos valores e epistemologias poderia relevar novos modos de agir na rede. Um outro sintoma da hegemonia das epistemologias do Norte global aparece no Relatório por meio dos métodos que adota. O estudo de caso é um bom álibi para legitimar sua preocupação com a diversidade, mantendo-se uma perspectiva universalizante. O aparecimento dos casos ilustra aquilo que não se chega, efetivamente, a conhecer: novas epistemologias, novos atores-rede, novas interações e associações capazes de articular novos repertórios e, especialmente, uma efetiva diversidade cognitiva. Enfim, a ênfase nas novas tecnologias e nos processos de digitalização também é reveladora da hegemonia epistemológica. Sua recepção acrítica indica a permanência de uma compreensão da rede como mera difusora da performance econômica das indústrias criativas, pois ela não se dedica a refletir sobre a quantidade e a qualidade de interação dos seus atores.

É importante refletir sobre os nexos criativos produzidos nas redes das indústrias criativas a partir de seus relatos. Eles são (re)produzidos pelas diversas organizações e podem ser identificados por meio de diagnósticos, estudos estatísticos, planos de governo, planos de marketing, fundos de financiamento, legislações, entre outros relatos que buscam "explicar o social" a partir de exegeses afinadas com os seus próprios interesses. Transportar sentidos é deformar sentidos. Qual seria o papel das organizações produtoras e difusoras do conhecimento em economia criativa? Não seria o de ampliar o agir na rede, contribuindo para a emancipação do social?

A crítica aqui realizada às organizações internacionais pode e deve se estender às organizações privadas que representam os setores criativos, assim como às organizações públicas responsáveis pela liderança na formulação, na implementação e no monitoramento de políticas públicas para a economia criativa. Essas organizações foram convertidas e cooptadas para produzir discursos globalizantes cujos consensos suspeitos e acríticos determinam o agravamento da alienação e da dependência entre povos e países. Em todas essas organizações, parte-se do "consenso" da conveniência da cultura:

> [...] a economia cultural [...] não é a única a valer-se da cultura como expediente, como recurso para outros fins. Podemos encontrar essa estratégia em muitos e diferentes setores da vida contemporânea: o uso da alta cultura (por exemplo, os museus, as zonas de desenvolvimento cultural, as cidades convertidas em parques temáticos etc.) para o desenvolvimento urbano; para a promoção de culturas nativas e patrimônios nacionais destinados ao consumo turístico; para a criação de indústrias culturais transnacionais que complementem a integração supranacional, seja com a União Europeia ou com a América Latina; para a redefinição da propriedade como forma de cultura a fim de estimular o acúmulo de capital em informática, comunicações, produtos farmacêuticos e entretenimento. (Yúdice, 2006, pp. 454–55)

A cultura como conveniência, como expediente para outros fins, está no cerne das redes de indústrias criativas e da produção hegemônica de relatos das organizações públicas e privadas que aprisionam e reduzem os significados da cultura e da criatividade na economia-mundo. O capitalismo neoliberal atua, em nome da cultura, como recurso para produzir assimetrias, ainda mais profundas nos países do Sul. Neles, os saberes comunitários sofrem permanente ameaça e ratificam o controle das economias centrais sobre as economias periféricas, sobretudo nos domínios da propriedade intelectual, dos direitos autorais e da indústria de patentes. Das indústrias farmacêuticas às indústrias criativas, das indústrias de eletrônicos às de entretenimento, sempre saudadas pelas suas performances inovadoras, encontramos as mesmas expressões de hegemonia econômica entre países produtores e "consumidores passivos de bens culturais adquiridos nos mercados", como alertava Furtado (1984, p. 25). A reflexão sobre a distinção dos relatos entre redes de indústrias criativas e redes de economias criativas, na perspectiva da Teoria do Ator-Rede, é estratégica para que possamos enfrentar o dilema proposto por Furtado (1984, p. 25): "ter ou não ter direito à criatividade, eis a questão". Afinal, de que redes estamos falando? À qual economia criativa nos referimos? De que forma essas redes são constituídas? Que associações, conexões e interações produzem? Pela natureza da economia criativa, especialmente pelos princípios adotados neste livro, as redes de economia criativa devem ampliar seus atores, na perspectiva de um desenvolvimento com envolvimento.

Novos atores produzem novos efeitos sobre a rede; novas conexões fazem surgir novas controvérsias e perplexidades, novos nós a serem desatados. É preciso ampliar atores e traduzir relatos, observa Latour (2012a); é preciso deformar e testar palavras para revelar suas qualidades intrínsecas, alerta Bachelard (2019). Testar grandes relatos e grandes palavras em rede significa traduzi-los, a partir de novos mediadores e intermediadores, revelando suas contradições intrínsecas e extrínsecas. Afinal, toda sociedade precisa de novos nexos, conexões e interações para continuar existindo.

> [...] um número fabuloso de participantes atua ao mesmo tempo nelas, deslocando suas fronteiras de todos os modos possíveis, redistribuindo-as e tornando impossível começar no que possa ser chamado de "local". [...] Na maioria das situações, as ações são afetadas por entidades heterogêneas que não têm a mesma presença local, não se originam na mesma época, não são imediatamente visíveis e não as pressionam com o mesmo peso. A palavra "interação" não foi uma má escolha; o que se subestimou foram o número e o tipo de "ações", bem como a duração de suas *inter*-relações. Estendamos uma *inter*-ação e, com certeza, ela se tornará um ator-rede. (Latour, 2012a, p. 292)

O que dizer das redes da economia criativa brasileira? Que representatividade possuem? Que associações produzem?[1] Como ampliar as *inter*-ações nas redes de economia criativa? Inicialmente, é necessário reconhecer o tipo de conexões que produzem, além do caráter insubstituível de cada um de seus atores. Na construção das redes, mais valem os movimentos e deslocamentos que os lugares e as formas, ou seja, necessitamos identificar os atores-rede nas redes de economia criativa a partir da descrição do que fazem e de como fazem; enfim, do que "faz a diferença" em suas *inter*-ações. Enfim, o que "faz a diferença" nas redes de economia criativa brasileira?

A compreensão de agir na rede e não agir em rede também constitui um nó a ser desatado nas redes de economia criativa, sobretudo pela relevância política dessas ações. Afinal, é a qualidade do agir na rede que pode definir as práticas de emancipação de seus atores. Nas ações dos atores-rede, a relevância não está na produção de conhecimento científico, mas na qualidade do "rastreamento do social" realizado pela rede; em outras palavras, é necessário seguir os atores observando a multiplicação ou a redução de associações e a renovação ou não de seus laços sociais. A produção de sentido do social somente acontece em movimento e em interação. É o caráter fluido do social que lhe empresta potência; é a capacidade de modificar-se que lhe imprime a natureza associativa.

Latour (2012a, p. 334) alerta: "frente a um objeto, atentem primeiro para as associações de que ele é feito e só depois examinem como ele renovou o repertório de laços sociais". É necessário ficar face a face com as entidades não sociais responsáveis pela formação do mundo social. Qualquer análise, mesmo que superficial, das redes das indústrias criativas revela a sua incapacidade de renovar laços sociais. Da mesma forma, o modelo de desenvolvimento brasileiro é, por natureza, ocultador dos atores-rede não humanos. Enfim, compreender as redes de economia criativa brasileira implica percebê-las a partir da qualidade do agir na rede. Não basta identificar as forças econômicas que nela atuam, é preciso também reconhecer as associações e os vínculos dos objetos, dos bens de consumo, que também constituem atores-rede. Eis aí mais um nó a ser desatado.

> [...] a ciência não é explicada por fatores sociais, mas o conteúdo científico explica a forma de seu contexto; que o poder social não explica a lei, mas a prática legal define o que deve ser cominado; que a tecnologia não é "socialmente moldada", mas as técnicas dotam de extensão e durabilidade os vínculos sociais; que as relações sociais não "incorporam" cálculos econômicos, mas os cálculos dos economistas propiciam competência aos atores para se comportarem de maneira econômica [...]. (Latour, 2012a, p. 340)

Refletir sobre as redes de economia criativa nos provoca a ampliar os modos de existência da própria economia para que possamos produzir novas mediações e conexões em favor de um desenvolvimento com envolvimento. Ao tomarmos o campo da economia, observaremos que o social, por ele construído, é organizado por meio de um processo de "economização" que optou por um tipo de mediador, favorecendo uma forma de estabilização. As associações produzidas, por exemplo, pelas redes de indústrias criativas e seus instrumentais, relatórios, protocolos e repositórios são definidoras da sociedade que construímos e dos significados de economia que adotamos. O pensamento de Latour nos faz compreender que, nas redes de economia criativa, o "agir social" em favor da dependência ou da emancipação é fruto da qualidade das associações produzidas pelas organizações públicas e privadas, pelos governos, pelo campo cultural e criativo e por suas (im)possibilidades de produção de novos relatos acerca da economia.

A sociedade, afirma Latour (2012a, p. 344), "não é o todo, onde todas as coisas estão inseridas, mas aquilo que atravessa tudo, calibrando conexões e dando a cada entidade que encontra uma chance de comensurabilidade".

Encontraremos o social à medida que avançarmos nas possibilidades exponenciais das associações, de tudo o que ainda não foi formatado, percebido, considerado, medido e observado. Nesse sentido, tecer redes é reconhecer a *coincidentia oppositorum*[2] entre a inércia das estruturas sociais e a fluidez que as faz circular e existir. O social emerge quando os laços em que estamos enredados começam a se desfazer, mas eles se refazem nas dinâmicas de novas associações, ou seja, os laços estão sempre sendo formados, deformados e reformados pelas associações produzidas por entidades que podem vir a participar da rede.

O social é sempre emergente e, por isso, encontrá-lo é um exercício de revelar o invisível, de mirar o pequeno de forma a fazê-lo maior e mais significativo, de conectá-lo com mais vigor na rede. Encontrar o social é, mesmo, um grande exercício de imaginação. Afinal, o desafio da construção de novos mundos a partir do agir na rede implica a oferta de novos repertórios, de novos atores naturalmente marginalizados e invisibilizados. A visibilidade de um mundo objetal e não humano é essencial à construção de novos relatos e de novos participantes. Impossível não pensarmos, por exemplo, na Amazônia como um ator-rede essencial na construção de um desenvolvimento com envolvimento dos países amazônicos, especialmente do (des)envolvimento brasileiro. A esse respeito, o princípio da biodiversidade cultural é essencial na ampliação dos atores-rede não humanos, fazendo da economia criativa um eixo estratégico para o Brasil.

Explicações sociais estão naturalmente em conflito com o agir político. Ações somente "fazem a diferença" em um mundo "feito de diferenças". Podemos viver juntos? Essa é a indagação de Latour, que nos convoca a substituir a política da natureza[3] pela composição progressiva de um mundo comum. As tradicionais oposições modernas entre natureza e cultura não nos permitem perceber e constituir um mundo comum. Latour distingue o coletivo enquanto expansão da natureza e a sociologia das associações como a retomada da sociologia do social.

Para novos repertórios são também necessárias novas cosmopolíticas,[4] ou seja, novos modos de existência contra-hegemônicos à modernidade-mundo. Pequenas ontologias, pequenas comunidades, pequenas tradições nos conduzem à afirmação das epistemologias do Sul. Na sua obra *Enquête sur les modes d'éxistence*, Latour (2012b, p. 480–1) faz um chamamento aos novos coletivos para que venham socorrer o Ocidente, sobretudo àqueles considerados arcaicos e pré-modernos. O alerta de Latour sobre o papel regenerador das comunidades que ainda não foram varridas da Terra em função dos desmandos do Antropoceno também é uma convocação às epistemologias do Sul, um reconhecimento à pluralidade de seus valores, imaginários, ontologias e cosmogonias, essenciais à regeneração dos seres vivos.

A metáfora do território, segundo Latour, deve ser utilizada para observar as ameaçadoras linhas de fratura, as falhas tectônicas do sistema de valores em que a civilização industrial erigiu seus modos de existência. Qualquer tentativa de rever paradigmas modernos implicaria adotar modos de existência de outros coletivos que nunca foram modernos, ou seja, observar os usos do território por comunidades que se constituem a partir de outras cosmogonias. Nesse sentido, "cessar de modernizar para ecologizar" (Viveiros de Castro, 2022, p. 21) significaria reconhecer que o esgotamento dos modos de viver da modernidade-mundo perverteu os sentidos do criar para os de destruir, simbolizados pela imagem proposta por Davi Kopenawa de um céu prestes a cair. Viveiros de Castro (2022, p. 3) observa que a imagem ameaçadora de Gaia, propugnada pelos modernos, dá lugar à indiferença:

> Pois Gaia, a Terra, sequer reage às ações da espécie ou de seus "representantes" (as megacorporações industriais e os Estados soberanos) – ela apenas a registra implacavelmente. Estamos falando da catástrofe climática que se abala sobre o planeta, amplamente documentada pelas ciências biogeofísicas, uma situação que tornou popular o termo "Antropoceno" como designação da nova época geológica [...] iniciada com o advento da Revolução Industrial, mas cujos efeitos mais dramáticos passaram a se fazer sentir a partir de meados do século passado.

Em um mundo de indiferenças entre seres vivos, somente uma imaginação ativista (Bachelard, 2019, p. 1), oriunda de uma cosmopolítica, poderia redimir o planeta de um futuro funesto e trazer de volta os sentidos da Terra para os seres vivos. A poética da terra é aquela oriunda da matéria das coisas. Toda matéria imaginada torna-se a imagem de uma intimidade, observa Bachelard (2019, p. 2), pois as imagens materiais nos envolvem em uma *afeccio* mais profunda, enraizada no inconsciente. No centro da matéria são forjados os valores humanos. As cosmogonias ameríndias, a partir dos usos da terra, são exemplos reveladores de novas existências em favor da *anima mundi*: terra como repouso do ser, terra como enraizamento, profundidade e acolhimento.

As comunidades tradicionais populares dos países do Sul são expressões de uma criatividade pré-moderna fundamentada no *ethos* comunitário, que, a partir dos seus saberes e fazeres ancestrais, desenvolveu éticas em favor do bem viver e do bem comum. Esses modos de viver que fusionam festa, vida e trabalho a partir dos mesmos recursos e das mesmas infraestruturas nos remetem às reflexões de Lafuente (2022a) sobre gerir e cuidar dos bens comuns. As comunidades tradicionais e seus modos de viver, compartilhar, cuidar, acolher e transmitir saberes são exemplos de gestão e de cuidados com os bens comuns. Em outro sentido, comunidades criativas "incubam" tradicionalmente novas comunidades criativas, em um ciclo virtuoso e cidadão. Para muitas dessas comunidades, casa, ofício, trabalho, lazer e cuidados são experiências voltadas ao Comum. De forma coletiva, elas aprendem a conhecer, a fazer, a ser e a conviver. Nas comunidades tradicionais, bens comuns são sustentados e também sustentam o *ethos* comunitário:

> [...] Comum, comuns, comunais são termos que mantêm estreitas relações de vizinhança com palavras como ordinário, mundano ou cotidiano. Comuns são identificados como vulneráveis, invisíveis e relegados. [...] Defender os comuns significa fazê-los visíveis e não esperar a tragédia do seu desaparecimento para apreciá-los. (Lafuente, 2022a, p. 103)

Quando se refere à imagem dos *amateurs*, indivíduos descategorizados de uma única identidade profissional e reconhecidos pela sua curiosidade e capacidade de religar saberes, Lafuente (2022a) nos estimula a refletir sobre as "éticas amorosas e cuidadoras" presentes nas epistemologias do Sul. No caso brasileiro, a figura do *amateur* nos remete aos "brincantes", como se autodenominam os mestres da cultura tradicional do Ceará. A imagem dos "brincantes" encontra grande afinidade com as "éticas amorosas e cuidadoras". Homens e mulheres que detêm conhecimentos, saberes e fazeres ancestrais, especialmente no Nordeste brasileiro, não se autointitulam profissionais do artesanato, da música, da dança ou da poesia, mas sim "brincantes". Eles cuidam das comunidades das quais são oriundos e têm uma relação de parentesco com todos e uma responsabilidade amorosa que se expressa nos cuidados e no compartilhamento do cotidiano.

Vale observar que o verbo *brincar* em língua inglesa (*to play*) e em língua francesa (*jouer*) significa, simultaneamente, "brincar" e "representar". Ser um *brincante* significa assumir um hibridismo entre arte e vida, entre exercer uma profissão e, ao mesmo tempo, ser um "amador", ou seja, alguém que brinca, por meio de um ofício, em busca de novas astúcias para driblar a tragédia do viver. Os mestres e mestras da cultura tradicional popular e seus modos de criar, produzir, difundir e fruir traduzem a vida como forma de arte ou, ainda, a arte como forma de vida (Leitão, 1997). Em cada mestre e em cada mestra estão, ao mesmo tempo, todas as dimensões do humano (Morin, 2010): o *Homo sapiens*, o *Homo faber*, o *Homo ludicus* e o *Homo demens*.

Em um movimento contra-hegemônico em relação aos discursos universalizantes modernos, (re)produzidos por organizações internacionais e nacionais, governos, universidades e empresas, as comunidades vêm produzindo formas inauditas de "gerir recursos e de articular relações entre o bem que se quer preservar e a comunidade que sustenta e é sustentada por esse bem" (Lafuente, 2022b, pp. 8–9). A grande virtude dessas comunidades é o compartilhamento de experiências e uma cultura da experimentação. Lafuente (2022b, p. 51) observa que experimentar não significa ter experiências:

> Experimentar não é a mesma coisa que ter experiências. Se você sente dor, se ganha na loteria, se contempla uma paisagem ou teve um filho, você terá incrementado suas experiências, vivido mais, aprendido de forma diferente, e pode até entender melhor ou falar a partir de outros referenciais.

> É possível ter muita experiência e ter experimentado pouco. A experiência é individual e a experimentação é coletiva. Ter experiência é como ter intimidade ou vida interior. Ser experimental significa ampliar a extimidade, reconfigurar a noção de vida pública. A diferença é óbvia: somente experimenta quem contrasta. Não basta conviver: experimentar é uma forma de se relacionar com os outros. Mais ainda, implica em construir um "entre nós" testado: um "entre nós" posto à prova. Não se pode experimentar sozinho, pois sempre se terá que comprovar entre todos ou, dito de outro modo, é necessário construir um mundo compartilhado que seja, ao mesmo tempo, um mundo habitável.

Inteligência coletiva, afecções comunitárias e forças criativas produzem milagres, tomando aqui o significado etimológico da palavra *miraculus*, o que causa espanto, o que é prodigioso. É preciso mirar com atenção as comunidades, ouvir os seus silêncios, para visibilizar os seus milagres, sobretudo em territórios vulneráveis, de baixa densidade populacional, destituídos de infraestrutura e invisibilizados pelas ações dos governos:

> Iniciativas criativas em zonas de baixa densidade estimulam a visibilidade daqueles que são tidos como invisíveis por valorizar a diversidade das experiências comunitárias. [...]. É fundamental identificar as nuances do território, estimulando o senso do coletivo. Essas comunidades necessitam de ecossistemas favoráveis à proteção dos bens comuns e modelos de desenvolvimento sustentável – especialmente em territórios desertificados, de baixa densidade e maior idade. (Girouard, 2021, p. 80)

O grande desafio das redes de economia criativa em territórios esquecidos é reanimá-los a partir dos usos comunitários. O reconhecimento das culturas tradicionais, na perspectiva de "cessar de modernizar para ecologizar", proposta por Viveiros de Castro (2022), não é antagônico à inovação e à introdução de novas tecnologias. A metáfora da cultura como cultivo deve ser destacada, na perspectiva dos usos comunitários, em favor da sustentabilidade dos territórios:

> A cultura alimentar e a agricultura tradicional são processos agregadores de relações sociais e culturais. [...] Porém, a inovação e *refresh* de novas ferramentas para refletir e trabalhar a terra são essenciais para romper vícios e estruturas que prejudicam os processos internos da agricultura. Uma vez que foi identificado que os sistemas de plantio têm como finalidade à venda para terceiros o uso de agrotóxicos e pesticidas para acelerar os processos de colheita e "qualidade" dos produtos. Portanto, comprova que nem tudo o que vem de pequenos produtores locais são 100% saudáveis e orgânicos. (Girouard, 2021, p. 70)

Manter vivas as tradições sustentáveis no plantio, reconhecer a economia política da cultura alimentar, proteger o equilíbrio dos ecossistemas com projetos de compostagem para redução do lixo e das emissões de gases promovidos pelo "efeito estufa" e estimular ações de comercialização dos produtos entre vizinhos são exemplos de práticas comunitárias que fazem a diferença na sustentabilidade territorial. Mas a criatividade é voo e enraizamento. Ela está presente em práticas ancestrais, ao passo que se expressa nas dinâmicas contemporâneas das redes de economia criativa.[5]

Observamos, a partir de Latour, que a construção do social é um exercício diuturno de fazer ver e ouvir o que foi ocultado e calado. Lafuente (2022a, p. 14) nos provoca a pensar os novos itinerários do século XXI a partir dos significados do silêncio. Desse modo, observa que "o silêncio não pertence às coisas, mas às nossas relações com elas". O autor propõe um "compositório de silêncios" que seja capaz de revelar, por meio de suas dobras e fraturas – os ausentes, os desconectados, os invisíveis, os minúsculos, os complexos e os escondidos –, enfim, os diversos mundos em que o silêncio e a invisibilidade habitam, e que podem servir de base comum a novas trajetórias em direção ao conhecer e ao viver:

> Os **ausentes** se integram aos desconhecidos, aos desaparecidos e aos desconvocados. O que nos chega deles é o rumor silenciado daqueles que queremos que sobrem ou vão embora; os **desconectados** vivem o mundo daqueles que são somente seres de ficção, virtuais ou não, cujo eco chega até nós por canais não verificáveis como o cinema e a novela; os **invisíveis** são entes demasiadamente distantes e fora de catálogo, como o que jogamos no lixo, que mantemos em fundos abissais ou que aparecem como se já estivessem mortos; os **minúsculos** vivem nos interstícios, são subatômicos, nanométricos ou, como ocorre com todas as existências que na aparência não nos afetam, são qualificados de irrelevantes; os **complexos** não conseguem ser apreciados porque somos incapazes de vê-los em sua totalidade, confundindo-nos ou confundindo-os com algum fragmento ou simplificação parcial; os **escondidos** fazem parte do mundo dos segredos, dos agentes de dupla identidade, os heterônimos e os anonimatos desejados. Sua existência está vinculada às práticas de camuflagem, à dupla identidade, ao subterfúgio e ao disfarce. (Lafuente, 2022a, pp. 21–22)

O compositório de silêncios de Lafuente encontra os mesmos fundamentos que se originam nas sociologias das ausências e das emergências de Boaventura de Sousa Santos (2002). Também se aproxima da "epistemologia do não" ou da "poética dos contrários", propostas por Gaston Bachelard, que busca conhecer a partir de fendas, dobras, descontinuidades e sombras. Eric Hobsbawn (1987), na sua obra *The Age of Capital: 1848–1875*, relata a história da nação ocidental moderna a partir do exílio dos migrantes e do que ficou abandonado, ausente e à margem. O sentido da nação é o de preencher os vazios provocados pelos grandes fluxos migratórios no Ocidente e pela expansão colonial no Oriente. O projeto civilizatório moderno nasce, portanto, do desenraizamento e da produção de silêncios e invisibilidades.

As grandes construções sociais, jurídicas, políticas e econômicas modernas se sustentam a partir de uma ideia de poder vertical, patriarcal, hegemônica e universalizante. O nacionalismo é uma dessas construções, que se consolida a partir de certezas históricas e de estabilidades semânticas, a partir de ausências e silêncios. A construção cultural da nacionalidade, atravessada por pedagogias afetivas e simbólicas, também buscou legitimidade na racionalidade do seu projeto político. "Coesão social" – capaz de produzir categorias unitárias expressas por gênero, classe ou raça – e "povo" – metáfora maior do achatamento das singularidades e do culto moderno à universalização – são termos que urdiram a trama da teleologia do progresso, em que a narrativa de um passado comum produziria um futuro necessário.

Para Foucault (2014, p. 309), a ideia moderna de povo surge como um movimento eterno de integração marginal de indivíduos, ao passo que o processo de individuação é mais forte entre os sujeitos que estão à margem do social e, por conseguinte, mais distantes da sociedade disciplinadora:

> [...] não é nem a constituição do estado, o mais frio dos frios monstros, nem a ascensão do individualismo burguês. Nem mesmo direi que seja o esforço constante de integrar indivíduos na totalidade política. Creio que a principal característica de nossa racionalidade política seja o fato de que essa integração dos indivíduos numa comunidade ou numa totalidade resulta de uma correlação constante entre uma crescente individualização e o reforço dessa totalidade.

No entanto, é necessário fazer a distinção entre marginais e marginalizados. Enquanto os primeiros fabricam a exclusão, os segundos sofrem a exclusão. É importante pensar nas "margens" como reservas culturais e sociais, dentro das dinâmicas de desgaste e das fissuras dos mitos dominantes de uma sociedade. Nesse sentido, vale compreender o marginal como o instituinte que, na dinâmica tensional entre imaginários, ao ganhar institucionalidade, acabará por perder sua vitalidade simbólica. Em outras palavras, o marginalizado, o excluído de ontem, pela dinamização imaginária que produz, poderá se tornar o dominante de hoje ou de amanhã. A vitalidade de uma sociedade se efetiva na tensão constante entre imaginários, ou seja, as margens são expressões da pluralidade e, portanto, imprescindíveis à efervescência do social. Se, de um lado, o Brasil é uma sociedade da pluralidade de imaginários, o que dizer dos seus vários graus de exclusão? Entre o "país legal" e o "país real", qual seria o lugar da criatividade entre instituintes e instituídos? Em um país que abriga diversos mundos, o que se pode esperar de uma economia criativa emancipadora, que dê lugar ao instituinte?

Nenhuma palavra foi tão moderna quanto a "criatividade", que foi utilizada nos últimos séculos como um recurso para suplantar e transformar a produção humana. O maior paradoxo da criatividade moderna está na sua submissão, não ao campo das ciências ou das tecnologias, mas, ironicamente, ao campo das artes, que nasceu das vanguardas, dos movimentos disruptivos, da crítica ao instituído, e que também sucumbiu a uma "estética da criatividade". As indústrias culturais e criativas simbolizam, de outra forma, essa "estética da criatividade" que tenta aplacar, em nome do novo ou do inédito, seu apetite pela massificação e pela alienação. A retórica moderna da ruptura e da criação encontra limites e tenta deslocá-los, mas eles teimam em reaparecer. Do mesmo modo, o frenesi criativo produz o seu "show de horrores" nas indústrias da comunicação e, quando se transforma em uma marca ou em um *branding*, faz da criatividade um simulacro: se tudo é criativo, nada será criativo. A fabricação de simulacros produz crentes e praticantes. O simulacro contemporâneo "é a localização derradeira do crer no ver, é o visto identificado com aquilo que se deve crer" (Certeau, 2007, p. 289).

A modernidade também fez do planeta uma página em branco. Sua grande utopia foi escrever o mundo e promover crenças. Ilhas de racionalidade produziram oceanos de credulidade. Mas não há ilusões que sempre perdurem, e aos poucos as crenças foram poluídas, junto com os oceanos. A criatividade foi ficcionada, prescrita, recitada, aclamada, reclamada, precificada e devolvida pelos "Serviços de Apoio ao Cliente", como um paciente terminal, sobre o qual nada se pode fazer. Impossível pensarmos na trajetória moderna da criatividade sem lembrarmos as palavras de Agamben (2013, p. 95):

> A redenção não é um evento no qual o que era profano se torna sagrado e o que tinha sido perdido é reencontrado. A redenção é, ao contrário, a perda irreparável do perdido, a definitiva profanidade do profano. Mas, precisamente por isso, eles atingem agora o seu fim – um limite advém. Podemos ter esperança somente naquilo que é sem remédio.

A esperança é trágica pela consciência que inspira. Há que se sonhar mundos, apesar da irreparabilidade do mundo. A criatividade pode ser testada e deformada, para ser imaginada, sonhada e recriada para superar a visão instrumental do mundo e a hegemonia de uma sociedade de consumo, que reduz as decisões humanas às categorias do ter/gastar, diante de uma paisagem mercantilizada e monetarizada (Balandier, 1985, p. 218). Imaginários vazios são frutos da hegemonia dos contabilistas sobre filósofos e artistas. Imaginários anêmicos são o resultado do pragmatismo tedioso dos manuais de utilização dos novos produtos e sua cauda longa de obsolescências.

Refletir sobre comunidades criativas inspira prudências, no sentido etimológico do termo (*prudentia*): qual seja, a arte de discernir a partir da realidade para tomar a decisão certa no sentido da ação. Afinal, as narrativas nacionalistas se alimentaram das minorias e das comunidades para construir estratégias unificadoras e homogeneizadoras do "muitos-como-um", ou, ainda, do "um-como-nós".

Pensar a cultura e a criatividade não como uma epistemologia, mas como um lugar enunciativo (Bhabha, 2003, p. 248) abriria caminhos para outros espaços narrativos e outros tempos de significado cultural. Pensar a comunidade sem a angústia de uma origem e sem a obsessão de uma imagem unificadora seria uma boa astúcia; enfim, uma estratégia para escapar das armadilhas identitárias modernas:

> [...] em torno de lugares de representação não equivalentes onde uma história de discriminação e representação equivocada é comum entre, por exemplo, mulheres, negros, homossexuais e migrantes do Terceiro Mundo. No entanto, os "signos" que constroem essas histórias e identidades – gênero, raça, homofobia, diáspora pós-guerra, refugiados, a divisão internacional do trabalho, e assim por diante – não apenas diferem em conteúdo, mas muitas vezes produzem sistemas incompatíveis de significação e envolvem formas distintas de subjetividade social. (Bhabha, 2003, pp. 245–46)

Afirmemos novamente que as comunidades criativas são aquelas que vêm buscando, em meio às frestas entre o estatal e o não estatal, soluções colaborativas para problemas comuns e que tecem redes e fazem comunidades porque constroem um mundo solidário, que rompe dependências (Sousa; Leitão, 2016, pp. 78–79):

> A mudança cultural leva a processos colaborativos de produção, de distribuição, de partilha, capazes de gerar enormes recursos, enormes redes. [...] A lógica da dependência deve ser quebrada, a lógica da interdependência deve ser ampliada; a lógica do pedido de apoio deve ser trocada pela da oferta de parcerias; a lógica da concorrência deve ser convertida na da colaboração; a lógica do egoísmo deve ser compelida para a da solidariedade; a lógica do eu deve ser suplantada pela de nós; [...] a lógica da crise, pela da solidariedade. [...] Assim, aquele que tem um problema deve sentir-se como parte de uma solução coletiva e não como um problema para ser resolvido individualmente.

E, ao tomarmos a criação como um ato de resistência, consideramos que as comunidades criativas, por serem produtoras de sociabilidades solidárias, produzem milagres nos caminhos para a emancipação. Conforme observa Deleuze (*apud* Agamben, 2018, p. 60), "cada ato de criação resiste a algo e resistir significa liberar uma potência de vida que estava aprisionada ou ultrajada". Em um mundo ensurdecedor, é urgente ampliar a capacidade de escuta. Em um mundo de ocultamentos, a ampliação da matéria social é uma urgência. De onde vêm as novas éticas, as novas vozes, que não estão necessariamente em partidos, colegiados, conselhos ou associações de classe? Em nossa hipótese, das comunidades criativas. Elas expressam uma tendência e uma esperança de crescimento da potência cognitiva do cuidar, do afetar e do deixar afetar-se, do (co)mover para pôr em movimento, face às teleologias mercantis do "ter" e do "competir". O valor da comunidade sempre estará presente quando pessoas estiverem dispostas a considerar e priorizar não aquilo que as separa, mas o que podem fazer juntas. Nesse sentido, a singularidade não pode prescindir do relacionar-se:

> Ser singular é uma prerrogativa só possível na relação com outro. Assim como todo contexto de igualdade pressupõe a diferença, ser singular implica um contexto geral, um âmbito de comparação. No caso de Cabo Verde, a nossa singularidade está ancorada na nossa pluralidade. Nenhuma ilha de Cabo Verde é singular sozinha. Todas elas são singulares no plural, porque todas elas são plurais no singular, âmago que faz a nossa singularidade. [...] Por sermos um arquipélago, a ruptura e a descontinuidade para nós são fatores de unicidade. (Sousa; Leitão, 2016, pp. 33–34)

A ideia de comunidade singular de Agamben (2013, p. 61) é uma boa pista para pensarmos a comunidade criativa:

> Se, ao invés de buscarem uma identidade própria, na forma imprópria e insensata da individualidade, os seres humanos conseguissem aderir a essa impropriedade como tal, fazer do próprio ser-assim não uma identidade e uma propriedade individual, mas uma singularidade sem identidade, uma singularidade comum e absolutamente exposta [...] então a humanidade teria acesso pela primeira vez a uma comunidade sem pressupostos e sem sujeitos.

Mas a comunidade que vem também implica uma política que venha. Enquanto limitador dos laços sociais, o Estado carrega historicamente consigo os limites e a exaustão do fazer político, por ele, para ele e com ele:

> [...] o fato novo da política que vem é que ela não será mais a luta pela conquista ou controle do Estado, mas a luta entre o Estado e o não Estado (a humanidade), disjunção irremediável entre as singularidades quaisquer e a organização estatal. (Agamben, 2013, p. 78)

Ao ampliar os significados do *ethos* comunitário enquanto espaço de novas narrativas para além do Estado, sobretudo para a invenção de novas humanidades, as comunidades criativas reagem à barbárie, no sentido emprestado por Benjamin (1986) à pobreza da experiência moderna. A vida expropriada, o ritmo frenético, o efêmero, os excessos, fizeram da modernidade um solo estéril para a experiência criadora. Comunidades criativas vêm, no sentido oposto, semeando mundos a partir de pequenas ações, transformando territórios e nutrindo o planeta de velhas cosmogonias e novas epistemologias. Enfim, comunidades criativas vêm para superar cinismos, imobilismos e desesperanças e realizar um desenvolvimento com envolvimento.

Ao longo de sua vida, Celso Furtado buscou emancipar a palavra criatividade da sua submissão à economia-mundo. Ao observar que "é nas formas que assume a criatividade que podemos encontrar a chave para captar as tendências mais profundas da nossa civilização", e que "resta saber quais serão os povos que continuarão a contribuir para o enriquecimento do patrimônio cultural comum da humanidade e quais aqueles que serão relegados ao papel passivo de simples consumidores de bens culturais adquiridos nos mercados", Furtado (2008, p. 207) não nos estaria convocando a pensar a criatividade como um bem comum? Afinal, o direito à criatividade não constituiria, junto aos direitos culturais, um direito fundamental de terceira geração? Precisamos, mais do que nunca, lutar pelo "direito à criatividade".

Na obra *Seis propostas para o próximo milênio*, Calvino (1990, p. 99) se refere à imaginação a partir de um verso de Dante, "como um lugar dentro do qual chove". A imaginação teria esse poder de fazer chover, de reunir memórias e sensações que ganham vida própria a partir das palavras. A imaginação também poderia ser definida "como repertório do potencial, do hipotético, de tudo quanto não é, nem foi e talvez não seja, mas que poderia ter sido" (Calvino, 1990, p. 109). Ao eleger a visibilidade entre suas propostas, Calvino reconhece que, sem a escrita, realidades e fantasias não se encontram e que é somente por meio de linhas, letras maiúsculas e minúsculas, pontos, vírgulas e parênteses que se imagina e se imageia o pensamento (Calvino, 1990, p. 112). Nossas contribuições para uma economia criativa brasileira são tentativas de ouvir silêncios e revelar ausências, de deformar e testar palavras para sonhar mundos. Imaginar um desenvolvimento com envolvimento é imaginar uma economia criativa brasileira a partir de tudo aquilo que ela não é nem foi e talvez não seja, mas que poderia ter sido e (quem sabe?) poderá ser.

Notas

1 O Brasil carece de estudos de seu patrimônio cultural a partir da Teoria do Ator-Rede de Bruno Latour. A esse respeito, sugerimos a leitura da tese de doutoramento de Mércia Maria Aquino de Queiroz, apresentada na Universidade Federal da Bahia, orientada por Paulo Cézar Miguez de Oliveira e intitulada *Folias divinas em redes: patrimônio imaterial, gestão cultural e economia criativa na festa de Iemanjá em Salvador*: "a tese aponta que a Festa de Iemanjá se realiza em redes diferenciadas de atores diversos marcadas tanto por conflitos como pela cooperação entre eles. Tanto as redes que se formam em torno da festa, como a potência da economia criativa nela encontrada, ancoram-se na sua dimensão simbólica e religiosa, contribuindo para a movimentação econômica no bairro e na cidade. Favorece ainda a criação de múltiplos mercados, dentro e fora do circuito festivo, e reforça, sobretudo, a importância das religiões afro-brasileiras e a devoção pelos Orixás" (Queiroz, 2021, p. 9).

2 O *principium coincidentia oppositorum* é o ponto de convergência transcendental entre polaridades de duas ou mais ideologias, constructos e/ou posicionamentos opostos (Rios, 2012).

3 O conceito de política da natureza foi desenvolvido por Latour na sua obra *Políticas da natureza: como associar a ciência à democracia*.

4 O conceito de cosmopolítica, para Latour, é o adotado por Isabelle Stengers (1996), *Cosmopolitiques – Tome I: La guerre des sciences*.

5 A esse respeito, destacamos alguns projetos entre países de língua portuguesa que estão comprometidos com uma economia criativa de fundamento comunitário: Casa d'Abóbora (Portugal): associação juvenil que busca ressignificar os princípios da vida cotidiana e estimular a ocupação consciente do espaço rural (casadabobora.pt); Ateliê M (São Tomé e Príncipe): escola informal de artes visuais (www.facebook.com/profile.php?id=100057563104722); Iverca (Moçambique): organização dirigida por jovens que visa promover e desenvolver o turismo, a cultura e o meio ambiente (https://www.iverca.org/index.php); Projeto Xalabas (Cabo Verde): deseja contribuir para uma maior integração das comunidades no desenvolvimento do turismo sustentável por meio da ampliação e da diversificação da oferta turística no bairro de Achada Grande Frente, na cidade da Praia (https://www.facebook.com/projeto.xalabas); Escola de Artes e Ofícios de Quelelé (Guiné Bissau): desenvolve programas de formação profissional para combater a pobreza e exclusão social (gnbissau.com/escola-de-artes-e-oficios-de-quelele-mais-de-dois-mil-jovens-formados-em-16-anos-de-existencia/); Projeto Montanha (Timor-Leste): capacitação para emergentes (www.futuroscriativos.org/iniciativas/associacao-projecto-montanha).

Referências bibliográficas

Agamben, Giorgio. *A comunidade que vem*, Belo Horizonte: Autêntica, 2013.

Agamben, Giorgio. *O fogo e o relato: ensaios sobre criação, escrita, arte e livros*, São Paulo: Boitempo, 2018.

Bachelard, Gaston. *A terra e os devaneios do repouso: ensaio sobre as imagens da intimidade*, São Paulo: Martins Fontes, 2019.

Balandier, Georges. *Le Détour: Pouvoir et modernité*, Paris: Fayard, 1985.

Benjamin, Walter. *Crítica da Violência – Crítica do poder*, São Paulo: Cultrix/Editora da Universidade de São Paulo, 1986.

Bhabha, Homi K. *O local da cultura*, Belo Horizonte: Editora da UFMG, 2003.

Calvino, Italo. *Seis propostas para o próximo milênio*, São Paulo: Companhia das Letras, 1990.

Castells, Manuel. *A sociedade em rede. A era da informação: economia, sociedade e cultura*, v. 1, São Paulo: Paz e Terra, 1999.

Castells, Manuel. "Towards a Sociology of the Network Society", em: *Contemporary Sociology*, v. 29, n. 5, 2000, pp. 693–99. Disponível em: is.muni.cz/el/1423/jaro2017/SOC757/um/67870242/Castells_Network_Society.pdf.

Castells, Manuel. *A Galáxia Internet: reflexões sobre a Internet, negócios e a sociedade*, Rio de Janeiro: Jorge Zahar, 2003.

Castells, Manuel. *Communication Power*, Oxford: Oxford University Press, 2009.

Castells, Manuel. *The Information Age: Economy, Society, and Culture*, v. 2, *The power of identity*, 2. ed., Chichester: Wiley-Blackwell Publishing, 2012.

Castells, Manuel. *Redes de indignação e esperança: Movimentos sociais na era da internet*, Rio de Janeiro: Zahar, 2013.

Certeau, Michel de. *A invenção do cotidiano: 1. Artes de fazer*, Petrópolis: Vozes, 2007.

Foucault, Michel. *Ditos & Escritos X: filosofia, diagnóstico do presente e a verdade*, Rio de Janeiro: Forense Universitária, 2014.

Furtado, Celso. *Cultura e desenvolvimento em época de crise*, Rio de Janeiro: Paz e Terra, 1984.

Furtado, Celso. *Criatividade e dependência na civilização industrial*, São Paulo: Companhia das Letras, 2008.

Girouard, Camille. *Da aldeia para o mundo: experiências da Casa d'Abóbora para o desenvolvimento sustentável*, dissertação (mestrado em Sociologia), Faculdade de Letras da Universidade do Porto, Porto, 2021.

Hobsbawn, Eric. *The Age of Capital: 1848-1875*, Londres: Weinfeld & Nicolson, 1987.

Lafuente, Antonio. *Itinerarios communes: Laboratorios ciudadanos y cultura experimental*, Barcelona: NED Ediciones, 2022a.

Lafuente, Antonio. "Quando hablámos de innovación y de experimentación", em: *Minerva: Revista del Círculo de Bellas Artes*, n. 37, 2022b, pp. 49–52. Disponível em: dialnet.unirioja.es/servlet/articulo?codigo=8229811.

Latour, Bruno. *Jamais fomos modernos: ensaio de antropologia simétrica*, trad. Carlos Irineu da Costa, Rio de Janeiro: Editora 34, 1994.

Latour, Bruno. "On actor-network theory: A few clarifications", em: *Soziale Welt*, 1996, pp. 369–81. Disponível em: www.jstor.org/stable/40878163.

Latour, Bruno. *Reagregando o social: uma introdução à Teoria do Ator-Rede*, Salvador/Bauru: Edufba/Edusc, 2012a.

Latour, Bruno. *Enquête sur les modes d´existence: Une anthropologie des modernes*, Paris: La Découverte, 2012b.

Latour, Bruno. *Diante de Gaia: oito conferências sobre a natureza do Antropoceno*, São Paulo: Ubu, 2020.

Leitão, Cláudia Sousa. *Por uma ética da estética: uma reflexão acerca da "Ética Armorial" Nordestina*, Fortaleza: Uece, 1997.

Lévy, Pierre. *Cibercultura*, São Paulo: Editora 34, 1999.

Milanês, Renata. "Seguindo as redes de Bruno Latour: um ensaio sobre a antropologia simétrica e a teoria do ator-rede", em: *Revista Inter-Legere*, v. 4, n. 31, 2021, p. c21470. Disponível em: periodicos.ufrn.br/interlegere/article/view/21470.

Morin, Edgar. *Meu caminho: entrevista com Dejénane Kareh Tager*, Rio de Janeiro: Bertrand Brasil, 2010.

Queiroz, Mércia Maria Aquino de. *Folias divinas em redes: patrimônio imaterial, gestão cultural e economia criativa na festa de Iemanjá em Salvador*, tese (doutorado em Cultura e Sociedade), Instituto de Humanidades, Artes e Ciências Prof. Milton Santos, Salvador, 2021.

Rios, José González. "La concepción intelectual de lo divino como coincidentia oppositorum a la luz de lo maximum et minimum absolutum en el pensamiento de Nicolás de Cusa", em: *Princípios: Revista de Filosofia*, [s.l.], v. 18, n. 30, 2012, pp. 27–52. Disponível em: periodicos.ufrn.br/principios/article/view/1714.

Santos, Boaventura de Sousa. "Para uma sociologia das ausências e uma sociologia das emergências", em: *Revista Crítica de Ciências Sociais*, n. 63, out. 2002, pp. 237–80.

Sousa, Mário Lúcio; Leitão, Cláudia Sousa (orgs.). *Meu verbo cultura: ensaios amorosos sobre cultura e desenvolvimento*, Salvador: Edufba, 2016.

Stengers, Isabelle. *Cosmopolitiques, 1: la guerre des sciences*, Paris: La Découverte; Le Plessis-Robinson (Essonne): Synthélabo, 1996.

UNCTAD – United Nations Conference on Trade and Development. *Creative Economy Outlook 2022*, Nova York: UNCTAD, 2022. Disponível em: unctad.org/system/files/official-document/ditctsce2022d1_en.pdf.

Viveiros de Castro, Eduardo. *Sobre os modos de existência dos coletivos extra modernos: Bruno Latour e as cosmopolíticas ameríndias – projeto de pesquisa*, 2022. Disponível em: doceru.com/doc/nnossnce.

Yúdice, George. *A conveniência da cultura: usos da cultura na era global*, Belo Horizonte: Editora da UFMG, 2006.

Post scriptum ou Sobre as astúcias de Hermes

CLÁUDIA SOUSA LEITÃO

> *Mercúrio, de pés alados, leve e aéreo, hábil e ágil, flexível e desenvolto, estabelece as relações entre os deuses e entre os deuses e os homens, entre as leis universais e os casos particulares, entre as forças da natureza e as formas da cultura, entre todos os objetos do mundo e todos os seres pensantes.*
>
> ITALO CALVINO

A modernidade afastou a cultura do território e, dessa forma, promoveu um desenvolvimento sem envolvimento. Esse distanciamento também foi urdido pela epistemologia científica e sua tarefa de ocultar existências. Na busca da higienização das anomias no território, as ciências sociais e seus cânones positivistas marginalizaram e invisibilizaram o evanescente, o pontual, o efêmero e o comum em nome do conhecimento racional, linear, categórico e institucional. Trata-se de um antigo paradoxo entre a "árvore do conhecimento" e a "árvore da vida",[1] sobre o qual duas sensibilidades se constroem: a primeira busca separar, para analisar, explicar e demostrar; a segunda prefere a conjunção, para apreender, compreender e mostrar.

Iniciamos o nosso livro referindo-nos ao tripé moderno do trabalho, da racionalidade e do progresso. Esses valores foram primordiais à construção do Estado-nação, símbolo maior do poder da modernidade-mundo, que produziu suas estratégias internas e externas para aplainar contradições e estabelecer, segundo Said (1989, p. 225), "zonas de controle ou de renúncia, de recordação e de esquecimento, de força ou de dependência, de exclusão ou de participação". O imaginário moderno elegeu seus mitos, seus símbolos e suas representações baseando-se nas imagens do tempo, do espaço e das fronteiras, mesmo se, como alerta Althusser (1972, p. 78), "os espaços sejam destituídos de lugares, e o tempo não comporte duração".

No século XXI, em um contexto agudo de decadência dos mitos modernos e da ascensão de novos mitos, devemos refletir sobre o retorno do território e do *ethos* comunitário. Se os valores do trabalho, da racionalidade e do progresso sustentaram um modelo civilizacional, necessitamos produzir contrapontos que nos permitam abrir caminhos para outras epistemologias: para o valor do trabalho, a criação; para o valor da racionalidade, uma razão sensível;[2] para o valor do progresso, uma ecologia planetária. São esses valores nascentes que devem ser observados, valendo-se de um pensamento dialógico entre indústrias criativas e economias criativas.

Reconhecer a decadência do modelo industrial e o advento do *ethos* comunitário é essencial para compreendermos o novo modo como o trabalho opera. As indústrias criativas simbolizam a tendência de perversão do trabalho, oriundo da anemia simbólica do imaginário industrial, face às configurações nascentes de novos imaginários e de novos significados do trabalho. Afinal, as expressões perversas de alienação, isolamento, precariedade e exploração promovidas pela economia-mundo são reveladoras de um mito que se esvai, pois já não é mais capaz de produzir significantes. Enfim, nada é mais representativo da pulsão de morte da modernidade-mundo que o trabalho fruto da tecno-lógica e de sua produção de desumanidades.

No sentido contra-hegemônico aos valores modernos produtores de dependência, o mundo wiki[3] simboliza o *ethos* colaborativo, processo e produto do conhecimento aberto, e que está comprometido com os valores da emancipação. Os sentidos da abertura para novos mundos é o do empoderamento das pessoas, do compartilhamento de informações, códigos, protocolos e práticas (Lafuente, 2022). Não bastam "pavoneamentos" institucionais em torno da Sociedade do Conhecimento. Trata-se de abrir espaços para novas formas de produzir conhecimento, de disseminar experiências, de compartilhar aprendizados, enfim, de ampliar habilidades e competências para enfrentar ameaças e expropriações. O conhecimento aberto amplia os significados da educação, do aprender a conhecer, a fazer, a conviver e a ser para a superação de injustiças e dependências, produzindo, com base na desburocratização das mentes, novos engajamentos e novas dialogias entre reflexão e ação.

Enquanto a sociedade moderna se constrói se baseando em grandes causas e grandes utopias, é na efervescência comunitária que o "agir na rede" acontece e "faz a diferença". São as pequenas causas e as pequenas utopias que tecem redes e fazem comunidades. Os valores emancipatórios da criatividade constituem forças propulsoras de pequenas utopias e de atitudes insubmissas ao instituído entre as economias sustentáveis e colaborativas, as dinâmicas da economia criativa podem abrir caminhos para novas formas de integração a Gaia, em favor de uma ecologia planetária, como propõe Latour (2020).

A cultura da experimentação também é uma expressão da transfiguração do trabalho e da cultura livre, que privilegia o que é feito entre todos para todos. Experimentar é libertar a criatividade de sua teleologia moderna e de suas aplicabilidades mercantis. Necessitamos emancipar o trabalho de seus destinos sombrios, presentes na origem etimológica da palavra (*tripalium*), que nomeia um instrumento de tortura. As promessas produzidas pela civilização industrial caem por terra diante das imagens modernas do trabalho. Nele, a criatividade não está. Afinal, sua função é a de reagir contra o instituído, de produzir impertinências e perplexidades. Seu *ethos* é nômade e lúdico, e, por isso, é experimental.

Por meio de pequenas intenções, atitudes, ações e reações, a criatividade vai emergindo das frestas, das fronteiras, das margens, para dizer sim à vida. Tecer redes e fazer comunidades no campo da economia criativa significa reintroduzir a estética ao trabalho, o que é radicalmente oposto aos sentidos de produzir um trabalho estético. Não se trata de reconhecer no trabalho artístico ou cultural a qualidade intrínseca dos seus produtos; no sentido inverso, trata-se de compreendê-los enquanto produtores de associações, conexões, interações, enfim, de caminhos em direção a novos mundos.

Os sentidos modernos do trabalho, que produziram a categoria "classe criativa" de Richard Florida, vêm sendo enfrentados pelas comunidades criativas, valendo-se da ressignificação da palavra talento, que também anda à procura de redenção. O que significaria talento para comunidades criativas nas sociedades pós-individualistas? Na concepção delas, os maiores talentos são os humanos, e não os técnicos. Capacidade de escuta, apetite pelo compartilhamento de experiências e de conhecimento, desejo de transformar realidades e resolver problemas de forma horizontal e distributiva são exemplos de talentos em favor de um desenvolvimento com envolvimento. Enfim, a economia criativa deve ser objeto de políticas públicas também experimentais, pois suas dinâmicas oportunizam novas pedagogias e governanças, que podem ser estratégicas para a transformação de territórios.

A cidadania é um princípio da economia criativa que busca ampliar direitos, sobretudo do "direito à criatividade", ao mesmo tempo que contribui para a consolidação de contrapoderes sociais, essenciais à democracia. Enquanto o capitalismo estético reduziu o cidadão ao consumidor, é tarefa das economias sustentáveis (entre elas a economia criativa) ampliar os significados da cidadania, reconhecendo e integrando novas éticas aos sistemas econômicos de produção, comercialização e consumo de bens e serviços criativos. No mesmo sentido, a economia criativa contribui para a superação da mera democracia formal – reduzida a um regime político, oriundo de uma determinada forma de governo, constituído por representantes e caracterizado por eleições periódicas – ao estruturar e garantir um campo de atuação para a "cidadania cultural". Nesse sentido, a democratização não pode ser compreendida como massificação, diferentemente do que ocorre no domínio das indústrias culturais e criativas. Enfim, a criatividade, enquanto invenção da cultura, não pode prescindir de uma cultura democrática nem pode ser reduzida ao entretenimento, aos humores do mercado ou às ideologias de plantão.

Comunidades criativas são "comunidades *hackers*", à medida em que facilitam e traduzem uma comunicação hegemônica, em busca de decodificação, acesso e compartilhamento; comunidades criativas são comunidades okupa[4] por garantirem o equilíbrio dos ecossistemas criativos, que se baseiam no protagonismo de coletivos, em seus usos, experimentações e dinâmicas, voltadas ao bem comum. Na etimologia de conhecimento (*cum-nascere*), encontramos o significado do "nascer-com", expressão do "estar-juntos" comunitário, o que nos estimula a ressignificar a Sociedade do Conhecimento, valendo-se da proliferação de comunidades decodificadoras do conhecimento para a produção de contrapoderes e de novas epistemologias.

Ao valor da racionalidade moderna, como submissão da vida a uma *ratio* pragmática e redutora da vida, desejamos enfatizar a ampliação de uma "razão sensível", oriunda das afeições e dos afetos vividos no cotidiano, e que nos remetem ao sentido primeiro da palavra cultura (*cultus*), o que liga o humano à terra e aos deuses. A economia criativa simboliza uma tendência alvissareira do retorno ao território e o surgimento de novas racionalidades comunitárias marcadas pela horizontalidade e pela solidariedade. Valores emancipatórios são frutos de uma "razão sensível" que é (re)fundadora do social.

Na perspectiva civilizatória moderna, avalia-se o progresso de uma civilização pela sua cultura e avalia-se a cultura pelo progresso que traz a uma civilização (Chauí, 2009, p. 21). O progresso é a fé em um único futuro, fruto de uma concepção evolucionista do ser, que define culturas evoluídas ou primitivas e, consequentemente, visibilidades e ocultamentos, dominações e submissões. Os sintomas da saturação do progresso nos trazem diante de Gaia, que não é a natureza virgem nem a deusa-mãe, conforme observa Latour (2020), mas a rede na qual os seres vivos se movimentam e se encontram emaranhados. A modernidade-mundo também invisibilizou a comunidade, em nome de um projeto individualista de sociedade, cujo isolamento seria vencido pela instituição de sócios e sua ética contratual. O *ethos* moderno não teceu redes nem fez comunidades. No sentido contra-hegemônico de uma sociedade única e abstrata, as comunidades superam aprisionamentos identitários e passam a se reunir em torno de singularidades, anunciando o despertar de uma nova ecologia fundamentada no "ser/estar-junto-com". Na ideia de economia criativa está o *ethos* comunitário, pois sua natureza constitutiva não é da divisão nem da dominação, marca do *ethos* social.

Como representação social refratária à unidade, o território suscita imagens ecológicas e rizomáticas, sugerindo a diversidade dos modos de vida, de reação e adaptação dos seres humanos e não humanos ao planeta. No imaginário da Terra e do território, estão as mais antagônicas expressões do social, suas pulsões de vida ou de morte. Dele, são oriundos os arquétipos da maternidade, os símbolos do bem e do bem comum, mas também os interesses extrativistas e os desejos de dominação, que se traduzem, ao mesmo tempo, em disputas e em solidariedades. Michel Maffesoli (1988, p. 244) ratifica a existência de uma *centralidade subterrânea* na proliferação de microgrupos, que escapam às diversas injunções identitárias produzidas pelas análises sociais modernas. Elas traduzem o que o sociólogo francês denomina de "notável expansão do vivido", que nos convida a um conhecimento plural, contingente e emergente. Trata-se do advento de uma "ética da estética" (Maffesoli, 1990), na qual as interações comunitárias se constituem com base em uma estética (*aisthésis*), ou seja, daquilo que é compartilhado por meio dos sentidos, em uma reação à anestesia e à inércia.

A grande distopia da civilização moderna se refere ao deslocamento da tradicional inércia do mundo material para o mundo humano, ou seja, o reconhecimento da impotência dos humanos na superação da realidade por eles mesmos produzida. Como ampliar a potência de agir, libertando-a da lógica determinista e da racionalista instrumental que "desanimou" o mundo? Como construir uma ecologia planetária que reforce os vínculos entre os seres vivos? Uma ecologia política, observa Latour (2020), é um *a priori* para uma ecologia planetária em favor de uma *anima mundi*. A grande tarefa das economias criativas, diante da insustentabilidade das indústrias criativas, é, de um lado, contribuir para novas ecologias que reconheçam, nos valores da cultura, insumos para novas humanidades, e, de outro, ampliar as estratégias e táticas das comunidades criativas para a superação do silenciamento e da invisibilidade.

O mito de Prometeu alimentou as crenças e promessas da civilização industrial. Na tragédia de Ésquilo – Prometeu Acorrentado –, o herói foi castigado por ter ensinado aos humanos a escrita, a ciências e as artes. Entre as personagens, está a mãe de Prometeu que, por decisão do dramaturgo grego, é Têmis, a deusa da justiça, associada na peça à Gaia, a Terra. O que dizer sobre as traições, perversões e demais injustiças, produzidas pela trajetória dos humanos, diante de Gaia? Os valores prometeicos foram traduzidos por disciplinamento, uniformização, controle e domesticação.

Comunidades impertinentes afirmam, com o seu vozerio e efervescência, a vida no seu politeísmo de valores e causalidades. Uma ética nômade, que desampara as verdades modernas, tem relativizado o mito de Prometeu, revelando as perversões produzidas pelo patriarcalismo produtivista e individualista. Que novo mito traduz os valores emancipatórios da criatividade nas sociedades pós-individualistas? As economias criativas simbolizam a eclosão de novas formas nômades do viver, de novas sociabilidades transgressoras e de novas solidariedades comunitárias. Na comunidade, todos são portadores de conhecimentos, pois são especialistas em suas próprias experiências (Lafuente, 2022). Na comunidade, o "empreender" não está distante do "cuidar".

Os nomadismos estão presentes em todos os domínios da vida; tempo trágico de liquidez, dispersão, ebulição e hibridismos; tempo que anuncia a fratura do indivíduo, o esgarçamento das fronteiras, a rejeição do canônico. O nomadismo encontra em Hermes sua figura emblemática. Hermes, com suas asas nos pés, simboliza o movimento, presente na raiz sânscrita do seu nome (*ormê*), que significa correr e fluir. Eterno viajante, deus das negociações, intermediações e encruzilhadas, representa os encontros entre o céu e a terra, por meio dos quatro pontos cardeais e dos quatro rostos que olham, ao mesmo tempo, para o passado e o futuro. Hermes simboliza a diversidade dos conhecimentos oriundos da existência, assim como os múltiplos aspectos ou as interpretações que tomam a palavra no espírito das pessoas. Por isso é, ao mesmo tempo, o deus do hermetismo e da hermenêutica, do mistério e da arte de decifrá-lo. Mágico, satírico, comerciante, médico ou artesão em várias culturas, a figura de Hermes vincula-se à Alquimia. Na etimologia da palavra Hermes, também está o ato de misturar ou suavizar pela mistura. O Hermes alquimista é hermafrodita e simboliza a completude e ação solidária com a natureza. Símbolo da inteligência industriosa e realizadora, da astúcia, da rapidez e da criatividade, Hermes inventa a flauta para trocá-la com Apolo por magias divinatórias.

Em meio às epistemologias hegemônicas, (re)produtoras de silêncios, as comunidades vêm encontrando novos modos de expressar sua potência de falar e agir. Nas comunidades, está a resposta ao apocalipse, no sentido etimológico da palavra (*apocaluptein)*: qual seja, o de tirar o véu, revelar. São elas que epifanizam a alegria valendo-se das sociabilidades que criam, do ser e não do dever-ser, do corpo gozoso, e não do corpo produtivo. Há nas comunidades criativas um "*ethos* pirata", que nos remete à origem etimológica da palavra (*peiran*), que significa pulsão do arriscar, do experimentar, do aventurar-se. A criatividade é, por natureza, anômica e produz o *humus* das comunidades criativas. Nesse sentido, a comunidade criativa é uma "comunidade pirata", ampliando-se, aqui, os sentidos de "pirataria" – definidos pelas indústrias criativas enquanto insubmissão à autoria – a novas insubmissões, experimentações, venturas e aventuras. Comunidades criativas simbolizam a revanche das economias criativas às indústrias criativas, com base na construção de astúcias sutis para o bem comum e o bem viver.

Declínio do mito de Prometeu e ascensão do mito de Hermes. O que significa? Que há nas comunidades criativas, astúcias vitais de resistência, emancipação e centelhas de reencantamento do mundo; que estamos a testemunhar o crescimento de novas racionalidades, a que Gilbert Durand (1982, p. 55) nomeia de *hermetica ratio* – não por acaso, uma nova racionalidade legitimada por Hermes, o deus da criatividade.

Notas

1 Gilbert Durand (1997), a esse respeito, estrutura o conceito de "trajeto antropológico" em sua obra *As estruturas antropológicas do imaginário*.

2 A "razão sensível" foi proposta por Michel Maffesoli (1996) como uma espécie de "alavanca metodológica" que contribui para aprofundar reflexões epistemológicas sobre os fenômenos sociais.

3 Wiki é uma linguagem de marcação utilizada em website que contém hipertexto e hiperligações, para uso com *software* wiki, no qual usuários modificam colaborativamente o conteúdo e a estrutura diretamente usando um navegador web, editado com a ajuda de um editor de texto enriquecido.

4 A cultura okupa nasce na Europa, nos anos 1960, a partir da ocupação de espaços urbanos abandonados e desabitados, sem a permissão de seus proprietários legais, com o objetivo de criar espaços de sociabilidades e vivências libertárias.

Referências bibliográficas

Althusser, Louis. *Politics and History: Montesquieu, Rousseau, Marx*, Londres: Verso, 1972.

Chauí, Marilena. *Cultura e democracia*, Salvador: Secretaria de Cultura, Fundação Pedro Calmon, 2009.

Durand, Gilbert. *Mito, símbolo e metodologia*, Porto: Editorial Presença, 1982.

Durand, Gilbert. *As estruturas antropológicas do imaginário*, São Paulo: Martins Fontes, 1997.

Lafuente, Antonio. *Itinerarios communes: Laboratorios ciudadanos y cultura experimental*, Barcelona: NED Ediciones, 2022.

Latour, Bruno. *Diante de Gaia: oito conferências sobre a natureza do Antropoceno*, São Paulo: Ubu, 2020.

Maffesoli, Michel. *O conhecimento comum*, São Paulo: Brasiliense, 1988.

Maffesoli, Michel. *Au Creux des apparences: pour une éthique de l'ésthétique*, Paris: Plon, 1990.

Maffesoli, Michel. *Eloge de la raison sensible: essai*, Paris: Bernaed Gasset, 1996.

Said, Edward. "Representing the Colonized: Anthropology's Interlocutors", em: *Critical Inquiry*, Chicago, v. 15, n. 2, 1989, pp. 205–25.

ANTONIO LAFUENTE nasceu em Granada, na Espanha. Doutor em ciências físicas, trabalha no Centro de Ciencias Humanas y Sociales (CSIC), em Madri. Já dirigiu coleções editoriais sobre ciência e é autor de duas dúzias de livros e mais de cem artigos ou capítulos de obras, muitos dos quais em revistas ou publicações internacionais. Entre seus títulos de maior sucesso estão *Los caballeros del punto fijo* (1987), *Mundialización de la ciencia y cultura nacional* (1992), *Ciencia colonial en América* (1996), *Guía del Madrid Científico: ciencia y corte* (1998), *El carnaval de la tecnociencia* (2007), *Las dos orillas de la ciencia* (2012), *¡Todos sabios!* (2013), *slowU* (2020) e *Itinerarios comunes* (2022). Depois de estudar por muitos anos a forma como a ciência e o império se coproduzem ou como a ciência não pode sobreviver sem seus públicos, hoje está mais interessado na escala urbana da ciência e, em particular, nas práticas associadas às noções de procomum, protótipo, laboratório cidadão e ciência aberta. Foi coordenador do Laboratorio del Procomún entre 2007 e 2017, também em Madri. Atualmente coordena o site La Aventura de Aprender, plataforma que defende que os movimentos sociais e os coletivos de cidadãos, entendidos como comunidades de aprendizagem que articulam demandas locais, deveriam fazer parte do sistema educacional.

Posfácio
Paisagens comuns: coisas, práticas e situações[1]

ANTONIO LAFUENTE

O que resta de um produto artesanal local fabricado a milhares de quilômetros de distância? Não se trata de uma pergunta retórica, pois grande parte dos *alebrijes*, das *guadalupes* e até mesmo das pimentas *chili* mexicanas vem da China.[2] O mesmo poderia ser dito dos *sombreros vueltiaos* colombianos, das facas e navalhas de Albacete, na Espanha, ou das bonecas de alpaca peruanas. Se uma peça for replicável, sempre encontraremos um modo de precarizar sua produção. Proteger os resultados em lugar dos processos pode levar à rápida destruição de um patrimônio popular.

A noção de indústrias criativas – ou de economia laranja, como também são conhecidas – nos revela fissuras e inconsistências que a tornam discutível. Sua promessa é imaginária e pouco convincente. Precisamos reexaminar os fundamentos em que se baseia. Tudo indica que, em muitos lugares, elas têm atuado como as demais indústrias extrativistas: exploram riquezas sem consideração, destruindo o ecossistema que as sustentava.

Além disso, as indústrias criativas só dão atenção ao que pode ter valor de mercado, ignorando os diversos artesanatos que estão implícitos nas diferentes formas de nos alimentar, nos curar ou nos divertir. A ideia de rentabilidade pressupõe a concorrência e divide o mundo local entre perdedores e bem-sucedidos – uma minoria que leva vantagem com um estilo de vida que destrói progressivamente o ambiente social.

Para cuidar da comunidade, é preciso incluir na equação outras dimensões do problema, que vão além daquelas impostas pela necessidade de se conectar com as regras do mercado. Este texto foi escrito para tentar entender a complexidade dos artesanatos e da vida local, bem como para imaginar novas maneiras de abordar esse frágil ecossistema. Não nos contentaremos em evocar recordações nostálgicas, peças pitorescas, mestres exemplares e oficinas artesanais. O que nos interessa desses mundos é sua condição de respostas aos problemas locais e capacidades mobilizadas.

Os artesanatos nos emocionam, mas não podemos deixar de vê-los como parte de uma rede que só existe porque o resto também foi dotado de infraestrutura de forma experimental, coletiva e prática. Estamos falando de um mundo que *artefatualizou* a maneira de morrer, de narrar e de cantar, além dos modos de cultivar, regar, destilar, fermentar ou conservar, assim como a relação com as demais espécies e entes, como pássaros, rios ou florestas. Todas e todos são partes do mesmo mundo, e a alienação de qualquer uma delas ameaça o ecossistema que as sustenta.

PATRIMÔNIOS ANTIPÁTICOS

A palavra "patrimônio" sempre acaba assumindo um tom de reverência. O termo normalmente é reservado para aludir a coisas importantes. Um patrimônio é constituído por tudo aquilo que queremos legar aos nossos descendentes e que, quando chamamos de público, preservamos do mercado. Seu conceito era vinculado ao excepcional, ao excelente ou ao extraordinário, e os objetos patrimonializados eram tratados como tesouros, custodiados por especialistas, tombados como únicos, mostrados com dignidade e reunidos em palácios.

Tudo associado ao patrimônio era, de algum modo, distinto do comum, do utilitário ou do abundante. Assim, ir a museus continua sendo uma forma de nos reconciliarmos com nossa condição humana e de esquecer momentaneamente nossa condição subordinada, ignorante ou invisível. Mais do que um mostruário de habilidades requintadas, os museus operam, portanto, como espaço de cuidados, um lugar onde podemos nos reconhecer como parte de uma estirpe admirável.

As indústrias culturais, vinculadas ao turismo e, mais recentemente, à educação e ao lazer, empenham-se em nos apresentar esses objetos em uma passarela que mostra o que nunca seremos, mais do que o que merecemos ser. Assim sendo, os museus têm se transformado em espaços mais incompreensíveis e grandiloquentes do que abertos e afetivos, mesmo quando investem cada vez mais em comunicação, extensão e divulgação.

Não é estranho que muitos encarem esses objetos como se fossem de outro mundo ou se falassem uma linguagem incompreensível. São itens, em suma, que não nos dizem respeito, não nos demandam e não nos procuram. Estão situados em outro universo linguístico e experiencial. Só precisam de nós como espectadores. Em seu conjunto, representam uma oferta bulímica, exagerada e supérflua. Não é estranho, portanto, que propostas mais próximas de nós surjam em todos os lugares e que falemos, há algumas décadas, dos artesanatos e das paisagens como coisas que merecem mais atenção.

CULTURAS DO ARTESANATO E PATRIMÔNIOS EMPÁTICOS

Os artesanatos constituem um mundo associado à experiência cotidiana. Não dedicaremos mais de uma linha a explicar que podem ser a expressão de habilidades que, além de nos comoverem, são passíveis de ser entendidas por nós. Bordados, doces, chapéus, roupas e gravuras fazem parte desse universo secular, anônimo e festivo. Sempre houve ao nosso redor quem soubesse fazer esses tesouros, assim como algumas pessoas que os produziam com mais virtuosismo. Todos temos em casa alguma peça que conservamos como testemunho de algo que valeu a pena viver. Às vezes as guardamos para ocasiões especiais, e as avós sempre encontram uma forma de passá-las para suas netas. Transmitem-lhes um objeto, mas, acima de tudo, um mundo.

Poderíamos dizer muitas coisas sobre as culturas do artesanato, mas não queremos entediá-los sendo exaustivos. No entanto, vamos nos deter brevemente em três características: são expressão do trabalho bem-feito, configuram uma resposta a uma necessidade e dão testemunho de uma riqueza invisível.

Um bom artesão entende os materiais que manuseia e está sempre procurando maneiras de tirar melhor proveito deles, fazê-los dizer coisas diferentes, compor outras formas ou dialogar com novos acabamentos. Um artesão nunca sente que se repete porque cada dia é diferente e em cada movimento pode surgir alguma singularidade, tanto nos materiais ou procedimentos quanto nos mercados ou visitantes. Fazer bem-feito é o normal. É expressão da necessidade do que merece confiança e, afinal de contas, de tudo o que nos constitui como comunidade. Um artesanato é um dom que cria um "nós" baseado na confiabilidade de nossas práticas.

Os artesãos vivem de seu trabalho, o que equivale a dizer que atendem a uma necessidade que gera um mercado de bens e serviços. As coisas bem-acabadas têm de ser funcionais, e, de certa forma, cada objeto que os artesãos oferecem não só é útil como também melhora o mundo das capacidades individuais. São objetos que ampliam o universo da sensorialidade, multiplicam nossas possibilidades e tornam nossa existência mais confortável. Portanto, estamos falando de itens que, belos ou não, baratos ou não, populares ou não, contêm muita política: dizem-nos o que podemos ou não podemos fazer. Isso significa que sempre podemos pedir-lhes que façam mais coisas ou que as façam de outra maneira.

Assim sendo, os artesãos constituem uma amostra das capacidades socializadas por uma comunidade: atuam como vitrine do melhor de nós mesmos e são a expressão mais viva de uma riqueza invisível. Se um morador de um vilarejo faz algo com virtuosismo particular, o caminho lógico é que sua fama se espalhe pela região e que ele obtenha reconhecimento notável. Estamos falando de pessoas que entendem de sementes, cogumelos, fermentação, destilação, plantas medicinais, doces ou conservas, entre muitas outras coisas. Estamos, portanto, falando de uma verdadeira riqueza oculta dos territórios.

Vista com atenção, a soma de todas essas formas de fazer comunidade, melhorar as condições de vida e criar riqueza socializada pode ser considerada uma trama de pequenas infraestruturas distribuídas que sustentam e alimentam o mundo que, ao mesmo tempo, as cria. Sustentam o mundo que as cria. É difícil falar em sociabilidade sem fazer referência às infraestruturas que a possibilitam. É impossível entender a comunidade se separarmos o humano do técnico. Isso porque, de fato, estamos falando de formas relacionais que foram dotadas de infraestrutura. Em seu aspecto extremo, são a maneira de dotar os cuidados de infraestrutura.

Não podemos abandonar essa linha de argumentação sem dedicar algum espaço à música, ao canto, às histórias, às rezas, aos rituais, às festas, aos símbolos, aos lutos, aos espíritos e aos santos. Não são necessárias muitas palavras para defender sua importância. Os acadêmicos chamam-no de patrimônio imaterial, e é verdade que todas essas formas de encontro no espaço público configuram uma trama de dispositivos capazes de regular tempos e ritmos para relações de produção de natureza mais afetiva do que funcional. Ou, em outras palavras, estamos nos referindo a eventos cujo propósito é reprodutivo e que, por conseguinte, nos dão a oportunidade de atualizar vínculos, fortalecer relações e examinar traços.

Falamos de processos reprodutivos porque os produtivos são óbvios. Os artesãos vivem dos objetos que vendem e, nas festas, as pessoas comem, bebem ou se vestem de forma especial. Existe um mercado de escala reduzida que facilita o fluxo de coisas e uma redistribuição equilibrada de bens. Sempre houve esse mercado para as produções ou práticas singulares que agora chamamos de indústrias criativas. O tamanho desse mercado não é uma questão de importância menor, uma vez que, quando a escala se amplia, cresce também o risco de que haja processos de acumulação de riqueza que ameaçam a comunidade por aumentarem as desigualdades, estimulando a concorrência e facilitando as economias rentistas.

O INVISÍVEL, O INAUDITO E O INTANGÍVEL

É normal que muitos queiram proteger esse mundo que mal começamos a esboçar. É comum ouvir as pessoas falarem com emoção sobre o capital relacional que essas práticas artesanais criam e mobilizam. Não é estranho, portanto, que pensemos nelas como patrimônio — inclusive não faltam museus que procuram destacá-las. Faz muito sentido que as pessoas se orgulhem do que acontece em sua cidade e do que seus moradores fazem. Tanto é assim que, como apontamos, o nome que agora damos a isso é “patrimônio”. Ao fazê-lo, deixamos de reservar essa palavra para o que é elitista e a aplicamos também ao que é popular.

Ao qualificar o artesanato como patrimônio, não apenas reforçamos seu valor, mas também o inscrevemos em uma categoria administrativa que subordina esse mundo às decisões que serão tomadas em escritórios de especialistas em direito, cultura e economia local. De certa forma, esses valores a que nos referíamos são parcialmente expropriados e transformados em assunto público e, portanto, regulado. Nada é gratuito, nem o fato de conferir a esses mundos locais, artesanais e populares o status de bem patrimonial protegido.

Não está claro o que é ou deve ser protegido. Sem dúvida, tudo aponta para os produtos, o que tem muito a ver com os produtores que, por exemplo, não podem estar na China, como infelizmente é cada vez mais comum. Mas também tem a ver com a pureza dos procedimentos. Quando falamos de pureza e origem certificada, surgem novos atores, acompanhados de toda a sua parafernália de dispositivos de depuração, sempre dispostos a dividir o mundo entre os que cumprem as normas e os que devem ser excluídos em razão de sua natureza bastarda, híbrida ou pouco clara.

Ao que tudo indica, no entanto, aquilo que protegemos ameaça o que é mais valioso. O que tem valor (administrativo) destrói o que é (antropologicamente) valioso. É absurdo que, para proteger a produção artesanal, tenhamos de destruir o estilo de vida artesanal. É inacreditável que, para incentivar a criatividade, tenhamos de destruir seu modo de existência. É como se as condições de artesão e de criativo fossem incompatíveis uma com a outra. Talvez sejam mesmo, porque, sendo criativo, vive-se do resultado e para ele: vive-se pelos resultados. Então, um ser criativo torna os procedimentos secretos, ostenta resultados e se insere em um mercado.

Não há criatividade situada. Caso exija atenção que vá além do folclórico, do simplório e do pitoresco, a criatividade local pode ser um estorvo. Você pode ser criativo independentemente do lugar onde intervém. Suas produções são validadas no mercado, que é a instância suprema. O mercado diz em que medida seus projetos são bons e o quanto sua criatividade é apreciada. Temos todo o direito de problematizar a própria noção da criatividade e certamente sua necessidade.

Quando a criatividade não é situada, faz-se necessária outra palavra para nomear esse vínculo entre o próprio e o apropriado. Se a criatividade não estiver associada à implementação de materiais, saberes e práticas locais e for uma função individual – localizada em uma cabeça, não em um território – e organizada em torno de um mercado, e não de uma comunidade, ela não passará de mais um cavaleiro do Apocalipse. Deveríamos, então, falar em inventividade local ou algo do gênero. A forma como a nomeamos é menos importante do que o reconhecimento da necessidade de dar vida por meio de palavras a outro modo de existência – diferente daquele que nos propõe o maquinário abstrato da criatividade.

Falar de artesanatos nos obrigou a falar de um ecossistema sutil e de práticas que, em seu conjunto, sustentavam uma forma de vida. Um modo de nos relacionarmos que foi tecido com fios imperceptíveis, dito em sussurros e mobilizado com gestos efêmeros. Tudo muito frágil, mesmo sendo secular. Um mundo que só percebemos como importante quando está ameaçado e perto de desaparecer. Essas são as circunstâncias que nos ensinam a valorizar nossa dependência em relação ao que nos é comum ou, em outras palavras, a essa trama singular, construída por todos nós em conjunto, e que dota de infraestrutura os cuidados sem se esquecer dos resultados.[3]

PATRIMONIAL, TRADICIONAL, COMUNAL

Não é correta a associação que costuma se fazer entre o patrimonial e aquilo que é tradicional, antigo e, muitas vezes, antiquado. As práticas populares têm sua origem em usos, materiais ou formas de organização geralmente inovadores, uma vez que não são apenas a resposta a uma necessidade, mas também a adaptação da resposta às condições locais de produção. Assim, são soluções situadas, nascidas da interação entre quem as projeta e quem as utiliza.

São propostas coproduzidas que exigem capacidade de escuta mas também inteligência do lugar e de seus habitantes, oferecendo soluções talvez provisórias, porém bastante funcionais. Essas propostas encaixam-se perfeitamente em nossa visão atual do que chamamos de inovação. Não nasceram antigas, e sim vanguardistas. É muito provável que fizessem consertos recorrendo à bricolagem, mas conseguiram conjugar materiais, práticas ou recursos de maneira inesperada e até brilhante. É possível ver esses artesanatos como manifestação das novas tecnologias.

Algumas práticas de outras épocas, tradicionais em seu modo de produção, podem ser muito inovadoras em nosso tempo. O que ali é feito de forma redundante poderia, em outro lugar, ser uma solução radical. Estamos falando, por exemplo, de maneiras de usar a água, fertilizar o solo, germinar sementes, conservar alimentos ou hibridizar plantas, bem como do uso de materiais diferentes para fazer as mesmas coisas ou jeitos particulares de resolver conflitos, educar crianças, cuidar de bebês, lidar com doenças, tratar a diversidade ou favorecer o convívio. Visto dessa forma, aquilo que muitos poderiam considerar antigo revelar-se-ia a nós como inovador.

Os mestres artesãos não seriam, portanto, os responsáveis por transmitir de geração em geração um saber outrora inovador. Queremos agora examinar a possibilidade de serem atores de vanguarda, pessoas capazes de dar resposta a necessidades futuras. Segundo alguns, eles já têm essa resposta, como sugerimos no parágrafo anterior. Isso é inspirador, porque nos remete a uma relação com a tradição que não é nostálgica, pitoresca ou conservadora. Poderíamos imaginar cenários em que os atores locais seriam responsáveis por evoluir a demanda daquela localidade sem ignorar as exigências externas, para que ambas se encontrassem em um espaço ao mesmo tempo produtivo e experimental. O que impede os artesãos de hoje de se comportarem como os artesãos do passado e, recorrendo ao que tenham a sua disposição, conjugarem as coisas de modo a obter um resultado satisfatório?

Detenhamo-nos nesse ponto. Muitas vezes vi oficinas cujos mestres se esforçavam para me mostrar a qualidade, a beleza ou a originalidade de seus produtos. No entanto, meu interesse estava mais voltado para os procedimentos do que para os resultados. A agulha ou a máquina com que costuravam me atraía mais do que a bolsa que me mostravam. Em outra ocasião, ao visitar uma oficina de xilogravura, apresentaram-me folhetos de cordel primorosamente acabados, mas meu interesse estava nos temas que abordavam e no maquinário de gravura. Em todos os casos, comprovei que as máquinas tinham vindo do exterior e que, em seu tempo, haviam sido objetos vanguardistas de desejo.

Encerramos assim um argumento fácil de resumir: nossa intenção é mostrar o vínculo entre patrimônios populares e novas tecnologias. Pelo menos em sua origem, os produtos hoje vendidos como artesanato estavam duplamente vinculados a soluções vanguardistas: primeiro, porque eram montagens inovadoras e, segundo, porque incorporavam saberes externos de ponta. Poderíamos ter ampliado a casuística, mas não nos pareceu necessário fazê-lo para esclarecer nossa posição: mostrar o artesanal como epítome do tradicional é uma posição tão legítima quanto ligá-lo ao que há de mais inovador.

Levemos esse argumento ao limite. Podemos imaginar o coletivo geralmente associado à categoria de indústrias criativas como o grupo de atores a quem poderíamos confiar o futuro produtivo do território de acordo com os valores comunitários que no passado eles souberam administrar com tanta sabedoria. Nada nos impede de tentar reunir o melhor dos dois mundos. Nada nos impede de desejar um mundo menos individualista, competitivo, esbanjador, financeirizado ou desigual e que seja compatível com o uso das novas tecnologias ou do design mais inovador. Nada nos impede porque foi assim que agiram os que criaram os artesanatos hoje vendidos como objetos tradicionais, arraigados e típicos – itens que são vendidos aos turistas e que, por conseguinte, mudaram de setor produtivo, pois começaram como soluções criativas para problemas locais e terminam como propostas decorativas para satisfazer anseios consumistas.

Sua acomodação atual constitui uma dupla traição a sua origem situada, comunitária e inovadora, pois agora servem para sustentar o mundo do supérfluo, do consumismo e da turistificação. Chamar tudo isso de patrimônio é uma banalização interesseira de um mundo que, na verdade, está perto de desaparecer, seja porque os turistas não chegam, seja porque se cansam de comprar coisas que já têm. Frivolidade, criatividade e curiosidade são qualidades que movem o mundo e merecem ser protegidas, mas devemos estar atentos a qualquer coisa que ameace a vida em comum, seja porque exagera a importância da originalidade ou da rentabilidade, seja porque presta um culto desmesurado ao tradicional e canônico.

PAISAGENS QUE NOS ABRIGAM

Assim, o patrimônio popular é formado por esse conjunto de coisas que chamamos de artesanato – coisas que circulam em mercados de naturezas as mais variadas, dos mais tradicionais aos mais turísticos. Esses objetos são produzidos sob condições singulares que constituem um estilo de vida particular. Os objetos têm um modo de existência associado a valores que poderíamos afirmar serem os mais necessários, sustentáveis e, afinal de contas, vanguardistas.

Os objetos podem agradar ou não, podem ser mais ou menos bem-sucedidos no mercado global, porém são mais importantes pelo que representam do que pelo que valem. Representam um mundo interconectado que merece sobreviver. Seu valor não vem só do que o mercado lhe atribui, mas também do que significa o fato de esses objetos poderem circular. Individualmente são apenas coisas mais ou menos caras, mas a rede que constroem fala-nos de um esforço coletivo e secular de adaptação a um território e seu ambiente. Ela inclui pessoas, relacionamentos, materiais, práticas, tecnologias e formas de organização. É um ecossistema frágil, mas eficiente, nascido da capacidade de construir, em conjunto, ambientes de convivência. É uma produção que estrutura o território e sua comunidade, fruto da inteligência coletiva.

A esta altura, parece-me inevitável reconhecer a impossibilidade de separar a comunidade de seu território, das formas de relacionar-se com as práticas espaciais ou da descoberta de novos recursos com a implementação de diferentes capacidades. Paisagem, então, não é o que está lá fora e pode ser fotografado, mas aquilo que contém todas as formas de vivenciar a diferença que somos. É algo de que podemos falar ou, ainda melhor, que nos fala e nos diz o que há e o que haverá.[4] A paisagem não nos mostra o cenário onde a vida transcorre, mas funciona como espelho que nos diz quem somos.

Identificar as paisagens que caracterizam uma comunidade equivale a encontrar as características que a definem, sabendo que estamos lidando com um objeto fluido, aberto e impossível de abranger completamente. A paisagem nunca é acabada e estática; está sempre em movimento e em construção. Uma paisagem é capaz de conter todas as nuances e dar forma à diferença que somos. Ela não acaba quando é descrita por quem sabe, mas sempre se mostra capaz de integrar novas funcionalidades, olhares diversos e diferentes projeções.

Se antes dissemos que ela era o espelho em que nos olhávamos, agora poderíamos explicá-la como a tela capaz de acolher todos os relatos. Como repositório do que somos, não funciona como uma biblioteca, sempre aberta a todas as escritas, mas como um receptáculo de imaginários pré-linguísticos, nascidos antes de se materializarem em palavras. As paisagens pertencem ao mundo da oralidade. É possível escrever sobre elas. A tarefa de tentar capturá-las em palavras não é absurda, mas é impossível. Sua existência não é literária, e sim narrativa. Sua consistência não é argumentativa, mas poética. Sua beleza não é demonstrável, mas vivencial. Já dissemos: o que importa não é o que há, e sim o que se olha. Uma paisagem não contém o que você vê, e sim o que você olha.

Podemos, isso sim, aprender a olhar. É preciso ver o relacional, mas não basta nos ver como parte de uma comunidade articulada. É necessário resgatar essa visão ecossistêmica em que os outros seres vivos estejam presentes e em que desapareça o medo dessa complexidade que abandonamos com a modernidade e que hoje nos é lembrada pelas ciências ambientais, pela economia circular e pelas artes participativas. O cuidado com o mundo tem a ver com nossa capacidade de escutar as árvores, as borboletas, os fungos, os polvos e os pássaros, como já fizemos com os gorilas, os golfinhos, as orquídeas e os rios.[5]

A ciência é importante, mas não basta ter cientistas. Vamos precisar de outros saberes, novas sensibilidades e diferentes atores. O ancestral, o tácito e o afetivo devem ser incorporados. Será uma conversa difícil, porque faz duzentos anos que a ciência está em guerra contra qualquer outra forma de saber não homologada. Desde o Iluminismo, os cientistas acreditam que dispõem das ferramentas que lhes asseguram uma espécie de monopólio da verdade. Tudo aconteceu como se a ciência fosse a única crítica de que nosso mundo necessita. Uma atitude muito arrogante para os tempos que correm e absurdamente assimétrica porque, embora nem tudo valha, é verdade que há, no mundo, mais coisas importantes do que apenas as nascidas em um laboratório, seja ele acadêmico ou não.

O valor do que (nos) importa provém de qualidades reconhecíveis, que são muitas vezes identificadas em laboratório, e por causa delas reconhecemos propriedades excepcionais em rochas, plantas ou insetos. Os etnobotânicos, entretanto, sabem que os povos indígenas têm um conhecimento admirável de sua flora que poderia ser mobilizado por redes diferentes das que sustentaram sua transmissão de geração em geração. Portanto, o conhecimento existe, e também é indiscutível sua capacidade de interpretar adequadamente os sinais emitidos pela floresta, pelo rio, pela montanha, pelas aves, pelas nuvens, pelos ventos e pelos insetos a respeito do que está acontecendo (conosco). Não sabem tudo, mas sabem muito. Não os ouvir é um desperdício que não podemos mais permitir que aconteça.

Os povos indígenas, aos quais se aplica o que já dissemos sobre artesãos e camponeses, podem nos ensinar a olhar a paisagem. A paisagem contém mais riqueza do que a detectada por nossos sensores especializados. O que medimos é importante, mas há outras riquezas que também devem ser consideradas. Se o século XIX ensinou-nos a desprezar e até a criminalizar os leigos, o século XXI terá de (re)aprender a escutá-los. Na prática, poderiam funcionar como sensores de alerta precoce para problemas que estão para ocorrer. É de extrema importância agora que a conversa entre saberes indisciplinares e disciplinares não tarde. A mediação é assegurada pelos antropólogos, e só conheceremos seus resultados se nos empenharmos com afinco.

As paisagens que temos de aprender a construir e a amar, espelho do que somos e projeção do que queremos ser, são o território dos comuns, e descobri-lo requer um esforço coletivo, situado e aberto que não podemos retardar mais.[6]

CRIAR MUNDOS, DAR EXISTÊNCIA

Voltemos à criatividade entendida como forma de ativar a inteligência coletiva voltada para a procura de respostas práticas. Por boa parte do século XX, os verbos *crear* e *criar*,[7] ambos derivados do latim *creare*, tinham sentidos intercambiáveis, embora *crear* sempre aludisse a coisas que só Deus podia fazer, ao passo que *criar* estava ao alcance de todos os humanos. A *creatividad*, em todo caso, era sobretudo uma qualidade de cientistas, um termo que quase não saía do mundo acadêmico antes da década de 1980. Desde o final do século XX, enfatiza-se a condição de produção original em detrimento da produção bem-feita. Assim, *crear* é próprio de pessoas extraordinárias, enquanto *criar* é próprio das pessoas comuns.

Criar algo é acompanhar a existência de coisas que, de algum modo, dotam de infraestrutura os cuidados ou, em outras palavras, dão existência a coisas que são funcionais para necessidades coletivas. Uma prática artesanal sobrevive quando repousa nas demais práticas e se entrelaça com elas, constituindo assim um mundo habitável por ser (auto)sustentável. Não há como falar desses mundos sem que a noção de território seja universal e, com ela, as de cultura local e de práticas situadas.

Não importa como o expressemos, sempre pulsa por trás das palavras, mais ou menos invisível, a comunidade que é constituída por meio de ritos, protocolos, normas e relatos. Sem dúvida, os objetos que criaram, bem como as técnicas e ferramentas com as quais os criaram, não são uma questão menor. São as respostas que encontraram para suas necessidades. São as soluções que garantem a vida em comum. Assim sendo, além de propostas funcionais, são também expressão do estilo de vida que autorizam ou promovem. Marcam os limites do mundo que *crean*, também *crían* uma multiplicidade de interações possíveis. Os objetos *criados* e as técnicas *creadas* são altamente políticos.

As boas respostas são importantes e, até pouco tempo atrás, eram preferíveis às respostas originais. Não temos nada contra a originalidade, salvo quando usada como desculpa para justificar o segredo, estimular a concorrência ou legitimar a desigualdade. Antepor um valor a outros possíveis é uma decisão que tem muitas implicações. A criatividade no sentido de originalidade é o cavaleiro laranja do Apocalipse.[8]

Notas

1 O texto de Antonio Lafuente é fruto de sua viagem ao Cariri (CE) em maio de 2022, quando ministrou uma oficina no Encontro de Negócios Criativos e Sustentáveis do Cariri, promovido pelo Sebrae Ceará (Disponível em: www.instagram.com/p/Cd9OEZiusPO/?igshid=OTRmMjhlYjM=).

2 *Alebrijes* são esculturas coloridas mexicanas que retratam animais fantásticos e *guadalupes* são as imagens de Nossa Senhora de Guadalupe, padroeira do país.

3 "Sob essa lógica, não caberia mais à governança do mar traçar contornos (regionais, nacionais ou internacionais), mas, ao contrário, intensificar as diferenças, destacar a multiplicidade e a heterogeneidade dos usos e favorecer os que resistem à escalabilidade e à mercantilização, inventando, no lugar das codificações existentes, outras formas de fazer mundos com o mar." Disponível em: aoc.media/opinion/2021/09/28/entre-mers-et-forets-la-possibilite-de-la-vie-dans-les-marges/. Tradução livre.

4 "Quando falam da floresta, os brancos muitas vezes usam uma outra palavra: meio ambiente. Essa palavra também não é uma das nossas e nós a desconhecíamos até pouco tempo atrás. Para nós, o que os brancos chamam assim é o que resta da terra e da floresta feridas por suas máquinas." (Kopenawa, Davi; Albert, Bruce. *A queda do céu: Palavras de um xamã yanomami*. São Paulo: Companhia das Letras, 2015)

5 "A reflexão desse filósofo e rastreador de animais selvagens [Baptiste Morizot] parte de uma intuição fundamental: os Modernos imaginam o resto do mundo vivo como um espaço desprovido de qualquer dimensão sociopolítica, ao contrário do mundo humano. Tudo ali é 'natural' e, por conseguinte, tudo é apenas um cenário destituído de ontologia, um suporte para que humanos exaustos possam 'recarregar as baterias', um lugar de onde extrair recursos materiais. 'A saída do mundo vivo para fora do campo da atenção coletiva e política, para fora do campo do importante, é o evento inaugural da crise da sensibilidade.' Uma crise-raiz que nos deixa indisponíveis às manifestações da vida, que nos priva de qualquer compreensão a seu respeito e que acaba nos tornando estranhos à vida fora de nós, mas também dentro de nós. Segundo a antropologia filosófica que 'vai do judeu-cristianismo ao freudismo', em cada indivíduo ocorreria uma luta entre o homem dotado de razão — o *ego* de Descartes — e sua ancestralidade animal — o reino obscuro dos instintos e das paixões. Daí a necessidade de 'civilizar o selvagem' em todos os lugares, reprimi-lo, domesticá-lo: uma moral de cocheiro. Essa relação de dominação revela os limites dos chamados a 'religar': nunca nos desligamos do mundo vivo, pois seríamos incapazes de fazê-lo – vivemos na respiração das árvores. Temos de nos *ligar de forma diferente*, tecer outras relações com espécies outras, nem inferiores nem superiores do ponto de vista da evolução: são apenas outras formas de estar vivo. Como? Começando pela observação, por colocar-nos em uma posição de atenção e disponibilidade para com as relações que nos rodeiam e nos atravessam. Em seguida, empenhando-nos em compreender e traduzir as regras que regem as outras espécies e as interações que as vinculam, preferindo o exercício da analogia ao antropomorfismo que nivela, o que faz justiça à alteridade ao 'ressaltar o comum contra o pano de fundo da diferença'. Tornar-se rastreador: 'É rastreador todo ser humano que ativa em si mesmo um estilo de atenção enriquecida ao que é vivo fora de si mesmo, que o considera digno de investigação e rico em significados. Que postula que há coisas a traduzir e que tenta aprender'. Depois vem a articulação, o arranjo novo. 'A diplomacia com o que é vivo dentro e fora de si mesmo é um tipo de relação que se torna pertinente quando coabitamos no mesmo território com seres que resistem e insistem. Seres que nem por isso devem ser destruídos ou enfraquecidos em demasia, pois nossa vitalidade depende da deles. Assim é com nossas paixões.' Portanto, precisam ser tecidas entre humanos e não humanos alianças objetivas que vão além da mera relação de domesticação, como a do apicultor aliado às abelhas. 'Basta tecer uma frente comum entre dois ou mais atores em uma comunidade de importância e que essa frente atue pela transformação do uso dos territórios importantes para eles e que, nesse processo, lute contra outros usos.' Essa diplomacia só pode ser concebida como uma 'teoria e prática de considerações ajustadas'. Ajustadas porque nada é

fundamentalmente justo no mundo vivo; não existe uma ordem original e ideal a ser recuperada: tudo é apenas movimento, e as relações só podem ser ajustadas em função das respostas do ambiente e das espécies. É um encadeamento infinito de retroações. É 'um artesanato prático, uma sensibilidade, um gosto empático; o ajustador é um artesão sensível, como um alfaiate, à singularidade, sempre disposto a retrabalhar'. Um ajuste que faz de cada um de nós um diplomata, um agente de uma nova 'cosmopolidez'." Disponível em: https://www.socialter.fr/article/repolitiser-le-vivant. Tradução livre.

6 "Este texto é a primeira etapa de um futuro livro sobre o *trabalho da natureza*, pensado e delineado com a jurista Sarah Vanuxem e o filósofo Matthieu Duperrex para refletir, na esteira do levante legal da Terra, sobre a economia que dali poderia nascer. Trata-se menos de um texto de reflexão do que de um trabalho de roteirização. Eis a hipótese que preside a esse roteiro: se nossas sociedades tiverem a coragem de conferir o status de *sujeito de direito* aos ecossistemas, ambientes, espécies animais e vegetais, assim como a processos naturais – captura de CO_2, polinização, ciclo hidrológico etc. –, esses sujeitos de direito emergentes também poderiam reivindicar uma remuneração pelo trabalho que realizam." Disponível em: aoc.media/opinion/2021/11/18/faut-il-remunerer-la-nature-pour-son-travail/. Tradução livre.

7 Em português, tanto *crear* quanto *criar* se traduzem como criar. Ambos estão em itálicos no texto quando usados em seu sentido em espanhol. [N. da trad.]

8 As cores dos quatro cavalos do Apocalipse são preto, branco, vermelho e amarelo. Portanto, o cavalo laranja – e, por extensão, o cavaleiro – seria o quinto. [N. da trad.]

Diálogos furtadianos sobre economia criativa

Entrevista de Tânia Bacelar a Cláudia Sousa Leitão

TÂNIA BACELAR é doutora em Economia. Foi coordenadora de Planejamento Regional e diretora de Planejamento Global da Sudene (1984–86), secretária de Planejamento do Estado de Pernambuco (1987), secretária da Fazenda do Estado de Pernambuco (1988–90), diretora do Departamento de Economia do Instituto de Pesquisas Sociais da Fundação Joaquim Nabuco (1990–95), secretária de Planejamento, Urbanismo e Meio Ambiente da Prefeitura Municipal do Recife (2001–02), secretária nacional de Políticas Regionais no Ministério da Integração Nacional (2003–04) e sócia da Ceplan Consultoria.

Cláudia Sousa Leitão Cara amiga Tânia Bacelar, começo esta nossa entrevista por Celso Furtado e sua importância como pensador brasileiro, exatamente neste momento em que o país vive uma série de crises (entre elas a fome, o desalento das juventudes, a ameaça às instituições republicanas, o flerte com a extrema-direita e um modelo de desenvolvimento cada vez mais insustentável). Furtado profetizou em sua obra esse quadro em que nos encontramos. Minha primeira pergunta para você é: se Furtado ainda estivesse entre nós, quais questões mais estratégicas para a reconstrução do Brasil ele destacaria?

> **Tânia Bacelar** Posso ousar dizer que, certamente, reafirmaria que o ultraliberalismo não se sustenta num país tão desigual como o Brasil — a não ser provocando uma tragédia social, como a que experimentamos. No mais, não consigo responder a essa pergunta, pois o mundo e o Brasil do século XXI são palco de mudanças profundas e Celso Furtado era um pensador ligado a seu tempo, que refletia em suas análises e propostas a respeito da realidade em transformação. Por isso, era sempre instigante e precursor. A dimensão cultural do desenvolvimento, por exemplo, foi ganhando espaço nas suas obras, em especial a partir do seu livro *Criatividade e dependência na civilização industrial*, publicado em 1978. Não é à toa que foi o ministro da Cultura na redemocratização do país! Foi um dos pioneiros dessa valorização e acertou: a cultura se mostra cada vez mais estratégica num projeto de futuro para o Brasil.

CSL Gostaria de avançar com você, ainda a partir do pensamento e da práxis de Furtado, sobre os grandes problemas latino-americanos (populismo, concentração de renda, autoritarismo, clientelismo, corrupção) que lamen-

“Foi um dos pioneiros dessa valorização e acertou: a cultura se mostra cada vez mais estratégica num projeto de futuro para o Brasil.” – TB

tavelmente também se reproduzem no Brasil. Como você poderia comentar essa realidade, a partir do Nordeste brasileiro, sobretudo pensando na luta de Furtado na batalha para a criação da Sudene? Gostaria que você também se referisse à criação da Artene como uma protopolítica de economia criativa para o artesanato nordestino.

TB Furtado era um cientista com os pés no chão, buscava entender a realidade para transformá-la. Foi isso que sempre fez, inclusive quando se dedicou ao Nordeste. Sua análise no relatório do Grupo de Trabalho para o Desenvolvimento do Nordeste (GTDN) denuncia o latifúndio – sem usar esta palavra – e o papel central das velhas oligarquias regionais no atraso do Nordeste. O capítulo sobre “as secas” é uma ousada análise da realidade regional da época (com muitos pontos de convergência com a realidade latino-americana que estudara na Cepal). Não é à toa que estava na primeira lista de exilados editada após do golpe de 1964! A Sudene foi concebida por ele como agente de transformação, e não como uma burocracia. A Artene, subsidiaria da Sudene, foi uma ousada iniciativa que buscava valorizar um potencial latente naquele momento, ainda mais evidente hoje: o rico artesanato nordestino. Esse potencial não era valorizado pelas elites colonizadas, que preferem o que vem de fora. Ao mesmo tempo, os artesãos – em grande parte, mulheres – eram explorados, sobretudo na etapa da comercialização, o que ainda ocorre. Daí a função central da Artene (sociedade de economia mista) criada para intervir na comercialização, ao mesmo tempo que divulgava e valorizava esse fantástico potencial nordestino. Ali já estava clara a importância do que chamamos hoje de economia criativa, que continua sendo um dos grandes potenciais do Nordeste.

CSL Gostaria de relembrar com você o que vivemos e compartilhamos na criação da Secretaria Nacional da Economia Criativa (SEC). A SEC nasceu graças ao apoio intelectual e afetivo seu e do nosso querido Paul Singer, sob a égide do pensamento de Furtado sobre criatividade e desenvolvimento. Quando Furtado chegou ao Ministério da Cultura, jornalistas indagavam: “Um país que passa fome precisa de um Ministério da Cultura?”. Quase quarenta anos depois, e diante de um quadro de fome que teima em se perpetuar, qual seria o papel de uma Secretaria Nacional da Economia Criativa?

TB O Ministério da Cultura será recriado, infelizmente, justamente quando o Brasil volta ao Mapa da Fome, ainda que seja uma potência mundial na produção de alimentos. No Ministério, a Secretaria de Economia Criativa precisa ter protagonismo maior do que teve no início do século. O mundo reclama do avanço inaceitável da degradação ambiental no Brasil, em especial na Amazônia, mas muitas lideranças internacionais, ao falar de nossa conjuntura recente, lembram com saudade do Brasil ousado, inovador e criativo na produção de música, cinema, literatura, artesanato. A criatividade é uma de nossas marcas! E ela encanta um mundo bastante necessitado de novas ousadias generosas. Os artistas são importantes arautos de novos tempos. E não é bom esquecer que a economia criativa gera muitos empregos num contexto de elevado desemprego e de transição do mercado de trabalho. Além disso, a economia criativa dialoga bem com as inovações e o ambiente disruptivo da era digital, sendo capaz de mobilizar nossa juventude. Ela precisa fazer parte de um programa de retomada do crescimento em novas bases, no Brasil. E para o Nordeste é tema central, dado nosso potencial.

CSL A Secretaria da Economia Criativa viveu uma institucionalidade meteórica na Esplanada dos Ministérios. Esse fato é um sintoma de que ainda não conseguimos superar um modelo industrial de desenvolvimento para uma etapa mais sofisticada de valor agregado no que produzimos? Como os setores criativos poderiam contribuir para ampliar a agenda de desenvolvimento brasileiro ainda marcada pelas *commodities*?

TB A economia criativa faz parte do terciário. O mundo, que transitou das civilizações agrícolas para as industriais, sinaliza agora para a era do terciário, da economia do conhecimento, onde se inscreve a economia criativa (que interage também com a indústria, na produção de filmes, por exemplo). O Brasil precisa se reposicionar num mundo em ebulição, construir um novo projeto de desenvolvimento, e nele a economia criativa tem potencial para ser uma âncora importante. Para destacar alguns de seus potenciais, ela inclui atividades que têm cadeias produtivas diversificadas, que empregam muito e têm potencial para exportação.

"A criatividade é uma de nossas marcas! E ela encanta um mundo bastante necessitado de novas ousadias generosas. Os artistas são importantes arautos de novos tempos." – TB

CSL Vamos conversar sobre os desafios da economia criativa brasileira a partir do novo governo. Você considera que as políticas públicas para a economia criativa poderiam ser estratégicas para a agenda de um desenvolvimento com envolvimento, ou seja, um desenvolvimento que não ameace a biodiversidade nem a diversidade cultural regional brasileira e, pelo contrário, possa transformar essa diversidade em ativos econômicos sustentáveis?

TB Nossa diversidade ambiental (somos o único país com seis biomas), dom da natureza, e a diversidade socioeconômica e cultural, fruto do nosso processo de ocupação humana e econômica, são, no meu entender, alguns dos maiores ativos do Brasil. No desenvolvimento recente, deixamos de valorizar o respeito à dinâmica dos ecossistemas presentes no território nacional e concentramos a base produtiva e demográfica do país excessivamente no Sudeste – inclusive na produção cultural. Costumo dizer que, na transição para ser uma potência industrial (e, no século XX, nós conseguimos), a concentração domou a diversidade no Brasil. Mas, agora, estamos diante de uma nova oportunidade: as mudanças profundas que ocorrem no contexto mundial estão obrigando o Brasil a se reposicionar. Espero que nesse novo ambiente a diversidade regional herdada se reafirme como ativo estratégico para a construção de um novo projeto de desenvolvimento do Brasil e que a diversidade cultural lastreie uma possante economia criativa!

CSL Para refletirmos sobre políticas públicas para a economia criativa brasileira, precisamos ter consciência dos desafios a serem vencidos. Vamos a eles? Gostaria de ouvir suas considerações sobre cada um.

1.1 Ausência de dados confiáveis sobre os setores criativos brasileiros (a exemplo da economia do São João); ausência de fomento, financiamento e investimento para os trabalhadores da economia criativa (como enfrentar a informalidade?);

1.2 Ausência de uma educação voltada às competências criativas (como inserir as juventudes brasileiras nos sistemas produtivos e nas redes da economia criativa?);

1.3 Ausência de marcos legais que apoiem os ecossistemas criativos e suas dinâmicas econômicas de criação, produção, distribuição e consumo de bens e serviços criativos (como apoiar os micro e pequenos empresários com uma legislação econômica e tributária, por exemplo, que seja adequada aos seus interesses?);

1.4 Ausência de infraestrutura para apoiar as dinâmicas da economia criativa (especialmente no que envolve a distribuição).

"Nossa diversidade ambiental (somos o único país com seis biomas), dom da natureza, e a diversidade socioeconômica e cultural, fruto do nosso processo de ocupação humana e econômica, são, no meu entender, alguns dos maiores ativos do Brasil." – TB

TB Não é fácil (nem barato) construir bases de informações confiáveis, em especial num país tão grande e diverso, mas considero que houve avanços. Na economia criativa, em que a informalidade ainda é traço relevante, as bases de dados são ainda mais difíceis de construir. Mas acredito que as novas tecnologias da era digital possam ajudar.

Uma educação que valorize as competências criativas também tende a avançar. O mundo atual rejeita mesmices e experimenta disrupções importantes, inclusive na educação. Sou mais otimista que já fui quanto a mudanças no processo educacional e no desenvolvimento de competências e habilidades de nova estirpe, embora no Brasil essa transição seja lenta.

Entre os marcos legais e o investimento em infraestruturas que ancorem demandas da economia criativa, fico com a segunda, mesmo reconhecendo que nossa herança de supervalorização do arcabouço jurídico-institucional ainda pese muito e, pior, tenda a impregnar as políticas públicas. Mas a criatividade é rebelde. Se ancorada numa boa infraestrutura, a economia criativa tem muito a avançar.

CSL O Brasil, apesar de sua dimensão continental, sua biodiversidade cultural excepcional e um sistema educacional instalado, não conseguiu oferecer ao mundo global produtos que afirmassem o seu maior *softpower*: a cultura e a criatividade. Que leitura é possível fazer de um país que somente contrapõe, à sua pauta de exportação de soja, carne e minérios, as sandálias Havaianas?

TB Pobre país! Desperdiça um ativo estratégico, reconhecido mundo afora. Uma das razões é o peso ainda muito forte da mentalidade colonizada que domina grande parte de nossas elites.

CSL Sabemos que a indústria chinesa é responsável pela sombrinha do frevo de Recife e se estende a inúmeros bens que acabaram por aniquilar, por exemplo, as indústrias têxteis e da confecção, a moda e o artesanato, setores da economia criativa. Nesse sentido, existe uma disputa entre pequenas economias de nicho e indústrias de bens produzidos em série sobre a qual é

“Não é fácil (nem barato) construir bases de informações confiáveis, em especial num país tão grande e diverso, mas considero que houve avanços. Na economia criativa, em que a informalidade ainda é traço relevante, as bases de dados são ainda mais difíceis de construir. Mas acredito que as novas tecnologias da era digital possam ajudar.” – TB

necessário também refletir. Como formular uma política nacional de economia criativa capaz de oferecer possibilidades do “*created in Brazil*” diante do “*made in China*”?

TB Do ponto de vista econômico, a China tem se mostrado competente para escalar sua produção. Internamente, há demanda de seu mais de 1 bilhão de habitantes e, externamente, os preços que consegue oferecer são diferenciais muito importantes. Mas não é a disputa com a China o principal bloqueio ao florescimento da economia criativa no Brasil. Já falei de outros aqui.

CSL Vamos caminhando para o final desta entrevista e gostaria de perguntar a você o que se pode – ou melhor, o que se deve – esperar de um Ministério da Cultura no século XXI, sobretudo no que se refere à presença da cultura na agenda do desenvolvimento brasileiro?

TB Ficaria muito feliz se começasse por reinstalar os “Pontos de Cultura”, espalhando-os no amplo e diferenciado território nacional (parcerias locais podem ajudar a viabilizar tal ousadia). Eles ajudariam a promover uma economia que se alimenta da magnífica diversidade cultural brasileira que, insisto, é um ativo maravilhoso!

CSL Em tempos pandêmicos, a cultura ganhou uma maior presença a partir de seus produtos digitais. A questão é que os *streamings* (plataformas digitais) continuam a produzir as mesmas assimetrias econômicas, sociais e culturais, refletindo o tradicional poder concentrador das indústrias culturais e criativas. Nossos artistas podem subir conteúdos para essas plataformas, mas seus ganhos são ínfimos. Nesse sentido, como enfrentar os impasses dos avanços tecnológicos para que não contribuam para aprofundar ainda mais o abismo entre os grandes grupos e os milhões de trabalhadores da cultura, quase sempre marginalizados dos dividendos econômicos de sua criação?

TB Esse não é um problema circunscrito à economia criativa. A transição para a era digital está, no mundo inteiro, sob comando centralizado: com poucas grandes corporações, sediadas em poucos lugares. Há que construir estratégias para se inserir nesse novo ambiente.

"Ficaria muito feliz se começasse por reinstalar os "Pontos de Cultura", espalhando-os no amplo e diferenciado território nacional (parcerias locais podem ajudar a viabilizar tal ousadia)." – TB

A cultura além da cultura: conversas sulinas em torno de um outro desenvolvimento

---

Entrevista de Jorge Melguizo a Cláudia Sousa Leitão

JORGE MELGUIZO tem sessenta anos, é casado com uma ceramista e tem um filho artista visual e cineasta. Comunicador social e jornalista, é consultor, palestrante e professor em vários países da Ibero-América. Ao longo de toda a sua vida, tem se dedicado a projetos sociais de transformação em Medellín, desde grupos de bairro e ONGs até a administração pública. É ex-gerente do centro de Medellín, ex-secretário de cultura cidadã e ex-secretário de desenvolvimento social da mesma cidade. É autor de artigos publicados em 25 livros e coordenador de várias publicações sobre habitat, urbanismo social, inclusão social e cultura para a transformação social. Mais informações: twitter.com/JorgeMelguizo e facebook.com/jorge.melguizo.54/.

Cláudia Sousa Leitão Caro amigo Jorge, gostaria de começar nossa conversa pela América Latina. Somos um vasto continente que fala diversas línguas e que é o celeiro da biodiversidade cultural planetária. Gostaria de que você refletisse sobre esse fato a partir da cultura e seu lugar dentro do desenvolvimento dos países latino-americanos.

Jorge Melguizo A cultura e o meio ambiente são as principais riquezas do Brasil, da Colômbia, da América Latina. Ainda não entendemos o valor de ambas as riquezas.

O que aconteceria se decidíssemos formular os planos de desenvolvimento de nossos países com base nessas duas enormes riquezas, a ambiental e a cultural? Outros tipos de riquezas são aquelas que transformamos na base de nossa economia, sobretudo as riquezas minerais, cuja exploração acaba com o meio ambiente e também com nossas culturas.

Graças à diversidade, meio ambiente e cultura são as nossas grandes riquezas. Nossa natureza física na América Latina e nossa natureza humana e social têm sua marca, sua chancela, sua essência na diversidade. A América Latina é diversidade, e isso se deve ao meio ambiente e à cultura. Nessa riqueza cultural e ambiental está uma das grandes oportunidades para a construção do que podemos ser. A cultura, aliás, como possibilidade de nos compreendermos e nos construirmos como sociedade, de nos transformarmos. Nossa geografia física, nossa geografia social e nossa geografia humana representam nossa maior oportunidade.

CSL Existem muitas tecnologias sociais na América Latina, mas elas não ganham a visibilidade e o apoio necessários. Diante da crise do modelo capitalista global e seus impactos ambientais, sociais, políticos, econômicos e culturais, não teria chegado o momento de uma afirmação mais efetiva das epistemologias do Sul? Você considera possível essa pactuação entre países do continente, na direção de princípios como o bem viver e o bem comum?

"Graças à diversidade, meio ambiente e cultura são as nossas grandes riquezas. Nossa natureza física na América Latina e nossa natureza humana e social têm sua marca, sua chancela, sua essência na diversidade." – JM

JM Em setembro de 2022, realizou-se, na cidade do México, a Mondiacult, uma cúpula realizada pela Unesco para pensar a cultura para quase duzentos países. Escrevi um texto, que foi publicado pela *RGC – Revista de Gestión Cultural*, da Argentina, que é muito mais do que uma revista e faz parte do livro *La gestión cultural Latinoamericana en Mondiacult* [A gestão cultural latino-americana na Mondiacult].[1] Respondo, então, com este texto longo, mas que considero oportuno para esta reflexão:

> Rumo a uma Nova Agenda Cultural Mundial: a América Latina na Mondiacult 2022. Quais devem ser os eixos do trabalho cultural na América Latina nesta década? Onde devemos colocar maior ênfase?[2]
>
> Cinco critérios, sete eixos temáticos e oito ações específicas: propostas de Medellín, a título de reflexão, sobre o que devemos apresentar na conferência Mondiacult no que diz respeito à América Latina e como deveríamos lidar com a cultura nesta década, como resultado dessa conferência.
>
> ## Os cinco critérios
>
> **1. Assumir a cultura como um direito e como fator de inclusão e equidade**
> Deve-se tentar, como sociedade, que a cultura seja uma oportunidade para todos; que o que há de melhor na cultura seja acessível à maioria; que a maioria tenha realmente o direito de acesso àquilo de melhor que a cultura pode oferecer.
>
> Com a cultura como direito, poderemos ser uma sociedade melhor. Como disse um filósofo colombiano, Estanislao Zuleta, "direitos sem oportunidades não são direitos". Hoje, na América Latina, os direitos culturais estão muito longe de ser, mais do que apenas direitos, oportunidades. Pior ainda: para a maioria da população, não só para os governos, falar em direitos culturais é uma raridade. Esse conceito nem sequer existe. Os direitos culturais, evocados a partir dos direitos humanos de segunda geração e promulgados em 2007 pela Unesco, são práticas e letras paralisadas em nossos países. Passar do direito à oportunidade da cultura é um grande desafio.

2. Cultura para a convivência

Na América Latina, a violência está presente na vida da maioria de seus habitantes. Dessa forma, o objetivo de todas as políticas públicas e das ações voltadas para a população deve ser a convivência. Nesse sentido, a cultura é fundamental: os palcos, a programação cultural e os festivais tornam-se cenários de convivência, criação e projeção cultural. São espaços onde se evidenciam nossas memórias, nossa diversidade e nossa riqueza cultural; espaços e momentos nos quais reconhecemos as manifestações culturais como oportunidade para deixar de "olhar para o próprio umbigo", enxergando assim outras realidades, aprendendo com os outros, sobretudo em contextos em que há mais convivência e menos violência.

Mas a cultura não se limita ao setor cultural. A cultura é mais do que as artes e muito mais do que as belas-artes e o folclore. Ela nos leva a entender e conhecer novas formas de convivência e possibilita a construção cotidiana do conceito de cultura como aquilo que nos permite apreciar a própria vida e aprender a conviver. Em nossas sociedades latino-americanas, precisamos poder construir maneiras não violentas de resolução de conflitos; precisamos aprender a construir sociedades a partir das diferenças. A socióloga colombiana María Teresa Uribe dizia:

> *Quando falamos em construir algo comum e coletivo, não nos referimos à dimensão colocada pelo cristianismo. Não se trata de "amar uns aos outros", não se trata de harmonia social. É ter como base a existência e o reconhecimento do conflito como algo positivo e, a partir daí, buscar referenciais éticos para administrá-lo, para evitar que se transforme em violência [...] Devemos admitir que esses referenciais éticos não são eternos, e sim históricos, porque se os tratarmos como eternos nós os transformaremos em dogmas, e os dogmas não aceitam a diversidade nem a divergência nem a diferença nem o pluralismo.*

"Mas a cultura não se limita ao setor cultural. A cultura é mais do que as artes e muito mais do que as belas-artes e o folclore. Ela nos leva a entender e conhecer novas formas de convivência e possibilita a construção cotidiana do conceito de cultura como aquilo que nos permite apreciar a própria vida e aprender a conviver." – JM

3. O principal resultado de uma política cultural deve ser um novo cidadania

Precisamos de novos cidadãos e cidadãs conscientes de seus direitos e deveres, participativos, responsáveis e comprometidos com o presente e o futuro de seu meio mais imediato, conscientes da responsabilidade e da convicção de que todos eles e elas, em cada bairro ou distrito, em cada município, ajudam a promover a transformação dos bairros, das cidades. Precisamos de cidadãos mais comprometidos politicamente, cidadãos e cidadãs com pensamento crítico, mais conscientes das dimensões pública e coletiva, mais dispostos a quebrar os esquemas tradicionais e patriarcais de nossas culturas. Uma população com novos códigos culturais, construídos a partir do que já somos, e também construídos com base no que queremos e podemos ser como indivíduos e como sociedade.

Carlos Iván Lopera, filósofo e teólogo colombiano, diz:

> *Trata-se de definir valores em torno dos quais todos os cidadãos possam estar de acordo: que a vida mantenha seu valor de síntese; que a liberdade seja recriada ao ser concebida como um lugar comunitário; que a integridade e a humanidade não permitam que ninguém faça do outro um simples meio e instrumento; que o consenso seja uma busca constante, valorizando o conflito, aceitando e vinculando a riqueza que se faz na diferença; e que esses valores se concretizem em uma vida digna para todos.*

4. Temos que conseguir fazer da cultura uma das ferramentas fundamentais para a transformação de nossos países

Devemos conseguir, coletivamente, causar emoção: emocionar no âmbito da cultura e com a cultura. Fazer da cultura um motivo de orgulho, de alegria coletiva.

Para tanto, precisamos que os governos locais e nacionais se assumam como projetos culturais. O projeto cultural não é aquele que se faz, sozinho, por iniciativa de uma secretaria ou ministério da Cultura. O governo como um todo – todos os seus órgãos – deve ser, em si, um projeto cultural. A avaliação disso deveria estar evidenciada em orçamentos maiores para a cultura; em agendas locais e nacionais que tenham a cultura como essência e estratégia; na transversalização da cultura em muitos outros órgãos públicos; na conjunção permanente e determinada de esforços públicos, privados e comunitários; e nas estratégias de posicionamento da população na cultura e para a cultura. Uma das metas da Mondiacult[3] é o avanço na construção de um novo Objetivo de Desenvolvimento Sustentável, o ODS 18, com foco na cultura. A razão é simples: trata-se de colocar a cultura no centro da transformação de nossas sociedades. A cultura é, mesmo que ainda não reconhecida oficialmente, um dos quatro pilares do desenvolvimento, juntamente com as esferas social, econômica e ambiental.

5. A cultura deve ser um *objeto* permanente de reflexão e opinião

A Mondiacult precisa poder gerar e desencadear muitos espaços de conversa sobre o desenvolvimento da América Latina em que a perspectiva da cultura seja um elemento fundamental. Esta próxima década poderia ser a da efervescência dos diálogos sobre o que somos e temos, e, principalmente, sobre o que poderíamos ser se assumíssemos novos desafios de desenvolvimento humano, social, econômico e ambiental na América Latina.

Por nossa diversidade étnica e geográfica, esta parte do mundo tem sido um verdadeiro laboratório cultural. Desenvolver-nos também como um laboratório cultural novo, vivo e dinâmico para o mundo é uma grande oportunidade.

Um desafio bom e factível para os próximos anos seria transformar a América Latina em uma conversa acalorada sobre a cultura, que nos leve a rever o que já construímos e o quanto progredimos; as propostas concretas de tantas declarações multilaterais; os avanços institucionais e as novas opções de tecido social que nos são apresentadas não só no mundo físico, como também no universo digital.

Os sete eixos temáticos propostos na Mondiacult em relação à América Latina

Propusemos aos governos da América Latina e aos órgãos internacionais e multilaterais que os planos culturais nacionais e locais enfatizem, na próxima década, sete pilares. Uma definição do projeto cultural está implícita nesses sete eixos: é o que nos permite ser outra sociedade, o que nos permite avançar na construção de uma nova humanidade. A cultura é o que nos torna humanos. Ou melhor: somos humanos por causa da cultura.

1. Equidade e justiça socioeconômica, étnica e cultural

É imperativo avançar decididamente rumo a sociedades mais equitativas, mais justas populacional e territorialmente, com novas economias: economias colaborativas, economias associativas, economias solidárias, economias comuns. A América Latina apresenta uma desigualdade que dói e que arruína qualquer opção de desenvolvimento. Enquanto não avançarmos na superação dessas enormes lacunas sociais, não poderemos construir uma sociedade melhor.

“A razão é simples: trata-se de colocar a cultura no centro da transformação de nossas sociedades. A cultura é, mesmo que ainda não reconhecida oficialmente, um dos quatro pilares do desenvolvimento, juntamente com as esferas social, econômica e ambiental. ” – JM

2. Educação formal e popular e outros saberes comunitários
O principal desafio da educação é a cultura, porque se educa para construir uma nova sociedade com novos valores, novos conhecimentos, novas habilidades, novas atitudes. Educa-se para mudar. Portanto, o principal desafio da cultura é também a educação. A necessária separação formal e institucional de educação e cultura se transformou em um divórcio. Nesta década, temos de conseguir juntar, voltar a cruzar, os projetos culturais e educacionais para que se complementem e se fortaleçam entre si. Não há projeto educacional sem um projeto cultural e não há projeto cultural sem um projeto educacional.

3. Saúde física e mental
A pandemia da Covid-19 evidenciou algo que já acontecia, mas que não víamos com tanta clareza: o papel da cultura na saúde física e principalmente na saúde mental. Entender essa relação torna a gestão cultural mais consciente, intencional, como parte integrante dos programas de saúde pública. Uma biblioteca e um centro cultural também constituem (já eram, e agora isso ficou evidente) um refúgio, um espaço de relacionamento, um espaço de desabafo, um espaço de encontro, um lugar de contenção. Os gestores culturais também já são (eram antes, mas não sabíamos) terapeutas sociais, gestores de crises individuais, refúgio de solidões.

4. Justiça ambiental e proteção dos bens comuns
Cultura e meio ambiente são duas de nossas principais riquezas em toda a América Latina. Sabemos disso, mas não as valorizamos nem fortalecemos. Essas duas riquezas também nos ajudarão a enfrentar os novos desafios sociais e econômicos. Temos uma enorme oportunidade de desenvolvimento nessas duas frentes de riqueza, e ambas se complementam. O meio ambiente e a cultura são nossos bens comuns, são nossas heranças e nossos principais patrimônios, e devemos conseguir geri-los e multiplicá-los, criar novas heranças e novos patrimônios culturais e ambientais, assumindo outro tipo de comportamento em nossa relação com a natureza.

5. Feminismos e dissidências

A inclusão das políticas de gênero, que ainda geram resistência em nossas sociedades conservadoras, deve ir além: precisa ser uma reivindicação no cotidiano dos feminismos, das dissidências sexuais e das perspectivas de gênero, gerando em nós rupturas profundas com a natureza heteropatriarcal de nossas culturas (o patriarcalismo tão presente, tão dominante em nossas culturas ancestrais e em nossas culturas mestiças). Não poderemos construir novas formas de relacionamento sem nos desapegarmos dessa parte de nossas heranças culturais. É preciso assumir a descolonização em todas suas variáveis, incluindo a necessária descolonização de nossos corpos. A cultura como espaço de formação, visibilização e normalização do que nunca deveria ter sido considerado *anormal* é fundamental neste eixo.

6. Justiça de transição e memórias históricas

Numa região do mundo onde se registraram tantas violações dos direitos humanos e da dignidade individual e coletiva, a justiça de transição e as memórias históricas devem estar entre os temas prioritários dos projetos culturais para os próximos anos. Aliás, falar sobre o exemplo da Colômbia é mais do que necessário: temos um conflito armado que perdura há décadas, no qual todos os atores, armados – inclusive o próprio Estado –, foram violadores dos direitos humanos e da dignidade, e precisamos nos haver, ainda por muitos anos, com a verdade, o perdão a reparação e o compromisso de não repetição. Precisamos procurar as verdades ocultas em tantos fatos de nossas barbáries, precisamos conhecer essas verdades e precisamos praticar pedagogias universais norteadas por essas verdades durante anos para que nos sirvam de base para a construção de realidades novas e melhores. Sem nos aproximarmos e nos aprofundarmos nessas memórias históricas, transformando-as assim em parte de nossos processos educacionais, estaremos condenados a continuar nas espirais de violência que nos trouxeram até aqui.

7. Fortalecimento de nossas democracias

Nossas democracias estão em risco. Ou melhor: as frágeis democracias da América Latina colocam em risco nossas sociedades. A cooptação clientelista e criminosa dos Estados por parte de interesses privados (por vezes travestidos de partidos políticos, muitos deles transformados em máquinas de apropriação do patrimônio público) e da criminalidade, e mesmo a cooptação do poder público por grupos religiosos, tudo isso põe em risco não só a gestão democrática (a possibilidade real de participar dos assuntos públicos) de nossos países – e isso já ficou mais do que evidente durante décadas de velhas e novas ditaduras –, como também o futuro de nossas sociedades quanto a seu desenvolvimento livre e autônomo. É também um desafio cultural conseguir construir democracias reais, participativas, deliberativas, e não apenas representativas, que tenham seus horizontes e nortes baseados no componente coletivo, e não no privado. A democracia é basicamente uma questão cultural.

As oito ações concretas que propomos à Mondiacult com relação à América Latina[4]

1. É urgente melhorar a institucionalidade pública na cultura na América Latina

É urgente que as instituições culturais alcancem esse 1% do orçamento recomendado pela Organização dos Estados Ibero-Americanos em 2006 no Uruguai e acordado na reunião de Ministérios da Cultura realizada no Chile, em 2007. Esse orçamento deve ser orientado por processos de governança e participação que respondam às visões programáticas pactuadas, às necessidades de formação e profissionalização dos atores institucionais e da sociedade civil, bem como à consolidação institucional da cultura nos governos nacionais e locais, de forma a estabelecer um ecossistema em que as culturas possam atuar e influenciar em favor das comunidades, beneficiárias finais das políticas públicas.

2. É urgente empreender programas nacionais e transnacionais para fortalecer entidades e organizações culturais

Boa parte dos projetos culturais privados e comunitários da América Latina está em risco, uma vez que a pandemia agravou as crises históricas daqueles que se dedicam à arte e às culturas. É preciso superar a precariedade da maioria dos empregos artísticos e culturais.

Propomos aos governos e às organizações internacionais e multilaterais a elaboração imediata e a implementação de programas integrais para fortalecer as organizações comunitárias e as entidades privadas dedicadas à cultura e à arte. Exigimos a redação de estatutos de trabalho para gestores culturais que garantam, na América Latina, a regulamentação dos direitos trabalhistas, contemplando condições, salários, obrigações, responsabilidades e formação. Nós que trabalhamos no setor cultural temos direito a empregos dignos e decentes.

Os governos precisam conhecer, reconhecer, valorizar e promover os diversos projetos e as diferentes organizações culturais comunitárias, urbanas e rurais, nos quais o trabalho é desenvolvido no âmbito da cultura e com a cultura para construir sociedades melhores.

3. Participação e governança: eixos essenciais da formulação e da gestão comunitária das culturas

A experimentação e a autogestão são essenciais para uma governança que posicione as culturas como elementos para o desenvolvimento, no qual a participação ativa das comunidades, através de seus instrumentos de ação, seja fundamental para a democracia. O campo da cultura é ideal para experimentar novas formas de auto-organização e governança que sejam úteis para outros campos e realidades. Precisamos promover maiores espaços nos quais a participação das comunidades desenhe rotas e gere impacto.

O desenvolvimento cultural de nossos povos requer a elaboração de planos de desenvolvimento cultural de médio prazo que estimulem a participação de muitos setores da comunidade.

4. A cultura deve ter dimensão territorial, urbana e rural

Houve avanços importantes em alguns países e cidades da América Latina no que tange à formulação e à implementação de planos e projetos culturais como parte de estratégias mais amplas de desenvolvimento urbano e social. No entanto, o acesso à cultura permaneceu, em geral, nas grandes cidades. Em quase todas essas grandes cidades, a maioria dos projetos culturais não chega às periferias. Muitos dos territórios urbanos e rurais da América Latina não contam com projetos nem políticas culturais.

Propomos que todas as esferas de governo – em conjunto com a sociedade civil, as organizações de base comunitária e as empresas privadas – se comprometam com o diálogo e a reflexão para gerar processos de planejamento territorial e urbano que contemplem o respeito à autonomia dos povos para a tomada de decisão informada, participativa e inclusiva quanto ao desenvolvimento das cidades e das áreas rurais, levando em conta uma perspectiva intercultural e interseccional.

"É também um desafio cultural conseguir construir democracias reais, participativas, deliberativas, e não apenas representativas, que tenham seus horizontes e nortes baseados no componente coletivo, e não no privado. A democracia é basicamente uma questão cultural." – JM

5. A cultura é de toda a população e para toda ela, mas é preciso adotar ações afirmativas para populações específicas
As políticas culturais e os projetos de fomento artístico continuam deixando de fora populações já excluídas. Muitos setores populacionais hoje estão invisíveis nos diálogos culturais. É preciso trabalhar com políticas culturais que gerem ações afirmativas para as minorias étnicas, as pessoas com deficiência e as pertencentes a qualquer uma das diversidades. É necessário fortalecer todas as novas formas culturais.

Propomos repensar nossos espaços para torná-los acessíveis, integrando também diversas visões de mundo que permitam nos unirmos a partir de nossas diferenças.

Também propomos que, nesta década, os governos e a sociedade desenvolvam um trabalho artístico e cultural muito maior com crianças, adolescentes e jovens: é preciso construir uma nova sociedade em consequência da transformação real das oportunidades oferecidas às crianças quanto ao acesso à criação e à programação cultural.

6. A cultura precisa contar com espaços e cenários diversos, abertos e socialmente ativos em prol dos territórios
Denunciamos que os países latino-americanos têm uma enorme dívida em infraestrutura cultural sustentável e ativa, e que, em boa parte do continente, não existem palcos e espaços adequados e apropriados para as atividades culturais, nem físicas nem digitais. As lacunas são enormes entre os países, entre as cidades e entre o meio urbano e o rural quanto à acessibilidade física e digital para a cultura.

Celebramos a resistência criativa, o renascimento de um impulso de encontros diversos, de articulação sinergética, de experimentação social, que precisa de espaços à altura da força desses movimentos.

Exigimos que, nesta década, a América Latina dê um salto quantitativo e qualitativo no apoio, na ativação, no aperfeiçoamento e na construção de palcos para as atividades culturais, físicas e digitais, que consigam gerar acesso e participação real de toda a população na criação, na formação e na circulação cultural.

7. A cultura é muito mais do que a economia laranja
O desenvolvimento cultural de uma sociedade é muito mais do que o desenvolvimento de suas indústrias e seus empreendimentos culturais e criativos. Nos últimos anos, o conceito de economia laranja tem prevalecido sobre políticas e projetos culturais que apresentam uma dimensão não apenas econômica, mas uma dimensão de transformação da própria vida, individual e coletiva.

Precisamos entender que, para que as economias sejam criativas, elas também devem ser novas economias: precisamos transformar o modelo extrativista neoliberal predominante, que produz enormes desigualdades, em novos sistemas políticos e econômicos mais sustentáveis, justos e equitativos.

Convocamos todos e todas a estimular e fortalecer a economia do comum, as economias associativas, cooperativas, colaborativas e solidárias nos campos da arte e da cultura, tomando-as como base para o desenvolvimento econômico.

8. Trabalharemos coletivamente – países, cidades, entidades e organizações culturais, não culturais e de outros setores – para que a cultura consiga exercer sua influência e causar impacto para melhorar a qualidade de vida

A cultura é, em si mesma, um macrossistema que articula um amplo leque de relações artísticas e sociais. Contudo, ainda são poucos os esforços reais e efetivos de trabalhos articulados e coletivos desenvolvidos por países, cidades, entidades e organizações culturais e não culturais.

Nesta década, devemos fortalecer os espaços de cooperação e articulação, o trabalho em rede e a construção de projetos envolvendo atores públicos, privados, comunitários e independentes. Somente as parcerias com vários setores, plataformas coletivas, redes efetivas e afetivas permitem avançar nesse caminho do exercício da influência e da geração dos impactos necessários à melhora da qualidade de vida de nossas sociedades.

Precisamos também fortalecer o papel articulador da cultura entre as diferentes políticas e entidades públicas e sociais.

A Mondiacult e todos esses tipos de encontros internacionais representam (deveriam representar) uma grande oportunidade para aprofundar tais questões, conseguir maior participação social nesses eventos multilaterais e nos encontros seguintes para, assim como foi feito em Quito pela Habitat 3 com a Nova Agenda Urbana Mundial, promover na Mondiacult uma Nova Agenda Cultural Mundial. Daqui da América Latina, temos muito a dizer com base no que já fazemos.

CSL A Colômbia tem sido referência na América Latina no que se refere a uma política e uma gestão inovadoras na área da cultura. Gostaria de que você relatasse sua experiência como secretário de Cultura de Medellín e, ao mesmo tempo, refletisse sobre os desafios enfrentados e os resultados obtidos.

JM Medellín é pensada e construída com a cultura, no âmbito da cultura e para a cultura. Hoje o nome de Medellín está associado, na Colômbia e em outros países, à sua transformação social, urbana, educacional e cultural. A arquitetura física, fácil de ver, geralmente esconde a verdadeira arquitetura que possibilita essas transformações: a arquitetura social. As mudanças em Medellín nos últimos anos são, fundamentalmente, mudanças culturais na forma como nos vemos, na forma como nos entendemos, na forma como nos assumimos, na forma como nos construímos.[5]

O trabalho da população de Medellín, desde o final dos anos 1980, e da prefeitura de Medellín, desde o início dos anos 2000 até hoje, tem sido fundamental para fazer com que a cultura ocupasse um lugar de destaque na percepção do povo sobre os avanços recentes de Medellín e também para que o Plan de Desarrollo Cultural de Medellín 2011–2020 [Plano de Desenvolvimento Cultural de Medellín] fosse elaborado com a participação de todos. Neste momento, e com um atraso já de dois anos, está sendo elaborado o novo plano decenal.

Nos cinco planos de desenvolvimento municipal de Medellín desde 2004,[6] a cultura está no centro da atenção política e das expectativas da população ao ser incluída no componente de direitos. Embora seja necessário dizer que, no atual mandato da prefeitura de Medellín, muitos dos processos sociais e urbanos da cidade, entre eles os processos culturais, viram-se ameaçados e sem a força orçamentária, política e simbólica dos anos anteriores. Não estamos vivendo um bom momento em Medellín na atual gestão pública. A Secretaria de Cultura Cidadã, em particular, perdeu muita força e, mais ainda, perdeu força simbólica num momento – pandêmico e pós-pandêmico – em que havia uma forte necessidade de assumir um papel mais decisivo na construção de políticas de direitos e inclusão.

Ao lado dessa abordagem dos direitos, duas outras são assumidas no projeto cultural de Medellín: a territorial e a populacional. O Plano de Desenvolvimento Cultural de Medellín (2011, pp. 63–64) postula:

> • A cultura [deve ser vista] como direito e não como mercadoria. Sendo assim, é dever do Estado garantir aos cidadãos as condições para o pleno exercício de seus direitos culturais, o desenvolvimento das suas potencialidades e o reconhecimento da diversidade e da multiculturalidade como elementos constitutivos da riqueza social.
>
> • A abordagem territorial implica falar sobre interculturalidade territorial, ou seja, sobre reconhecimento e diálogo da diversidade cultural ligada aos territórios, reconhecimento e visibilização do local, e reconhecimento e visibilização dos fenômenos emergentes de transformação das localidades devido a eventos como o deslocamento forçado. Pensar a dimensão territorial é um exercício que se faz a partir da identidade e, portanto, da cultura.

• Partir da abordagem dos direitos humanos [...] implica reconhecer a persistência de desigualdades econômicas, sociais, culturais e políticas baseadas em gênero, idade, etnia, orientação sexual e deficiência. [...] Por isso, este Plano de Desenvolvimento Cultural deve permitir aos grupos populacionais tradicionalmente discriminados e em condições desfavorecidas ter o reconhecimento de suas necessidades, suas práticas e se interesses estratégicos, para então garantir condições de igualdade no exercício de seus direitos e o reconhecimento de suas particularidades como potencial na construção do coletivo.

Medellín, uma cidade de 2,7 milhões de habitantes localizada no meio de uma área metropolitana de 4,2 milhões de habitantes no total, é altamente segmentada. Ou pior: é muito fragmentada em termos sociais, econômicos e estruturais. As diferenças entre umas regiões e outras são gigantescas, e a violência que vivemos impossibilitou, durante muitos anos, o deslocamento de uma região a outra, ou mesmo de uma *comuna* (conjunto de bairros) a outra, ou de um bairro ao bairro vizinho. Ainda hoje existem áreas da cidade que são invisíveis (invisibilizadas) para uma parte da população. Por isso, planejar e praticar uma cultura com enfoque territorial nos leva a entender melhor o entorno imediato, a memória desses lugares, as condições de vida da população que os habita. Por fim, claro, leva-nos a ressignificar o espaço público e o papel da cultura e da arte no espaço público.

O espaço público em Medellín, palco de anos de dor e horror, assume-se como o local de encontro da população, como ambiente de a convivência. O espaço é público quando *algo acontece* nele: animação urbana, com programação desportiva, recreativa e cultural. Sem conteúdo, sem encontro da população, não é um espaço público. É apenas um espaço físico.

Medellín sempre recebeu migrações de áreas rurais e de outras cidades colombianas. Há trinta anos, nossa população era 30% menor. Há cinquenta anos, tínhamos um quinto do contingente atual. Somos uma cidade para onde vieram as pessoas mais pobres de outras localidades colombianas, em busca de melhores oportunidades econômicas, melhor qualidade de vida ou simplesmente fugindo da violência guerrilheira e paramilitar ou do horror generalizado de nosso conflito interno extremamente longo. A diversidade de nossa população obriga-nos a encontrar também na cultura diferentes formas de assumir a cidade e a cidadania; diferentes formas de compreender e transformar essas muitas realidades humanas.

Isso pode ser extrapolado para todo o país: se não nos conhecemos, se não nos identificamos com o outro, se não sabemos quem é o outro, como vamos nos entender, construir a nós mesmos como nação, avançar rumo à convivência? Não se pode amar o que não se conhece. Em nosso país e nossas cidades, conhecemos pouco nossa própria geografia física, nossa geografia social, nossa geografia humana.

Cultura além da *cultura*

Em Medellín, enxergamos a cultura além das definições "puramente culturais", ou seja, além das artes e dos modos de vida, tradições e crenças, procurando fazer com que a cultura seja um potencial para promover valores, criatividade, coesão social e a busca pela paz, isto é, a construção da convivência.

Um dos grandes desafios, então, é fazer com que "os processos culturais sirvam para a constituição de sujeitos, para que as pessoas possam desenvolver projetos culturais por si mesmas visando à transformação de sua realidade individual ou coletiva. Isso implica criar dispositivos para realizar uma autocrítica como sociedade e como setor, construir condições e subjetividades inclusivas e colocar em jogo os vários relatos da dimensão social e dos vários setores sociais" (Plano de Desenvolvimento Cultural de Medellín, 2011, p. 8).

A garantia dos direitos culturais, como diz a Unesco, deve permitir que todas e todos os habitantes possam participar da vida cultural, usufruir dos benefícios do progresso científico e suas aplicações e se beneficiar da proteção dos interesses morais e materiais a que fazem jus em razão de sua criação e autoria.

Qualquer política de desenvolvimento deveria, portanto, incorporar a dimensão cultural com base nos direitos e nas liberdades fundamentais, objetivando que cada pessoa possa executar seu projeto de liberdade pessoal. Nos países latino-americanos, essa perspectiva de realização pessoal foi deixada, até agora, para a educação e a economia. A cultura tem estado ausente (ou excluída) dessa tarefa de autonomia e emancipação pessoal e coletiva.

Aliás, nas declarações como as da Unesco ou em documentos como os da Agenda 21 da Cultura[7] constam os princípios básicos para que um projeto cultural local ou nacional faça sentido. Porém, muitas dessas declarações e agendas internacionais cristalizaram-se em palavras escritas, deixando de se tornar políticas públicas, orçamentos públicos, estratégias, programas e projetos. O caminho é fácil: bastam decisões políticas e ações concretas para que essas decisões se tornem realidade. Uma dessas ações concretas necessárias é o aumento do orçamento para a cultura nos governos locais, regionais e nacionais.

“Isso pode ser extrapolado para todo o país: se não nos conhecemos, se não nos identificamos com o outro, se não sabemos quem é o outro, como vamos nos entender, construir a nós mesmos como nação, avançar rumo à convivência? Não se pode amar o que não se conhece.” – JM

Um dado histórico mostra a necessidade do que se acabou de mencionar: o orçamento do Ministério da Defesa colombiano entre 2001 e 2010 (os últimos quatro anos da presidência de Álvaro Uribe e os primeiros quatro anos da presidência de Juan Manuel Santos) foi equivalente ao orçamento do ministério da Cultura para, pasmem, 2.100 anos. Outro dado que serve para comparação ou dimensionamento: em 2021, o orçamento do Ministério da Cultura colombiano foi o equivalente a 36 horas do orçamento do Ministério da Defesa. Em 2023, o orçamento nacional da cultura aumentará com o novo governo de Gustavo Petro, mas ainda é ínfimo em relação ao orçamento total e às necessidades e possibilidades de um grande projeto cultural nacional.

A convivência pacífica e plural é um grande desafio em nossas cidades e países – parece que o projeto civilizador ainda está muito distante de alguns de nossos contextos, sobretudo em relação às realidades colombianas. A cultura deve nos levar a buscar *acordos sobre o que é fundamental*, em torno de sentidos compartilhados, desenvolvendo ações de convivência pacífica sob princípios éticos de justiça, equidade, participação, corresponsabilidade, inclusão e reconhecimento ativo da diversidade.

Em Medellín, o Plano de Desenvolvimento Cultural 2011–2020 também tentou ser um gerador de oportunidades para que nós, cidadãs e cidadãos, refletíssemos sobre nosso papel na construção de ambientes melhores e na condução de esforços coletivos para defesa e promoção da vida, da dignidade, da liberdade e da autonomia e na busca de soluções pacíficas para os vários conflitos existentes no âmbito da cidade e do país.

William Ospina[8] escreveu em uma de suas colunas (“Lo que no sabe ver la política” [Aquele que não sabe ver a política]), publicada em dezembro de 2009 no jornal *El Espectador*:

> Alguém realmente acredita, com sinceridade, que seria possível pacificar a Colômbia sem empreender um grande processo cultural de construção

de uma verdadeira solidariedade nacional, um movimento profundo e democrático de dignidade, respeito pelo próximo, um investimento generoso e original em caminhos que criam convivência?

[...] Nenhuma solução militar nos tornará mais capazes de conviver e de nos respeitar; nem nos dará dignidade, princípios morais, conhecimento da memória comum, consciência de origens compartilhadas – uma sucessão de lendas e mitos que permitam nos reconhecermos uns nos outros –, deixando para trás esta névoa de racismo e elitismo, estratificações e repulsas que o país arrasta há séculos e que o mantêm preso a problemas da Idade Média e a soluções igualmente medievais.

[...] A julgar pelos recursos que lhe atribuem, comparados aos orçamentos descomunais da guerra, aqui continuam a acreditar que a cultura seja uma espécie de ornamento inútil da sociedade. Contudo, se as sociedades convivem, é fundamentalmente devido à sua cultura, à sua maneira de usar a língua, aos princípios que se afirmam nas consciências, à atitude de um cidadão em relação ao outro. São coisas que não se inventam em um dia, mas que é imensamente necessário recuperar quando toda uma sociedade, a começar por suas próprias elites, avançou tanto pelo caminho da indiferença, da desumanidade e da rendição aos princípios [...].

A esfera pública e a cultura como um fato público

A esfera pública – tudo o que é público – deve ser o mínimo denominador comum da sociedade, aquilo que nos coloque no mesmo ponto de partida: educação pública; saúde pública; espaço público; transporte público; serviços públicos de água, energia, esgoto e outros; acesso à cultura, ao esporte e à recreação públicas. O que é público não é o oficial, não é o governamental: público é o que é toda a comunidade (e essa frase vem a calhar em casos como o da televisão pública, que alguns governantes transformam em seu meio de comunicação oficioso e até partidário).

Em Medellín, temos feito grandes esforços para que aquilo que é público seja sinônimo de confiança, qualidade, inclusão e equidade. Muitas dessas palavras hoje correm sério risco devido à péssima gestão do atual prefeito (2020–23), mas essa péssima administração municipal também está nos permitindo mostrar que aquilo que foi construído até agora, durante anos – esse enorme capital social, esse grande capital simbólico público, privado e comunitário –, tornou-se uma barreira, um controle, para evitar que um prefeito ruim cause alguns (ou muitos) danos à cidade. Se Medellín fosse um edifício, poderíamos dizer que está demonstrando ter fundações antissísmicas: um péssimo prefeito a fez balançar e apareceram rachaduras, até algumas fraturas, mas o edifício suportará sua má administração e não tombará. Vale dizer também que esse mau momento em Medellín mais uma vez nos obrigou, por sorte, a pensar profundamente na solidez de anos de processos, nos aprendizados positivos e negativos (bom, aprendizados são sempre positivos) daquilo que foi realizado até agora.

Num país onde o setor público tem mostrado o oposto completo da noção de público e numa cidade que foi classificada, em 2003, como uma das mais corruptas da Colômbia, fazer do setor público uma referência positiva foi uma das grandes conquistas. A geração de confiança na esfera pública é uma das principais conquistas dos últimos anos em Medellín. A transparência também é um desafio e um resultado cultural.

Nessa tarefa, a cultura tem sido fundamental: além de sua contribuição para fortalecer os espaços de participação e deliberação (democracia deliberativa e democracia participativa como complemento e até como alternativa e oposição à democracia representativa), a cultura tornou-se um gerador e um impulsionador de grandes projetos nos bairros, projetos de porte inimagináveis há poucos anos, nos quais se dá espaço para que a população se reúna, sem falar nas outras particularidades da cultura.

A cultura conseguiu se constituir como parte integrante do planejamento municipal, e vice-versa: em Medellín, conseguiu-se fazer com que o planejamento municipal tivesse uma abordagem cultural, entendendo a cultura, aqui, como um fator estruturante e prioritário da ordem social.

Hoje os equipamentos culturais – bibliotecas, parques, centros de desenvolvimento cultural, museus, unidades de vida articulada – são as novas referências da cidade e começam a fazer parte do imaginário comunitário, tornando-se motivo de orgulho para os munícipes (o novo patrimônio, as novas memórias).

O fortalecimento das habilidades e capacidades da população (essa formação e afirmação necessárias do povo), o desenvolvimento de infraestruturas, o fortalecimento institucional (público, privado, comu-

"A cultura deve nos levar a buscar *acordos sobre o que é fundamental*, em torno de sentidos compartilhados, desenvolvendo ações de convivência pacífica sob princípios éticos de justiça, equidade, participação, corresponsabilidade, inclusão e reconhecimento ativo da diversidade." – JM

nitário) e a construção de espaços culturais que fomentem e promovam relações de cooperação e intercâmbio entre bairros, *comunas*, regiões, cidades e países também compõem a lista de desafios assumidos no setor cultural e continuam representando desafios, uma vez que Medellín não é uma ilha encantada em meio a um país em conflito. No futuro imediato, os acordos para acabar com o confronto interno entre o governo nacional e a guerrilha nos obrigarão a fazer desses projetos culturais verdadeiras políticas nacionais e lhes dar a máxima prioridade orçamentária.

Contribuir para a consolidação de uma cultura de paz; promover a democratização do acesso a bens e serviços culturais; garantir as condições para que os habitantes de Medellín possam criar, divulgar e fazer circular suas produções culturais; promover o diálogo criativo e a integração de Medellín com a região latino-americana e com o mundo; promover o respeito pelas diferenças; fortalecer as relações entre cultura e educação em seus vários níveis; favorecer a geração de parcerias culturais estratégicas e fortalecer a capacidade de governança democrática são os objetivos definidos pelo Plano de Desenvolvimento Cultural de Medellín. Acho que eles, na verdade, deveriam ser os objetivos dos projetos culturais locais e nacionais como um todo no contexto colombiano.

Prevemos, nesse plano, que a democracia cultural inclua os processos de criação, produção, fruição e participação a partir da diferença, com dignidade e em condições de equidade. Outra forma de dizer isso é que a cultura não é o que os artistas fazem ou, pelo menos, não só isso – todos nós fazemos cultura. Portanto, a tarefa de elaborar os planos de desenvolvimento cultural de uma região não poderia limitar-se apenas ao que chamam de "setor cultural": todos os setores possíveis da sociedade teriam de participar, já que esses planos de desenvolvimento cultural não são pensados para o desenvolvimento desse setor, mas para que a cultura ajude a desenvolver determinada região ou sociedade.

Um plano de desenvolvimento cultural deve procurar garantir a diversidade e gerar o reconhecimento dela. Conhecer para reconhecer, reconhecer para valorizar, valorizar para fomentar. A tarefa é, como disse o uruguaio Eduardo Galeano, *entender e nos entendermos, construir e nos construirmos*: entender o próximo, mas também ser entendido pelo próximo e assumir essa diversidade como uma construção dinâmica, e não como uma condição permanente, inquebrantável, imóvel.

Como afirma William Ospina no texto já mencionado, a memória coletiva é um valor necessário à reconstrução de nossas sociedades. Esse exercício da memória, de saber o que somos e o que temos (autoconsciência, na *Teoria da ação comunicativa*, de Jünger Häbermas), é essencial para a geração de capital social, tecido social e processos sociais que nos conduzam a uma sociedade melhor, mais equitativa, mais justa, mais inclusiva.

É possível pensar o pós-conflito colombiano sem um grande exercício de reflexão sobre nossa memória? Uma memória que faça parte da *verdade* necessária a esse pós-conflito, uma memória que nos ajude a reconfigurar nosso patrimônio cultural – o patrimônio não é o que temos, mas o que construímos. O que temos é uma herança (nem todas as heranças que temos são boas...), e é nosso dever fazer dessas heranças patrimônio, ou seja, transformá-las nas novas referências sociais. Patrimônio e memória são, em essência, ações culturais.

Precisamos de uma memória de país e de uma memória do local para saber quem somos, quem podemos ser. Medellín tem, desde 2004, um programa para as vítimas de nossa violência. Um dos resultados desse programa é o Museo Casa de la Memoria, um espaço físico que se torna um lugar de encontro, diálogo, reflexão, propostas e construção de olhares. Mais do que um museu, uma casa: um lugar para estar e compartilhar, para gerar. A Colômbia teve, durante cinco anos, uma maravilhosa Comissão da Verdade, que concluiu sua tarefa em 31 de agosto de 2022.[9] Agora é necessário que seu legado se transforme em várias *casas da memória*, em muitos espaços para esse reconhecimento de nossa dura realidade causada pelas guerras internas de mais de sessenta anos. São espaços que devem ser, ao mesmo tempo, uma terapia para nossa sociedade, um local de reconhecimento e reflexão sobre o motivo de chegarmos a essa barbárie e mantê-la por tanto tempo, e lugares de construção de políticas de transformação individual e coletiva.

Nos últimos trinta anos, Medellín vem construindo capital humano e social como uma reação da população a todas as formas de violência; criando uma capacidade produtiva; testando projetos de intervenção nos bairros mais pobres (que são, quase sempre, onde também se vivenciam com mais intensidade as diferentes formas de violência); fortalecendo a sociedade civil organizada – ou seja, ONGs, organizações comunitárias, ouvidorias para a população (supervisores e analisadores da gestão pública), mesas intersetoriais, conselhos consultivos municipais e cogestores de diferentes áreas importantes para a cidade (juventude, infância, mulheres, afrodescendentes, cultura, LGBT, idosos, deficiências etc.).

A dura violência que vivemos e sofremos como sociedade também gerou para nós esse resultado positivo da disposição e da atitude coletivas para procurar soluções pacíficas, buscar desesperadamente (com mais e menos sucesso, com mais e menos qualidade) projetos sociais que realmente funcionem e testar mil e uma fórmulas de ações de prevenção e promoção de valores e estilos de vida saudáveis.

A cultura, especialmente o que chamamos, na Colômbia desde 1994, de Cultura Cidadã[10] (que pode ser resumida como a forma como nos comportamos em relação ao próximo e fora dos espaços privados), desempenha um papel fundamental nesse fortalecimento da sociedade civil, na preparação da comunidade para sua maior e melhor participação, na geração de cultura política, na formação da ética civil com a implementação de políticas públicas, na construção de novos referenciais, no questionamento de comportamentos e modos de viver e no desenvolvimento de projetos que nos levem a espaços de entendimento e respeito pelo próximo e não à sua exclusão e eliminação – algo que, na Colômbia, ocorre não só metaforicamente, mas em sentido literal.

Nós, os colombianos, somos uma sociedade que derrubou, que excluiu tudo aquilo que não é capaz de entender. Nosso imenso desafio – que é basicamente um desafio cultural – é construir uma sociedade que escute, que interprete, que interpele e se deixe interpelar, que respeite a diversidade e que consiga ver nessa diversidade uma riqueza, e não um perigo permanente.

Uma importante tarefa cultural é gerar mais e melhores espaços de participação, a começar pelo que chamamos de cultura política. Na Colômbia, nos falta ainda muita cultura política para evitar que a democracia se transforme numa cooptação clientelista e criminosa, ou seja reduzida ao ato de sair para votar de vez em quando. No ensaio *Ciudadanía y clase social [Cidadania e classe social]* publicado em 1950, Thomas H. Marsall afirma que a cidadania é uma convergência no indivíduo de quatro dimensões da pessoa: cívica, política, social e cultural. O boliviano Iván Nogales (1963–2019), fundador e diretor da Comunidad de Productores de Arte (Compa), de El Alto de La Paz, escreveu: "A participação é um fato político que leva ao desmantelamento de qualquer traço colonial de exercício vertical que negue a realização plena pessoal e coletiva" (*Cultura para la transformación*, 2014, p. 24).

No mesmo documento, o brasileiro Célio Turino, que foi secretário de Cidadania Cultural de 2004 a 2010, durante o governo do presidente Luiz Inácio Lula da Silva, afirmou: "Divulgar uma cultura que seja veículo de crítica e conhecimento é um caminho para a ampliação da cidadania. Assim vista, a cultura deixa de ser um bem secundário neste nosso continente com tantas carências e passa a ser um bem social, assim como a saúde e a educação" (*Cultura para la transformación*, 2014, p. 30).

Os desafios da Colômbia, do Brasil e da América Latina são os mesmos que Medellín enfrenta: o desafio da convivência pacífica, o desafio do fortalecimento da esfera pública, o desafio de enfrentar a desigualdade, o desafio de reconhecer a diversidade territorial e populacional e o desafio da construção de uma nova população, uma nova sociedade, em que a participação seja a essência, e não apenas uma ferramenta.

Medellín tem encontrado na cultura uma das respostas a esses desafios, embora ainda tenhamos um longo caminho a percorrer. A tarefa de transformar Medellín apenas começou e está longe de terminar, como pensam alguns governantes extasiados com o marketing.

Outras cidades do mundo e muitas entidades multilaterais olham com interesse para esse processo, já que Medellín se tornou um laboratório (não um modelo): cada fracasso gera aprendizado para buscar acertos urbanos, sociais, educacionais e culturais. Esses olhares do mundo veem mais os processos do que os resultados, conscientes de que alcançar sociedades mais equitativas, inclusivas, com mais oportunidades e ambientes de convivência é um desafio compartilhado… e muito difícil.

Como foi possível que esses processos se desenrolassem em Medellín? Como continuam sendo possíveis? Graças à formação de uma capacidade produtiva na sociedade, com o fortalecimento da sociedade civil – organizações comunitárias, ONGs, universidades, grupos empresariais. Uma sociedade com muitos contrapontos que promoveu as mudanças políticas no sentido de fazer, do ponto de vista da esfera pública, o que vinha sendo feito em outra escala com base nas várias experiências sociais.

Alguns acreditam (e alguns passaram a acreditar) que as recentes transformações de Medellín aconteceram graças a algumas poucas pessoas, um pequeno grupo de "iluminados". Mas é exatamente o contrário. A maneira coletiva como Medellín enfrentou seus piores momentos de violência, no final dos anos 1980 e ao longo dos anos 1990, e como assumiu suas profundas mudanças constituem os fatores que geraram transformações políticas, urbanas, sociais, educacionais e culturais. Nesses anos, o tecido social foi construído e reconstruído, e foram fomentados muitos e amplos espaços de diálogo, debate, encontro das diferenças e elaboração de propostas para a saída de nossa crise profunda.

Nesse desafio coletivo, há uma resposta cultural a alguns problemas estruturais. Mudar o modo como nos assumimos foi fundamental em Medellín, e assim deveria ser na Colômbia, no Brasil e na América Latina. Não serão os caudilhos que nos tirarão dessa enorme crise. É preciso entender nossa própria responsabilidade individual e coletiva no fracasso nacional e nas tarefas que devemos executar para sair desse fracasso.

Para entender um e outro e encontrar *essa resposta cultural*, é preciso questionar: que tipo de sociedade somos e que tipo de sociedade queremos ser? Quais são os elementos que nos unem como sociedade, que nos integram como nação e quais queremos que sejam esses pontos de encontro no futuro? Quais deveriam ser nossas prioridades de investimento público na fase pós-conflito? O que poderia acontecer na Colômbia, no Brasil e na América Latina se houvesse a possibilidade de construir um plano de desenvolvimento nacional com uma abordagem cultural? Quais são os elementos culturais que deveríamos deixar de lado e quais deveríamos maximizar para caminharmos na direção de uma sociedade mais equitativa, mais inclusiva e com mais oportunidades?

O que aconteceu em Medellín com a cultura e no âmbito da cultura poderia ser assim resumido: estamos construindo um projeto cultural que nos ajude a encontrar uma resposta para uma pergunta simples – como se constrói uma nova cidadania na Colômbia?

CSL Neste momento, a Colômbia volta a se destacar na América Latina com um governo que continua a apostar na inovação. Você poderia nos descrever quais são os novos projetos da Colômbia na área da cultura e da economia criativa?

JM Respondo a essa pergunta de três maneiras:

1. A campanha de Gustavo Petro elaborou, durante vários meses, uma excelente proposta cultural. Foi um trabalho de que participaram mais de 3 mil pessoas de todo o país, lideradas por Santiago Trujillo.[11] O resultado foi um excelente projeto cultural para a Colômbia, que reunia muito do que já é feito pelo Ministério da Cultura e em várias regiões do país: *La cultura en el Pacto Histórico, propuesta programática* [A cultura no Acordo Histórico, proposta programática].[12] Recomendo a leitura desse texto, e uma leitura centrada em sua essência (para quê, para quem), e em sua aterrissagem em ações concretas (o quê, como). Esse documento, porém, não parece hoje nortear o processo cultural do governo nacional. Há uma falta de entusiasmo em muitas das pessoas e organizações que participaram de sua construção. No Plano de Desenvolvimento Nacional, que estava em fase de elaboração quando escrevi estas notas (novembro de 2022), o que hoje aparece sobre cultura não só é mínimo como surpreendentemente não contém quase nada daquele documento do Acordo Histórico, que é o movimento político com o qual Petro chegou à presidência, marcado por um fato relevante: é o primeiro presidente de esquerda em duzentos anos de vida republicana na Colômbia.

2. Hoje não está claro o que será alcançado nestes quatro anos com o projeto cultural do governo nacional. Há boas notícias e, nos primeiros cem dias da gestão do presidente Gustavo Petro (de 7 de agosto a 14 de novembro de 2022), o balanço pode até ser esperançoso, mas hoje não é fácil responder à pergunta sobre quais serão, por exemplo, os grandes fatos referentes ao projeto cultural da Colômbia nestes próximos quatro anos, e menos ainda responder à pergunta sobre o que terá acontecido com a institucionalidade cultural e as organizações e entidades culturais de hoje até 2024. Há esperança, mas também incertezas.

A nomeação de Patricia Ariza como ministra da Cultura foi bem recebida. Nascida em 1946, é uma mulher com uma trajetória histórica no teatro colombiano: fundou e codirigiu, com Santiago García (1928–2020), o Teatro La Candelaria, um de seus projetos de vida; dirigiu o Festival de Mujeres en Escena por la Paz e o Festival de Teatro Alternativo e presidiu a Corporación Colombiana de Teatro. Militante da Unión Patriótica – partido político que, durante oito anos (1984–2002), teve mais de 4 mil de seus membros assassinados, incluindo dois candidatos à presidência da Colômbia –, sua nomeação foi considerada um grande ato simbólico de reconhecimento político e também de reconhecimento àqueles que geram a cultura do país.

3. Na Reforma Tributária que o presidente conseguiu levar adiante nesses cem primeiros dias de governo (outro fato histórico, já que não tem maioria no Congresso), salvaram-se os incentivos à cultura, que corriam o risco de desaparecer. É preciso dizer que o sucesso ao salvá-los se deu por pressão popular direta e de diversos setores da cultura por meio da mídia, uma vez que, no projeto inicial do governo, essa reforma tributária eliminava os incentivos fiscais que vinham sendo conquistados há anos em diferentes governos.

A ministra, em resposta aos movimentos artísticos de muitas cidades, realizou um Estallido Cultural [Explosão cultural]: muitos grupos de música, dança, teatro e outras artes tomaram as ruas e a programação de diversos eventos como um modo de dar visibilidade à cultura e marcar sua presença. O Estallido corre o risco de permanecer como mera ação pontual, e não como parte de um processo de consolidação da cultura como verdadeiro fator de desenvolvimento do país, com grandes chances de cair na instrumentalização banal da cultura como "adorno" de eventos de naturezas diferentes. Contudo, o Estallido Cultural até agora não passa de uma explosão artística, indo na contramão do que o programa do Acordo Histórico propôs: que a cultura seja assumida em um âmbito muito além das belas-artes para que seu papel seja fundamental na geração de novas formas de construção de nossa sociedade.

Os ministérios da Educação e da Cultura estão trabalhando juntos (e isso já é uma grande conquista) em novas definições de algo que já vinha sendo construído em governos anteriores: um grande processo de formação artística em instituições públicas de ensino na Colômbia. O que se pode esperar é que o "governo da mudança", como foi anunciado o projeto de Gustavo Petro, vá além da educação artística tradicional e consiga avançar na tarefa de fazer da cultura o verdadeiro norte do projeto educacional, conseguindo também fazer da educação o verdadeiro norte do projeto cultural: a transformação cultural de uma sociedade virá de sua transformação educacional, e a transformação educacional de uma sociedade – a criação de uma nova sociedade com novos valores – virá da transformação cultural.

Impulsionado por um congressista – o representante da Câmara Daniel Carvalho, de Medellín –, foi aprovado o Bono Cultural para Jóvenes [Bônus Cultural para a Juventude]. Embora ainda faltem algumas etapas, ele consiste num incentivo muito bom para a formação de público e para que muitos projetos culturais melhorem sua renda. Isso, claro, se tornaria um verdadeiro exercício do direito à cultura.

No que tange à economia criativa, felizmente a nova Reforma Tributária (aprovada em 3 de novembro de 2022 e fundamental para o desenvolvimento do programa social do novo presidente da Colômbia) manteve o incentivo fiscal criado em 2017 (estimulado pelo então senador Iván Duque, que mais tarde foi eleito presidente, com um mandato de 2018 a 2022) e destinado a tudo o que se convencionou chamar de "economia laranja". Esse incentivo, uma dedução fiscal de 165% para as empresas que investem em projetos da indústria criativa, estava prestes a ser extinto pelo novo ministro da Fazenda e tinha a aprovação, para tanto, da nova ministra da Cultura. Graças à pressão direta de diversos setores por meio da imprensa, essa medida foi mantida, contemplada na lei 1.834, a Lei da Economia Laranja, de 2017.[13]

A manutenção do incentivo permitiu também salvar uma nova entidade (2019) que se encarrega apenas de gerir tudo o que está relacionado com esse incentivo fiscal: o Colombia Crea (CoCrea).[14] Salvar a Lei da Economia Laranja e o CoCrea é importante: esses dois mecanismos permitiram, em pouco tempo, que muitas empresas privadas apoiassem projetos culturais que não teriam encontrado outras formas de financiamento tão ágeis. A Colômbia já conta com vinte anos de experiência com incentivo semelhante: a Lei do Cinema. Graças ao incentivo fiscal para essa área, também de 165%, a Colômbia hoje produz muito mais cinema e de muito melhor qualidade. O cinema tornou-se uma importante fonte de formação e trabalho para muitas pessoas. Mesmo nós – que temos criticado tudo o que envolve a Economia Laranja e a forma como o governo anterior transformou o Ministério da Cultura quase em um ministério das economias criativas – saímos defendendo a manutenção dessas duas medidas. Uma não elimina a outra. Por um lado, não se pode permitir – como fez o governo de Iván Duque – que a cultura seja gerida apenas como uma indústria, despojando-a de todos os outros significados e essências. Contudo, por outro lado, não se pode permitir que um novo governo chegue a acabar com algo que já funciona e gera resultados positivos. O que esperamos agora é que, com novos elementos, o CoCrea avance e aprimore sua atuação para poder inserir as economias criativas nas ações necessárias para a transformação populacional e territorial promovida com a cultura e baseada na cultura.

CSL Sua atuação em Medellín produziu impactos significativos, sobretudo na periferia da cidade. A partir da sua experiência, quais seriam suas observações acerca das políticas municipais de cultura para as cidades latino-americanas, especialmente as capitais brasileiras?

JM Tenho dito em muitas palestras que Medellín não deve ser tomada como modelo, mas como referência. Minha resposta, então, longa como várias das anteriores, aponta para isso: mostrar alguns desses "como" de Medellín a título de propostas para outras cidades.[15]

Nos países e nas cidades da América Latina existem bons órgãos públicos de Cultura. São bem estruturados jurídica e administrativamente e contam até mesmo com um bom pacote de políticas públicas aprovadas e em vigor. Porém, esses órgãos deixam a desejar quanto a orçamento e gestão. Seu trabalho, em muitos casos, é insignificante e carece de mais aprofundamento de muitos de seus eixos para que os resultados já obtidos por outras áreas sejam alcançados. Alguns dos seguintes aspectos, baseados na experiência de Medellín, podem servir para estruturar melhores programas culturais municipais ou subnacionais:

É preciso retirar os "apêndices" dos órgãos culturais. É comum que os órgãos locais e nacionais de Cultura tenham outras funções agregadas – esportes, recreação, turismo, juventude etc. Uma tarefa primordial, portanto, é definir uma institucionalidade adequada para a Cultura, e só para a Cultura.

Em Medellín, quando foi criada a Secretaria de Cultura Cidadã, foram agregadas as responsabilidades de Turismo, Juventude e Mulher. Essas três áreas gradualmente se transformaram em duas novas secretarias (Juventude e Mulher), e o Turismo foi transferido para a Secretaria de Desenvolvimento Econômico.

Hoje a Secretaria de Cultura Cidadã de Medellín conta com três subsecretarias:[16] Subsecretaria de Arte e Cultura, Subsecretaria de Cidadania Cultural e Subsecretaria de Bibliotecas, Leitura e Patrimônio.

É preciso elevar substancialmente os recursos públicos para a cultura e promover seu aumento em todos os níveis de governo. Um aumento significativo no orçamento consegue fazer com que os olhares de muitos setores locais e da cooperação internacional se voltem de imediato para o setor cultural e, claro, acaba fortalecendo o que já se faz e leva a assumir novos desafios.

A parcela de 1% do orçamento nacional destinada a um Ministério da Cultura, por exemplo, seria uma notícia de relevância mundial. Isso é uma ordem da Unesco, de modo que a "notícia" seria que essa ordem está enfim sendo cumprida.

A alocação de 5% dos orçamentos municipais para projetos culturais causa uma verdadeira transformação das relações sociais, consolidando também o setor cultural.

Em Medellín, o orçamento municipal que se destinava à cultura era de 0,64% em 2003. A partir de 2005, por decisão política, passou para 5% e permaneceu nesse percentual por oito anos, até 2012, quando caiu para 3,3%, embora o valor em pesos tenha permanecido em um patamar semelhante ao percentual anterior de 5%. Em 2022, o orçamento da cultura em Medellín é inferior a 2% (decorrente da má gestão da prefeitura), mas, no contexto da Colômbia e da América Latina, continua sendo um orçamento importante: cerca de 25 milhões de dólares por ano para uma cidade de 2,5 milhões de habitantes.

Vale acrescentar que esse percentual corresponde apenas ao orçamento exclusivo da Secretaria de Cultura Cidadã. É preciso acrescentar os recursos para projetos culturais que são alocados em outras secretarias municipais: Educação, Participação, Inclusão, Desenvolvimento Econômico, Governança, Esportes, Mulheres, Juventude, Mobilidade, e em outros órgãos descentralizados, como o canal de televisão local (Telemedellín), ou a empresa de parques recreativos (Metroparques), ou as Empresas Públicas de Medellín (EPM), cujo orçamento total é quase o triplo do da prefeitura.

É preciso aprofundar as políticas públicas e os atuais programas de cultura nas esferas pública, privada e comunitária. Se existe algum setor em que é preciso fortalecer o que já se faz, esse setor é o cultural. As políticas culturais são fundamentais para o desenvolvimento de nossos países e municípios, mas a maioria deles restringe seu escopo de ação e execução de programas e projetos.

Em Medellín, um dos elementos básicos do projeto cultural tem sido apoiar (e aprofundar) o setor cultural tradicional, que há anos faz de seu trabalho um fator de resistência pacífica contra todos os males desse país e que tem feito seu trabalho *apesar* do governo, em vista da ausência de políticas e programas.

Apoiar o que vem sendo feito – que o setor cultural, que tem trabalhado com unhas e dentes, encontre apoio político, políticas públicas, orçamentos e decisões programáticas em um novo governo – é um fato transcendental.

Desde 2010, cada país da América Latina vem implementando a iniciativa de ter uma Política Pública de Cultura Viva Comunitária que justamente reconheça o valor para nossas sociedades desses Pontos de Cultura (nome magnífico para um programa magnífico que foi lançado no governo de Luiz Inácio Lula da Silva no Brasil, sob a coordenação de Célio Turino). Um Ponto de Cultura é simplesmente o local e o espaço onde a cultura acontece e é projetada para o bairro, a cidade.

É preciso fazer com que todos os departamentos e municípios tenham um Plano de Desenvolvimento Cultural para fortalecer a cultura do ponto de vista institucional. É necessário obter resultados em escala nacional a partir da análise de casos locais. Medellín é um exemplo na Colômbia: em maio de 2011 foi entregue à comunidade o Plano de Desenvolvimento Cultural 2011–2020, de cuja elaboração participaram mais de 3.500 pessoas e que demandou pouco mais de três anos de trabalho desde sua concepção até adquirir sua forma final. Aliás, participaram dele pessoas de muitos setores, não só do setor cultural. O novo plano decenal de Medellín deveria estar pronto em 2020, mas a prefeitura de Medellín anunciou que será apresentado em 2023.

Precisam ser definidos mecanismos de coordenação nacional, regional e municipal que estimulem as regiões e os municípios a fazerem maiores investimentos e a trabalharem em conjunto para o fortalecimento institucional da cultura. Os municípios podem ser excelentes balizadores e promotores de melhores políticas públicas para a cultura.[17]

É preciso combinar políticas e programas culturais e educacionais. O projeto cultural de nossos países e nossas cidades deve estar totalmente conectado com as políticas educacionais, e vice-versa. Os ministérios e os órgãos locais de cultura e educação devem ter agendas e programas em comum.

Um desses projetos comuns deveria ser a grande estratégia da Cultura Cidadã: a Cultura para la Convivencia.

A formação em artes e em cultura (que não são a mesma coisa) nas instituições de ensino também deve ser um desses projetos comuns entre os órgãos. Melhor ainda: mais do que um projeto, deveria ser um desafio diante do fracasso histórico da educação artística na educação formal. Urge fazer uma análise muito crítica daquilo que se ensina em educação artística, da forma como se ensina e de quem ensina (além do motivo pelo qual se ensina educação artística).

Juntar cultura e educação de um modo inovador pode fazer com que artistas de todas as áreas se unam ao professor na preparação e no desenvolvimento das aulas, transformando os tradicionais momentos educacionais em experiências criativas e motivadoras: é o que já faz o programa Entornos Creativos [Ambientes criativos] na Argentina, desenvolvido pela Fundación Crear Vale la Pena em parceria com vários governos locais.[18]

É preciso ter uma agenda nacional e internacional para a cultura – uma agenda internacional voltada tanto para a busca de recursos (cooperação e investimento) como para os intercâmbios culturais regionais, continentais e mundiais. Ela deve permitir aprender e compartilhar os aprendizados de cada lugar, além de promover a criação de novos espaços de encontro entre políticas e programas culturais.

É preciso desenvolver uma agenda de circulação cultural pactuada nos níveis regional e nacional. A construção da cidadania (e, em casos como a Colômbia, a construção de uma nação) também requer conhecimento e reconhecimento de fatos culturais de todas as regiões do país.

Em Medellín, incluímos outras expressões culturais do país nos eventos mais tradicionais (Feria de las Flores, Desfile de Mitos y Leyendas) ou em novos grandes eventos (Fiesta del Libro y la Cultura, Festiafro, Fiesta de Artes Escénicas). Houve ainda a promoção de intercâmbios culturais com outras cidades da Colômbia e de outros países e estimulou-se a realização de mercados culturais como o Circulart.[19]

É preciso ficar claro que se trata de construir processos sociais no âmbito da cultura e com a cultura. Essa clareza também deve ser a de que um projeto cultural não deve se basear somente na implementação de programas assistenciais ou serviços culturais: livros não são livros; nem as bibliotecas são bibliotecas; nem se trata de comprar instrumentos para entregar instrumentos. Os "objetos culturais", todos eles, são simplesmente parte integrante das estratégias de processos sociais mais amplos.

É preciso criar Centros de Desenvolvimento Cultural em nossas cidades. Com esse nome genérico, refiro-me a projetos que podem ser facilmente descritos como locais permanentes de programação cultural, combinando bibliotecas, escolas de música e outras artes, auditórios e teatros, praças ao ar livre, salas de exposições e salas de informática. É sobretudo importante que sejam entendidos como centros de criação cultural, de inovação social no âmbito da cultura e com a cultura, de atuação no desenvolvimento dos bairros e de toda a cidade adotando uma abordagem no âmbito da cultura e com a cultura.

Em Medellín, por exemplo, as Bibliotecas Parque,[20] Centro de Desarrollo Cultural de Moravia[21] [Centro de Desenvolvimento Cultural da Morávia] – que é o bairro onde se localizava o antigo depósito de lixo municipal – e as Unidades de Vida Articulada (UVA) são muito importantes nessa recente transformação.[22]

Em suma, trata-se de reformular os serviços culturais tradicionais (bibliotecas, escolas de arte, arquivos municipais etc.) e transformá-los em centros de desenvolvimento, criação e circulação; geradores de processos de memória coletiva, de construção de projetos culturais de bairro, rurais, municipais, departamentais, regionais e nacionais, que se tornem espaços de acesso à cultura e gerem uma programação cultural que evidencie a diversidade cultural local, regional e nacional.

É preciso criar políticas com ênfase na criação e na inovação, que incluam também as empresas ou indústrias culturais. A cultura deve se tornar um espaço de criação coletiva e individual e uma possibilidade de empreendedorismo. Deve-se definir uma agenda de fortalecimento dos grandes *clusters* culturais, o que também se transforma em um fator de competitividade e geração de empreendimentos e empregos de qualidade.

É preciso criar um grande fundo de publicações e materiais didáticos para a cultura. Esse fundo editorial, além de servir para enriquecer o acervo bibliográfico da cidade com novos criadores e com a publicação de livros pelos quais as editoras comerciais não se interessaram, precisa ter um caráter pedagógico, permitindo divulgar o "passo a passo" de muitas experiências bem-sucedidas em cidades e departamentos para que se sirvam de referência e aprendizados.

Não se trata de transformar entidades culturais locais ou nacionais em editoras literárias (embora na Colômbia tenha havido, muitos anos atrás, uma excelente experiência de edição de uma biblioteca básica universal de baixíssimo custo da entidade nacional Colcultura, antecessora do atual Ministério da Cultura). A ideia é que as entidades culturais públicas coletem, para divulgar por diferentes meios, as metodologias e as ferramentas de projetos culturais que funcionam bem em qualquer parte do país ou de outros países. Gerir o conhecimento e globalizar as boas práticas é um desafio e uma urgência.

É preciso ter políticas públicas de livre acesso à cultura: entrada gratuita nos principais museus, salas de espetáculos com grupos de artes cênicas, programação cultural periódica e permanente de alta qualidade com acesso gratuito para a população, entrada gratuita em eventos como feiras do livro e afins (como é possível que em muitas cidades as feiras do livro cobrem entrada!), bibliotecas e outros serviços culturais com horário ampliado aos fins de semana e feriados.

Em Medellín, as dez Bibliotecas Parque e os Centros de Desenvolvimento Cultural fecham apenas nos dias 25 de dezembro e 1º de janeiro. Nos outros dias, estão abertos (inclusive nos feriados e na Semana Santa). São 38 teatros que oferecem entrada gratuita toda última quarta-feira do mês para toda a população. Os museus, o parque de ciências e tecnologia (Parque Explora) e o Planetário Municipal são gratuitos para toda a população. Em alguns casos, atingem 80% da população (para todas as pessoas maiores de sessenta anos e menores de doze anos, alunos de qualquer nível e toda a população dos níveis socioeconômicos baixo-baixo, baixo e médio-baixo). Desde 2008 – e depois de sessenta anos –, o Jardim Botânico tem entrada gratuita para toda a população, tornando-se, assim, o grande parque da cidade. O teatro municipal Lido conta com uma programação variada cinco dias por semana, e todos os espetáculos têm entrada gratuita. A Fiesta del Libro y la Cultura oferece entrada gratuita (e, com isso, foi possível passar de 60 mil para 520 mil visitantes anuais), assim como todos os grandes eventos culturais da cidade.

É preciso fazer com que a cultura gere patrimônio a partir da herança que temos. A cultura é fundamental na construção de nosso patrimônio. Patrimônio não é o que temos: é o que construímos. Construímos esse patrimônio (ou não) a partir de nossa herança cultural. A cultura é, assim, uma ferramenta e a essência de nossa memória histórica e nossa memória recente.

Num país como a Colômbia e numa cidade como Medellín, onde a violência foi uma constante no cotidiano da maioria da população durante anos, entendemos que a cultura tem que fazer parte do projeto de memória e reparação. O já mencionado Museo Casa de la Memoria, fruto de um programa para vítimas de violência, é um excelente exemplo.

É preciso fortalecer ainda mais o trabalho coletivo em torno da cultura, convocando outros setores além do cultural. O convite aos governos locais para integrar setores sociais, econômicos, empresariais e acadêmicos relacionados à cultura, evidenciando abrangências e desafios e colocando processos e produtos concretos sobre a mesa, pode se tornar um excelente projeto de parcerias público-privadas.

Em Bogotá, o Instituto Distrital de las Artes (Idartes) tem desenvolvido um enorme trabalho desde 2012 com os jardins da primeira infância para que a cultura e as artes façam parte do desenvolvimento inicial de toda a população.

Em Medellín, uma cooperativa financeira (Confiar), um banco (Bancolombia), uma empresa de cimento (Argos) e a principal seguradora (Sura) são defensores da cultura, tanto das artes quanto dos processos de cultura comunitária. Em novembro de 2022, ocorreu um fato muito especial: muitas entidades culturais privadas e muitos projetos culturais comunitários tornaram pública e viralizaram uma carta de apoio à Sura – uma das principais multinacionais colombianas, com operações em vários países latino-americanos (*multilatinas*) – endossando e agradecendo seu trabalho pela cultura. Essa atitude foi tomada em razão das repetidas investidas, ainda neste ano, de um xeque árabe e um milionário colombiano para obter o controle acionário da empresa, sediada em Medellín.

Na Colômbia, as Cajas de Compensación Familiar [Fundos de compensação familiar], que são de iniciativa privada, mas ficam sob tutela pública (algo semelhante ao Sesc, no Brasil), contam com projetos culturais de grande porte e fizeram parceria com muitos governos locais para o desenvolvimento conjunto de projetos.

Em Buenos Aires, a Lei Municipal do Mecenato garante que muitos projetos de coletivos culturais deixem de passar pela aprovação pública, pois encontram seus recursos no setor privado.

Tudo o que foi mencionado, na tentativa de responder à pergunta sobre o que fazer com a cultura e no âmbito na cultura nos governos locais, pode parecer uma utopia. Contudo, alguém disse que a utopia é o horizonte que, à medida que caminhamos, transformamos em realidade. Em Medellín, com dificuldades e retrocessos ocasionais devido à má gestão pública, esta é a realidade: já estamos caminhando sobre o que era o horizonte alguns anos atrás.

Só é preciso vontade política e trabalho conjunto do governo municipal e de organizações culturais comunitárias, entidades culturais formais, empresas privadas e governo nacional. É possível.

CSL Em língua portuguesa, a expressão "indústrias criativas" está associada ao que é produzido industrialmente, obscurecendo a produção cultural em nichos, em pequena escala, o que Gilberto Gil chamaria de "artesanias culturais". Como enfrentar a hegemonia das indústrias criativas sobre as economias criativas latino-americanas, pensando em nossos países? Há alguma recomendação que você possa explicitar, a partir do novo momento político da Colômbia, para o novo momento político que o Brasil viverá a partir de 2023?

JM Eu gosto muito do conceito de *artesanatos culturais* para complementar (ou mesmo se opor) ao conceito de indústrias culturais. Essa ideia pode nos ajudar a relatar vários processos que recaem fora da lógica industrial tradicional. No entanto, acredito que não devamos ignorar tudo o que as indústrias culturais, as empresas culturais e as economias criativas representam para a economia e a cultura.

Assim, antes de responder à primeira parte da pergunta, respondo à segunda: o que sugiro ao novo governo é simplesmente que avalie o que já funciona bem e o fortaleça. Que avalie o que funciona regularmente e o melhore. Mas que também tenha disposição política e orçamentária para dar à cultura a dimensão de que o Brasil precisa. Como disse no início destas notas, a cultura e o meio ambiente são as principais riquezas de nossa América Latina, e essas duas riquezas são enormes no Brasil. A diversidade cultural e ambiental é sua maior riqueza. É preciso trabalhar com determinação, tendo como base o novo governo, para que essas riquezas sejam oportunidades de construção de equidade.

Além disso, o novo governo do Brasil deverá ter um de seus maiores desafios no eixo das populações culturais: não basta que milhares e milhões de pessoas superem a pobreza monetária, é preciso, simultaneamente, construir novas cidadanias. Novos cidadãos e cidadãs mais conscientes de seu contexto, mais dispostos a avançar no tocante à sustentabilidade ambiental e social, menos elitistas, menos racistas, mais críticos, mais participativos na esfera pública, mais geradores de espaços de convivência, mais comprometidos com os desafios de nossas duras realidades, menos indiferentes a essas duras realidades.

Do que falamos quando falamos de indústrias culturais e economias criativas

Em novembro de 2018, foi criado o MIC Brasil (Mercado das Indústrias Criativas do Brasil, que deveria ter se chamado MIC Sul, mas as divergências políticas do governo brasileiro com o Mercosul levaram à mudança de nome). Convidaram-me para falar sobre economias criativas e eu disse, em São Paulo, que teríamos que nos perguntar o que há de criativo nas economias criativas.

Soa estranho perguntar-se sobre algo cuja resposta parece estar no próprio nome: economias criativas. Mas não. A maior parte do que chamamos de economias criativas não representa nenhuma mudança nas economias: são economias baseadas na exploração e na autoexploração, no extrativismo (agora, extrativismo de saberes e talentos) e na produtividade tradicional, com enfoque na eficiência, para gerar lucros econômicos. São economias baseadas no acúmulo, não na distribuição, e menos ainda na redistribuição. As economias criativas não são novas economias: quando falo de novas economias, falo de economias colaborativas, economias associativas, economias cooperativas, economias solidárias, economias da generosidade, economias do compartilhamento, economias colaborativas, economias do comum,[23] economias dos bens comuns, economias de equidade e justiça social.

Então, eu me pergunto: para que novas economias, por mais criativas que se digam, se não transformam as condições atuais de nossas economias tradicionais, essas que nos transformaram em sociedades com uma profunda lacuna social, uma enorme desigualdade, enormes lacunas na geração de oportunidades para as maiorias?

Digo de outra forma: com essas formas atuais de economias – inclusive as atuais formas de economias criativas –, vamos caminhar para sociedades mais justas, mais equitativas, mais solidárias, com mais oportunidades?

Se não for para avançar na construção de uma sociedade nova e melhor, em todos os sentidos, com melhor qualidade de vida para a maioria e não para as minorias privilegiadas, então para que servem as economias criativas? O objetivo comum de todas e todos não deveria ser construir um mundo melhor, com melhores realidades sociais e humanas? Não deveríamos estar nos perguntando como construímos mais equidade, justiça social e oportunidades? De que tipo de desenvolvimento econômico, social e humano deveríamos falar hoje para construir uma sociedade melhor?

Por que não nos atrevemos a usar o termo "economias criativas" como substantivo (substancial, essencial), e não apenas como adjetivo? Precisamos apenas de culturas que alimentem a economia, ou precisamos também de economias que alimentem e sustentem as culturas?

Poderíamos pensar em novos modelos econômicos que valorizem o essencial de nossas sociedades, a participação, a memória, a construção de novas relações, a geração de coesão social para que essas sociedades não sejam mais rompidas por elitismos, racismos e exclusões de todo tipo?

Hoje, por exemplo, em nossas sociedades frágeis, é necessário falar de economia do cuidado. Como as economias criativas podem fortalecer essas economias e sociedades do cuidado?

As culturas são um bem coletivo.[24] Um dos riscos das indústrias culturais é justamente a ruptura desse preceito básico. Ao concentrar os esforços no aspecto *industrial* e não no *cultural*, corre-se o risco de acabar privatizando esse bem coletivo ou apropriando os bens culturais coletivos em benefício de poucos, esses que hoje, pela acumulação de capital, têm a enorme possibilidade, o enorme perigo, de transformar nossas culturas em apenas mercadoria. As culturas, como as ciências humanas (ver livro *Queremos sonreír* [Queremos sorrir]),[25] têm valor em si mesmas. Quando pensamos no valor econômico das culturas, nessa dimensão das economias culturais, estamos pensando também no valor em si das culturas? Esse valor que significa, representa, nomeia, narra, evidencia, mostra, é, propõe, gera, mobiliza, cria, constrói, transforma. Esse valor das culturas que está fora do que é economicamente rentável – pelo menos assim é com as formas de medição que usamos hoje para qualificar algo como útil e valioso.

Nuccio Ordine, filósofo italiano (citado no livro *Queremos sonreír*), fala da utilidade do inútil e se refere ao inútil como aquilo que tem valor em si mesmo, independentemente de sua capacidade de produzir lucro imediato (escolas, universidades, centros de pesquisa, laboratórios, museus, bibliotecas, arquivos e muitos outros): "se matarmos o inútil, mataremos qualquer possibilidade de tornar a sociedade mais humana".[26] As culturas têm valor em si mesmas, independentemente de sua capacidade de gerar lucro imediato. As culturas são necessárias em si mesmas, além de sua produtividade econômica. As culturas geram rendimentos que vão além do aspecto econômico.

A propósito: acho que esse foi possivelmente um erro do governo colombiano ao lidar com o assunto durante a presidência de Iván Duque (2018–2022): assumir que a economia laranja poderia abranger todas as dimensões da cultura ou que tudo o que fosse cultura deveria se enquadrar no conceito de indústrias culturais. Esse enfoque gerou uma profunda rejeição por parte dos setores culturais, educacionais e sociais em relação à economia laranja e tudo o que ela implicava. Além disso, a partir desse enfoque, o conceito e a atuação das indústrias culturais ficaram ainda mais concentrados nas áreas urbanas de poucas grandes cidades (que é onde medidas como a aplicação de incentivos fiscais e financeiros para quem investe nesse tipo de projeto são mais viáveis), deixando de fora dos possíveis benefícios desse enfoque (e das leis que o respaldaram) boa parte do território colombiano.

Falemos dos consumos culturais. Todos nós que trabalhamos no mundo da cultura e das artes nos preocupamos com o consumo cultural e nos dedicamos a isso. Durante anos, concentramos nossos esforços no que chamamos de formação de público, que poderia ser equiparado, em termos econômicos, à prospecção de clientes. Entretanto, será que não temos de pensar mais além e avançar profundamente na formação de sociedades, comunidades, ou seja, de populações culturais com novos valores de solidariedade, em vez de pensar somente na formação de públicos ou clientes para a cultura?

Inclusive: quando falamos em formação de público, estamos de fato pensando na criação de consumidores culturais. Isso soa bem e soa lógico. As indústrias culturais precisam de consumidores culturais. Um depende do outro. Porém, não será preciso acrescentar a esse horizonte a formação e a criação de consumidores responsáveis, de novos consumidores com formas de consumo mais responsáveis, ou melhor, de cidadãos responsáveis e corresponsáveis, mais críticos, mais participativos, mais solidários, mais dispostos a construir a esfera pública e não a privada, cidadãos que tenham no coletivo sua razão de ser?

Cidadãos culturais, aliás, que contribuam para construir novos valores, superar muitos desses que foram valores culturais e que hoje são antivalores em nossas sociedades. Precisamos, por exemplo, de sociedades mais democráticas, mais equitativas, mais geradoras de justiça ambiental, mais propensas a tudo o que significa o enfoque feminista e toda a dissidência de gênero, sociedades nas quais a educação e a saúde (hoje sobretudo a saúde mental) sejam prioridades públicas e privadas, e não subcapítulos. Sociedades com menos indiferença diante de tudo o que nos rodeia.

Então, novamente: quando falamos de indústrias culturais e economias criativas, também estamos falando dessas novas sociedades... ou do que diabos estamos falando?

CSL Nossos países possuem uma tradição autoritária, populista e clientelista. A corrupção e a ameaça aos direitos humanos são duas graves sequelas dessa estrutura histórica que enfraqueceu a sociedade no exercício da cidadania e da democracia. Gostaria que você refletisse sobre a educação, a partir da sua experiência de gestor público, destacando as conquistas colombianas.

JM Faço parte de uma aliança multissetorial chamada de ¿Pa' Dónde Vamos? [Pra onde vamos?], que consiste em uma plataforma para conversas entre os cidadãos sobre a cidade-região que compreende

Medellín e outros 25 municípios a nosso redor.[27] Considerando universidades públicas e privadas, ONGs, organizações de bairro, *think tanks* empresariais e outras entidades privadas, desde 2017 vimos analisando os principais problemas seus eixos de solução. O exercício nos levou a elaborar estratégias coletivas para enfrentá-los: queremos avançar no que diz respeito às *solucionáticas*, não mais nas problemáticas. Em todos os cinco campos de problemas, a educação é um dos focos de trabalho.

O documento da Mesa de Educação de ¿Pa' Dónde Vamos? fez a seguinte análise da educação em Medellín:

1. A região metropolitana do vale de Aburrá (cuja principal cidade é Medellín, em conjunto com uma conurbação de dez cidades) não garante ciclos escolares completos, oportunos e plenos. Isso significa que existem crianças e adolescentes que estão fora do sistema educacional. Eles entram ou estão no nível escolar que não corresponde à sua idade, não completam o ciclo escolar (mínimo de onze anos: um ano de pré-escola, mais nove anos de básico[28] e dois de médio) e a avaliação de sua aprendizagem é insatisfatória, segundo os índices de medição e a percepção de oportunidades para a realização do projeto de vida individual.

Segundo a Pesquisa de Qualidade de Vida, um cidadão médio do vale do Aburrá com mais de dezoito anos estuda 10,15 anos, ou seja, não completa o ciclo escolar. O que também é preocupante é que, para ter uma população com um mínimo de doze anos de escolaridade, a cidade levaria, de acordo com o ritmo de crescimento da última década, mais vinte anos, embora tenha havido progressos nos últimos anos dez anos – em 2007, a média era de 9,29 anos de estudo e em 2019 atingiu 10,15.

2. A desigualdade e as lacunas educacionais são um círculo vicioso. A política educacional local, regional e nacional dos últimos vinte anos ou mais tem visto a educação como o motor da produtividade, do crescimento, do progresso ou do desenvolvimento, apresentando-se como um elemento sem o qual não é possível lutar contra a pobreza e a desigualdade. Sem educação não é possível romper o ciclo da pobreza e diminuir a desigualdade. A Pesquisa de Qualidade de Vida de Medellín comprova essa situação com a média de anos de escolaridade de um cidadão entre dezoito e 24 anos: em Medellín, os domicílios com maior renda têm, em geral, uma vantagem *mínima* inicial de 3,39 anos a mais de escolaridade na educação básica colombiana em comparação aos domicílios de baixa renda.

Existe, no entanto, uma perspectiva complementar. Segundo esse ponto de vista, *não é qualquer educação que pode ajudar a elevar o nível de renda das famílias para que isso se reverta em mais oportunidades educacionais.* Medellín e o vale de Aburrá apresentam desigualdade no campo educacional, portanto as lacunas tendem a permanecer intactas ou aumentar. Se a educação oferecida não atender aos elementos básicos do que é alcançável, acessível, aceitável e adaptável, não será eficaz no combate à pobreza e à desigualdade.

É possível dizer isso com mais clareza: além da defasagem de anos escolares, a defasagem de qualidade da educação entre as pessoas de baixa e alta renda faz com que a educação dos alunos de baixa renda não seja necessariamente uma garantia de acesso a oportunidades futuras de ensino superior ou a empregos de qualidade.

3. A taxa bruta de Medellín no ensino superior (graduação/pós-graduação) cresceu positivamente em 25 pontos percentuais no período de 2005 a 2016. No entanto, na região metropolitana do vale de Aburrá, a cada cem jovens entre dezoito e 24 anos, apenas 36 frequentam o ensino superior (formação técnica, tecnológica, profissional ou de pós-graduação). Isso constitui um enorme desafio para a região, uma vez que é necessário redobrar esforços para promover a conclusão do ensino básico colombiano e médio (obtendo o título de *bachiller*), a ampliação da oferta e de oportunidades de acesso ao ensino superior e a formulação de melhores estratégias de permanência.

Em Medellín, há pelo menos 10 mil jovens entre quinze e dezesseis anos que estão fora do sistema educacional básico colombiano (*bachiller*), apesar da existência de uma oferta que atende totalmente à demanda educacional. Se somarmos os e as jovens de dezoito a 24 anos que não concluíram o ensino médio e não estão estudando, temos 43 mil jovens cujo direito à educação é violado. Para a região metropolitana, esse segmento da população chega a 77 mil jovens que não concluíram o ensino médio (*bachillerato*). São 77 mil jovens que, em uma região metropolitana de 4,2 milhões de habitantes, obviamente não conseguem emprego ou, quando o encontram, não têm nele a garantia de sua saída da pobreza estrutural.

Essa situação foi agravada pela pandemia, em razão do abismo digital e do baixo acesso de uma parte da população estudantil aos recursos tecnológicos que garantiriam a continuidade das aulas.

Mas também é preciso reconhecer por que os e as jovens não completam os estudos básicos. Nosso sistema educacional é incapaz de ler para os jovens? Quais são as condições associadas à escolaridade que devem ser garantidas para que não abandonem a escola? Qual é o impacto na problemática de segurança e de convivência na cidade?

4. Uma educação afetada pela violência requer um sistema educacional e cultural local articulado. O lema das escolas em territórios de paz nos anos 1990 via a educação e a escola como elementos de contenção

e prevenção da vinculação a grupos, consumo de drogas, criminalidade etc. A criminalidade tem visto um cenário de controle muito importante na escola: mercado interno, utilização de alunos para atividades de "segurança de bairro", exploração sexual, extorsão, entre outros. Além disso, a escola e sua dinâmica pedagógica e psicossocial são afetadas pelo contínuo confronto armado, atentados contra a vida, ameaças, controle da mobilidade e o sentimento de medo generalizado.

A escola vem sofrendo várias pressões decorrentes da atual situação de segurança e convivência, somadas às já existentes, típicas de um modelo educacional fundamentalmente concentrado no desempenho em exames padronizados.

O documento de educação da iniciativa ¿Pa' Dónde Vamos?, que acabo de citar, termina assim:

> É preciso fortalecer as estratégias de planejamento participativo em que estejam articulados componentes como educação, cultura e participação comunitária, procurando gerar circuitos educacionais e culturais traçados pela ação do Estado, das organizações e da sociedade civil nos quais seja possível aproveitar os equipamentos da população, os projetos educacionais e culturais comunitários que estiverem expressos nos PEI (Projetos Educacionais Institucionais) e as propostas curriculares que articulem a experiência das lideranças sociais e culturais dos bairros, entre várias outras formas de interação que permitiriam minimizar o acometimento da violência armada no vale de Aburrá.

Em 2003, o orçamento da educação em Medellín era de 12% do orçamento municipal. Daquele ano até hoje, ele tem oscilado entre 40% e 30%. Escolas públicas novas e simbólicas foram construídas, as sedes de todas as instituições públicas de ensino foram reformadas e, em 2008, foi lançado o programa Buen Comienzo [Bom começo], que tem como foco garantir cobertura e máxima qualidade para a educação inicial, de zero a seis anos, com o Jardim do Bom Começo como novo marco nos bairros com os menores índices de desenvolvimento humano. Em 2022, a cobertura era de 94% das crianças de zero a seis anos das três camadas de maior pobreza da cidade (quase 80% dos 2,5 milhões de habitantes de Medellín estão nesses três níveis socioeconômicos).

Na Mesa da Cidade Injusta e Desigual de ¿Pa' Dónde Vamos?, Mauricio Uribe López,[29] professor da Eafit (uma universidade privada de Medellín), disse que quando falamos da importância da educação na construção da equidade é necessário que estejamos de acordo com pelo menos três elementos:

1. A educação é uma condição necessária para a construção da equidade para enfrentar a desigualdade inclemente que temos na região;

2. A educação não é suficiente para superar a desigualdade devido à incapacidade da economia formal de acolher os egressos da educação básica colombiana ou do ensino superior;

3. A educação, em nosso contexto, tornou-se um instrumento a serviço da estrutura de classes, portanto é preciso começar a trabalhar também na dimensão cultural da educação e na dimensão cultural da desigualdade.

Na Habitat III, ocorrida em Quito em 2016, a ONU estimulou a construção e a declaração de uma Nova Agenda Urbana. Essa agenda nos permitiria, juntamente com os Objetivos de Desenvolvimento Sustentável, avançar na melhoria total da qualidade de vida em nossas cidades. O que é de esperar (o que é desejável...) é que essa Nova Agenda Urbana seja uma Nova Agenda Social, que coloque as nações e, sobretudo, as cidades no rumo comum e compartilhado da construção de novas sociedades. O desafio hoje é cultural, não só urbano. O desafio hoje é social, não só físico. O desafio hoje é construir uma nova sociedade, em que palavras como "dignidade", "oportunidades" e "igualdade" não sejam estranhas.

Há alguns anos, foi gravado em Moravia (um bairro de Medellín onde, dos anos 1960 até meados dos anos 1980, funcionava o lixão público, que se tornou, nos anos 1990 e 2000, um lugar violento e que hoje é um dos símbolos da transformação da cidade) um vídeo sobre os projetos culturais locais.[30] Na filmagem, de apenas onze minutos, aparecem, entre muitas outras, as seguintes palavras:

> Memória, processos, criação comunitária, gestão, participação da população, compartilhar o saber fazer, formação, entrelaçar-se, dialogar com o mundo, identidade, território, empatia, colaboração em rede, encontro na diferença, rede de confiança e afeto, troca de experiências, explorar, mostrar o que está escondido, fomentar a liderança, crescer, acreditar, inspirar, elaborar projetos, transformar sonhos em realidade, comunicação para o desenvolvimento, laboratório, descentralizar, parceria, cultura viva em comunidade, sementes, apropriação do conhecimento, experimentação, orientação, referenciais de transformação, conectar, diversidade, aprendizados, compreender, autonomia, gestão do pensamento, assumir riscos, multiplicar, oportunidades, acesso ao mercado de trabalho, inovar, olhar para o futuro, continuar sonhando.

Com base nessas palavras, pergunto:

- Não são essas mesmas palavras também as que todo processo educacional deveria ter em mente para definir seu sentido (para quê), seus métodos (como) e suas ações (o quê)?
- Quais dessas palavras estão marcando o dia a dia das instituições educacionais hoje em nossa dura, desigual e difícil América Latina?
- Essa nossa educação está realmente trabalhando para construir uma sociedade melhor para transformar essas difíceis realidades de desigualdade, violência de todo tipo, sociedades à beira do abismo?
- Quais desses conceitos trazidos pela comunidade de um bairro popular de Medellín ao falar sobre seu processo cultural são hoje também temas de conversa nas salas de aula de nossas escolas e universidades?
- Quais dessas palavras são hoje o principal objeto das pesquisas acadêmicas, o norte dos projetos de gestão do conhecimento, a matéria-prima dos laboratórios educacionais?
- A realidade que nos rodeia e em que estamos imersos é conhecida e reconhecida por nossos planos educacionais? E quais novas estratégias educacionais estão sendo elaboradas a partir dessas realidades?
- Por que os mundos de dentro e de fora das salas de aula de nossas cidades são tão diferentes – tão distantes?
- A educação pública e privada responde às expectativas e necessidades das sociedades a que se destina?
- Nossa educação está sendo pensada em função da construção de uma nova cidadania, para o qual o direito à cidade seja possível?
- Educamos com base no direito a um habitat que facilite o tecido das relações sociais?
- Educamos para ter o direito de nos sentirmos parte da cidade, para construir um senso de coesão social e construção coletiva?
- Educamos com base no direito à convivência?
- Educamos com base no direito ao governo da cidade?
- Educamos com base no direito à igualdade de direitos?
- Educamos para atingir a coesão social?
- Educamos para compreendermos nossa história e nosso presente?
- Educamos para obter a participação política?
- Educamos com base no direito de viver com dignidade na cidade?
- Educamos com base na construção da dignidade?

Temos um grande desafio no Brasil, na Colômbia, em toda a América Latina: deixar de ser o continente de maior violência e maiores desigualdades. Temos o imenso desafio – e é basicamente um desafio cultural – de construir uma sociedade que escute, que interprete, que interpele e se deixe interpelar, que respeite a diversidade (todas elas) e que consiga ver nessa diversidade uma riqueza, e não um perigo permanente.

Na América Latina, temos o dever ético de fazer da educação nosso principal desafio cultural e de fazer da cultura – a transformação cultural de nossa sociedade – o principal desafio da educação.

CSL O livro *Criatividade e emancipação nas comunidades-rede* é uma primeira tentativa de retorno ao território e de reconhecimento do papel estratégico das comunidades para um desenvolvimento com envolvimento. Chegamos a conversar sobre a importância da incubação de comunidades, e não somente de empresas, reforçando os laços e as sociabilidades comunitárias para o "agir na rede", e não somente "agir em rede", como alerta Bruno Latour. Para você, em sua experiência na gestão pública, quais seriam os novos papéis das comunidades para uma democracia menos formal e mais efetiva? Como avançar em novas governanças e novas formas de participação social?

JM A formação da capacidade produtiva é o primeiro dos nove pontos principais que trago para falar da transformação de Medellín nos últimos trinta anos. Essa capacidade produtiva passa por dois eixos: o fortalecimento institucional e a consolidação de cidadanias.

A América Latina deve avançar na consolidação da população para que a democracia seja um exercício real e cotidiano e para que as democracias participativas e deliberativas complementem (e até se oponham) as democracias representativas... que foram cooptadas, em grande medida, por interesses privados e grupos criminosos.

Quanto à segunda pergunta, já abordei parcialmente esse assunto quando propus os critérios, os temas e as ações para uma nova agenda cultural mundial. O fortalecimento das organizações culturais (e das organizações sociais e comunitárias de todos os tipos) é uma dessas ações possíveis, pois também se baseia em algo simples: conhecer, reconhecer, valorizar e fortalecer o que as comunidades já fazem – sem o Estado, apesar do Estado, ou mesmo contra o Estado. Nossas organizações comunitárias conhecem a geografia de seus territórios, conhecem a geografia social de sua comunidade e conhecem as várias geografias humanas de seus moradores e moradoras. Além disso, essas organizações construíram conceitos, metodologias, pedagogias, didáticas. Elas têm produtos que são resultados de anos de trabalho no bairro e na zona rural. São responsáveis pelos processos de transformação. Geram o conhecimento. Formam permanentemente pessoas de todas as idades. Participam do cotidiano de seus bairros, e muitas dessas organizações participam da vida pública de suas cidades.

As organizações comunitárias – todas as organizações sociais – devem poder equilibrar seu papel como operadores de diferentes projetos públicos, nos quais seus saberes e experiências são fundamentais, e seu papel como *think tanks* e criadores e formuladoras de novas linhas de trabalho para nossas sociedades.

Os governos locais, sub-regionais e nacionais devem reconhecer e fortalecer esse duplo papel: encontram um enorme valor agregado nas organizações comunitárias e sociais, alguns caminhos em fase avançada na tarefa de construir melhores realidades nos bairros, mas essas organizações também representam a possibilidade de pensar além do que já se faz. E mais: fomentar suas vozes críticas é o desafio de políticas de participação que realmente contemplem a possibilidade de construir projetos e políticas com diferentes olhares e enfoques diversos. Mas os governos, de um lado e de outro, são pouco propensos a vozes críticas... tendendo a trabalhar somente com aquelas organizações que apoiam seu próprio projeto político, esquecendo-se que a liberdade de pensamento e ação, a autonomia, é uma das essências das organizações comunitárias e sociais. Eles esquecem que uma sociedade se constrói com lógicas diferentes, com pontos de vista diferentes, com políticas divergentes. O oposto não é uma sociedade, mas uma igreja.

Uma tarefa fundamental, que na Colômbia está regulamentada por legislação nacional desde 1986, é a formação de ouvidorias do povo para o controle social dos projetos públicos. Controle de execução, controle orçamentário e controle de transparência na gestão dos recursos e na gestão da informação. As ouvidorias do povo constituem um instrumento para incentivar outras formas de participação no setor público; são escolas de cidadania efetiva e são também contrapontos necessários para tentar minimizar o risco da cooptação clientelista e criminosa do Estado por parte de indivíduos e grupos criminosos.

No ano de 2011, através de um acordo municipal (aprovado pelo legislativo municipal), foi concretizada em Medellín uma política pública de fortalecimento da sociedade civil. Esse acordo permite o investimento do orçamento municipal em ações de formação de organizações e consolidação de redes territoriais e temáticas, além da abertura de novos espaços de interlocução entre o poder público municipal e as organizações.

CSL Gostaria de conhecer suas impressões sobre os avanços da cultura digital e suas possibilidades no mundo da cultura. Como a Colômbia vêm construindo esse processo sem produzir maiores desigualdades entre segmentos sociais?

JM A pandemia acelerou a digitalização de muitos projetos culturais e apresentou, para muitas organizações, o desafio de realizar uma atualização quanto às opções de tecnologia da informação e comunicação. Contudo, as conquistas no aumento de público e na cobertura de territórios além do próprio espaço ainda não conseguiram prevalecer sobre o presencial, sobre o físico. A pandemia também deixou evidente as enormes lacunas no acesso ao mundo digital. Em muitas partes dos países latino-americanos, as populações não têm acesso a tecnologias devido à inexistência de redes ou aos elevados custos de sua utilização.

Aliás, não conheço hoje um centro cultural digital que seja mais relevante do que suas versões físicas, presenciais. Há casos muito bons: o Sesc, por exemplo, possui um excelente espaço digital no Brasil, mas que não substitui, nem de longe, a experiência cultural de suas grandes unidades em todo o país. Os centros culturais digitais continuam sendo um complemento dos centros culturais físicos.

O próprio conceito de cultura digital pode gerar mal-entendidos: o âmbito digital é cultural ou o âmbito cultural também pode ter relevância no digital. Isso me leva a uma reflexão sobre as cidades inteligentes, as chamadas *smart cities*. Eu prefiro as *smart communities* [comunidades inteligentes] ou as *smart societies* [sociedades inteligentes]. Acho que o desafio é ter sociedades, comunidades inteligentes, não (apenas) cidades inteligentes. De fato, já há muitas evidências de como sociedades altamente informatizadas (Japão, por exemplo) também apresentam altos níveis de desumanização, de ruptura das relações pessoais. Um dado de 2018 é alarmante: no Japão, um terço das pessoas com menos de trinta anos nunca havia tido uma relação sexual, nem sequer afetiva, com outra pessoa. Seus relacionamentos só eram mediados pelo computador.

CSL Querido amigo, sei da sua relação próxima e afetuosa com o Brasil. Gostaria que você fizesse algumas considerações sobre a volta do Ministério da Cultura. Na sua percepção, o que se pode esperar de uma pasta da cultura no século XXI?

JM É incompreensível que o Brasil tenha acabado com o Ministério da Cultura em 2019, durante o governo de Jair Bolsonaro. Já havia acontecido também com Michel Temer em 2016. Não é compreensível. Mas talvez seja, sim, considerando a estupidez dos governantes. É ainda mais estúpido – ou pior, horrível, espantoso – ver, em 2021, uma foto de Mário Frias, o secretário especial de Cultura do Brasil, e outros três funcionários da Cultura portando, orgulhosos, submetralhadoras Thompson. Essa imagem, que pode ser encontrada na internet, fez-me lembrar da frase que alguns atribuem aos Goebbels nazistas: "quando vejo a cultura, saco a arma". Anos atrás, Carlos Patiño, um escritor colombiano, propôs uma bela reviravolta para essa frase: "quando vejo uma arma, saco a cultura". No Brasil e na Colômbia, onde o acesso às armas é tão facilitado, sobretudo depois que o governo Bolsonaro fomentou sua compra e uso, é preciso sacar a cultura.

“Cultura não é só o que o Ministério da Cultura faz. Transformar nossa sociedade requer que todas as áreas do governo nacional (e dos governos sub-regionais e municipais) se assumam como um projeto cultural.” – JM

Na Espanha, em 2009, em consequência da queda da economia europeia devido ao colapso da bolsa de valores nos Estados Unidos (lembrem-se do caso Lehman Brothers), o governo de Mariano Rajoy extinguiu o Ministério da Cultura, numa de suas “primeiras medidas para enfrentar a crise”. Nessa época, disse em Madri que, se abolissem o Ministério da Cultura, como iriam sair da crise?

Joseph Ramoneda, filósofo catalão que dirigiu por 22 anos o Centro de Cultura Contemporânea de Barcelona, publicou em 2010 o livro *Contra la indiferencia* [Contra a indiferença]. Nele, diz que a crise europeia não é apenas econômica, mas também política, ética e cultural. Explicou: é política porque é a crise da democracia (o que é democracia para nós?); é ética porque é a crise da inclusão (quem fica de fora do modelo de desenvolvimento?); é cultural porque é a crise da indiferença (como aceitar o outro?). A cultura é um bom antídoto contra a indiferença.

Nesta nova etapa política, com o já anunciado retorno do Ministério da Cultura, o Brasil deveria assumir também um novo desafio: transformar todo o governo nacional em um projeto cultural. Cultura não é só o que o Ministério da Cultura faz. Transformar nossa sociedade requer que todas as áreas do governo nacional (e dos governos sub-regionais e municipais) se assumam como um projeto cultural. O que aconteceria se um governo, uma sociedade, construísse seu projeto de desenvolvimento com base em uma visão de transformação cultural? Não se trata, portanto, apenas de ter – felizmente – um Ministério da Cultura outra vez. É preciso ir mais longe, presidente Lula: é preciso propor um projeto de desenvolvimento e de governo que seja também, em sua totalidade, cultural.

Notas

1 Os outros quinze artigos de diferentes autores e autoras dessa revista-livro estão disponíveis em: rgcediciones.com.ar/la-gestion-cultural-latino americana-en-la-mondiacult-2022/?utm_source=email_marketing&utm_admin=139302&utm_medium=email&utm_campaign=Edicin_especial_La_gestin_cultural_latinoamericana_en_la_Mondiacult.

2 Baseio-me num documento de maio de 2022 elaborado coletivamente por profissionais de República Dominicana, México, Guatemala, Honduras, El Salvador, Costa Rica, Nicarágua, Panamá, Colômbia, Bolívia e Espanha: *Declaración de Antigua: Manifiesto por las culturas en América Latina*. O documento surgiu de um curso digital e de um encontro presencial realizado em San Salvador pelo Centro Cultural da Espanha e pela Agência Espanhola de Cooperação Internacional para o Desenvolvimento (Aecid). Participei desse projeto e coordenei a elaboração do manifesto, que pode ser consultado aqui: www.ccesv.org/wp-content/uploads/2022/05/Declaracio%CC%81n-Antigua-Final.pdf.

3 A declaração da campanha #culture2030goal sobre a Mondiacult Unesco está disponível para consulta em: culture2030goal.net/sites/default/files/202204/ES_culture2030goal_declaration%20Mondiacult%2B40.pdf.

4 Como observei antes, reúno aqui, textualmente, oito das propostas que estão na *Declaração de Antigua: Manifesto pelas culturas da América Latina*.

5 Recorro aqui a elementos de um texto que escrevi em 2015, "Cultura, equidad, ciudadanía y convivência" [Cultura, equidade, cidadania e convivência], já publicado no México, no Brasil e na Colômbia. Disponível para consulta em: www.pensamientopenal.com.ar/system/files/2018/05/doctrina46552.pdf

6 São eles: "Medellín, compromisso de todos os cidadãos" (2004–07), "Medellín é solidária e competitiva" (2008–11), "Medellín, um lar para a vida" (2012–15), "Medellín conta com você" (2016–19) e "Medellín futuro" (2020–23). Todos podem ser encontrados na internet.

7 A Agenda 21 da Cultura é um acordo da organização Cidades e Governos Locais Unidos (CGLU), espaço para cidades na ONU. Ele existe desde 2004 e funciona como uma carta de navegação sobre o papel dos governos locais no âmbito da cultura, sendo atualizado permanentemente. Em março de 2015, em Bilbao, foi elaborado o documento *Agenda 21 Ações*. Muitas informações podem ser consultadas na internet pesquisando por Agenda 21 da Cultura.

8 William Ospina, de Tolima (centro-sul da Colômbia), escritor, poeta, gerador (com seus ensaios e artigos de imprensa) de reflexões sobre o país que somos e que poderíamos ser. Recomendo a leitura de seus muitos livros, incluindo três que são muito úteis para refletir sobre o assunto destas notas: *Es tarde para el hombre* [É tarde para o homem] (1994), *¿Dónde está la franja amarilla?* [Onde está a faixa amarela?] (1997) e *Pa' que se acabe la vaina* [Para pôr fim ao casulo] (2013).

9 Todo o trabalho da Comissão da Verdade está disponível em: https://www.comisiondelaverdad.co

10 Na Colômbia, começamos a falar de Cultura Cidadã como autorregulação e cumprimento voluntário das normas com base no que foi proposto e feito por Antanas Mockus como prefeito de Bogotá em seus dois mandatos: 1995–97 e 2001–03. Atualmente, esse conceito se desenvolveu, sendo aplicado com base na construção da confiança cidadã e também em tudo o que hoje se conhece como ciências do comportamento.

11 Santiago Trujillo atualmente é diretor do mestrado em gestão e produção cultural e cinematográfica da Universidade Jorge Tadeo Lozano, instituição privada com sede em Bogotá. Santiago também foi um dos criadores e diretor do Instituto de Artes de Bogotá (Idartes), quando Gustavo Petro foi prefeito da cidade, de 2012 a 2019.

12 Disponível em: gustavopetro.co/arte-patrimonio-de-la-paz.

13 Mais informações sobre a Lei n. 1834 de 2017 estão disponíveis em: www.suin-juriscol.gov.co/viewDocument.asp?ruta=Leyes/30030647.

14 Mais informações sobre o Cocria estão disponíveis em: cocrea.com.co.

15 Tomo aqui alguns elementos de uma palestra que proferi no México, no Brasil e na Argentina: "O que fazer com a cultura e no âmbito na cultura em um governo local?".

16 Para mais informações sobre a Secretaria de Cultura Cidadã de Medellín, ver: medellin.gov.co/es/secretaria-cultura-ciudadana.

17 O Plano de Desenvolvimento Cultural de Medellín, com anexos sobre como foi elaborado e com um descritivo da metodologia utilizada, está disponível em: bibliotecasmedellin.gov.co/documentos/plan-de-desarrollo-cultural-de-medellin-2011-2020.

18 Os conceitos, as metodologias e os resultados do programa Ambientes Criativos estão disponíveis em: sites.google.com/crearvalelapena.org.ar/entornoscreativos?pli=1.

19 Circulart é o maior mercado ibero-americano de música.

20 Ver bibliotecasmedellin.gov.co/nuestras-bibliotecas.

21 Ver centroculturalmoravia.org.

22 Ver cideu.org/proyecto/uva-unidades-de-vida-articulada.

23 Sobre essas outras economias, gosto muito do livro *Comunes, economías de la colaboración* [Comuns, economias da colaboração], organizado por Adriana Benzaquen e Marcela Basch e publicado na Argentina em 2018. O livro está disponível em: biblioteca.articaonline.com/items/show/85.

24 Para esta parte, o prólogo de uma excelente publicação me ajudou muito: *Queremos sonreír: Activar la cultura local* [Queremos sorrir: ativar a cultura local], organizado e editado pela Trànsit Projectes, empresa cultural de Barcelona. O livro fez parte de uma construção coletiva que reuniu as seguintes organizações: Vivero de Iniciativas Ciudadanas, Colectivo Lento, Paisaje Transversal, Intermediae, Pensar Cultura, Pedagogías Invisibles, Fundación CyberPractices, Organismo Internacional de Juventud, Himpact Hub Madrid e Cultumetría. O título está disponível em: plataformac.com/queremos-sonreir-queremos-activar-la-cultura-local. Saiba mais sobre o magnífico trabalho da Trànsit em: www.transit.es.

25 Trànsit Projectes *et al. Queremos Sonreir:* Activar la Cultura Local. Barcelona: Ned Ediciones, 2019. Disponível em: www.google.com.br/books/edition/Queremos_sonre%C3%ADr/4CrFDwAAQBAJ?hl=pt-BR&gbpv=1&dq=%22si+matamos+lo+in%C3%BAtil%22&pg=PA34&printsec=frontcover.

26 Ibid, p. 34.

27 Essa iniciativa dos cidadãos está disponível em www.padondevamos.co

28 É importante considerar que a educação básica no Brasil compreende da pré-escola ao ensino médio, enquanto na Colômbia ela corresponde somente ao que chamamos de ensino fundamental. Ou seja, o ensino básico no Brasil não é igual ao ensino básico na Colômbia.

29 Recomendo a leitura do artigo "Pobreza, desigualdad y arribismo" [Pobreza, desigualdade e carreirismo], de Mauricio Uribe López, no boletim da Corporación Región (Medellín, set. 2018). Disponível em: www.region.org.co/index.php/noticias/opinion-2022/item/334-opinion-pobreza-desigualdad-y-arribismo.

30 "La casa de todos", 11 out. 2017. Disponível em: youtube.com/watch?v=7zK6YOA1H1A&t=101s.

Principais marcos das políticas públicas nacionais da economia da cultura e da economia criativa no Brasil

LUCIANA LIMA GUILHERME, LUIZ ANTÔNIO GOUVEIA DE OLIVEIRA E RAQUEL VIANA GONDIM

Em 2022, completaram-se dez anos da institucionalização da primeira Secretaria Nacional de Economia Criativa do Brasil (SEC), no Ministério da Cultura (MinC), e vinte anos da incorporação do termo economia criativa aos estudos acadêmicos nacionais e ao debate para a formulação de políticas públicas do Governo Federal. Isso tudo contou com gradativos avanços ou mesmo retrocessos durante os processos de institucionalização.

A linha do tempo apresentada a seguir faz um recorte desses vinte anos de história, cobrindo os anos que vão de 2003 a 2023. Nela, temos um levantamento dos principais eventos, políticas públicas e institucionalidades criadas no âmbito federal, tanto da perspectiva da economia da cultura quanto sob a ótica da economia criativa. Tendo em vista tais marcos, procuramos apresentar um itinerário que destaca as conquistas políticas e institucionais significativas alcançadas até o momento, bem como os desafios remanescentes quanto ao papel da criatividade como vetor e processo de emancipação da sociedade brasileira. Nossa abordagem leva em consideração os recursos culturais e ambientais do Brasil, que são estratégicos para desenhar uma nova dinâmica econômica e promover o desenvolvimento sustentável do país com justiça social e igualdade de oportunidade para todos.

Saiba mais acessando o código abaixo:

1ª edição 2023

Tradução **Marisa Shirasuna e Sieni Campos** (terceirizadas)

Capa **Cortesia de Sonia Gomes e Mendes Wood DM São Paulo, Bruxelas, Nova York**

Ilustração **Felipe Stefani** (pp. 340 e 350)

Organizadora e editora **Cláudia Sousa Leitão**

EQUIPE WMF MARTINS FONTES
Acompanhamento editorial **Juliana Bitelli e Dimitri Arantes**
Preparação **Marina de Melo Munhoz e Milena Varallo**
Revisões **Daniel E. T. Arantes e Juliana Bitelli**
Projeto gráfico **Bloco Gráfico**
Assistentes de design **Letícia Zanfolim, Nathalia Navarro e Stephanie Y. Shu**
Produção gráfica **Geraldo Alves**

Memória e Pesquisa | Itaú Cultural

Criatividade e emancipação nas comunidades-rede: contribuições para uma economia criativa brasileira / vários autores; organizado por Itaú Cultural; editado e organizado por Cláudia Sousa Leitão. São Paulo: Itaú Cultural; Editora WMF Martins Fontes, 2023.
400 pp., 16 × 23 cm
ISBN: 978-65-88878-65-1 / ISBN: 978-85-469-0453-2

1. Economia da cultura. 2. Indústrias criativas. 3. Competências criativas. 4. Desenvolvimento sustentável. 5. Cultura e criatividade I. Itaú Cultural. II. Editora WMF Martins Fontes. III. Título.

CDD 306.3

Bibliotecária Ana Luisa Constantino dos Santos
CRB-8/10076

Fontes **GT Flexa, Signifier**
Papel **Avena 90 g/m²**
Impressão **Paym**

O Itaú Cultural integra a Fundação Itaú para Educação e Cultura.
Saiba mais em fundacaoitau.org.br.

Rua Prof. Laerte Ramos de Carvalho, 133
01325-030 São Paulo SP Brasil
Tel. (11) 3293-8150
e-mail: info@wmfmartinsfontes.com.br
http://www.wmfmartinsfontes.com.br